블루 뉴딜

A Blue New Deal

Copyright © 2022 by Chris Armstrong
Originally published by Yale University Press
All rights reserved.
No part of this book may be used or reproduced in any manner whatever without written permission except in the case of brief quotations embodied in critical articles or reviews.
Korean Translation Copyright © 2025 by Narumbooks
Korean edition is published by arrangement with Yale University Press through BC Agency.
이 책의 한국어판 저작권은 BC에이전시를 통한 저작권자와 독점계약으로 나름북스에 있습니다.
저작권법에 의해 보호를 받는 저작물이므로 무단 전재와 복제를 금합니다.

블루 뉴딜

기후변화 시대,
해양의
새로운 정치학

크리스 암스트롱 지음
김현우 옮김

나름북스

일러두기
· 본문의 이탤릭체는 원서에서 강조한 부분이다.
· 외국어는 국립국어원의 외래어표기법에 준하여 표기하되, 일부 굳어진 표현은 관용을 따랐다.

『블루 뉴딜』에 대한 찬사들

이 사려 깊은 책은 바다와 해양 생물에 관심 있는 모든 이의 필독서다.
- 〈선데이 익스프레스〉

지구 표면의 약 70%는 물로 덮여 있다. 이 책은 바다를 위협하는 기후위기와 산업적 파괴에 대한 중요한 통찰을 제공한다.
- 마틴 칠튼Martin Chilton, 〈인디펜던트〉 편집자

흥미진진한 시간. 암스트롱은 정치학과 해양지리학 문헌을 폭넓게 활용해 인간이 과도한 어획부터 기후변화에 이르기까지 해양 환경을 어떤 방식으로 파괴해 왔는지를 상세히 설명한다.
- 빌 보우케트Bill Bowkett, 〈리액션〉 편집자

생각을 자극하는 가치 있는 책으로, 현재 해양 거버넌스의 문제를 정확히 짚어 낸다.
- 멜로디 루웨트Melody Louwette, 환경정치학 연구자

이 책은 필수다. 바다를 걱정하고, 바다가 우리 삶에 지닌 중요성을 이해하는 이라면 반드시 읽어야 한다. 또한 더 나은 세상을 만들되, 그 과정에서 누구도 소외되지 않아야 함을 현재와 미래를 위해 강하게 일깨운다.
— 아샤 드 보스Asha de Vos, 오션스웰Oceanswell 창립자, 해양생물학자

크리스 암스트롱은 복잡하고도 중대한 해양의 서사 속으로 깊이 뛰어든다. 이 책은 지구에서 가장 거대한 생존 공간에서 자연과 인류의 정의로운 미래를 정밀하게 설계하는 흥미로운 비전을 제시한다.
— 토르스텐 티엘Thorsten Thiel, 글로벌 오션 트러스트Global Ocean Trust 창립자

『블루 뉴딜』은 우리가 직면한 가장 중대한 문제 중 하나에 대한 시의적절하고도 심도 있는 기여다. 긴박함 속에서도 깊이 있는 연구에 기반해 집필된 이 책이 더 많은 독자에게 닿기를 바란다.
— 레이 몽크Ray Monk, 『루트비히 비트겐슈타인: 천재의 의무Ludwig Wittgenstein: The Duty of Genius』 저자

『블루 뉴딜』은 가장 중요하면서도 가장 위태로운 지구적 커먼즈를 다룬 정치 이론가의 첫 체계적 고찰이다. 암스트롱은 실패한 해양 거버넌스의 기원을 날카롭게 분석하며, 정의와 환경적 지속 가능성을 위한 개혁 방안을 제시한다. 해상 노동자, 해양 동물, 작은 섬나라, 해저 광물 등 폭넓은 주제를 포괄하는 이 책은 정책 입안자와 정치 이론가 모두의 필독서다.
— 페트라 귐플로바Petra Gümplová, 에르푸르트대학교 정치학과 교수

『블루 뉴딜』은 바다를 대하는 방식이 어떻게 기후변화와 사회경제적 불평등을 악화시키는지를 보여준다. 학자가 쓴 책이 이토록 풍부한 사실과 주장을 담아내며, 동시에 읽는 즐거움까지 선사하는 경우는 드물다. 연구자, 정책가, 활동가 모두에게 권한다.

― 디미트리오스 에프티미우Dimitrios Efthymiou, 프랑크푸르트 괴테대학교 정치학과 교수

한국의 바다에서 온 목소리

우리는 바다를 얼마나 알고 있을까?

바다는 우리에게 어떤 존재였을까? 때로는 모험과 신비의 대상이었고, 막연한 경외의 대상이었으며, 한때는 세상의 끝처럼 느껴지는 두려움과 금기의 경계였다. 하지만 오늘날 뉴스에서 마주하는 바다는 낭만이나 경외, 여유와는 거리가 멀다. 어부의 그물과 물고기 배 속에는 플라스틱이 가득하고, 거북이 콧속에서는 빨대가 나온다. 이제 바다는 흰 돛과 낭만이 아니라, 비닐봉지를 씹는 거북이로 상징되는 공간이 되어 버렸다.

어쩌면 우리는 바다를 '잊고' 있는지도 모른다. 식탁에 김과 미역은 오르지만, 그 바다의 냄새는 기억나지 않는다. 정치인의 공약에서 바다는 좀처럼 언급되지 않고, 간혹 등장해도 대부분 개발과 이용 계획뿐이다. 보호와 정화, 생태 회복에 대한 논의는 거의 없다. '알아서 정화되는 신비의 쓰레기통'이라는 인식이 여전히 바다에 대한 우리의 시선을 지배한다.

우리 바다의 현실은 어떨까? 한국의 해양보호구역은 전체 해역의 1.84%에 불과하다. 정부는 2030년까지 이를 30%로 확대하겠다고 국제 사회에 약속

했지만, 앞으로 5년 안에 15배 이상 늘려야 한다. 그렇다면 지금의 1.84%는 제대로 관리되고 있을까? 실제로는 여전히 형식적인 보호구역이 많다. 다 쓴 그물과 부표는 그대로 버려지고, 플라스틱병과 비닐봉지는 해류를 따라 끝없이 떠돈다. 한국의 바다는 점점 뜨거워지고, 산호는 고온에 녹아내리며, 한반도 연안의 어종도 빠르게 바뀌고 있다. 외국인 선원들은 여권을 빼앗긴 채 오염된 물을 마시며 장시간 저임금 노동에 시달린다. 그리고 우리는 어디서, 어떻게, 누가 잡은 생선이 식탁에 오르는지조차 알기 어렵다.

이 책은 이러한 현실을 하나하나 짚어 낸다. 책장을 넘길 때마다 지구 표면의 70%를 덮고 있는 바다가 결코 멀리 있지 않음을 깨닫게 된다. 바다의 불평등과 부정의는 오늘 식탁 위의 미역국과도 연결되어 있다. 이 책은 한때 신비와 경외의 대상이었던 바다를 둘러싼 인류의 욕망과 투쟁의 역사를 들려준다. 생태계와 환경, 불평등과 정의, 인간과 동물의 권리, 정치와 거버넌스까지. 바다를 둘러싼 거의 모든 주제를 아우른다. 이야기를 따라가다 보면, 막연하게 느껴졌던 바다가 어느새 가까워진다.

마지막 장을 덮는 순간, 우리는 다시 처음의 질문으로 돌아가게 된다. 우리는 바다를 얼마나 알고 있을까? 바다가 궁금하다면, 그리고 긴 항해를 시작하고 싶다면, 이 다정한 안내서를 펼쳐 보자. 좋은 항해지도가 되어줄 것이다. 그리고 언젠가 우리는 정말로 돌고래와 민주주의를 이야기할 수 있을지도 모른다.

- 강은주, (사)현장과 이론이 만나는 연구소 생태지평 연구기획실장, 행정학 박사

바다를 걱정하는 시민과학자들에게

기후위기의 최전선, 제주 바다에서 해양시민과학센터 파란의 활동가들과 시민과학자들은 산호 군락과 해조 숲의 변화를 기록하고 있다. 지난여름, 61일간 이어진 고수온 경보 속에 연산호가 사라지듯 녹아내렸고, 돌산호에서도 처음으로 백화 현상이 나타났다. 태평양 수온 상승으로 열대성 경산호인 빛단풍돌산호와 그물코돌산호가 제주에 유입돼 서식지를 넓히고 있지만, 그 피난처조차 더 이상 안전하지 않다. 해조류가 사라지며 해안이 사막처럼 변해가는 갯녹음 현상도 실시간으로 목격되고 있다.

파란은 '시민과학'이라는 방식을 통해 이 변화를 기록하고, 개발 행위를 감시하며, 해양 생태계 보전을 위한 사회적 목소리를 만들어가고 있다. 제주의 바다를 들여다보는 일은 곧 먼바다의 현실을 마주하는 일이기도 하다. 가까우면서도 멀게만 느껴졌던 바다에서 벌어지는 생태계 파괴와 불평등, 그리고 이를 해결하기 위한 정치는 오랫동안 수면 아래에 가라앉아 있었다.

"지금 여기에서 우리는 무엇을 할 수 있을까?" 바다의 회복을 바라는 질문들은 때로 방향을 찾지 못한 채 흩어지기 쉽다. 이 책은 바로 그 질문들에 방향을 제시하며, 해양을 위한 새로운 정치적 상상력과 실천의 경로를 펼쳐 보인다. 환경보호와 생태 복원, 정의로운 전환을 모색하면서도 현실에 안주하지 않고, 더 높은 목표를 향해 나아갈 수 있음을 설득력 있게 보여준다. 세계해양기구World Ocean Authority 창설과 같은 급진적인 제안부터, 한 세대 안에 바다의 재야생화rewilding를 실현할 수 있다는 과학적 전망까지, 이 책이 전하는 메시지는 구체적이고도 고무적이다.

바다를 일상의 정치 속에서 다시 사유하게 만들고, 시민이 바다를 위한 주체가 될 수 있음을 일깨우는 이 책은, 해양을 정의와 회복의 관점에서 바라보려는 모든 이에게 깊은 통찰과 실천의 용기를 건넨다.
– 신수연, 해양시민과학센터 파란 센터장

차례

도판 목록 _14

감사의 말 _16

용어 해설 _19

들어가며 _23

1. 생명의 근원 _37

2. 바다에서의 자유 _69

3. 해양 인클로저 _107

4. 바다 위 세계 질서의 재편 _151

5. 해양 정의의 일곱 가지 원칙 _189

6. 해상 노동자 보호 _223

7. 해양 동물의 권리 _261

8. 해수면 상승과 소규모 섬나라들 _297

9. 블루 뉴딜 _335

10. 블루 뉴딜을 넘어 _369

후기 _405

더 읽을거리 _412

옮긴이의 말 _416

찾아보기 _419

도판 목록

1.1 해질녘, 남태평양 타히티에서 노 젓는 사람.
(세르지 레보레도Sergi Reboredo, Alamy Stock Photo)
표 1.1 일부 국가의 배타적 경제수역 규모
1.2 한 번의 정화 작업으로 태평양에서 103톤의 플라스틱과 기타 잔해물을 제거하는 모습.
(Ocean Voyages Institute, ZUMA Wire, Shutterstock)
2.1 암스테르담 항구에 정박한 네덜란드 동인도회사 화물선 모형.
(톤 쿠네Ton Koene, Alamy Stock Photo)
2.2 존 셀든의 「마레 클라우숨」에 수록된 서유럽 해역 지도.
(Peace Palace Library, public domain)
3.1 배타적 경제수역의 세계 지도.
3.2 해양의 주요 법적 구역.
4.1 대서양 중앙 해저 5,526m 깊이에 있는 망간단괴.
(Granger Historical Picture Archive, Alamy Stock Photo)
5.1 호주 퀸즐랜드의 로드스톤 리프. (Holobionics, CC BY-SA 4.0)
6.1 인도네시아, 2015년: 어업 노예 생활에서 구출된 노동자들이 임시 대피소에 모여 있다. (마지 메이슨Margie Mason, AP, Shutterstock)

7.1 하와이 해안에서 공중으로 뛰어오르는 스피너돌고래.
(데이브 플리섬Dave Fleetham, Robert Harding images)

7.2 1910년경, 알래스카의 고래잡이 회사 타이Tyee whaling company가 사냥한 고래(참고래로 추정). (Svintage Archive, Alamy Stock Photo)

8.1 해수면 상승으로 물에 잠긴 투발루 푸나푸티 환초에 10대 소녀가 앉아 있다. (애슐리 쿠퍼Ashley Cooper, Robert Harding images)

8.2 태평양의 배타적 경제수역.

9.1 인도네시아 자카르타의 맹그로브 복원 프로젝트.
(아피프 하르디안스Afif Hardians, Alamy Stock Photo)

10.1 벨리즈 홀 찬 해양보호구역을 헤엄치는 푸른바다거북.
(Nikdahl, CC BY-SA 3.0)

감사의 말

이 책을 완성하는 동안 나는 해양과 해양 생태계, 그리고 인간 사회에서의 바다의 역할에 관해 글을 써온 많은 훌륭한 학자로부터 배움을 얻었다. 그중 일부는 이제 우리 곁에 없다(레이첼 카슨Rachel Carson, 엘리자베스 만 보르게제Elisabeth Mann Borgese, 알래스테어 쿠퍼Alastair Couper 등). 다른 이들은 현재 해양학(실비아 얼Sylvia Earle, 캘럼 로버츠Callum Roberts 등), 법학, 역사학, 사회과학(필립 스타인버그Philip Steinberg, 피터 파요요Peter Payoyo, 데이비드 아불라피아David Abulafia, 라레 칼릴리Laleh Khalili, 리엄 캠플링Liam Campling, 알레한드로 콜라스Alejandro Colás, 수라비 랑가나탄Surabhi Ranganathan 등) 분야에서 활발히 활동 중이다. 나는 이들이 바다와 사회의 연결을 이해하는 데 기여한 바에 깊이 존경을 표한다.

나는 철학과 정치이론을 전공했지만, 이처럼 폭넓은 문헌에 몰두한 경험은 무척 뜻깊었다. 나는 바다가 학계뿐 아니라 더 넓은 사회로부터 옹호받아야 한다고 굳게 믿는다. 이 책이 바다의 미래를 둘러싼 중요한 논의를 더 많은 독자에게 열어주는 데 조금이나마 기여할 수 있다면, 나는 이 시간을 가치 있게 보냈다고 생각할 것이다.

예일대학교 출판부 편집자 조 고드프레이Jo Godfrey에게는 현명한 조언과 이 프로젝트에 처음부터 보여준 열정에 대해 감사드린다. 여러 장에 걸쳐 서면 피드백을 보내준 데이비드 오웬David Owen, 파울라 카살Paula Casal, 제프 세보Jeff Sebo, 키안 민츠-우Kian Mintz-Woo, 제이미 드레이퍼Jamie Draper, 엘로이즈 하딩Eloise Harding, 리오 에레즈Lior Erez, 벤 손더스Ben Saunders, 알렉스 매클로플린Alex McLaughlin, 스테판 안드레아손Stefan Andreasson에게도 깊이 감사드린다.

나는 캐나다 워털루대학교, 바르셀로나 폼페우 파브라대학교, 팔레르모대학교, 위트레흐트 네덜란드 해양법 연구소, 프랑크푸르트 괴테대학교, 예루살렘 히브리대학교, 베른대학교, 베를린 글로벌 커먼즈 및 기후변화에 대한 메르카토르 연구소, 스톡홀름 미래연구소 등에서 -때로는 온라인으로- 이 책의 초고 일부를 발표할 기회를 얻었다. 이들 기관에서 받은 유익한 피드백과 격려, 그리고 이 책이 쓸 만한 가치가 있다는 확신에 깊이 감사드린다.

이 책이 연례 '요크 정치이론 원고 워크숍'에 선정된 것은 큰 행운이었다. 팬데믹의 어려움 속에서도 2021년 3월에 이 행사를 개최해 준 모니카 브리토-비에이라Monica Brito-Vieira와 가브리엘레 바다노Gabriele Badano에게 깊은 감사의 뜻을 전한다. 워크숍에서 카라 나인Cara Nine, 디미트리오스 에프티미우, 토비아스 틸레Tobias Theile, 페트라 큄플로바는 여러 장에 대해 사려 깊고 자극적인 피드백을 보내주었고, 다른 참가자들과 함께 이 행사를 의미 있고 생산적인 시간으로 만들어 주었다.

2018~2019년에는 영국 아카데미 리버흄 연구재단의 지원으로 해양 정의를 주제로 선임 연구 펠로우십을 받을 수 있었다. 이 책의 작업을 본격적으로 시작할 수 있도록 기회를 준 이 기금의 후원자들에게 감사를 표한다. 또한 『정치철학 저널Journal of Political Philosophy』이 제6장에 수록한 내 논문 「남용, 착취 그리고 부유하는 관할권: 바다에서의 노동자 보호Abuse, Exploitation and Floating Jurisdiction: Protecting Workers at Sea」를 재수록할 수 있도록 허락해 준 것, 그리고 『갱신: 사회민주주의 저널Renewal: A Journal of Social Democracy』이 제9장에서 논문 「블루 뉴딜?」을 활용할 수 있도록 허락해 준 데에도 감사드린다.

마지막으로, 내 가족의 지지에 진심으로 감사드린다. 이 프로젝트는(아마도 내가 지금까지 쓴 어떤 책과도 달리) 언제나 내 아이들인 펠릭스Felix, 레너드Leonard, 야스민Yasmin에게 시의적절하고 흥미로우며 중요한 작업으로 여겨졌다. 지난 몇 년 동안 아이들은 수많은 질문과 아이디어를 들고 내게 다가왔고, 고래나 남획, 플라스틱 오염에 관한 글을 읽은 뒤에는 "이 주제도 책에 넣을 거예요?"라고 묻곤 했다. 나는 "그럼!"이라고 기쁘게 대답할 수 있었다. 소피아Sophia 역시 내가 힘들어할 때마다 큰 인내심으로 지켜봐 주었고, 이 주제가 충분히 노력할 만한 가치가 있다고 줄곧 믿어 주었다. 이 책을, 바다를 사랑하는 비범한 사람 소피아에게 사랑을 담아 바친다.

용어 해설

심해저the Area: 공해 아래 위치한 깊은 해저로, 개별 국가가 아닌 국제해저기구의 관할에 속한다.

국가 관할권 바깥 해역Areas Beyond National Jurisdiction, ABNJ: 어떤 국가도 통제할 수 없는 해양 영역으로, 공해와 심해저를 모두 포함한다.

국가 관할권 바깥의 생물다양성Biodiversity Beyond National Jurisdiction, BBNJ: 국가 관할권 바깥 해역에 서식하는 야생 생물과 유전자 자원을 의미하며, 그 이용을 규제하기 위한 국제 조약이 마련 중에 있다.

대륙붕continental shelf: 해안선으로부터 최대 200해리(일부 경우에는 350해리 이상)까지 뻗어 있는 해저 구역으로, 해당 연안국은 이 구역 내 천연자원에 대한 관할권을 가진다.

배타적 경제수역Exclusive Economic Zone, EEZ: 해안선으로부터 최대 200해리까지의 해역으로, 해당 연안국은 이 수역 내 천연자원에 대한 관할권을 가진다.

배타적 기국 관할권Exclusive Flag State Jurisdiction, EFSJ: 선박이 공해상에 있을 때 해당 선박에 대한 법적 권한은 오직 그 선박이 등록된 국가, 즉 기국에만 있다는 원칙.

편의치적便宜置籍, Flag of Convenience, FOC: 편의치적국은 자국 깃발을 단 선박의 활동을 형식적으로만 감독한다. 따라서 편의치적은 불법 어업과 노동권 침해에 법적 외피를 제공한다.

기국Flag State: 선박이 항해 중 걸고 있는 '깃발'의 국가. 이 국가는 선원과 승객에 대한 법적 감독을 수행해야 한다.

바다에서의 자유Freedom of the Sea: 영해 바깥 해역에서는 모든 국가가 어업, 항해, 기타 평화적 해양 이용에 자유롭게 참여할 수 있어야 한다는 법적 원칙.

공해公海, High Seas: 어느 국가의 관할에도 속하지 않는 해양 영역.

국제해저기구International Seabed Authority, ISA: 현행 해양법에 따라 심해저에서의 해저 광물 채굴을 규제하기 위해 설립된 기구.

해양보호구역Marine Protected Area, MPA: 해양 생태계를 보호하기 위해 일정 수준의 상업 활동이 제한되는 구역. 가장 엄격하게 보호되는 구역은 해양절대보호구역Marine Reserve이라 불린다.

해리海里, Nautical Mile: 해상에서 일반적으로 사용되는 거리 단위로, 1해리는 1,852m 또는 약 1.151 육상 마일에 해당한다.

신국제경제질서New International Economic Order, NIEO: 1960~70년대 탈식민 국가들이 제안한 더 평등하고 참여적인 세계 질서에 대한 비전.

지역수산관리기구Regional Fishing Management Organisation, RFMO: 회원국들이 어획량 제한에 대해 협상할 수 있도록 하는 기구. 수십 개의 RFMO가 공해상의 여러 해역과, 때로는 서로 다른 어종에 대해 어업 활동을 관리하고 있다.

영해territorial Sea: 연안국으로부터 12해리 이내의 해역으로, 일반적으로 해당 국가의 법률이 적용되는 것으로 간주된다.

유엔 해양법협약United Nations Convention on the Law of the Sea, UNCLOS: 흔히 '바다의 헌법Constitution for the Ocean'으로 간주되며, 1982년에 서명되어 1994년에 발효되었다.

들어가며

지구 표면의 70%는 물로 덮여 있다. 광대한 세계 해양은 지구상 거주 가능한 공간의 대부분을 차지하지만, 우리는 그 사실을 제대로 인식하지 못한 채 다양한 방식으로 바다에 의존하고 있다. 바다는 어쩌면 200만 종에 이르는 생명체의 서식지이며, 이 중 상당수는 아직 과학계에도 알려지지 않았다.[1] 그럼에도 불구하고, 현대 정치에 관심 있는 사람이라면 바다가 정말 존재하느냐고 되묻고 싶어질지도 모른다. 놀랍게도 전 세계 정부 중 해양부를 설치한 경우는 드물며(한국과 캐나다는 보기 드문 예외다),[2] 정치인이 바다를 의제로 내세워 선거운동을 펼치는 일도 거의 없다(다만, 2016년 브렉시트 국민투표에서는 어업이 주요 쟁점으로 떠오른 바 있다). 바다는 일반 시민이 거의 알지 못하는 복잡한 국제법의 지배를 받고 있다. 바쁜 일상을 살다 보면,

---

1 Camilo Mora et al., 'How Many Species are there on Earth and in the Ocean?', *PLoS Biology*, vol. 9, no. 8 (2011), e1001127.

2 Patricio Bernal, 'State Ocean Strategies and Policies', in Hance Smith et al. (eds), *Routledge Handbook of Ocean Resources and Management* (Abingdon: Routledge, 2017), pp. 33–54, at p. 45.

바다와 그 정치, 해양법 같은 것들을 중력이나 인터넷처럼 마음속 어딘가에 넣어두고, 생각하지 않아도 저절로 작동하는 것으로 여기고 싶어질 수 있다. 바다의 거대한 규모와 영속성은 그것이 결코 훼손되지 않을 것이라는 착각을 불러일으킨다.

하지만 이러한 가정은 중대한 착각이다. 바다가 생명을 유지하고 천연자원을 끝없이 공급해 줄 것이라 여기는 태도는 더 이상 유효하지 않다. 바다가 완전히 사라지지는 않겠지만, 심각한 위기에 처해 있다는 사실은 분명하다. 지난 30년 동안 해양 생태계는 인류 역사상 가장 극적인 변화를 겪었다.3 그러나 온난화, 산성화, 산소가 거의 없거나 전혀 없는 '데드존dead zones'의 확산 등 지금도 진행 중인 물리적·화학적 변화는 결코 낯선 현상이 아니다. 지구의 과거를 연구하는 과학자들에게 이는 오히려 불길할 만큼 익숙한 징후들이다. 각각의 변화는 지구 역사에서 대규모 생물 멸종을 유발한 핵심 요인들이었다. 지구는 지금까지 최소 다섯 차례의 대멸종을 겪었으며, 그때마다 생명체는 극심한 환경 변화에 적응하려 사투를 벌였다. 그 결과, 생물다양성은 급격히 붕괴되었다. 다섯 번째 대멸종은 약 6,500만 년 전 거대한 운석 충돌로 시작되었고, 그 여파로 공룡을 비롯한 수많은 종이 지구상에서 사라졌다. 많은 과학자는 현재

---

3   Kristina Gjerde, 'Challenges to Protecting the Marine Environment beyond National Jurisdiction', *International Journal of Marine and Coastal Law*, vol. 27 (2012), pp. 839–847, at p. 839.

인류가 여섯 번째 대멸종의 초입에 들어섰다고 본다.4 이번의 결정적 차이는, 그 원인이 자연재해가 아니라 대부분 인간의 행위에 있다는 점이다.

특히 기후변화는 바다를 생명과 부의 원천에서 생명과 생계를 위협하는 존재로 빠르게 바꾸고 있다. 해수면 상승은 세계 지도를 다시 그릴 것이며, 일부 국가는 아예 사라질 수도 있다. 여기에 오염, 남획, 서식지 파괴까지 더해지면 우리는 전례 없는 문제들이 한꺼번에 밀려드는 '퍼펙트 스톰perfect storm'과 마주하게 된다. 이 폭풍을 견뎌낼 수 있을지, 아니면 파괴의 흐름을 되돌릴 수 있을지는 앞으로 몇 년간 우리가 어떤 선택을 하느냐에 달려 있다. 그 첫걸음은 바다가 인간의 행위로 훼손되기에는 너무 거대하다는 착각을 버리는 것이다. 과거 금융 위기 이전의 대형 은행들과 마찬가지로, 바다 역시 '망하기에는 너무 큰' 존재가 아니다.5 우리는 수많은 방식으로 우리를 지켜주는 바다가 스스로 더 잘 보호받을 수 있도록 무엇을 해야 하는지 진지하게 고민해야 한다. 더는 시간을 낭비할 여유가 없다.

여기에는 환경 위기와 얽힌 또 다른 해양 위기, 곧 불평등의 위기도 존재한다. 최근 몇 년간 해양 과학자들은 '블루 가속Blue Acceleration'이라 불리는 현상을 경고해 왔는데, 이는 바다에서 자원

---

4   Elizabeth Kolbert, *The Sixth Extinction: An Unnatural History* (London: Bloomsbury, 2014).

5   Jane Lubchenco and Steven Gaines, 'A New Narrative for the Ocean', *Science*, 364:6444 (2019), p. 911.

착취의 속도와 강도가 급격히 높아지고 있다는 뜻이다.6 우리는 경제를 움직이는 원자재를 얻기 위해 점점 더 바다에 의존하고 있으며, 그 의존도가 커질수록 승자와 패자의 격차도 뚜렷해지고 있다. 그 전선은 이미 눈앞에 드러났다. 어업이 점점 산업화되면서, 소규모 '맨손 어업' 어민들은 폭 1.6km에 달하는 그물을 장착하고 위성 기술까지 동원하는 대형 선박과 경쟁하느라 고군분투하고 있다. 화석연료 산업은 여전히 더 많은 석유와 가스를 확보하기 위해 해저로 눈을 돌리고 있으며, 우리가 그 화석연료를 계속 태운다면 지구는 기후 재앙으로 내몰릴 수밖에 없다. 이처럼 바다에서 비롯되는 경제적 수익은 대부분 소수의 부유한 이들에게 집중된다. 우리가 사용하는 노트북과 충전식 배터리 같은 첨단 제품은 코발트, 니켈, 망간, 리튬 등 점점 희소해지는 광물에 의존하며, 이 광물들은 심해에 대량 분포해 있다. 그러나 이를 채굴하려면 막대한 기술과 자본이 필요하며, 현실적으로는 극소수의 부유한 기업만이 감당할 수 있다.

우리 경제가 지금 빅토리아 시대 이후 유례없는 수준의 불평등을 다시 겪고 있다는 점에서, 이는 매우 현실적인 위협이다. 전 세계 인구 중 가장 부유한 상위 10%는 지구 자원의 절반가량을 소비하고, 세계 부의 절반 이상을 소유하며, 탄소 배출의 거의 절반에 책임이 있다.7 이 엘리트 계층은 주로 미국, 영국, 캐나다, 독일, 호

---

6 Jean-Baptiste Jouffray et al., 'The Blue Acceleration: The Trajectory of Human Expansion into the Ocean', *One Earth*, vol. 2 (2020), pp. 43–54.
7 상위 10%의 소득과 부에 관해서는 다음을 보라. Facundo Alvaredo et al., 'The Elephant

주 등 북반구 국가의 사람들로 구성되어 있으며, 반면 남반구 사람들은 전 세계 빈곤층의 대다수를 차지한다. 그러나 불평등은 단순히 북반구와 남반구 간의 문제가 아니다. 무엇보다 상위 10%는 점점 더 세계화된 계층이 되고 있으며, 중국·인도·중동의 부유한 개인들 또한 빠르게 이 계층에 진입하고 있다. 일부는 이미 세계 상위 1%에 포함되었다.[8] 동시에, 최근 수십 년간의 경제 변화 속에서 북반구 내 다수—특히 노동계급, 실업자, 소수 민족 집단—는 점점 더 경제적 안정에서 멀어지고 있다. 오늘날의 정치 지형은 상위 10%와 나머지 90%가 맞붙는 구도이며, 상위 10%는 과도한 정치적 영향력을 바탕으로 다수의 이익이 아닌 자신의 이해관계에 유리한 방식으로 게임의 규칙을 설정해 왔다. 해저를 둘러싼 새로운 골드 러시는 이러한 부와 권력의 격차를 더욱 심화시킬 수 있는 매우 현실적인 위협이다.

오늘날 해양 정치의 문제를 단적으로 드러내는 사례가 있다. 2019년 2월, 거의 주목받지 못한 한 뉴스 기사에는 자메이카 킹스턴에서 열린 국제해저기구International Seabed Authority, ISA 평의회 회의에서 벌어진 일이 전해졌다. 국제해저기구는 심해저the Area 광물 채굴을 규제하는 전 세계적 기구로, 미국이나 러시아 같은 강대국부터

Curve of Global Inequality and Growth', *AEA Papers and Proceedings*, vol. 108 (2018), pp. 103–108. 이들의 탄소 배출에 대해서는 다음을 보라. Thomas Piketty and Lucas Chancel, *Carbon and Inequality: From Kyoto to Paris*, Paris School of Economics Working Paper (2015).

8 Sudhir Anand and Paul Segal, 'Who Are the Global Top 1%?', *World Development*, vol. 95 (2017), pp. 111–126.

나우루, 키리바시 같은 작은 섬나라까지 다양한 국가가 회원국으로 참여하고 있다. 이들은 원칙적으로 해저 채굴이 지속 가능하고 공정하게 이루어지도록 감시해야 할 책임이 있다. 그런데 그 회의에서 벨기에 대표가 발언을 시작하자 회의장에 웅성거림이 일었다. 그가 외교관이나 정부 소속 법률가가 아니라, 벨기에 해저 채굴 기업의 민간 임원이었기 때문이다. 같은 회의에서 남태평양의 나우루를 대표해 발언한 인물 역시, 캐나다에 등록된 한 광산기업의 최고경영자였다.9 한 국가가 국제기구의 중대한 의사결정 권한을, 공공에 책임을 지지 않는 민간 기업의 수장에게 넘기는 일이 가능하다면, 그것은 분명 심각한 문제다. 이는 정치의 중심을 90%가 아닌 상위 10%에게 넘기는 일이며, 해양 자원을 둘러싼 기업의 착취 행위가 초래할 파괴적 결과를 뒷전으로 미루는 정치 구조를 방치하는 것이기도 하다. 앞으로 살펴보겠지만, 해저 채굴이 해양 환경에 미칠 잠재적 영향에 대해서는 깊은 우려가 존재하며, 이는 애초에 그런 채굴이 이루어져서는 안 된다는 의미일 수도 있다. 그런 점에서 해저 채굴 기업의 임원을 해양의 미래를 논의하는 공식 국제회의에 참여시키는 일은, 닭장을 지키라고 여우를 들여보내는 것과 다를 바 없다. 당시에도 충분히 눈살을 찌푸리게 만들었지만, 이 사례는 해양 정치가 얼마나 공적 논의의 장에서 멀어져 있고, 정부와 기업의 이해관

---

9   Greenpeace International, *Deep Trouble: The Murky World of the Deep Sea Mining Industry* (London: Greenpeace International, 2020), p. 25.

계가 얼마나 밀접하게 얽혀 있는지를 분명히 보여준다.

해양 정치의 문제를 보여주는 또 다른 사례는 심해의 '해양 유전자 자원'이다. 이 깊은 바다에는 열과 빛이 거의 없는 극한 환경에 적응한 수많은 생명체가 서식하고 있으며, 많은 과학자는 이들의 유전자 코드가 미래 의학의 중요한 돌파구가 될 수 있다고 본다. 예를 들어, 실험실에서 해독·재생산된 해파리의 유전자가 암이나 다발성 경화증 같은 질환에 효과적인 치료법으로 이어질 수도 있다. 그렇다면 이런 유전자 정보는 누가 확보하고, 누가 소유해야 하는가? 만약 특정 기업이 이를 소유하게 된다면, 해당 유전자를 기반으로 한 의약품에 대해 특허를 등록하고, 그 가격을 자의적으로 책정할 수 있다. 반면, 국제 사회가 이를 공동으로 소유한다면, 유전자 정보는 더 널리 활용될 수 있으며, 그 수익은 빈곤, 기후위기, 플라스틱 오염 같은 전 지구적 문제 해결에 쓰일 수도 있다. 그러나 실제로는 어느 국가의 관할에도 속하지 않는 '공해公海, High Seas'에서 '선착순 우선 원칙'이 적용되고 있다. 현재 단 하나의 기업이 해양 유전자 자원에서 발생한 전체 특허의 47%를 보유하고 있다.[10] 반면, 첨단 유전공학 연구소에 투자할 여력이 없는 많은 국가는 이로부터 아무런 이익도 얻지 못하고 있다.

이 책의 핵심 주장은 분명하다. 환경 파괴와 불평등 심화를 막기 위해서는 새로운 해양 정치가 필요하다는 것이다. 다른 길로 나아가는 일은 가능할 뿐 아니라 필수적이며, 그 출발점은 현재의 해양 정치가 더 이상 목적에 부합하지 않는다는 현실을 인식하는 데 있다.

지금의 해양 법제와 제도는 지나치게 파편화되어 있고, 지나치게 약하며, 해양 환경 파괴와 불평등의 흐름을 되돌리기에는 강력한 기득권 세력에 너무 쉽게 흔들린다. 이에 비해 새로운 해양 정치는 평등과 지속 가능성을 핵심 가치로 삼는다. 이는 더 이상 엘리트만이 비공개로 핵심 결정을 내리고, 정치인과 강력한 경제 세력 간의 밀착을 은폐하는 정치가 아니라, 전 세계 시민이 공유 자산인 바다의 거버넌스에 함께 참여하는 정치여야 한다. 새로운 해양 정치는 취약한 이들을 보호할 것이다. 해수면 상승으로 삶의 터전을 위협받는 이들, 세계 최악의 노동 환경에 처한 해양 노동자들, 그리고 우리의 법적·정치적 제도에서 자주 망각되는 미래 세대와 해양 생물들까지 포함된다. 또한 지속 가능한 해양 산업이 창출하는 이익이 일부 북반구 기업에 독점되지 않고, 더 널리 공유되도록 보장하는 것을 목표로 삼는다.

  이 책의 마지막 장은 전 세계 바다의 80%를 인간의 간섭으로부터 강력히 보호하고, 생태적 풍요를 회복해 바다를 다시 생물다양성의 안식처로 되돌리는 급진적 비전을 제시한다. 지속 가능한 해양 산업이 가능하다면, 그것은 기업의 이윤 축적이 아니라 다수를 위한 사회적·경제적 혜택을 실현하는 방향으로 설계되어야 한다. 바다는 다양한 방식으로 우리의 삶을 지탱한다. 위안과 평온을 제공하고,

---

10 Robert Blasiak et al., 'Corporate Control and Global Governance of Marine Genetic Resources', *Science Advances*, vol. 4, no. 6 (2018), eaar5237, p. 2.

활기찬 생태계를 유지하며, 수천만 명의 생계를 떠받치고, 탈탄소 경제로의 전환에도 기여할 수 있다. 그러나 새로운 해양 정치로 나아가기 위해서는, 육지에서 파괴를 일삼아 온 강력한 기득권 세력이 바다에서도 동일한 파괴를 반복하지 못하도록 맞서야 한다. 우리는 생태적 파괴와 불평등이라는 악순환의 항로를 계속 따를 수도 있지만, 방향을 바꿀 수도 있다. 그리고 반드시 그래야 한다. 이 책은 그 변화를 어떻게 실현할 수 있을지를 보여준다.

이 책은 해양 정치를 새롭게 설계하기 위한 항로를 설정하며, 다섯 개의 핵심 주제를 따라 항해한다. 첫째, 바다가 우리의 미래와 지구의 지속 가능성에 얼마나 중요한지 보여준다. 1장에서는 우리가 누리고 있는 삶이 어떻게 바다에 의해 유지되고 보호받는지를 다양한 방식으로 설명한다. 바다는 우리가 흔히 당연하게 여기는 여러 생태계 기능을 수행하지만, 그것을 가능하게 하는 조건들은 여전히 심각한 환경 위협에 노출되어 있다. 또한 이 장은 바다 경제가 어떻게 육지 기반 경제보다 훨씬 더 심각한 불평등 구조를 내포하게 되었는지 보여준다. 환경 파괴와 불평등 심화라는 이중의 위협을 분명히 인식함으로써, 새로운 해양 정치가 해결해야 할 핵심 과제가 무엇인지 밝혀줄 것이다.

둘째, 이 책은 우리가 어떻게 이러한 상황에 이르게 되었는지를 추적한다. 2장, 3장, 4장은 각각 자유, 인클로저, 평등에 기반해 지금까지 해양 정치를 형성해 온 세 가지 주요 비전을 다룬다. 해양 정치의 역사를 탐구해야만, 지금까지 환경 파괴와 불평등 심화의 위기를 막는 데 실패한 법적·정치적 제도가 어떤 배경에서 어떻게 형성되었는지 이해할 수 있다. 2장과 3장은 자유와 인클로저의 정치가 오늘날의 곤경을 어떻게 만들어 냈는지 설명하고, 4장은 1960~70년대 세계 남반부에서 등장한 더 평등주의적인 대안 모델을 조명한다. 이 장에서는 해양법과 거버넌스의 진화를 따라가며, 더 큰 평등과 지속 가능성을 지향할 수 있었던, 그리고 지금도 여전히 우리에게 영감을 줄 수 있는 대안적 해양 정치 모델을 포함해 우리가 선택하지 않았던 경로들을 살펴본다.

셋째, 이 책은 우리가 미래의 해양 위기에 대응할 때 나침반이 되어 줄 해양 정의의 핵심 원칙들을 제시한다. 5장에서는 해양에 대한 공동의 이해관계, 민주적 포용, 권리 공간으로서의 해양, 지속 가능성, 공정한 이익 공유, 공정한 부담 분담, 공정한 전환이라는 일곱 가지 원칙을 소개한다. 새로운 해양 정치에는 명확한 도덕적 나침반이 필요하며, 이 원칙들은 더 평등하고 지속 가능한 방향으로 우리를 이끄는 지침이 될 것이다. 이 일곱 가지는 이후 장에서 전개될 논지의 기반을 이룬다.

넷째, 이 책은 바다와 밀접하게 얽혀 살아가는 인간과 동물의 주요한 취약성을 다룬다. 6장은 어업에 종사하는 사람들의 인권에 초점을 맞춘다. 바다에서 일하는 이들은 특히 심각한 학대와 착취에 쉽게 노출된다. 이 장은 그들이 왜 그러한 학대에 취약한지, 그 책임은 누구에게 있는지, 그리고 어떻게 보호할 수 있을지를 살핀다.

7장은 해양 동물의 권리에 주목한다. 바다는 수많은 종의 서식지이며, 이들의 권리는 해양 정의를 위한 투쟁의 핵심이 되어야 한다. 이 장에서는 고래, 돌고래, 참돌고래 등 모든 고래목 동물에게 중요한 일련의 권리를 부여해야 한다고 주장한다. 그러나 이는 바다에서의 동물 권리 보호를 위한 논의의 출발점일 뿐이며, 다른 해양 생물의 핵심 권리를 어떻게 지킬 수 있을지도 함께 제시한다. 8장은 해수면 상승이 소규모 섬나라 주민들에게 가져올 위협을 다룬다. 기후변화로 인한 해수면 상승은 수백만 해안 거주자의 생명과 생계를 위협한다. 특히 태평양과 인도양에 흩어진 작은 섬나라들은 비교적 경미한 해수면 상승만으로도 섬 전체가 침수되어 정치 공동체의 존립 자체가 위태로워질 수 있다. 기후변화로 이들 국가는 지도에서 사라질 것인가, 아니면 해수면이 상승하더라도 국가로서의 지위와 정치 공동체를 유지할 수 있을 것인가? 이 장은 안전한 국외 피난처 제공이라는 관점에서, 우리가 각 섬 주민들에게 어떤 책임을 져야 하는지를 다룬다. 또한 해수면 상승으로 섬이 침수되더라도 그들이 정치 공동체로서 존속할 수 있도록 돕는 방안을 제시한다.

끝으로, 이 책의 마지막 두 장은 해양 정치의 미래를 더 체계적으로 조망한다. 이 장들은 현재의 해양 거버넌스 체계가 어떻게 우리 기대를 저버리고 있는지를 보여준다. 이 제도들은 여러 기관으로 분산되어 있고, 각각 다른 원칙에 따라 운영되며, 종종 특정 이익 집단에 연루되어 있기 때문에 평등과 지속 가능성의 길로 나아가는 데 한계를 드러낸다. 해양을 다른 방식으로 통치하는 것이 가능하고 또 반드시 그래야 한다면, 이 책의 궁극적인 목적은 그 대안을 제시하는 데 있다.

9장에서는 불평등과 환경 파괴를 동시에 해결하려는 일련의 정책을 '블루 뉴딜'이라는 이름으로 소개한다. 이 장은 각국이 해안 지역 공동체와 해안 생태계를 재생하기 위해 어떤 정책을 시행하고 있으며, 실제로 일부 국가가 어떻게 이를 실행해 왔는지를 보여준다. 또한 블루 뉴딜의 주요 우선순위와 지금까지 가장 유망한 성공 사례들을 정리한다. 그러나 각국에 개별적으로 맡겨둘 수만은 없다는 점도 강조한다. 지구 남반구의 지역 공동체들은 환경보호와 빈곤 탈출 사이에서 비극적인 선택을 강요받고 있다. 범지구적 블루 뉴딜은 이러한 딜레마를 해소하고, 모두를 위한 뉴딜 정책이 실현되도록 새로운 재원을 확보해야 한다. 9장은 이를 위한 구체적 방안을 제시한다.

이러한 정책들이 전 세계 해안 지역의 미래에 큰 도움이 될 수는 있지만, 이것만으로는 진정한 의미의 새로운 범지구적 해양 정치로 나아가기 어렵다. 10장은 블루 뉴딜 정책을 넘어 해양 정치를 근본적으로 전환할 수 있는 새로운 세계해양기구에 대한 급진적인 주장을 제시한다. 이 제안은 일부 해역만 보호되고 대부분은 방치되는 조각난 해양 구역 체계 대신, 바다의 80%를 강력히 보호하는 새로운 비전을 내놓는다. 세계해양기구는 바다의 대다수를 보호할 책임을 맡고, 시민들이 처음으로 해양 거버넌스에 참여하도록 하며, 미래 세대와 해양 생물의 이익을 대변하는 역할을 한다. 대부분의 경제 활동은 제한되며, 착취가 아닌 보호에 초점을 맞춘다. 지금처럼 바다를 먼저 착취하고 그 결과를 나중에 걱정하는 방식에서 벗어난다면, 단 한 세대 만에 바다의 광범위한 재야생화를 실현할 수 있다. 이러한 접근만이 바다가 지구 생명 전체에 중심적 역할을 한다는 사실을 온전히 반영할 수 있다.

  이 책은 무엇보다도 세계 바다의 미래를 둘러싼 진지한 논의가 더 이상 미뤄져서는 안 된다는 절박한 문제의식을 바탕으로 쓰였다. 활동가, 정치인, 그리고 우려하는 시민들이 이 사실을 점점 더 인식해 가고 있다. 내 목표는 지구의 푸른 영역에서 정의를 둘러싼 논의가 더욱 활발히 이루어지도록 영감을 불어넣고, 우리가 선택할 수 있는 가능성의 지평을 넓히는 데 있다. 바다가 생물다양성의 안식처로 남고, 소수 특권층이 아닌 전 세계 사람들의 생계를 지지하는 경로로 진환될 수 있을까? 이보다 시급한 질문은 없다. 해양에 관한 잘 알려진 은유를 빌리자면, 초대형 유조선의 방향을 바꾸는 일은 매우 느리고 더디다. 이 위험한 기후변화의 시대, 즉 화석연료 의존도를 급격히 줄일 수 있는 시간이 어쩌면 10년밖에 남지 않은 지금, 우리가 바다를 위해 할 일에 대해 좌고우면할 여유는 없다.

1
생명의 근원

대다수 과학자에 따르면, 지구상의 생명은 바다에서 시작되었으며, 지구 역사 전체의 10분의 9에 해당하는 시간 동안 생명은 오직 바다에만 존재했다.[1] 오늘날에도 바다는 인간의 생존은 물론, 지구 전체의 건강을 유지하는 데 필수적이다. 바다는 지구를 -인류가 지금까지 발견한 대부분의 다른 세계와 달리- 생명체가 살 수 있는 환경으로 만드는 핵심 역할을 수행한다. 그러나 지금 바다는 수많은 중첩된 환경 위협에 직면해 있다. 점점 더 집약적인 경제 활동의 대상이 되면서, 그 연약한 생태계는 갈수록 심각한 압력을 받고 있다. 이 장에서는 우리의 삶과 생계가 어떻게 건강한 바다에 의존하고 있는지를 살펴보는 한편, 건강하고 정의로운 번영의 미래를 위협하는 환경적·사회적 도전 과제들을 조명한다.

---

1   Jesús Arrieta et al., 'What Lies Underneath: Conserving the Oceans' Genetic Resources', *Proceedings of the National Academy of Sciences*, vol. 107, no. 43 (2010), pp. 18318-18324.

생명 유지 장치로서의 바다

바다가 없다면, 고등 생명체가 지구에서 어떻게 출현했고, 또 어떻게 그렇게 오랫동안 생존할 수 있었는지 설명하기란 어렵다. 바다가 수행하는 가장 핵심적인 기능 중 하나는 온도 조절이다. 태양은 태양계의 가까운 영역에 막대한 열에너지를 쏟아붓는다. 바다는 지구에 도달하는 에너지의 대부분을 흡수하며, 그로 인해 지구의 실제 온도는 거의 변하지 않는다. 과학자들에 따르면, 바다는 '비열heat capacity'2이 매우 높아, 지표의 70%를 덮고 있는 이 거대한 물의 담요는 기온의 급격한 변화를 완화하는 역할을 한다. 그래서 무더운 날 우리는 달아오른 모래를 피해 차가운 바다로 달려 들어간다. 모래와 바다는 모두 여름 태양으로부터 열에너지를 흡수하지만, 모래는 빠르게 데워지는 반면, 바다는 그렇지 않기 때문이다. 바다가 없는 세상이 어떤 모습일지 상상하고 싶다면, 넓은 수역이 존재하지 않는 달을 떠올려 보라. 어느 날 밤, 맨몸을 드러낸 달 표면의 한 지점이 태양에서 멀어졌다가 다시 태양 쪽으로 향할 때를 상상해 보자. 그림자에서 빛으로 바뀌는 순간, 표면 온도는 화씨 영하 280도에서 영상 260도(또는 섭씨 영하 173도에서 영상 126도)까지 극적으로 요동친다. 지구의 기후가 이토록 온화한 것은 무엇보다도 바다 덕분이다.

---

2   [역주] 물질의 온도를 1도 올리는 데 필요한 열의 양. 비열이 높을수록 많은 열을 흡수해도 온도 변화는 작다.

극심한 더위와 추위 역시 거대한 해류에 의해 완화된다. 해류는 적도에서 극지방으로, 다시 극지방에서 적도로 끊임없이 물을 순환시킨다. 그중 하나인 멕시코 만류Gulf Stream는 북대서양을 가로지르며, 매초 약 550조 칼로리의 열에너지를 운반한다.[3] 이러한 해류가 없다면, 열대 지역은 견딜 수 없을 만큼 뜨거워지고, 북반구와 남반구는 훨씬 더 추워질 것이다. 내가 살고 있는 유럽은 아마 얼어붙은 황무지로 변했을 것이다. 우리 몸도 이와 유사한 방식으로 체온을 조절한다. 전체의 약 5분의 4가 물로 이루어진 혈액이 순환하면서, 외부 날씨와 상관없이 체온을 일정하게 유지하고 극단적인 온도로부터 우리를 보호한다. 바다는 지구의 위대한 물리적 평형 장치다. 그 존재가 없었다면, 우리는 도저히 견딜 수 없었을 극한의 환경 속에 놓였을 것이나.

바다는 지구의 기상 패턴과 물 순환을 움직이는 원동력이기도 하다. 매일 엄청난 양의 물이 바다에서 증발해 비로 내리고, 강을 따라 다시 바다로 흘러든다. 우리가 마시는 물 한 방울은 지구의 오랜 역사 속에서 평균적으로 백만 번 이상 바다를 순환해 왔다. 바다는 또한 전 세계 대부분의 폭풍과 기상 패턴이 시작되는 장소다. 이는 축복이자, 동시에 저주다. 인도와 아프리카 사헬 지역에서는 수억 명의 식량을 책임지는 농작물이 바다에서 발생한 거대한 몬순에

---

[3] Dorrik Stow, *Oceans: A Very Short Introduction* (Oxford: Oxford University Press, 2017), p. 42.

의존한다. (인도에서 몬순 시즌을 겪어 본 사람이라면, 그 엄청난 비의 양을 결코 잊지 못할 것이다.) 폭풍은 생명과 생계를 위협할 수 있으며, 기후변화가 가속화되는 오늘날에는 그 위험이 더욱 커지고 있다. 하지만 많은 지역에서는 바다가 스스로 보호막이 되기도 한다. 산호초와 다시마숲 같은 자연 지형은 폭풍과 거센 파도로부터 육지를 보호한다.

바다는 대기와도 중요한 관계를 맺고 있다. 우리가 숨 쉴 수 있는 것도 식물성 플랑크톤이라는 작은 바다 생물의 활동 덕분이다. 이들은 지구 산소의 약 70%를 방출하는데, 이는 한때 교과서에서 '지구의 허파'로 불렸던 육지의 식물과 나무보다 훨씬 많은 양이다. 또한 이들은 식물 생장에 필수적인 질소를 순환시킨다. 만약 바다의 온난화와 산성화로 플랑크톤 개체수가 붕괴된다면, 지구 생명체에 치명적인 영향을 미칠 수 있다.[4] 이와 못지않게 중요한 기능은 바다가 거대한 탄소 흡수원으로 작용한다는 점이다. 최근 수십 년간 산업과 농업은 막대한 양의 이산화탄소를 대기로 방출해 지구의 점진적인 온난화를 초래해 왔다. 하지만 바다가 대기보다 50배 이상 많은 이산화탄소를 저장하며 가장 중요한 탄소 흡수원으로 기능하지 않았다면 상황은 훨씬 더 나빠졌을 것이다. (여기서도 바다의 플랑크톤에 경의를 표해야 한다.)[5] 그러나 바다가 흡수할 수 있는 탄소의 양에는 한

---

[4] Yadigar Sekerci and Sergei Petrovskii, 'Mathematical Modelling of Plankton-Oxygen Dynamics Under the Climate Change', *Bulletin of Mathematical Biology*, vol. 77, no. 12 (2015), pp. 2325-2353.

[5] Stow, *Oceans: A Very Short Introduction*, p. 80.

계가 있으며, 그 한계를 넘어서면 위험한 화학적·생물학적 변화가 일어난다. 예를 들어, 해수에 탄소가 많을수록 산성도가 높아지고, 플랑크톤이 생존하기 어려워진다. 플랑크톤이 사라진 바다는 결국 우리 모두에게 끔찍한 미래를 의미한다.

육지에 비해, 바다와 그 생명망에 대한 우리의 지식은 여전히 초보적인 수준에 머물러 있다.[6] 하지만 과학이 발전할수록 바다가 지구 생명의 중심이라는 사실은 더욱 명확해지고 있다. 바다가 없었다면, 우리 행성에 생명 자체가 존재하지 않았을지도 모른다. 그리고 건강한 바다가 없다면, 지구상 모든 생명체의 미래는 암울할 것이다.

풍요의 원천으로서의 바다

대부분의 사람들은 육지에서 살아간다. 우리의 식량도 대부분 육지에서 재배된다. 우리는 그 위에서 일하고, 놀고, 휴식한다. 이에 비해 바다는 종종 "눈에서 멀어지고, 마음에서도 멀어진다."[7] 많은 사회에서 바다와의 물리적 접촉은 실제로 줄어들고 있다.[8] 항공 여

---

[6] Meryl Williams et al., 'Making Marine Life Count: A New Baseline for Policy', *PLoS Biology*, vol. 8, no. 10 (2010), pp. 1-5.

[7] Michael Orbach, 'Beyond the Freedom of the Sea: Ocean Policy for the Third Millennium', *Oceanography*, vol. 16, no. 1 (2003), pp. 20-29, at p. 21.

[8] Philip Steinberg, 'It's So Easy Being Green: Overuse, Underexposure, and the Marine Environmentalist Consensus', *Geography Compass*, vol. 2, no. 6 (2008), pp. 2080-2096, at pp. 2086-2087.

행의 보편화로 장소 간 이동 수단으로서의 바다에 대한 의존은 크게 줄었고, 어업 역시 첨단화되면서 더 이상 해안 지역 사회에 대규모 고용을 제공하지 않게 되었다.

이로 인해 바다가 우리 삶에서 주변적 존재라는 인상을 줄 수 있지만, 이는 매우 위험한 착각이다. 우리가 그 가치를 인식하든 아니든, 우리의 삶은 바다와 밀접하게 얽혀 있다. 전 세계 인구의 절반 가까이가 해안 인근에 거주하고 있으며, 대도시의 3분의 2는 하구나 삼각주 주변에 자리 잡고 있다.9 시간이 흐를수록 바다는 인간의 부와 웰빙에 덜 중요한 것이 아니라, 오히려 더 중요한 존재가 되고 있다. 힌두교 서사시 〈마하바라타Mahābhārata〉에서는 바다를 "물고기가 넘쳐나고, 진주의 광산이며, 광활한 물의 안식처"로 묘사했다.10 오늘날 우리는 '블루 가속'이라 불리는 흐름 속에서 경제의 중심이 점차 바다로 옮겨가는 모습을 목격하고 있다. 21세기 첫 10년 동안 발견된 주요 석유·가스 매장지의 70%가 연안 해역에 있었다.11 물론 기후 안정을 위한 목표를 고려하면, 이들 대부분은 그대로 보존되어야 한다. 그러나 화석연료에서 벗어나는 느리고 고통스러운 전환의 과정 속에서도 우리는 다시 바다로 향하고 있다. 풍력은 이미

---

9   Stow, *Oceans: A Very Short Introduction*, p. 153.
10   *The Mahābhārata Volume 2*, trans. J.A.B. van Buitenen (Chicago: University of Chicago Press, 1975), p. 589.
11   Salit Kark et al., 'Emerging Conservation Challenges and Prospects in an Era of Offshore Hydrocarbon Exploration and Exploitation', *Conservation Biology*, vol. 29, no. 6 (2015), pp. 1573–1585, at p. 1574.

전 세계 전력 수요의 약 3%를 충당하며, 대부분 해상에서 생산된다.12 파력波力도 아직 거의 활용되지 않은 거대한 자원이며, 바닷속 온도 차를 활용할 수 있게 되면 풍력과 파력을 합친 것보다 무려 1만 배 이상의 에너지를 얻을 수 있다.13

우리는 바다에서 많은 광물도 채취하고 있다. 모래와 자갈 같은 '골재'는 화석연료 다음으로 세계에서 가장 중요한 '채굴' 산업의 기반이며, 그중 상당량이 해저에서 퍼 올려진다. 심해 점토에는 컴퓨터 칩, 휴대전화 등 첨단기기 제조에 필수적인 희토류 원소가 포함되어 있는데, 이는 육지에서 점점 희소해지고 있다. 심해저에는 '다중 금속polymetallic' 광물이 널리 분포되어 있으며, 이제 막 본격적인 개발 단계에 접어들고 있다. 특히 북동 태평양의 클라리온-클리퍼튼Clarion-Clipperton 광구에는 코발트, 탈륨, 니켈, 이트륨 등이 매장되어 있으며, 이는 육지에 알려진 전체 매장량을 능가한다.14 이러한 자원에 대한 접근은 미래 산업의 핵심 원료에 대한 통제권을 의미한다.

블루 가속은 우리가 먹고사는 방식에도 영향을 미치고 있다. 약 1만 2천~3천 년 전 문명 이전 시기까지 인간은 야생 식물 채집, 수

---

12 John Kaldellis et al., 'Environmental and Social Footprint of Offshore Wind Energy. Comparison with Onshore Counterpart', *Renewable Energy*, vol. 92 (2016), pp. 543–556, at p. 544.

13 Stow, *Oceans: A Very Short Introduction*, p. 137.

14 James Hein and Kira Mizell, 'Ocean Minerals', in Hance Smith et al. (eds), *Routledge Handbook of Ocean Resources and Management* (Abingdon: Routledge, 2017), pp. 296–309, at p. 306.

렵, 어획을 통해 식량을 얻었다. 이후 채집과 수렵은 대부분 사라지고, 그 자리를 산업화된 농업과 축산업이 대신하게 되었지만, 우리는 여전히 야생 어류를 대규모로 포획하고 있다. 세계 남반구 수억 명은 물고기를 주요 단백질과 미량 영양소의 공급원으로 삼고 있다.15 이들 중 상당수는 다른 선택지가 거의 없기 때문에, 남획이나 기후변화로 어류 자원이 붕괴되면 대규모 영양 위기로 이어질 수 있다.16 어업은 거대한 산업이기도 하다. 세계은행은 어류 무역의 가치가 육류, 치즈, 우유 등 다른 동물성 식품 무역을 훨씬 초과한다고 추정한다.17

이러한 사례들은 모두 바다에서 무언가를 채취하고 소비하는 추출 활동이다. 그러나 바다는 수면으로서, 즉 이동을 위한 통로로서도 중요하다. 바다에 뛰어들어 본 사람이라면 누구나 알겠지만, 바닷물은 부력을 지녀 공기보다 몸을 더 잘 지탱해 준다. 이러한 특성 덕분에 상품을 한 장소에서 다른 장소로 옮기는 데 필요한 연료량이 크게 줄어든다. 예를 들어, 20피트 컨테이너 하나를 상하이에서 프랑크푸르트까지 선박으로 운송하는 비용은 항공기의 3분의 1에 불과하다.18 따라서 국제 상품 무역의 5분의 4가 해상 운송에 의

15　Yimin Ye et al., 'Rebuilding Global Fisheries: The World Summit Goal, Costs and Benefits', *Fish and Fisheries*, vol. 14, no. 2 (2013), pp. 174–185, at p. 176.

16　Christopher Golden et al., 'Nutrition: Fall in Fish Catch Threatens Human Health', *Nature News*, vol. 534, no. 7607 (2016), p. 317.

17　World Bank, *The Global Program on Fisheries: Strategic Vision for Fisheries and Aquaculture* (Washington DC: World Bank, 2011).

18　Jerome Verny and Christophe Grigentin, 'Container Shipping on the Northern Sea

존하는 것도 놀라운 일이 아니다.19 초대형 컨테이너선의 등장으로 해운업 종사자 수는 줄어들고 있지만, 해운업은 여전히 가장 규모가 큰 해양 산업이다. 매일 막대한 화물이 파나마 운하와 수에즈 운하 같은 주요 병목 지점을 통과한다. 라레 칼릴리는 아라비아 해역의 항로를 다룬 저서에서 이 경로들을 "전쟁과 무역의 동맥"이라 불렀다.20 2021년 3월, 세계 최대급 컨테이너선인 에버기븐Ever Given호가 수에즈 운하를 6일간 막자, 세계 무역에 미칠 영향을 우려하는 목소리가 쏟아졌고, 이러한 병목 지점의 중요성이 전 세계에 다시 한번 각인되었다. 한편, 기후변화로 인해 북극을 가로지르는 북동항로와 북서항로가 점차 열리며, 해상 운송 시간을 몇 주 단축할 가능성도 열어주고 있다.

사람들 역시 바다를 가로질러 한 장소에서 다른 장소로 이동해 왔다. 15세기 이후, 비교적 소규모였던 해상 이주는 점차 대규모의 서사적 이동으로 확장되었다. 인도양은 가장 항해가 활발하고 국제적인 해양 지역이었지만, 대서양과 태평양에서도 중요한 인구 이동이 이루어졌다.21 이후 대서양은 '중간 항로Middle Passage'라 불리는 경로를 통해 수백만 명의 아프리카인을 강제로 이주시킨 잔혹한 노예무

Route', *International Journal of Production Economics*, vol. 122, no. 1 (2009), pp. 107–117, at p. 110.

19   IBRD/World Bank, *The Potential of the Blue Economy* (Washington DC: World Bank, 2017), p. 21.

20   Laleh Khalili, *Sinews of War and Trade: Shipping and Capitalism in the Arabian Peninsula* (London: Verso, 2020).

21   Patrick Manning, *Migration in World History*, 2nd edn (Abingdon: Routledge, 2013), pp. 109–110.

역의 통로가 되었다. 반면, 바다는 박해, 편견, 빈곤, 노예제로부터 탈출하기 위한 통로이기도 했다.22 아일랜드 대기근을 피해 떠난 수백만 명에게 뉴욕 항구의 첫인상은 '두 번째 기회'를 의미했다. 내가 일하고 있는 도시 사우샘프턴은 이러한 신대륙 이주 항해의 출발지였으며, 타이타닉호의 비극적인 항해도 이곳에서 시작되었다. (내 증조부 토머스 어틀리Thomas Utley는 또 다른 역사적 해양 도시인 리버풀의 주조공장에서 현창과 선박 종을 만들었다.) 수십 년 뒤, 사우샘프턴은 전후 경제 호황기에 일자리를 찾아 서인도 제도에서 건너온 이주민들, 이른바 '윈드러시 세대Windrush generation'의 도착지이기도 했다. 하지만 지중해를 비롯한 세계 곳곳에서 반복되는 비극적 장면들이 끊임없이 상기시키듯, 바다는 더 나은 삶을 찾아 떠나는 이들에게 기회의 공간인 동시에 위험의 공간이기도 하다.

많은 문화는 여전히 바다와 깊이 연결되어 있다. 그 생생한 예로, 다수의 태평양 섬 주민들이 공유하는 항해 문화가 있다. 이들은 자신들의 더 넓은 공동체를 '오세아니아Oceania'라 부른다. 섬 주민들에게 이 공동체는 물로 둘러싸인 공간이 아니라, 섬들이 점점이 흩어져 있는 해양이다. 피지 출신 작가이자 학자였던 고故 에펠리 하우오파Epeli Hau'ofa는 이렇게 말했다. "오세아니아는 광대하다. 오세아니아는 확장하고 있다. 오세아니아는 친절하고 관대하다. 오세아니아

---

22 Brian Rouleau, 'Seafaring Communities, 1800−1850', in D'Maris Coffman et al. (eds), *The Atlantic World* (Abingdon: Routledge, 2015), pp. 131−148, at p. 138.

는 우리다. 우리는 바다다. 우리는 해양이다. 우리는 이 오래된 진실에 깨어나야 한다."[23] 지구 표면 대부분이 물로 덮여 있는 이 행성에서, 우리 모두는 이러한 관점으로 사고할 필요가 있다. 다른 많은 지역에서도 정치적 정체성은 대서양,[24] 태평양 혹은 다른 해양의 한 편에서 살아온 공동의 경험과 밀접하게 얽혀 있다. 이러한 바다와의 깊은 연관성은 역사적 우연이 아니다. 오늘날에도 수백만 명이 바닷가에 거주하며, 어업과 관련 산업에 종사하고, 바다를 통해 공동체 의식과 연대를 형성하고 있다. 또 다른 이들에게 바다는, 그 변함없고 반복되는 리듬 속에서 어려운 시기에 위안을 주는 존재이기도 하다.

이러한 사례들은 인간의 웰빙이 바다와 어떤 방식으로 얽혀 있는지를 보여주는 일부에 지나지 않는다. 분명한 것은, 시간이 흐르며 우리가 바다와 직접 접촉하는 기회는 줄어들고 있지만, 바다에 대한 의존도는 오히려 커지고 있다는 점이다. 자본주의가 전 세계로 확산되면서 육지 자원에 대한 압박은 갈수록 심화되고 있다. 광물, 에너지원, 농경지 등 지상의 자원이 고갈에 가까워지자, 탐욕스러운 세계 경제는 새로운 원료를 다른 곳에서 찾기 시작했다. 이는 우리의 시선이 바다로 향하고 있음을 의미한다. 한때 접근이 불가능하다고 여겨졌던 자원들, 심지어 해저 깊은 곳까지도 기술 발전에 힘입어

---

23 Epeli Hau'ofa, 'Our Sea of Islands', in Eric Waddell, Vijay Naidu and Epeli Hau'ofa (eds), *A New Oceania: Rediscovering Our Sea of Islands* (Suva: Beake House, 1993), p. 16.

24 Paul Gilroy, *The Black Atlantic* (London: Verso, 1993).

1.1 해질녘, 남태평양 타히티에서 노 젓는 사람.

빠르게 개발이 가능해지고 있다. 이른바 '블루 이코노미Blue Economy'는 2030년까지 그 가치가 두 배로 증가해 3조 달러를 넘어설 것으로 전망된다. 이 예측이 실현된다면, 블루 이코노미는 세계 경제 전체보다 더 빠른 속도로 성장하게 될 것이다.25 그러나 바다에서 새롭게 열리는 이 기회들은 과연 누구에게 혜택을 안겨줄 것인가?

---

25 Jay Golden et al., 'Making Sure the Blue Economy is Green', *Nature Ecology & Evolution*, vol. 2 (2017), pp. 1–3, at p. 2.

불평등의 바다

우리가 자원과 에너지를 점점 더 바다에 의존하고 있다는 것은 분명하지만, 바다와 맺는 우리의 관계는 매우 불균등하다. 어업, 화석연료, 골재 산업에 종사하는 부유한 기업들이 해양 자원을 대부분 차지하는 반면, 여전히 많은 이들은 가난과 굶주림에 시달리고 있다. 이는 어쩌면 놀라운 일이 아니다. 육지에서도 사회는 극심한 불평등을 특징으로 하기 때문이다. 하지만 해양 경제는 특히 '가진 자'와 '갖지 못한 자', 즉 상위 10%와 나머지 사이의 격차가 더욱 심화되고 있는 영역이라는 징후가 뚜렷하다. 이러한 해양 경제의 양극화를 설명하는 데에는 세 가지 요인이 작용한다.

첫 번째는 국가 간 지리적 조건의 차이다. 세계 지도를 대충 훑어 보아도, 일부 국가는 해안선을 전혀 갖고 있지 않다는 사실을 알 수 있다. 이른바 '육지로 둘러싸인landlocked' 나라, 즉 내륙국은 해양 자원에 접근하기 어렵고, 세계 무역 네트워크에 진입하기 위해 인접 국가에 의존해야 한다. 많은 경우, 인접국은 자국 영토를 통과해 상품을 운송하는 대가로 '통행료'를 부과하며 이 상황을 적극 활용한다. 해안선을 접하고 있는 국가들 사이에도 불균형은 존재하는데, 모든 해안선이 동일하지 않기 때문이다. 어떤 국가는 길고 복잡한 해안선을 가졌고, 어떤 국가는 짧고 단조롭다. 예를 들어, 라틴아메리카 서해안을 따라 좁고 길게 뻗은 칠레는 약 6,400km의 해안선을 보유하고 있다. 반면, 더 많은 인구를 부양해야 하는 다른 라틴아메리카 국가들은 그보다 훨씬 짧은 해안선에 만족해야 한다. 중국은 인구가 매우 많지만, 국토 규모에 비해 해안선은 놀라울 정도로 짧다. 해안선의 길이뿐 아니라 물리적 특성 또한 자원 접근성에 중요한 영향을 미친다. 각 국가는 대륙 지각 위에 자리 잡고 있으며, 이 지각의 일부인 대륙붕continental shelf은 일반적으로 바다로 뻗어나가 얕은 바다를 지나 심해로 급격히 가라앉는다. 만약 해안선을 선택할 수 있다면, 넓은 대륙붕이 발달한 해안선을 고르라는 조언을 듣게 될 것이다. 세계의 많은 어류는 얕은 해역에 서식한다. 이곳은 태양열을 더 많이 받아 생산성이 높고, 생태적으로도 비옥하다. 또한 얕은 해안선을 가진 국가는 해양 광물과 화석연료에 더 쉽게, 더 저렴한 비용으로 접근할 수 있다. 이처럼 넓고 얕은 해안선을 가진 국가를 지리학자들은 '넓은 경계 국가broad-margin states'라 부르며, 미국, 캐나다, 호주, 뉴질랜드, 브라질 등이 여기에 해당한다. 반면, 멕시코, 이라크, 시리아, 자이르와 같은 국가는 '대륙붕에 갇힌shelf-locked' 형태다. 이들은 심해로 빠르게 가라앉는 좁은 대륙붕 위에 위치해 있어, 어류나 광물 자원에 접근하는 데 구조적인 어려움을 겪는다.

물론 지리적 조건이 반드시 운명을 결정짓는 것은 아니다. 우리가 상상력을 발휘할 준비만 되어 있다면, 내륙국도 바다와 그 자원에 접근할 수 있도록 규칙을 마련할 수 있다.[26] 하지만 대부분의 경

---

[26] Paula Casal and Nicole Selamé, 'Sea for the Landlocked: A Sustainable Development Goal?', *Journal of Global Ethics*, vol. 11, no. 3 (2015), pp. 270–279.

우 우리는 이러한 가혹한 지리적 현실을 묵인하며, 해양 자원 접근권 역시 방치해 왔다. 특정 국가의 연안 자원이 그 국가에 속한다고 규정하는 것은 자연 지형이 아니라 국제법의 산물이다. 1994년 유엔 해양법협약United Nations Convention on the Law of the Sea, UNCLOS이 발효되었다. 3장에서 살펴보겠지만, 이 협약은 연안국에 해안선으로부터 200해리海里, Nautical Mile까지 확장되는 '배타적 경제수역Exclusive Economic Zone, EEZ'에 대한 권리를 부여했다. 이 수역 내 자원은 해당 연안국의 관할에 속하며, 다른 국가는 이를 임의로 이용할 수 없다. 이 협약은 일부 국가에는 막대한 부를 안겨주었지만, 내륙국은 바다의 전리품에서 철저히 배제되었다.

이러한 변화는 대중적 토론 없이 이루어졌다. 해양법협약이 발효되던 당시 나 역시 정치학을 전공하고 있었지만, 이 협약이 어떤 영향을 가져올지는 전혀 알지 못했다. 물론, 이 절차가 은밀히 진행되었다는 뜻은 아니다. 해양법을 면밀히 추적해 온 이들이라면, 이 협약이 싱가포르 외교관이자 협약 의장인 토미 코Tommy Koh의 표현대로 포괄적인 '바다의 헌법'이 되도록 설계되었으며, 그 체결에 이르기까지 여러 논쟁이 있었다는 사실을 알고 있었을 것이다.27 하지만 해양 거버넌스는 시사 프로그램이나 대중적 정치 토론에서 좀처럼 다뤄지지 않았다. 아마 대부분의 시민은 해양법 체계의 핵심 규정은

---

27 Tommy Koh, 'A Constitution for the Oceans' (1982). Available at http://www.un.org/depts/los/conventionagreements/texts/koh_english.pdf (accessed 26 June 2019).

커녕, 배타적 경제수역이 무엇인지조차 설명하지 못할 것이다. 이는 매우 유감스러운 일이다. 이 규정들은 전 세계 수많은 사람의 삶에 실질적인 영향을 미쳐 왔으며, 바다를 어떻게 통치할 것인가는 법률가나 정치 엘리트에게만 맡기기에는 너무나 중요한 문제이기 때문이다.

이 문제를 논의하는 첫걸음은, 이러한 규칙들이 어떤 결과를 초래했는지를 인식하는 데 있다. 유럽을 제외하면, 어떤 내륙국도 부유해진 사례는 없다. 이들은 구조적으로 빈곤에 빠질 가능성이 높으며, 세계에서 가장 가난한 12개국 중 9개국 이상이 내륙국이다.[28] 대부분 아프리카에 위치한 이들 국가는 세계 무역에 접근하기 위해 인접국에 의존해야 하고, 어업이나 해상 화석연료 산업에서도 철저히 배제된 채 지속적인 불이익을 안고 살아간다.[29] 반면, 해양 인클로저의 가장 큰 수혜자들은 대부분 경제 규모가 큰 부유한 국가들이었다. 그런 의미에서 배타적 경제수역은 이미 유리한 위치에 있던 나라들에게 더 많은 부를 축적해 준 셈이다. 세계에서 가장 넓은 5개의 배타적 경제수역은 미국, 영국, 프랑스, 러시아, 호주에 속하며, 이들 '빅 5' 국가는 현재 4,500만km^2가 넘는 해양 자원을 차지하고 있다.

---

[28] Michael Faye et al., 'The Challenges Facing Landlocked Developing Countries', *Journal of Human Development*, vol. 5, no. 1 (2004), pp. 31–68, at p. 32.

[29] Paul Collier, *The Bottom Billion* (Oxford: Oxford University Press, 2007), pp. 53–58.

표 1.1. 일부 국가의 배타적 경제수역 규모30

국가	영역의 면적 (km²)
프랑스	11,691,000
미국	11,351,000
호주	8,505,348
러시아	7,566,673
영국	6,805,586
인도	2,305,143
중국	877,019
한국	473,280
잠비아	0
에티오피아	0

*놀런Nolan, '제국의 군도들Imperial Archipelagos'에 기반한 수치

    빅 5 가운데 러시아의 사례는 비교적 설명하기 쉽다. 러시아는 해안선이 매우 길지만, 그 대부분은 얼어붙어 있다. 그런데 영국이나 프랑스처럼 비교적 국토 면적이 작은 나라들이 어떻게 그토록 광대한 배타적 경제수역을 보유하게 되었을까? 그 해답은 식민지 시대로 거슬러 올라간다. 당시 열강들은 멀리 떨어진 지역에서 '소유지possessions'를 획득하거나 정복함으로써 해군과 무역 경로를 통제했다.31 이러한 소유지 중 일부는 거의 잊혔지만, 배타적 경제수역 체제가 도입되면서 뜻밖의 자원 횡재를 안겨주었다. 세계 지도 위에서

---

30   프랑스, 미국, 호주, 영국의 수치에는 해외 속령들이 포함된다. 중국은 훨씬 더 큰 배타적 경제수역을 주장하지만, 그 주장은 주변 국가들과의 분쟁 대상이 되고 있다.
31   Peter Nolan, 'Imperial Archipelagos', *New Left Review*, no. 80 (2013), pp. 77–95, at p. 79.

는 바늘로 찌른 듯 작은 점에 불과하지만, 이들 지역은 모국이나 속령에게 광대한 해양 영토를 제공하게 된 것이다. 예를 들어, 세인트헬레나, 어센션섬, 트리스탄다쿠냐는 모두 영국이 식민지 시대에 획득한 지역이다(물론 실제로 이곳을 방문한 영국인은 극히 드물었을 것이다). 이 세 지역의 총 육지 면적은 고작 417㎢로, 비엔나시와 비슷한 크기이며, 인구도 5,000명을 넘지 않는다. 그러나 이들이 바다 곳곳에 흩어져 있다는 이유만으로 *150만㎢*가 넘는 해양 영토를 차지하고 있다. 또 다른 예로는 남태평양에 위치한 영국의 해외 영토인 피트케언 제도가 있다. 인구는 70명도 채 되지 않지만, 이들의 배타적 경제수역은 무려 80만㎢에 달한다. 이는 영국 본토 면적의 세 배이며, 약 15억 인구를 부양해야 하는 중국의 배타적 경제수역과 맞먹는 수준이다.32 한편, 프랑스는 태평양의 여러 작은 섬들을 둘러싸고 있는 약 700만㎢의 해양 영토를 지배하고 있다.33 배타적 경제수역의 세계에서, 식민지 시대의 유산은 한때 바다를 지배했던 국가들에게 놀라운 이익을 가져다주었다. 반면, 세계 최빈국들 중 상당수는 해양 영토가 거의 없거나, 아예 없이 살아가고 있다.

해양 경제에서 이처럼 불평등한 보상이 이루어지는 두 번째 이유는 자본 접근성이다. 심해저 광물 개발에 필요한 기술은 아직 개발 초기 단계에 있으며, 상용화되더라도 요구되는 막대한 투자는 대부

---

32   Ibid., p. 82.
33   Ibid., pp. 85-90.

분의 가난한 국가들이 감당하기 어렵다. 해양 석유화학 개발 역시 큰 비용이 들며, 대다수 남반구 국가의 해안에서 이 작업은 북반구에 본사를 둔 (대부분의 수익을 가져가는 데 만족하는) 다국적 기업에 아웃소싱된다. 어업은 비교적 진입 장벽이 낮아 많은 빈곤층에게 고용과 생계의 원천이 되어 왔다. 그러나 이 분야에서도 '공장선factory ships', 초대형 트롤선, GPS 기술, 소나sonar 등 첨단 기술이 도입되면서 소수 강대국이 주도하는 글로벌 어획 산업이 형성되었다. 대표적인 국가는 미국, 한국, 중국, 대만, 스페인, 프랑스 등이다. 이들 국가에서는 소수의 기업이 시장을 점점 더 장악해 왔으며, 전체 매출의 거의 절반이 단 10개 기업에 집중되어 있다. 반면, 지역 공동체에 돌아가는 이익은 상대적으로 미미하다.[34]

한 가지 중대한 문제(혹은 당신이 부자자라면 오히려 기회)는, 해양 사원을 수확할 수 있는 기술이 이를 규제하는 제도보다 훨씬 빠르게 발전하고 있다는 점이다. 그중에서도 '해양 생물다양성'의 착취는 특히 우려된다. 바다의 기묘한 생물들로부터 얻은 유전 물질은 새로운 의학·과학 혁신의 열쇠가 될 수 있다. 이들 중 상당수는 인간이 살아갈 수 없는 환경에서 진화해 온 '극한환경 미생물extremophiles'로, 심해 오징어나 연체동물의 놀라운 회복력을 지닌 DNA에는 어쩌면 치명적인 질병을 치료할 실마리가 숨어 있을지도 모른다. 그렇다면

---

[34] J. Virdin et al., 'The Ocean 100: Transnational Corporations in the Ocean Economy', *Science Advances*, vol. 7, no. 3 (2021), eabc8041.

누가 이 생물들의 유전자 정보를 특허로 소유하고, 그 이익을 독점할 것인가? 해양 생물다양성을 규제하기 위한 새로운 국제 프레임워크가 현재 유엔 차원에서 협상 중이지만, 진전은 더디고 그 혜택이 공정하게 나눠질 수 있을지도 불투명하다. 그 사이에도 해양 유전자 시퀀스에 대한 특허 등록은 이미 활발히 진행되고 있다. 2018년 한 연구에 따르면, 지금까지 등록된 해양 유전자 특허의 98%가 단 10개국에서 출원되었고, 나머지 165개국은 단 하나의 특허도 보유하지 못한 상태였다. 게다가 이들 10개국 내에서도 몇몇 주요 기업이 특허를 독점하다시피 하는 구조가 반복되고 있다.35

해양 불평등을 초래하는 마지막 요인은 국가 역량, 즉 효과적인 정책을 수립하고 집행할 수 있는 능력이다. 법적으로 배타적 경제수역을 보유하고 있다는 사실과, 그 수역에서 실제로 수익을 창출할 수 있는 능력은 별개의 문제다. 남반구의 많은 국가는 자국 해양 자원에 대한 법적 권리를 실질적으로 행사하지 못하고 있다. 전 세계 어획량의 약 5분의 1은 불법 어획으로 추정되며, 이는 해안 감시 역량이 취약한 국가들을 노린 불법 선박들에 의해 이루어진다. 아프리카 해안에서는 그 비율이 전체 어획량의 5분의 2에 달할 수 있다.36 식민주의의 여파와 적대적인 세계 경제 질서에 직면한 이들 정부는 위반자를 감시하거나 기소할 자원조차 부족한 경우가 많다. 이로 인

---

35 Robert Blasiak et al., 'Corporate Control and Governance of Marine Genetic Resources', *Science Advances*, vol. 4, no. 6 (2018), eaar5237.

36 Alastair Couper et al., *Fishers and Plunderers* (London: Pluto Press, 2015), p. 79.

해 지역 주민들은 중요한 경제적 기회는 물론, 필수적인 영양 공급원까지 박탈당하고 있다. 동시에, 효과적인 해양 보전 정책을 시행할 여력도 크게 제한된다. 많은 국가는 배타적 경제수역 내에 해양보호구역Marine Protected Area, MPA을 지정해 상업 활동을 제한함으로써 지역 생태계를 보호하려 노력하고 있다. 이러한 보호구역은 어류 개체군의 지속 가능성과 해양 생태계 건강 유지에 핵심적인 역할을 할 수 있다. 그러나 수천 제곱킬로미터에 달하는 광대한 구역을 효과적으로 감시하고 관리하는 일은 매우 어렵다. 어떤 경우에는 정치적 의지조차 부족해 많은 해양보호구역이 사실상 '형식적인 보호구역'으로 전락하고 있다.[37]

해양 경제는 불평등이 만연한 세계에서 특별한 예외가 아니다. 육지에서 국가 역량이나 기술 집근성이 사람들의 생계에 중내한 영향을 미치듯, 해양 경제 역시 유사한 구조를 지닌다. 그러나 이러한 불평등의 동력은 해양 경제에서 특히 더 강하게 작동하는 경향이 있다. 광물 채굴이나 석유·가스 시추 같은 활동은 바다에서 훨씬 더 복잡한 사업이며, 지금까지 그 보상은 극소수에게 집중되어 왔다. 낚시처럼 비교적 단순해 보이는 활동조차 점점 더 자본 집약적으로 바뀌고 있다. 그리고 이 책 후반부에서 살펴보겠지만, 개별 선원들은 착취와 학대의 구조에서 벗어나기가 특히 어렵다. 이처럼 바다는

---

[37] Alexis Rife et al., 'When Good Intentions Are Not Enough… Insights on Networks of "Paper Park" Marine Protected Areas', *Conservation Letters*, vol. 6, no. 3 (2013), pp. 200–212.

점점 더 심화되는 세계 경제의 불평등을 추동하는 동력으로 작용하며, 상위 10%에게는 점점 더 많은 이익이 돌아가고, 대부분의 사람은 그 혜택에서 배제되고 있다. 이는 매우 흥미로운 대조를 이룬다. 기후와 날씨를 조절하는 데 있어 바다는 위대한 평형추로 작용하며, 극단적인 기후를 완화하고 지구를 더욱 살기 좋은 곳으로 만들어 준다. 그러나 해양 *경제*는 그러한 평형 기능과는 거리가 멀고, 오히려 점점 더 심각한 불평등을 낳고 있다. 그렇다면 우리는 어떻게 해야 모든 이에게 더 평등한 기회를 제공하는 공정한 해양 경제를 만들어 갈 수 있을까? 이 질문이 바로 이 책의 나머지 장 전체를 관통하며 우리를 이끌게 될 것이다.

위태로운 바다

바다는 온도 조절, 탄소 흡수, 산소 순환 등 우리의 삶을 지탱하는 환경에 필수적인 역할을 해 왔다. 그러나 지금, 바다는 생명을 유지하고 지구에서 번영할 수 있는 능력 자체가 위협받는 심각한 환경적 도전에 직면해 있다.

그 가운데 가장 중요한 문제는 기후변화다. 화창한 날 온실 안에 들어가 본 사람이라면, 그 내부가 얼마나 쉽게 더워지는지 잘 알 것이다. 온실 안의 햇빛이 정원의 다른 곳보다 특별히 더 밝거나 강하지 않지만, 유리는 태양 에너지의 일부를 가둬 열이 빠져나가지 못하게 함으로써 내부 온도를 점차 높인다. 이와 마찬가지로, 이산화탄소, 메탄, 수증기 등 온실가스로 가득 찬 대기 역시 태양에서 유입된 에너지를 점점 더 많이 붙잡아 지구 표면의 온도를 높이고 있다. 그렇다면 이렇게 축적된 에너지는 어디로 향할까? 그중 약 7%만이 대기, 육지, 극지방의 빙하에 머무르고, 나머지 대부분은 바다에 의해 흡수된다.[38]

바다가 이 모든 열을 흡수하지 않았다면, 이미 많은 이들의 삶은 지속되기 어려웠을 것이다. 그러나 이러한 보호 기능에는 막대한 대가가 따른다. 바다는 따뜻해지면서 팽창하고, 동시에 빙하가 녹아 방대한 양의 물이 유입된다. 이 두 과정은 결국 같은 결과, 곧 해수면 상승을 초래한다. 그 결과, 바다는 생명과 생계의 원천에서 심각한 위협으로 바뀌고 있다. 소규모 섬나라와 저지대 해안 지역에 거주하는 수백만 명은 점점 높아지는 조수에 특히 취약하다. 8장에서 살펴보겠지만, 키리바시와 투발루 같은 작은 섬나라는 완전히 침수될 수도 있다. 또한 바닷물이 육지로 스며들면서 토양에 염분이 축적되어 많은 농경지가 불모지로 변하고 있다. 특히 저소득 국가의 주민들은 이러한 급격한 변화에 적응할 자원과 여력이 부족해 가장 큰 타격을 받을 수 있다. 하지만 부유한 국가들도 예외는 아니다. 해수면 상승과 점점 더 극단적으로 변하는 기상 패턴은 이들 국가에서도 심각한 위협이 되고 있다.

---

38   IPCC, *Climate Change: The Physical Science Basis* (Cambridge: Cambridge University Press, 2013).

우리의 탄소 배출은 해양에도 두 번째로 중대한 영향을 미치고 있다. 대기 중 이산화탄소가 바닷물에 용해되면 탄산이 형성되고, 그 결과 바다의 산성도는 1900년 이래로 약 30% 증가했다.[39] 이러한 산성화는 바다를 삶의 터전으로 삼는 수많은 생물에 막대한 영향을 미친다. 굴, 홍합, 조개, 오징어 등은 석회화된 껍질이나 신체 부위를 지니고 있지만, 바닷물의 산성도가 높아지면 탄산칼슘 미네랄의 농도가 감소해 이들이 성장하거나 껍질을 회복하는 데 큰 어려움을 겪는다. 더 나아가, 바다 생태계에서 핵심적인 역할을 하는 일부 생물―익족류pteropods로 불리는 작은 바다 나비swimming snails를 포함해―은 껍질이 녹아 결국 죽음에 이르게 된다. 산성화는 산호초의 체계적인 침식을 유발해, 산호와 그에 색을 부여하는 조류 간의 공생 관계를 파괴한다. 최초의 전 지구적 대규모 산호 백화 현상은 1998년에 발생해 세계 산호초의 약 4분의 3에 영향을 미쳤다. 두 번째 백화는 2002년에, 세 번째는 2016년에 일어나 그레이트 배리어 리프Great Barrier Reef의 5분의 3 이상을 손상시켰다. 세계에서 가장 위대한 자연 보물 중 하나인 그레이트 배리어 리프가 미래에도 존재할 수 있을지는, 우리가 탄소 배출을 얼마나 신속히 줄이느냐에 달려 있다.[40] 산호초의 점진적 붕괴는 그 자체로도 비극이지만, 동시에 산호초에 의

---

[39] Jason Hall-Spencer et al., 'Volcanic Carbon Dioxide Vents Show Ecosystem Effects of Ocean Acidification', *Nature*, vol. 454, no. 7200 (2008), pp. 96-99, at p. 99.

[40] Terry Hughes et al., 'Global Warming and Recurrent Mass Bleaching of Corals', *Nature*, vol. 543, no. 7645 (2017), pp. 373-377.

존해 살아가는 해양 생물 약 4분의 1에도 중대한 연쇄 효과를 가져올 것이다.

오염 역시 바다가 직면한 중대한 위협이다. 2010년 딥워터 호라이즌Deepwater Horizon호 사고로 약 500만 배럴의 원유가 바다로 유출되며[41] 전 세계의 주목을 받았다. 그러나 이와 비슷한 양의 원유가 매년 꾸준히 바다에 흘러들고 있다.[42] 우리는 여전히 바다를 대규모 폐기물 처리장처럼 다루고 있다. 세제, 살충제 등 일부 오염물질은 수십 년간 해양에 잔류할 수 있고, 방사성 동위원소나 유독성 금속은 수 세기 이상 영향을 끼칠 수 있다. 때로는 그 영향이 특정 지역에 집중되기도 한다. 예를 들어, 농경지에서 유출된 비료의 영양분이 강을 타고 바다로 흘러들면, 해안 인근에서 박테리아와 미생물이 폭발적으로 증식할 수 있다. 이는 산호초나 다른 생물에 독성을 일으키거나, 물고기와 해양 포유류를 죽이는 독성 플랑크톤의 발생으로 이어질 수 있다. 실제로 우리는 산소가 부족해 해양 생물이 살 수 없는 이른바 '데드존'이 점점 더 확산되는 현실을 목격하고 있다.[43]

다른 위협들은 그 규모가 전 지구적이다. 플라스틱 생산은 20세기 중반부터 본격화되었으며, 현재는 실로 막대한 수준에 이르렀다.

---

[41] Michael Angelidis, 'Waste Disposal and Ocean Pollution', in Smith et al. (eds), *Routledge Handbook of Ocean Resources*, p. 388.

[42] Stow, *Oceans: A Very Short Introduction*, p. 145.

[43] Robert Diaz and Rutger Rosenberg, 'Spreading Dead Zones and Consequences for Marine Ecosystems', *Science*, vol. 321, no. 5891 (2008), pp. 926–929.

1.2 한 번의 정화 작업으로 태평양에서 103톤의 플라스틱과 기타 잔해물을 제거하는 모습.

북미에서는 1인당 연간 플라스틱 소비량이 100kg에 달하고,[44] 전 세계적으로 생산되는 플라스틱의 약 10분의 1이 바다로 흘러 들어간다. 많은 제품에서 떨어져 나온 미세 플라스틱 입자는 하수구를 따라 바다로 유입되고, 비닐봉지나 기타 '일회용' 제품은 강에 버려지거나 매립지에서 바람에 날려 바다로 흘러간다. 그러나 가장 큰 단일 오염원은 막대한 양의 어망과 장비를 버리는 세계 수산업이다. 이러한 다양한 경로를 통해 현재 약 5조 개의 플라스틱 조각이 바다

---

44   Angelidis, 'Waste Disposal and Ocean Pollution', pp. 381–395, at p. 387.

를 떠다니는 것으로 추산된다.45 이 중 상당량은 남태평양의 대규모 해양 '소용돌이' 지점에 집중되어 있다. 전 세계 바닷새의 90%와 많은 어류의 장기에서도 플라스틱이 발견된다.46 물고기나 새의 위장이 플라스틱으로 가득 차게 되면, 더는 먹이를 소화할 수 없어 서서히 굶어 죽게 된다.

남획은 해양 생태계가 직면한 또 하나의 중대한 문제다. 오래전부터 어업 전문가들은 바다에 배가 너무 많고, 잡을 수 있는 물고기는 점점 줄어들고 있다는 사실을 인식해 왔다. 그럼에도 많은 국가는 여전히 신규 선박에 투자하고, 연료 보조금을 지급하고 있다. 과학자들은 주요 해양 생태계에서 이루어지는 전체 어획량이 지속 가능한 수준의 두 배에 달한다고 추정한다.47 유엔 식량농업기구FAO는 이제 세계 어류 개체군의 5분의 4가 어획률 증가를 더 이상 견뎌낼 수 없다고 보고했다.48 그러나 어업은 줄어들 기미가 보이지 않는다. 오히려 선호하던 어종이 고갈되면서, 더 큰 종이 먹고 사는 더 작은 어류를 잡는 방식으로 변화하고 있다. 우리는 점점 더 '식품 먹

---

45 Marcus Eriksen et al., 'Plastic Pollution in the World's Oceans: More Than 5 Trillion Plastic Pieces Weighing over 250,000 Tons Afloat at Sea', *PLoS One*, vol. 9, no. 12 (2014), e111913.
46 Chris Wilcox et al., 'Threat of Plastic Pollution to Seabirds is Global, Pervasive, and Increasing', *Proceedings of the National Academy of Sciences*, vol. 112, no. 38 (2015), pp. 11899–11904.
47 Marta Coll et al., 'Ecosystem Over-fishing in the Ocean', *PLoS One*, vol. 3 (2009), e3881.
48 FAO, *The State of the World's Fisheries and Aquaculture* (Rome: Food and Agriculture Organization, 2009), p. 9.

이사슬을 따라가는 어업fishing down the food web'을 하고 있는 것이다. 이러한 방식은 다른 해양 생물에게도 연쇄적인 영향을 미친다. 예를 들어, 흰긴수염고래를 보자. 이들은 한때 거의 멸종 위기에 이를 정도로 포획되었다. 현재는 대부분 보호받고 있지만, 여전히 생존에 필요한 먹이를 두고 인간과 치열하게 경쟁하고 있다. 이 놀라운 생물은 지구상에서 가장 거대한 동물로, 크릴이라는 작은 갑각류를 먹이로 삼는다. 하지만 크릴은 산업적 규모로 어획되어 양식 사료나 반려동물 사료로 가공되고 있다. 그 결과, 흰긴수염고래의 개체수는 여전히 회복되지 못하고 있다. 상업적 고래잡이가 성행하기 이전과 비교하면, 현재 바다를 유영하는 흰긴수염고래는 100분의 1 수준에 불과하다.[49] 한때 그들의 노랫소리가 울려 퍼지던 바다는 이제 유령처럼 침묵에 잠겨 있다.

마지막으로 서식지 손실을 생각해 보자. 말할 것도 없이, 바다는 줄어들지 않는다. 오히려 따뜻해지며 팽창하고, 그 과정에서 육지를 침범하고 있다. 하지만 많은 해안 생태계는 산업, 농업, 주거를 위한 끊임없는 토지 확보로 인해 훼손되거나 파괴되고 있다. 열대와 아열대 지역의 맹그로브 숲 손실은 그중에서도 특히 극적인 사례다. 이 습지 숲은 다양한 생명체의 터전이지만, 1980년부터 2000년 사

---

[49] John Wiedenmann, 'Exploring the Effects of Reductions in Krill Biomass in the Southern Ocean on Blue Whales Using a State-Dependent Foraging Model', *Ecological Modelling*, vol. 222, no. 18 (2011), pp. 3366-3379, at p. 3366.

이 전 세계 맹그로브의 35%가 사라졌다.[50] 이 책의 마지막 두 장에서는 이러한 해양 서식지 손실을 늦추고, 나아가 복원할 수 있는 몇 가지 방안을 살펴볼 것이다.

위기를 마주하다

우리가 삶과 생계를 위해 다양한 방식으로 바다에 의존하고 있다는 사실은 너무도 분명하다. 매일 바다를 떠올리지는 않더라도, 바다에 대한 우리의 의존은 점점 더 커지고 있다. 이는 바다를 서식지로 삼으며 지구 생태계를 풍요롭고 회복력 있게 만드는 수많은 다른 종과 다르지 않다. 그러나 바다에 대한 인간의 착취가 가속화되면서, 우리는 두 가지 중대한 도전에 직면하고 있다. 첫째는 해양 환경의 급속한 악화다. 이를 방치할 경우, 많은 해양 생태계가 파괴될 위험에 처하게 된다. 바다는 우리에게 영양을 공급하고, 탄소를 흡수하며, 산소와 기상 패턴을 조절하는 순환계로 기능하기에, 해양 생태계의 붕괴는 곧 인간 삶의 기반을 위협한다.

둘째는 해양 경제에 뿌리 깊은 불평등이다. 바다에 대한 착취는 일부에게 부를 안긴 반면, 다른 이들에게는 빈곤의 위험을 떠넘겼다. 세계 인구가 지속 가능한 해양 산업에 점점 더 의존하게 될 미

---

[50] S. Sandilyan and K. Kathiresan, 'Mangrove Conservation: A Global Perspective', *Biodiversity and Conservation*, vol. 21, no. 14 (2012), pp. 3523–3542.

래를 고려할 때, 해양 경제는 소수 특권층이 아닌 모두에게 기회를 제공하는 공정한 체계로 전환되어야 한다. 이 두 가지 도전에 비추어 보면, 과거의 해양 정치는 우리에게 실패를 안겨주었다고 말하지 않을 수 없다. 그렇다면 몇 가지 질문이 뒤따른다. 우리는 어떻게 이 지경에 이르렀는가? 현행 법과 정치 체계는 왜 이런 결과를 초래했는가? 그리고 우리는 더 잘할 수 있는가? 회복력 있는 바다와 공정한 해양 경제는 과연 우리의 손이 닿는 곳에 있는가? 우리가 이 위기에 어떻게 도달했으며, 또 어떻게 극복할 수 있을지를 탐구하는 것이 이 책의 다음 장들이 추구하는 목표다.

2
바다에서의 자유

도대체 어떤 종류의 해양 정치가 오늘날 환경 파괴와 불평등 심화라는 이중 위기를 이토록 심각하게 만들었을까? 이 장은 그 질문에 대한 중요한 단서를 제공할 것이다. 수 세기 동안 해양 정치는 '바다에서의 자유Freedom of the Sea'라는 이상에 지배되어 왔다. 이 자유는 누구나 제약 없이 바다를 항해할 권리뿐 아니라, 해양 자원을 자유롭게 이용할 권리까지 보장하는 것으로 여겨졌다. 나는 자유로운 바다free sea라는 이상이 어떻게 등장했고, 어떤 이해관계를 대변해 왔는지 살펴볼 것이다. 아울러 이러한 이상이 오늘날 우리가 직면한 해양을 공정하고 지속 가능하게 통치해야 한다는 과제를 어떻게 해결하지 못했는지도 검토할 것이다. 먼저 바다에 대한 통제권을 행사하려는 초기 시도를 살펴보고, 그 흐름이 결국 '자유로운 바다'라는 이상으로 어떻게 수렴되었는지 설명할 것이다.

해양을 지배하기 위한 투쟁

누군가 바다를 통제하려는 이유는 무엇일까? 하나의 대답은, 역사 대부분의 시기 동안 거의 아무도 그렇게 하지 않았다는 데 있다. 인도양과 같은 지역에서는 상인들이 수 세기 동안 비교적 평화로운 환경에서 무역을 이어왔다.1 인도, 중국, 이슬람 문명은 바다를 자신들의 영지로 삼으려 하지 않았다.2 낚시나 선박 정박지를 두고 다툼이 있었을 가능성은 있지만, 대체로 누구도 타인이 바다나 그 자원에서 이익을 얻는 것을 막으려 하지는 않았던 것으로 보인다.

그러나 시간이 흐르며 바다, 혹은 그 일부를 통제하려는 움직임이 나타났다. 초기의 통제 시도는 비교적 작은 수역 주변에 지역 공동체가 밀집한 곳에서 자연스럽게 시작되었다. 지배권을 둘러싼 투쟁은 태평양 섬 주변, 북해, 그리고 특히 지중해에서 벌어졌다.3 대부분의 경우, 바다에 대한 정치적 통제라는 개념은 명백히 유럽적인 것이었다. 지중해에서는 해군 세력이 군사력을 동원해 상업의 흐름을 통제하고 세금을 부과할 수 있다는 사실을 인식하게 되었고, 이를 통해 귀중한 수입원을 확보했다. 그러나 이것이 곧 당시의 해군

---

1   인도양에 대한 자세한 역사는 다음을 보라. David Abulafia, *The Boundless Sea: A Human History of the Oceans* (London: Penguin, 2019), part two.

2   Hassan Khalilieh, *Islamic Law of the Sea: Freedom of Navigation and Passage Rights in Islamic Thought* (Cambridge: Cambridge University Press, 2019), pp. 215–216.

3   Michael Orbach, 'Beyond the Freedom of the Sea: Ocean Policy for the Third Millennium', *Oceanography*, vol. 16, no. 1 (2003), pp. 20–29, at p. 21.

권력이 바다를 '소유'할 수 있다고 믿었다는 뜻은 아니다. 고대 그리스인들은 지중해의 무역 네트워크를 두고 경쟁했지만, 바다 자체는 소유할 수 없는 것이라 여겼다. 이후 로마 황제들은 지중해를 자신들의 '영향권'으로 인식하게 되었지만, 바다가 로마의 자산이라고 주장하지는 않았다. 당시의 표현을 빌리자면, 로마의 지도자들은 지중해에 대해 임페리움imperium, 즉 관할권을 행사할 자격이 자신들에게 있다고 주장했다. 다시 말해, 바다의 이용 방식에 대한 규칙을 정하고 이를 집행할 권리를 갖는다고 본 것이다. 하지만 그들은 바다에 대해 도미니움dominium, 또는 소유권을 주장하지는 않았다. 그들이 보기에 누구도 바다에 대해 그런 주장을 할 수 없는 것이었다.[4] 그리스인과 로마인은 다른 많은 문제에서는 의견이 달랐을지라도, '바다와 그 아래의 모래는 누구의 것도 아니다'라는 인식만큼은 공유하고 있었다.[5]

바다에 대해 임페리움을 행사하려는 주장은 중세 시대에도 나타났지만, 그 범위는 대체로 매우 제한적이었다. 13세기 후반부터 강력한 도시국가였던 베네치아는 아드리아해에 대한 우월적 지위를 주장하며, 그 수역을 통과하는 모든 선박에 통행료를 부과했다. 13세기에서 15세기 사이, 북해와 발트해에 접한 여러 왕국은 지역 통

---

4 Philip Steinberg, *The Social Construction of the Ocean* (Cambridge: Cambridge University Press, 2001), pp. 64–7.

5 W. Frank Newton, 'Inexhaustibility as a Law of the Sea Determinant', *Texas International Law Journal*, vol. 16 (1981), pp. 369–432, at p. 380.

제권을 둘러싸고 경쟁했고, 이러한 투쟁은 때때로 공개적인 갈등으로 치닫기도 했다.6 하지만 그 누구도, 이를테면 오늘날 우리가 대서양이나 태평양이라 부르는 광대한 해역에 대해 지배권을 주장하지는 않았다. 사실, 그런 주장을 한다 한들 실익이 있을 것 같지도 않았다. 누구든 더 넓은 해양에서 선박이나 어업을 실제로 통제할 수 *있으리라*는 생각은 터무니없어 보였을 것이다.

이런 상황은 식민지주의가 등장할 때까지 달라지지 않았다. 유럽 사회들이 군사력을 키워가면서, 새롭고 먼 공간에 대한 지배가 가능하다는 인식이 생겨나기 시작했다. 1490년대에 이루어진 두 차례의 중요한 항해는, 이전까지는 별개의 것으로 여겨졌던 바다들을 하나의 연결된 전체로 엮는 데 결정적인 역할을 했다. 먼저, 크리스토퍼 콜럼버스는 아메리카, 즉 그가 '인도'라고 부른 지역의 존재를 유럽 세계에 알렸다(그는 이탈리아인이었지만 스페인 국왕의 후원을 받아 항해했다). 이어 포르투갈 항해사 바스코 다 가마Vasco da Gama는 아프리카 남단을 돌아, 위험하긴 했지만 대서양에서 인도양까지 항해할 수 있음을 보여주었다. 16세기 말까지 유럽 열강은 이러한 항해 경험을 최대한 활용해 멀리 떨어진 지역 공동체들을 피비린내 나는 방식으로 정복해 나갔다. 식민 열강이 아시아 대부분과 '신세계'를 장악하자, 더 넓은 바다에 대한 지배권은 매우 귀중한 보상이 되었다. 세

---

6   Bo Theutenberg, 'Mare Clausum et Mare Liberum', *Arctic*, vol. 37, no. 4 (1984), pp. 481–492, at p. 484.

계 해상 경로를 통제하는 자는 향후 식민지 정복의 흐름을 좌지우지할 수 있었다. 해군력을 유지하는 데 큰 비용이 들긴 했지만, 제국으로부터 얻을 수 있는 부는 바다에서의 우월적 지위를 매우 매력적인 전망으로 만들기에 충분했다.

그러나 유럽의 식민 열강들은 제국을 추구하는 과정에서 서로 대립했고, 강대국 간 경쟁이 벌어지던 세계에서 해군의 우위를 둘러싼 주장은 곧 충돌로 이어졌다. 때때로 해군 강국들은 이러한 경쟁이 공개적인 갈등으로 번지는 것을 막기 위해 조치를 취하기도 했다. 해양 경쟁을 조율하려는 시도 가운데 가장 유명한 사례는 1494년 스페인과 포르투갈 통치자들이 체결한 토르데시야스 조약일 것이다. 이 조약은 대서양을 북쪽에서 남쪽으로 가로지르는 가상의 자오선을 설정하고, 그 서쪽 지역에서는 스페인이 식민 활동을 독점적으로 수행할 권리를, 동쪽에서는 포르투갈이 자유롭게 활동할 권리를 인정했다. 이 조약은 흔히 세계 해양의 대분할로 불리기도 한다.[7] 사실, 이 조약이 해양 자체의 대분할을 달성했거나 그것을 의도한 것이라고 생각한다면, 그것은 오해일 가능성이 크다. 스페인과 포르투갈은 해군력을 보유하고 있었음에도 대서양을 효과적으로 통제할 수는 없었다. 대신, 이 조약은 해양 공간이 아니라 육지에 대한 잠재적 갈등을 완화하기 위해 고안된 것으로 보인다. 대서양에 설정된 자오선을 기준으로, 스페인은 서쪽에서 우연히 마주치게 되는 모든

---

[7] 예를 들어, 다음을 보라. Orbach, 'Beyond the Freedom of the Sea', p. 21.

땅에 대해 선교 및 식민 활동을 독점할 수 있었고, 포르투갈은 동쪽에서 동일한 권리를 부여받았다. 하지만 이것은 대서양이라는 더 넓은 해역에 대해 임페리움을 주장한 것은 아니었다.[8]

토르데시야스 조약이 흔히 말하듯 해양의 대분할을 실현한 것은 아니었지만, 열린 바다를 효과적으로 통제하는 능력이 경쟁적인 식민 전략에서 핵심 요소가 되었다는 점에는 이견이 없다. 16세기 포르투갈 제국은 오늘날의 인도, 스리랑카, 인도네시아 지역으로 진출했다. 포르투갈 제국은 새로 확보한 영토들 사이를 오가는 무역로에서, 수백 년 동안 누구나 자유롭게 항해하던 그 길을 이용하는 비非포르투갈 선박에 요금을 부과하기 시작했다.[9] 한편, 스페인은 페루와 아르헨티나를 비롯한 신세계 여러 지역을 정복했다. 그러나 머지않아 스페인과 포르투갈은 새로운 도전자들과 맞닥뜨리게 되었다. 16세기 내내 프랑스, 영국, 통합 네덜란드 공화국(현대 네덜란드의 전신)은 그동안 이베리아 세력이 독점해 온 인도(동쪽과 서쪽)와의 무역을 쟁취하기 위해 치열한 경쟁을 벌였다. 네덜란드 법학자 휴고 그로티우스Hugo Grotius가 유명한 논문을 발표한 것도 바로 이러한 맥락에서였다.

---

8   Steinberg, *The Social Construction of the Ocean*, p. 78.
9   Khalilieh, *Islamic Law of the Sea*, chapter 1.

그로티우스의 자유로운 바다

해양 거버넌스 문제에 대한 역사상 가장 유명한 철학적 개입은 1609년 네덜란드 학자 휴고 그로티우스(1583~1645)에 의해 이루어졌다. 그는 데 그로트de Groot라는 이름으로도 알려져 있으며, 종종 해양법의 지적 대부로 불린다.10 그로티우스의 개입은 훗날 '책들의 전투Battle of the Books'로 불리는 논쟁을 촉발했다. 이 학술적 전투는 해상 경로가 모든 국가의 무역 항해에 '개방'되어야 하는지, 아니면 포르투갈과 스페인 같은 해군 강국에 의해 '폐쇄'되고 통제되어야 하는지를 둘러싼 것이었다. 이 논쟁의 배경에는, 겉보기에 경계 없는 바다가 특정 공동체에 의해 *정치적*으로 경계 지어지거나 점유될 수 있는지에 대한 더 근본적인 문제가 자리하고 있었다.

직업이 변호사였던 그로티우스는 일반적으로 네덜란드 동인도회사Verenigde Oostindische Compagnie, VOC로 알려진 기업에 법률 자문을 제공하는 역할로 고용되었다. 이 회사는 신생 네덜란드 공화국과 긴밀히 연결된, 급성장 중인 거대 기업이었다. 해외에서 이윤을 창출하려는 활동의 일환으로, 네덜란드 동인도회사는 아시아에서 포르투갈과 갈등을 빚게 되었다. 수년간 포르투갈은 자바, 수마트라, 말루쿠 제도 등지에서 이 회사가 수익성 높은 향신료 무역에 참여하려는 시도를

---

10   예를 들어, 다음을 보라. Hersch Lauterpacht, 'The Grotian Tradition in International Law', *British Yearbook of International Law*, vol. 23 (1946), pp. 1-53; Arthur Nussbaum, *A Concise History of the Law of Nations* (London: Macmillan, 1954).

2.1 암스테르담 항구에 정박한 네덜란드 동인도회사 화물선 모형.

차단해 왔다. 이에 대한 보복 조치로, 1603년 네덜란드 동인도회사는 포르투갈 선박 산타 카타리나Santa Catarina호를 나포했다. 마침 이 선박에는 비단과 사향 등 고가의 화물이 실려 있었다. 포르투갈 입장에서 이는 충격적인 해적 행위로 보였다. 반면, 네덜란드는 해당 지역 무역에서 자국 기업이 배제된 데 대한 정당한 대응으로 간주했다. 그로티우스가 발표한 논문의 전체 제목인 「바다에서의 자유, 또는 네덜란드가 동인도 무역에 참여할 권리」는 그의 입장을 분명히 보여준다. 그는 이 논문에서, 산타 카타리나호의 나포는 네덜란드 동인도회사가 원하는 곳에서 자유롭게 무역할 권리에 대한 포르투갈의 간섭에 맞선 정당한 조치였음을 입증하려 했다.

그로티우스는 그 결론을 뒷받침하기 위해 몇 가지 새롭고 논쟁적인 주장을 펼쳤다. 하나는, 무역의 자유를 제한하는 조치에 대해 전쟁 행위가 정당한 대응이 될 수 있다는 주장이었다. 다른 하나는, 그러한 행위가 국가 권한이 미치지 않는 세계의 일부 지역에서도 회사나 선장 같은 사적 행위자에 의해 합법적으로 수행될 수 있다는 것이었다.11 하지만 우리의 논의에서 가장 중요한 것은 바다의 소유권과 관할권에 대한 그로티우스의 광범위한 주장이다. 그의 견해에 따르면, 해양의 일부가 특정 상인 세력에 의해 소유되거나 배타

11　Martti Koskenniemi, 'International Law and the Emergence of Mercantile Capitalism: Grotius to Smith', in Pierre-Marie Dupuy and Vincent Chetail (eds), *The Roots of International Law* (Leiden: Brill Nijhoff, 2014), pp. 1-37, at p. 1. 다음도 보라. Ileana Porras, 'Constructing International Law in the East Indian Seas: Property, Sovereignty, Commerce and War in Hugo Grotius' *De Jure Praedae*', *Brooklyn Journal of International Law*, vol. 31 (2006), pp. 741-804.

적인 항해를 위해 유보될 수는 없다. 오히려 해양은 모든 이에게 열려 있어야 한다. 항해의 자유라는 기본적 권리는 포르투갈의 행동이 비판받아야 하는 이유를 분명히 보여준다. 이러한 자유는 궁극적으로 효과적인 무역의 기반이었고, 무역은 하나의 권리이자 어쩌면 의무이기도 했다. 그로티우스는 대륙마다 자원이 다르게 분포한 사실이 인류 간 상업이 생겨나도록 설계된 신의 섭리를 보여준다고 주장했다.12 근면한 네덜란드는 이러한 무역의 부름에 누구보다 적극적으로 응답하고 있었고,13 포르투갈의 행동은 이에 대한 정당화할 수 없는 간섭이었다.

바다는 소유될 수 없다는 그로티우스의 주장은 고대 그리스와 로마의 견해를 연상시키며, 이후 오랫동안 영향을 끼쳤다. 그는 자신의 결론을 뒷받침하기 위해 두 가지 주요 논거를 제시했다. 첫째, 바다는 *점유*될 수 없으며, 점유 없이는 소유도 성립할 수 없다는 주장이다. 이는 우리가 이름 붙일 수 있는 모든 장소나 사물에 적용되는 원칙이다. 돌이나 사과 같은 사물에 대해서는 '점유'가 무엇을 의미하는지 쉽게 이해할 수 있다. 그런 사물은 사람이 단순히 움켜쥐거나 가져가면 된다. 그러면 그 사물의 소유자가 누구인지에 대한 의문이 생길 일도 거의 없다. 바다에 사는 물고기나 야생 동물도 마

---

12 Hugo Grotius, 'The Free Sea', in *The Free Sea*, trans. Richard Hakluyt (Indianapolis: Liberty Fund, 2004 [1609]), p. 10.

13 Hugo Grotius, *Commentary on the Law of Prize and Booty*, trans. Gwladys Williams (Indianapolis: Liberty Fund, 2006 [1604]), p. 9.

찬가지다. 그것들은 단순히 포획하는 행위만으로 사유 재산이 될 수 있다. 그러나 *고정된* 대상의 소유는 이와 다르게 작동한다. 예를 들어, 토지는 단순히 움켜쥐거나 가져갈 수 있는 대상이 아니다. 따라서 우리는 소유권을 표시하는 다른 방식을 사용한다. 대표적으로 울타리나 담장을 세워 타인이 침범할 수 없도록 하는 것이다.

그러나 바다는 현실적으로 울타리를 칠 수 없다는 데 문제가 있다. 아무도 바다에 말뚝을 박을 수 없으며, 설령 박는다 해도 곧 떠내려갈 것이다. 물 위를 항해하는 배 역시 법적 경계를 표시할 수 있는 영구적인 흔적을 남기지 않는다. 그로티우스는 이것이 바다가 점유될 수 없는 성질의 것임을 시사한다고 보았다.[14] 물고기나 조개는 사유 재산이 될 수 있지만, 해양 자체는 그렇지 않다. 그는 로마인의 표현을 인용해 바다는 모든 이의 공동 보호지common preserve로 이해되어야 한다고 주장했다. 인간이 바다에 대해 취한 어떤 조치도 그 도덕적 상태를 바꾸지 못했다고 보았다.

바다의 소유권에 반대하는 두 번째 주장은, 그로티우스가 항해와 어업을 염두에 두고 제시한 것으로 보이며, 바다의 이용이 본질적으로 '고갈되지 않는다'는 점에 근거한다. 그는 어떤 사람이 바다에서 그물 가득 물고기를 잡거나 수면 위를 항해하더라도, 그것이 다른 사람이 동일한 행위를 할 수 있는 능력을 감소시키지 않는다고 주장했다. 따라서 바다 자체에 대한 소유권 주장은 무의미하다는 것

---

14 Grotius, *The Free Sea*, p. 34.

이다. 바다가 소유라는 개념 없이도 인간의 필요를 충분히 충족시킬 수 있다면, 굳이 소유자와 비소유자를 구분하는 것이 어떤 실익을 낳을 수 있을까? 그는 바다가 육지나 강과는 다르게 여겨져야 한다고 주장했다. "많은 사람이 육지에서 사냥하거나 강에서 낚시를 하면 사냥감이나 물고기가 줄어들지만, 바다에서는 그렇지 않다"고 그는 말했다.15 그 시기에는 바다의 자원이 고갈될 것이라는 인식조차 없었다. 이 같은 관점은 항해를 위한 평면으로서의 해양 수면에도 그대로 적용되었다. 한 척의 배가 바다의 특정 구간을 지나간다고 해서 이후 같은 경로를 지나는 배의 항해 능력이 줄어드는 일은 없었다. 이러한 이유로 바다의 소유권 주장은 기껏해야 무의미한 것에 불과했다. 바다는 '자연이 정해 놓은 것'이며, 누가 이용하든 인류가 처음 마주했을 때와 '동일한 상태'로 남아 있다.16 바다의 물고기와 항해 가능한 수면은 본질적으로 무한하며, 그 결과 바다는 언제나 모든 사람에게 자유로운 공간으로 남아 있을 것이다.

셀든의 닫힌 바다

그로티우스의 주장은 즉각적이고 지속적인 영향을 미쳤다.17 이슬람 해양법과 같은 다른 전통들도 훨씬 이전에, 모든 공동체가 원

15　Ibid., p. 47.
16　Ibid., p. 24.
17　Lauterpacht, 'The Grotian Tradition in International Law'.

하는 곳에서 자유롭게 항해하고 어업할 수 있어야 하며, 바다의 영토화는 좁은 연안 수역에 국한되어야 한다는 놀라울 만큼 유사한 결론에 도달했음에도, 해양법의 대부로 기억되는 인물은 그로티우스다.18 1982년에 채택된 유엔 해양법협약은 항해의 자유, 과학 연구의 자유, 어업의 자유(물론, 후자에는 몇 가지 제약이 따름)를 포함한 일련의 해양 자유 체제를 규정했다. 사실, 국제법상 해양 자원을 자유롭게 소비할 수 있어야 한다는 생각은 20세기 후반에 이르러서야 비로소 도전을 받기 시작했다. 이는 다음 두 장에서 살펴볼 것이다. 수 세기 동안 전 세계 해양을 지배해 온 규칙의 정신은 흔히 그로티우스적Grotian이라고 묘사된다.

그러나 그로티우스의 생각이 당대에 아무런 도전도 받지 않았던 것은 아니다. '책들의 전투'에서 그로티우스의 가장 강력한 호적수는 영국인 존 셀든John Selden이었다. 셀든은 그의 논문 「마레 클라우숨Mare Clausum」, 즉 『닫힌 바다The Closed Sea』(1619년 집필, 1635년 출판)에서 바다의 일부를 '닫을' 권리를 옹호했다. 해양이 '열려 있어야' 하는지, 아니면 '닫혀 있어야' 하는지에 대한 영국 통치자들의 견해는 16세기 후반에서 17세기 사이 군주의 국익 판단에 따라 오락가락했다.19 1580년 엘리자베스 1세는 다소 그로티우스적인 언어로 다음과 같이 선언했다. "바다와 공기의 사용은 모든 이에게 공통된 것

---

18 Khalilieh, *Islamic Law of the Sea*, pp. 215-218.
19 Sarah Pemberton, *Locke's Political Thought and the Oceans* (Lanham, MD: Lexington Books, 2017), p. 4. See also Theutenberg, 'Mare Clausum et Mare Liberum'.

이다. 바다에 대한 어떤 권리도 특정 민족이나 개인에게 속할 수 없다. 자연도, 공적 이용에 대한 고려도 바다의 소유를 허용하지 않기 때문이다."[20] 이 개념은 수익성 있는 무역로에 진입하려던 신흥 해군 및 상업 강국으로서의 당시 영국의 입장과 잘 들어맞았다. 그러나 해군력이 강화되고 해협과 북해에서 어업 갈등이 심화되자 통치자의 관점은 달라졌다. 이 해역에서 네덜란드의 무역과 어업에 대한 통제권 확보가 최우선 과제가 되었고, 셀든은 그 정당성을 제공하는 역할을 하게 된다.

셀든의 논문은 당시 영국 군주가 그레이트브리튼 섬의 합법적 통치자일 뿐 아니라, '영국 제국의 불가분하고 영속적인 부속물'인 인접 해역의 군주라는 관념을 뒷받침했다.[21] 셀든은 바다의 소유권이 결코 터무니없는 생각이 아니며, 역사와 경전 모두 바다에 대한 지배의 풍부한 선례를 제공한다고 주장했다. 그러나 그러한 지배는 무엇으로 정당화될 수 있을까? 셀든은 바다가 *원래* 공동의 소유였다는 점에서 그로티우스와 의견을 같이했다. 하지만 그로티우스가 바다의 일부를 특정 국가가 실질적으로 점유하고 분할하는 것이 가능하다는 데에는 회의적이었던 반면, 셀든은 현대의 항해 기술이 그러한 분할을 실제로 가능하게 만들었다고 보았다. 셀든은 위도와 경도의 선, 그리고 섬의 위치만으로도 효과적인 해양 경계를 설정할 수

---

20 Newton, 'Inexhaustibility as a Law of the Sea Determinant', p. 383.
21 John Selden, *Of the Dominion, or, Ownership of the Sea*, trans. Marchamont Nedham (London: Marchamont Nedham, 1652), p. 3.

있다고 주장했다. 비록 바다에 울타리를 세울 수는 없더라도, 한 공동체의 해양 영토에서 다른 공동체의 해양 영토로 넘어갈 때 이를 *인지*할 수는 있다는 것이다. 그로티우스가 바다는 언제나 공통의 접근이 가능한 상태로 남아 있어야 한다고 제안한 것에 대해, 셀든은 이제 아무것도 "더 이상 말하거나 상상하기에 불합리한 것이 아니다"라고 반박했다.[22] 그렇다면 해양 점유에 반대한 그로티우스의 첫 번째 주장은 무너진 셈이다. 해양 경계를 정확히 설정할 수 있다면, 국가는 항해를 통제하고 자국의 배타적 해역 내에서 어업을 제한하려 할 수도 있기 때문이다.

바다에서의 자유에 대한 그로티우스의 두 번째 주장도 살펴보자. 그는 바다의 자원이 무궁무진하다고 보았다. 그러나 셀든은 이는 사실이 아님이 드러났다고 지적했다. 적어도 바다가 제공하는 *일부* 혜택은 다른 이들의 소비로 인해 그 가치와 풍부함이 감소하는 것으로 보였기 때문이다. 우리는 그의 지적에 쉽게 동의할지도 모른다. "다른 사람들의 어업, 항해, 상업 활동으로 인해 바다 자체가 그것을 소유한 자에게 더 나빠지게 된다... 그렇지 않았다면 더 큰 이익을 얻을 수 있었을 것이다." 진주조개잡이의 사례를 들며 셀든은 이렇게 말했다. "진주 자체나 진주를 생산하는 조개류의 풍부함은 바다를 무분별하게 공동으로 사용할 경우 줄어들 수 있다. 그렇다면 손상되지 않는 바다의 무한한 풍요는 도대체 어디에 있다는 말인

---

[22] Ibid., p. 169.

2.2 존 셀든의 「마레 클라우숨」에 수록된 서유럽 해역 지도.

가?"23 우연히도, 이러한 주장을 제기한 것은 셀든만이 아니었다. 그로티우스가 전제한 어류 자원의 무한성이 북해와 해협에서의 실제 경험과 모순된다는 점을 다른 이들도 이미 지적한 바 있었다.24

종합하자면, 이 두 가지 주장은 셀든에게 있어 영국이 자국의 인접 연안 해역은 물론, 북미 식민지 주변 해역에 대해서도 관할권과 소유권을 주장하는 것이 논리적으로 문제가 없음을 시사했다.25 해양 영토에 대한 소유권 주장은 경계 설정이 가능하므로 *실현 가능했고*, 동시에 정당화될 수 있었다(바다가 제공하는 혜택은 다른 이들이 소비에 참여할수록 줄어들었기 때문이다). 만약 셀든의 주장이 옳았다면, 해양의 자유를 옹호한 그로티우스의 입장은 결국 설득력을 잃게 된다.

자유 대 폐쇄?

'책들의 전투'에서 가장 눈에 띄는 점 중 하나는, 그로티우스의 주장에 분명한 결함이 있었음에도 그가 승리한 것으로 평가된다는 사실이다. 해양 경계를 설정하는 데 큰 어려움은 없다는 셀든의 주장

---

23 Ibid., p. 141, 143.
24 스코틀랜드 법학자 윌리엄 웰우드William Welwood는 훨씬 이전에 같은 문제를 지적했다. lliam Welwood, 'Of the Community and Propriety of the Seas', in David Armitage (ed.), *Hugo Grotius: The Free Sea* (Indianapolis: Liberty Fund, 2004 [1613]), pp. 63–74. 포르투갈의 수도사 세라핌 드 프레이타스Serafim de Freitas도 그로티우스의 무한정성 주장에 의문을 제기했다. 다음을 보라. Monica Brito-Vieira, 'Mare Liberum vs. Mare Clausum: Grotius, Freitas, and Selden's Debate on Dominion over the Seas', *Journal of the History of Idea*, vol. 64, no. 3 (2003), pp. 361–377.
25 Pemberton, *Locke's Political Thought and the Oceans*, p. 9.

은 분명 타당했다. 물론, 경계를 감시하는 일은 복잡할 수 있지만, 원칙적으로 선박이 바다에서 자신의 위치를 표시하는 능력은 이후 꾸준히 발전해 왔으며, 많은 해양 자원이 유한하다는 셀든의 지적 또한 옳았다. 이 사실은 '책들의 전투'가 벌어진 이후 수 세기를 거치며 더욱 분명해졌다. 하지만 그로티우스의 해양 자유론이 놀라울 만큼 취약했음에도, 그는 여전히 해양법의 대부로 기억된다. 좋든 싫든, 바다에서의 자유라는 개념은 이후 수 세기 동안 해양 정치의 지배 원칙으로 작용했다.

이 논쟁에서 또 하나 주목할 점은, 겉보기에 그로티우스와 셀든이 서로 다른 입장에 선 것처럼 보이지만, 실제로는 유사한 논리를 공유하고 있었다는 사실이다. 사람들은 흔히 그로티우스와 셀든의 관점, 나아가 '자유로운 바다'와 '닫힌 바다' 사이에 본질적인 간극이 존재한다고 여긴다.[26] 그러나 여러 면에서 이는 오해의 소지가 있는 판단이다. 해양 권력 정치의 관점에서 보면, 바다에서의 자유를 옹호하는 입장과 폐쇄를 주장하는 입장 사이에 깊고 영구적인 분열이 있었던 것은 아니다. 오히려 주요 해군 강대국들은 힘의 균형이 밀물과 썰물처럼 바뀔 때마다 자신의 해양 전략을 유연하게 조정해 왔다. 『자유로운 바다 The Free Sea』가 출간된 이후, 네덜란드 동인도회사는 동인도 지역에서 지배력을 확보하게 되었고, 곧 경쟁자들을 항구

---

26 예를 들어, 다음을 보라. Theutenberg, 'Mare Clausum et Mare Liberum', pp. 490–491; Scott Shackelford, 'Was Selden Right? The Expansion of Closed Seas and Its Consequences', *Stanford Journal of International Law*, vol. 47, no. 1 (2011), pp. 1–50.

에서 무자비하게 배제하며 향신료 무역의 지역 독점을 구축했다. 이들은 자신들이 전복하고자 했던 포르투갈의 관행과 매우 유사한 무역 허가 체제를 도입했다.27 포르투갈의 해상 지배에 분노하던 그 신흥 세력은 곧 새로운 골목대장이 되었다. 이 독점 체제는 네덜란드 경제의 '기적'을 견인한 주요 동력이 되었고, 네덜란드를 세계 무역의 주도국으로 자리매김하게 만들었다.28

이 시기 네덜란드 동인도회사가 다른 선박을 '자신들의' 해양 영토에서 배제하기 시작했을 때, 그로티우스가 이에 반대했다는 기록은 없다. 오히려 그는 1613년 무렵, 영국 선박을 '네덜란드의' 어장에서 배제하는 협상에 참여한 인물이었다.29 이쯤 되면 '자유로운 바다'라는 구호도 실용적 한계를 드러낸 셈이다. 영국 역시 자국의 이익에 따라 해양 봉쇄를 정당화하거나 거부하는 입장을 수시로 변경했다. 수십 년 후 철학자 존 로크John Locke는 바다는 소유될 수 없다고 주장했고, 이는 한동안 셀든의 봉쇄론을 대신해 영국의 공식 입장처럼 받아들여졌다.30 지배적인 이익과 이를 정당화하려는 이념은 언제나 밀물과 썰물처럼 바뀌어 왔다.

---

27 Christopher Rossi, 'A Particular kind of Dominium': The Grotian Tendency and the Global Commons in a Time of High Arctic Change', *Journal of International Law and International Relations*, vol. 11, no. 1 (2015), pp. 1–60, at pp. 27–28.
28 Koskenniemi, 'International Law and the Emergence of Mercantile Capitalism', p. 19.
29 David Armitage, 'Introduction', in *The Free Sea*, trans. Richard Hakluyt (Indianapolis: Liberty Fund, 2004), pp. xi–xx, at p. xx.
30 다음을 보라. John Locke, *Second Treatise of Government* (Cambridge: Cambridge University Press, 1988 [1689]).

철학적 수준에서도 그로티우스와 셀든 사이의 대립은 종종 과장되어 왔다. 셀든이 「마레 클라우숨」에서 주장한 핵심은, 영국이 정당하게 지배할 수 있는 바다의 *일부*가 존재한다는 것이었다. 그는 영국이나 다른 국가가 더 넓은 열린 바다(훗날 '공해'로 불리게 된 영역)를 소유할 수 있다고 주장하지는 않았다.31 또한 그는 그로티우스가 제시한 무해 통항권innocent passage 원칙에도 반대하지 않았다.32 그로티우스 역시 『자유로운 바다』에서 모든 형태의 해상 지배권을 일률적으로 부정한 것은 아니었다. 그는 베네치아가 지중해에서 행사해 온 지배권에 대해 반대하지 않았으며, 한 국가가 자국 해안 인접 수역을 점유하는 것만으로도 일정한 배타적 권리를 주장할 수 있다고 보았다. 다만 해당 수역이 더 이상 사용되지 않게 되면 그 권리는 소멸된다고 생각했던 것으로 보인다.33 그가 더 광범위한 해양 권리를 주저했던 이유는, 그러한 권리를 효과적으로 표시하고 방어할 수 있는지에 대한 현실적인 우려 때문이었다. 이러한 실질적 장벽이 사라진 이후에도 그가 여전히 해양 지배를 정당화할 수 없다고 믿었는지는 분명하지 않다. 그로티우스는 후기 저작 『전쟁과 평화의 법*De Jure Belli Ac Pacis*』에서도 "바다는 전체로서든, 주요 분할 영역으로서든 사유 재산이 될 수 없다"고 주장했다. 그러나 동시에 그는 바다의

---

31 Steinberg, *The Social Construction of the Ocean*, p. 97; Newton, 'Inexhaustibility as a Law of the Sea Determinant', p. 387.
32 Selden, *Of the Dominion*, chapter 20.
33 Grotius, 'The Free Sea', p. 29.

일부 *구역*은 강과 마찬가지로 둘러싸일 수 *있다*고 인정했다.[34]

결국 그로티우스와 셀든이 전혀 양립 불가능한 입장을 옹호했다고 보기는 어렵다. 시간이 흐르며 해양 정치의 현실은 해안 관할권과 '공해'의 자유 둘 *다*를 절충적으로 수용하는 방향으로 전개되었고, 그런 의미에서 그로티우스와 셀든은 모두 승자였다고 할 수 있다.

자유와 폐쇄 사이의 이러한 타협은 이후 수많은 저명한 사상가들을 끌어들였다. 17세기 후반 독일 철학자 사무엘 폰 푸펜도르프 Samuel von Pufendorf는 바다는 경계를 정할 수 없기에 점유될 수 없으며, 따라서 소유될 수 없다는 그로티우스의 주장을 기각했다.[35] 그는 그로티우스의 첫 번째 주장이 바다에서의 자유를 뒷받침하는 데 아무런 도움이 되지 않는다고 주장했다. 바다에 대한 지배에 반대하려면, 그것은 바다와 그 자원이 무한하다는 두 번째 주장에 근거해야 한다는 것이다. 하지만 이 점에서도 그로티우스는 부분적으로만 옳았다. 푸펜도르프는 열린 바다의 자원이 무한하다는 그로티우스의 주장을 대체로 받아들였고, 그에 따르면 이 점이 먼 바다에 대한 소유권 주장을 약화시켰다. 항해를 위한 표면으로서의 바다의 역

---

34 Hugo Grotius, *The Rights of War and Peace* (Indianapolis: Liberty Fund, 2005 [1625]). 또한 그로티우스는 1637년에 레이거스버그Reigersberg에게 보낸 편지에서 국가는 해안의 바다를 소유할 수 없을 것이라고 선언하기도 했다. 다음을 보라. Virginie Blanchette-Seguin, 'Preserving Territorial Status Quo: Grotian Law of Nature, Baselines and Rising Sea Level', *New York University Journal of International Law & Politics*, vol. 50 (2017), pp. 227-263.

35 Samuel von Pufendorf, *De Jure Naturae et Gentium* (Washington DC: Carnegie Foundation, 1934 [1762]), pp. 560-561.

할도 마찬가지였다. 그러나 이러한 논리는 연안 수역 내부나 그 아래에서 채취되는 진주, 호박, 산호 등처럼 공급이 뚜렷하게 제한되는 자원에는 적용되지 *않았다*.36 이는 연안 해역에 대한 권리 주장은 타당할 수 있지만, 연안을 넘어서는 경우에는 *그렇지 않다*는 점을 시사했다. 18세기에 이르러 스위스의 국제법학자 에메리히 드 바텔Emmerich de Vattel은 항해와 어업을 위한 공해의 이용은 고갈되지 않는다고 보았으며, 따라서 "어느 국가도 다른 국가를 배제하고 공해를 점유하거나 단독 사용권을 주장할 수 없다"고 주장했다.37 하지만 푸펜도르프와 셀든처럼, 그는 고갈될 수 있는 연안 자원에 대해서는 같은 주장을 적용할 수 없다고 보았다. 반대로, 연안 해역에 대한 권리는 그것이 효과적으로 통제될 수 있다면 정당화될 수 있었다.38 이슬람 전통에서도 어업과 항해의 자유에 대해서는 폭넓은 합의가 있었지만, 연안 공동체의 통제력은 좁은 영해Territorial Sea로 제한되었다.39

결국 이러한 철학적 주장들에서 중요한 점은, 이들이 실제로 얼마나 많은 합의에 도달했는가다. 바다의 어떤 자원이 고갈 가능한지를 둘러싼 논쟁과 함께, 바다가 점유될 수 있는지, 가능하다면 어느 부분이 대상이 되는지를 두고도 이견이 존재했다. 그러나 연안 해역은

---

36 Ibid., p. 562.
37 Emmerich de Vattel, *Law of Nations* (Washington DC: Carnegie Foundation, 1916[1758]), p. 106.
38 Ibid., pp. 107-108.
39 Khalilieh, *Islamic Law of the Sea*, pp. 215-218.

정당하게 점유될 수 있지만, 공해는 그렇지 않다는 핵심 명제에는 광범위하고 지속적인 합의가 이루어졌다. 물론, 연안과 공해 사이의 경계를 어떻게 설정할 것인가는 또 다른 과제였다. 이 퍼즐에 대한 가장 널리 알려진 해결책은 1702년 네덜란드 법학자 코르넬리위스 반 바인케르스훅Cornelius van Bynkershoek이 제시했다. 그는 바다에서의 효과적인 점유는 대포의 최대 사거리까지 가능하다는, 다소 냉정한 기준을 내놓았다. 탄도 기술이 계속 발전한다는 점을 고려할 때 이 기준은 유동적일 수밖에 없었지만, 18세기 중반 무렵 이 원칙은 국가가 3해리 폭의 '영해'를 주장할 수 있다는 관습으로 정착했다.40 국가는 이 영해에 대해 관할권을 갖되, 그 범위를 넘어선 해역에는 자유의 원칙이 적용되어야 한다는 견해는 20세기까지 국제법의 핵심 원칙으로 이어지게 된다.

풍요에서 불안정으로

오늘날 우리는 이러한 역사적 주장들을 어떻게 성찰해야 할까? 비록 이 주장들은 네덜란드 동인도회사가 포르투갈 선박을 나포할 권리가 있는지를 둘러싼 난해한 논쟁에서 비롯되었지만, '책들의 전투' 속에서 제기된 사상들은 수 세기 동안 국제법에 깊은 반향을 남

---

40   Heinz Kent, 'The Historical Origins of the Three-Mile Limit', *American Journal of International Law*, vol. 48, no. 4 (1954), pp. 537-553.

졌다. 특히 바다에서의 자유라는 개념은 점차 정교해졌고, 광범위한 해양 자유 체계로 확장되었다. 1982년 해양법협약은 항해의 자유, 어업의 자유, 상공 비행의 자유, 해저 케이블 설치의 자유라는 네 가지 해양 자유를 명확히 규정했다. 앞의 두 가지는 그로티우스의 저작에 뚜렷한 기원을 두고 있다. 물론 나머지 두 가지는 그의 시대에는 상상조차 어려웠던 것이지만, 바다의 공간과 자원을 누구나 자유롭게 이용할 수 있어야 한다는 기본적인 사상에서 비교적 자연스럽게 파생된 것으로 보인다.

하지만 그러한 자유에 대한 주장은 과연 얼마나 설득력이 있을까? 항해의 자유는 지금껏 심각한 도전을 받은 적이 거의 없었고, 이는 당시 지배적인 해군 강국들이 언제나 항해의 자유를 자국의 이익에 필수적인 것으로 여겨왔기 때문이기도 하다. 미국과 같은 국가가 세계 패권국으로 군림하려면, 다른 나라의 해안에 인접한 좁은 해협을 포함해 원하는 해역 어디든 자유롭게 항해할 수 있어야 한다. 군함 또한 적국의 좁은 영해를 통과하더라도 여전히 '무해 통항권'을 합법적으로 보장받고 있다.

그러나 해양 자원을 개발할 자유는 훨씬 더 논란의 여지가 있으며, 또는 그래야만 한다. 오늘날 우리가 직면한 심각한 불평등과 점점 더 지속 불가능해지는 해양 자원 착취의 현실 속에서, 자원을 무제한으로 소비할 수 있어야 한다는 그로티우스식 이상은 해결책이 아니라 문제의 일부처럼 보인다. 그로티우스의 해양 정의론에서는 해양 자원이 빠르게 고갈될 수 있다는 인식이 거의 드러나지 않는다. 그에게 바다는 해군 강국들이 이익을 추구하고, 잠재적으로 군사력을 투입할 수 있는 2차원의 공간이었다. 그의 관심은 주로 그 표면을 누가 통제할 것인가에 있었다. 반면, 그는 해양이라는 3차원 공간 안에 존재하는 자원들에 대한 관리 책임이나 권한의 문제에는 훨씬 덜 관심을 기울인 듯하다. 그로티우스를 비판한 이들조차도 바다의 자원이 본질적으로 무한하다는 그의 관점을 대체로 공유했다. 이들은 *연안* 자원이 압박을 받을 수 있다는 점은 인정했지만, 더 넓은 바다는 자원을 끊임없이 제공하는 신뢰할 만한 공급처로 간주했고, 그 풍요는 무한정 지속될 수 있다고 전제했다. 그로티우스는 물론, 셀든, 푸펜도르프, 바텔 중 누구도 더 넓은 해양의 생물자원이 고갈될 수 있다고 언급한 적이 없다. 더 넓은 바다가 사실은 수많은 취약 시점을 안고 있는 복잡하고 상호 의존적인 생태계의 터진이며, 공해의 생명체 역시 연안 생물만큼이나 위태로울 수 있다는 생각은 그들에게 없었다. 그런 만큼, 17세기에는 바다의 보전이나 지속 가능한 관리에 대한 문제의식은 시야 밖에 있었고, 마음에서도 멀리 떨어져 있었다.

역사적 맥락에서 보면, 더 넓은 바다를 신뢰할 수 있고 강력한 자원 공급처로 묘사한 것은 충분히 납득할 만한 일이었다. 17세기 동안 네덜란드 인구의 5분의 1에 해당하는 100만 명이 광대한 규모의 북해 청어잡이에 종사했다. 어선 한 척이 한 번에 수십만 마리의 물고기를 잡았으며, 청어를 절이는 데 필요한 소금이 떨어졌을 때에야 비로소 항구로 돌아오곤 했다.41 그러니 청어 떼가 무한정하다고 여겨졌을 만도 했다(일부 어원학자들은 '청어'라는 이름이 '군대army'를 뜻하는 독일어에서 유래했다고 보지만, 이는 확실하지 않다). 1620년대 책들의 전투가 한창이던 시기, 신세계 식민지 개척을 선전하던 이들은 그랜드뱅크스의 대구 떼가 유럽인들이 지금까지 본 어떤 것보다도 압도적이라는 열광적인 보고서를 본국에 보내고 있었다.42 북해의 풍요로움은 그보다 훨씬 더 멀리 떨어진 바다에서 발견될 자원의 예고편에 불과한 듯 보였다.

어류 개체수(또는 어업 경제학자들이 '어족 자원stocks'이라 부르는 것)의 대규모 붕괴는 아직 몇 세기 뒤의 일이었다. 과도한 어획으로 북해의 청어 자원은 1950년대에 급격히 붕괴되었고, 1970년대와 1990년대에도 다시 한 차례 붕괴를 겪었다. 오늘날 청어 개체수는 17세기에 비하면 극히 일부에 불과하다. 북미 동부 해안의 어족 자원 감소는 그보다 훨씬 더 극적이었다. 20세기에 들어서며 과도한 어획으로 인해 그랜드뱅크스의 대서양 대구 개체수는 급감했고, 어업이 시작되기 이전 수준의 100분의 1로 줄어들었다.43

이러한 붕괴와 사실상의 멸종 사례는 해양 포유류를 대상으로 한 잔혹한 무역에서도 잘 드러난다. 고래잡이와 물개잡이는 17세기에

---

41   Callum Roberts, *The Unnatural History of the Sea* (Washington DC: Island Press, 2007), pp. 122-134.
42   Ibid., pp. 32-40.
43   Lawrence Hamilton and Melissa Butler, 'Outport Adaptations: Social Indicators Through Newfoundland's Cod Crisis', *Human Ecology Review* (2001), pp. 1-11, at p. 2.

수익성 있는 사업이었고, 당시에도 바스크 고래잡이들은 사냥감을 찾아 점점 더 먼 바다로 나아가야 했다. 그러나 그 시점에는 바다에서 제한 없이 '수확'할 자유가 아직은 고래와 물범 개체군의 광범위한 세계적 붕괴로 이어지지는 않았다. 하지만 18세기 중반에 이르자 고래잡이들은 대서양에서 사냥감을 찾는 데 점점 더 어려움을 겪었고, 그 결과 훨씬 더 위험한 북극과 남극 해역으로 이동하게 되었다. 20세기 중반 더 빠른 선박과 작살 대포의 도입으로 많은 고래 종이 멸종 직전까지 몰렸고, 20세기 동안 남극 해역에서만 약 160만 마리의 고래가 도살되었다.[44] 이 경이롭고 지적이며 장수하는 동물들의 개체수는 아직 과거의 수준으로 회복되지 않았다. 모피 수요에 의해 촉진된 물개 무역 역시 재앙적인 결과를 낳았다. 남대서양의 사우스조지아섬은 한때 전 세계에서 가장 많은 해양 포유류가 서식하던 곳이었지만, 18세기 후반에만 120만 마리의 물개가 모피를 위해 도살되었다.[45] 19세기 증기선이 등장하면서 매년 수십만 마리의 동물을 사냥하는 일이 가능해졌고, 그 결과 많은 개체군이 멸종에 가까운 수준까지 내몰렸다.

20세기에 이르러 붕괴의 초기 징후는 고래잡이, 물개잡이, 수산업을 규제하려는 움직임에 불씨를 제공했다(이는 대부분 해당 산업의

---

44 Trevor Branch and Terrie Williams, 'Legacy of Industrial Whaling', in James Estes et al. (eds), *Whales, Whaling and Ocean Ecosystems* (Berkeley: University of California Press, 2006), pp. 262–278, at p. 263.

45 Roberts, *The Unnatural History of the Sea*, p. 109.

미래 수익성과 그에 종사하는 사람들의 생계에 대한 우려에서 비롯되었다고 볼 수 있다). 1911년 영국, 미국, 일본, 러시아가 서명한 북태평양 물개 협약은 이 지역 개방 수역에서의 물개 사냥을 불법화했으며, 이는 역사상 최초의 국제환경조약으로 평가된다.46 어족 자원의 완전 고갈을 막기 위한 움직임은 최근 공해에서 수많은 지역수산관리기구 Regional Fishing Management Organisation, RFMO의 설립으로 이어졌지만, 어류 자원 보전에서는 제한적인 성과에 그친 경우가 많았다.47 어업, 물개잡이, 고래잡이의 경우, 포획을 제한하려는 시도는 해양 자원을 이용할 자유를 지나치게 침해한다는 업계의 거센 반발에 부딪혔다.

그로티우스를 넘어

그로티우스가 해양 생물에 대해 논의할 때, 그의 초점은 그것을 누가 자유롭게 이용할 수 있어야 하는가에 있었다. 그는 바다에 서식하는 생물의 이익에 도덕적 무게를 두지 않는 듯 보였고, 그의 이론은 생태계 붕괴의 가능성도 고려하지 않았다. 실제로 그로티우스는 인간의 신체적 자기 보존을 보장받을 권리에 기반한 '원초적' 권리가, 인간이 바다의 '열매'를 어떤 방식으로든 제한 없이 이용할 수

---

46   Scott Barrett, *Environment and Statecraft: The Strategy of Environmental Treaty-Making* (Oxford: Oxford University Press, 2003), chapter 1.
47   Alex Oude Elferink, 'De Groot — A Founding Father of the Law of the Sea, Not the Law of the Sea Convention', *Grotiana*, vol. 30 (2009), pp. 152–167, at p. 165.

있어야 한다는 뜻이라고 믿었다. 『자유로운 바다』에서 그로티우스가 어업 활동에 대해 제시한 유일한 제약은, 어부들이 *다른 사람이* 물고기를 잡는 것을 방해해서는 안 된다는 점이었다. 그는 다른 이의 고기잡이를 통제하려는 시도는 무례하고 탐욕스러운 행위이며, 다른 이들 또한 이용할 수 있는 자원을 가로채는 것이라고 주장했다.[48] 푸펜도르프는 해양 영토를 구획하는 데 일정한 제한이 있어야 한다는 점에는 동의했다. 그는 바다에서 영토를 '탐욕스럽게' 장악하는 행위가, 그로 인해 바다 이용에서 배제된 이들의 입장에서는 전쟁을 일으킬 만한 정당한 이유가 될 수 있다고 보았다.[49] 하지만 그로티우스와 마찬가지로 푸펜도르프 역시 해양 자원의 전유에 실질적인 제약을 가해야 한다고 보지는 않은 듯하다. 오히려, 해양 영토의 과도한 상악에 반대할 이유가 있다면, 그것은 제약 없는 자원 이용을 방해한다는 데 있었다.

그로티우스의 옹호자들은 그의 저서의 다른 부분에서도 해양 자원 이용에 제약을 둘 수 있는 근거가 제시되어 있다고 주장해 왔다. 그의 논문 「포획법론*De Jure Praedae*」에서 그로티우스는 우리 각자가 "필요의 한계까지" 공유지의 열매를 소비할 권리가 있다고 했다.[50] 이는 때때로 우리의 필요를 충족시키는 범위를 넘어서면 그 권리는

---

[48] Grotius, *Commentary on the Law of Prize and Booty*, p. 332.
[49] 푸펜도르프의 견해에 관한 유용한 논의로는 다음을 보라. Cara Nine, 'Rights to the Oceans: Foundational Arguments Reconsidered', *Journal of Applied Philosophy*, vol. 36, no. 4 (2019), pp. 626–642.
[50] Grotius, *Commentary on the Law of Prize and Booty*, p. 23.

더 이상 유효하지 않다는 뜻으로 해석되었다.[51] 하지만 이것이 과연 그로티우스의 본래 견해였는지는 분명하지 않다. 이 논문의 다른 대목에서 그는 공유지의 열매를 사용할 권리를, 단지 필요 충족을 넘어 '웰빙'이나 '편안함'을 위한 경우로까지 확장하려는 듯 보인다.[52] 따라서 바다 이용의 자유에 관한 그로티우스의 제약은, 설령 존재한다 하더라도 기껏해야 모호하게 정의된 채로 남아 있다.[53]

현재 우리가 살아가는 세상은 만연한 불평등과 임박한 생태계 붕괴가 특징이다. 이러한 곤경을 고려할 때, 해양 착취에 대한 규칙은 그 어느 때보다 절실하다. 더욱 엄격한 규칙을 마련하기 위해, 우리는 그로티우스의 저작에서 발견되는 몇 가지 사유에서 출발할 수 있을 것이다. 그로티우스가 주장했듯이, 모든 인간에게 자기 보존의 권리가 있다면, 내가 당신이 더 이상 생존할 수 없을 만큼 많은 해양 자원을 소비하는 행위는 명백한 부정의로 간주될 수 있다. 더 나아가, 우리는 이러한 행위가 바다를 모두가 이용할 수 있는 '공유지'로 보는 관점과 양립할 수 없다고 말할 수도 있다. 이러한 생각을 바탕으로 우리는 일종의 기본적 필요의 원칙을 도출할 수 있다. 이 원칙에 따르면, 바다가 더 이상 *모든 이의* 기본적 필요를 충족시킬 수 없는 지점에 이르렀거나, 그에 이르기 전에 우리는 소비를 중단

---

[51] 이에 대한 논의는 다음을 보라. John Salter, 'Hugo Grotius: Property and Consent', *Political Theory*, vol. 29, no. 4 (2001), pp. 537-555, at p. 539.

[52] Grotius, *Commentary on the Law of Prize and Booty*, p. 23.

[53] Anna Stilz, *Territorial Sovereignty: A Philosophical Exploration* (Oxford: Oxford University Press, 2019), p. 62.

해야 한다.

이러한 노선에 따른 원칙은 훌륭한 출발점이 될 수 있다. 만약 우리 모두가 극심한 빈곤과 같은 고통에서 벗어나 인간다운 삶을 누릴 권리를 갖고 있다면, 일부 해양 착취 방식은 이미 그 한계를 넘어서 있다. 예를 들어, 산업적 어업 활동은 현재 세계 남반구 해안 지역 공동체에서 사람들의 고용 기회와 기본적인 영양 섭취, 두 가지 모두를 위협하고 있다. 부유층이 취약한 계층을 밀어내고 그들이 스스로를 부양할 수 없게 만든다면, 그것은 해양적 불의의 명백한 사례라 할 수 있다. 해양 이용이 사람들의 기본적 필요 충족을 방해해서는 안 된다는 원칙은 이러한 관행에 제동을 걸 수 있을 것이다. 이는 해양 자원을 자유롭게 착취할 수 있다는 생각에 중대한 제약을 가하는 셈이다.

하지만 이러한 원칙만으로는 충분하지 않다. 우리는 사람들이 단지 기본적인 필요를 충족할 수 있는 능력 이상에 대해서도 고민해야 한다. 모든 사람이 최소한의 필요를 충족할 수 있는 자원을 가진다 해도, 일부 사람만이 바다의 나머지 자원을 독점할 수 있는 기술을 보유한 덕분에 훨씬 더 잘살게 되는 세상을 상상해 볼 수 있다. 반면, 그렇지 못한 사람들은 간신히 최소 기준만을 유지하는 삶에 머문다면, 그런 세상은 결코 공정하다고 할 수 없다. 정의는 우리의 기회가 다른 이들의 기회와 어떻게 비교되는가의 문제이기도 하다. 평등이라는 이상은 소수 특권층만이 부유해지고, 나머지 모두가 최소한의 생활 수준에 머무는 세상이 정의롭지 않다고 경고한다.

따라서 기본적 필요의 원칙은 중요하지만, 그것만으로는 해양 경제를 정의롭게 만드는 데 충분하지 않다. 현재 누구의 기본적 필요와도 직접 관련되지 않은 방대한 자원 풀에 대해, 그것이 어떤 의미를 갖는지 고민할 필요가 있다. 예를 들어, 지금 누구도 기본적 필요를 충족하기 위해 해저 광물 채굴에 의존하고 있지 않다. 만약 언젠가 심해저 채굴이 실제로 이루어진다면, 그 주체는 가난한 국가가 아니라 부유한 국가나 대기업이 될 가능성이 높다. 그렇다면 단지 먼저 그곳에 도달했다는 이유만으로, 그들이 그 수익을 모두 차지할 수 있어야 할까? 해안에서 수백 마일 떨어진 공해의 물고기들도 마찬가지다. 이들 역시 지금은 누구의 기본적 필요를 충족하기 위해 이용되고 있지 않다. 공해 어업은 그곳에 도달하기 위해 많은 연료와 장비가 필요해 막대한 비용이 들며, 대개 정부 보조금에 의존해 운영된다. 결과적으로 이 산업은 거의 대부분 고소득 및 중소득 국가들의 전유물이 되었다.[54] 반면, 덜 부유한 공동체는 훨씬 소박한 기술로 연안에서 식량을 자급한다. 만약 우리가 기본적 필요의 보호에만 초점을 둔다면, 이 시나리오에는 아무런 문제가 없어 보일 수도 있다. 가난한 이들은 해안 가까이에서 계속 스스로를 부양하고, 부유한 이들은 공해 수역이나 해저에서 자원을 퍼올리며 더 큰 부를 쌓아간다.

---

[54] Rashid Sumaila et al., 'Winners and Losers in a World where the High Seas is Closed to Fishing', *Scientific Reports*, vol. 5, no. 8481 (2015), pp. 1–6, at p. 4.

그러나 이 시나리오는 근본적으로 우려스러운 문제를 안고 있다. 해양 경제는 더 큰 평등에 대한 꿈이 무너지는 장소가 되어서는 안 된다. 그것은 상위 10%, 즉 자본과 고도 기술을 이미 보유한 기업들에게 막대한 이익이 돌아가는 개척 경제가 되어서는 안 된다. 그런 모습은 해양이 우리 모두의 공동 유산이라는 생각을 조롱하는 것이나 다름없다. 4장에서는 20세기 후반, 세계 남반구의 지도자들이 더 넓은 해양 자원의 착취로부터 얻는 이익을 세계적 불평등을 심화시키는 수단이 아니라, 오히려 그것을 줄이는 데 사용해야 한다고 주장하기 시작한 과정을 살펴볼 것이다.

그러나 그로티우스와 같은 학자들의 저작에서는 이러한 사상을 뒷받침할 근거를 찾기 어렵다. 그로티우스의 어떤 글에서도 해양 자원을 착취할 수 있는 불균등한 역량이 정의의 문제로 다뤄진 적은 없다. 이는 어떤 면에서는 이해할 수 있다. 그로티우스가 참여했던 논쟁은, 대체로 유사한 기술력을 갖춘 유럽 공동체들 사이에서 어업과 항해를 둘러싸고 벌어진 것이었기 때문이다. 그런 맥락에서는 일부 공동체가 바다의 과실을 동등하게 활용하지 못하더라도 그것이 도덕적 문제로 제기되지 않았다. 하지만 바로 그것이 문제다. 바다가 불평등이 아닌 평등의 공간이 되기 위해서는, 다양한 공동체가 해양 자원의 지속 가능한 이용에 실질적으로 참여하고, 그로부터 이익을 얻을 수 있어야 한다. 해양 자원의 이용은 지구적 불평등을 심화시키는 또 하나의 골드 러시가 될 것인가, 아니면 추격 발전을 위한 엔진이 될 것인가? 이 질문을 던지는 순간, 우리는 바다에서의 자유를 둘러싼 그로티우스적 논쟁의 틀을 결정적으로 넘어서게 된다.

바다에서의 자유가 자원의 거의 무제한적인 전유를 허용한다는 생각은 여전히 공해 어업 체제의 저변을 이루고 있다. 국가 관할권을 벗어난 지역의 생물다양성에 관한 새로운 유엔 협정이 발효되기 전까지, 이 개념은 공해의 유전 자원에 적용되는 사실상의 '규칙'으로 작동해 왔다. 그러나 우리가 왜 '선착순'이라는 이 규칙을 받아들여야 하는가? 우리는 무제한 착취의 자유를 옹호해 온 이들이, 바다가 무한한 자원의 보고라는 잘못된 전제에 근거해 왔다는 사실을 알고 있다. 하지만 현실은 전혀 그렇지 않다. 해양 생태계는 종종 취약하고, 자원은 제한적이며, 환경보호의 필요로 인해 때로는 자원을 그대로 남겨두어야 할 때도 있다. 풍요라는 허구적 전제 위에 세워진 철학을 고수하는 것은 위험하다. 그것은 오히려 훨씬 더 불안정해진 자원을 어떻게 관리할 것인가에 대한 실질적인 원칙을 제공하지 못한다. 인간이 바다에 가한 행위가 바다의 풍요에 아무런 영향을 주지 않았다는 그로티우스의 주장, 즉 지금까지의 인간 활동이 바다를 "전혀 손상시키지 않았다"[55]는 생각은 위험한 시대착오에 불과하다.

---

55 Hugo Grotius, 'Defense of Chapter V of the Mare Liberum', in *The Free Sea*, pp. 75–129, at p. 116.

바다가 실제로 취약성과 불안정성을 지닌 공간이라면, 우리는 어디에서 지침이 될 원칙을 찾아야 할까? 나는 우리가 처한 이 곤경이 공동의 국제 거버넌스, 평화로운 협력, 강력한 환경보호, 그리고 지속가능한 해양 산업으로부터 발생하는 이익과 부담을 전 세계적으로 공유할 가능성을 진지하게 모색할 것을 요구한다고 주장하고자 한다. 하지만 그 지점에 도달하기에 앞서, 우리는 더 넓은 해양 영역이 개별 국가의 통제 아래 놓이게 된 데 기여한 해양법의 몇 가지 근본적인 변화를 먼저 살펴볼 필요가 있다. 만약 그로티우스가 17세기의 논쟁에서 '승리'했다면, 최근 수십 년 사이에는 인클로저와 국가 통제를 주장했던 셀든이 다시금 크게 부상했다고 할 수 있다.

3

해양 인클로저

그로티우스의 『자유로운 바다』가 출간된 이후 3세기 동안 주요 해양 강국들은 항해의 자유라는 이상을 최상위 원칙으로 삼았다. 결국 세계 해군 초강대국이 된 영국은 19세기 내내 이 원칙을 굳건히 지켰으며, 20세기 중반 세계의 지배적인 해군력을 보유하게 된 미국 또한 바다의 자유를 확고히 수호하고자 했다. 자본주의가 원활히 작동하고, 군사력이 효과적으로 투사되기 위해서는 바다, 특히 핵심 전략 해협들이 폐쇄되지 않고, 때때로 지역 분쟁이 일어나더라도 열린 상태로 유지되어야 했다. 이러한 원칙은 해양 자원의 정치에도 그대로 적용되었다. 각국의 좁은 영해, 즉 해안선으로부터 3해리 바깥에서는 물고기나 고래를 잡고자 하는 의지와 장비만 갖춘 이라면 누구든 그 자원을 포획할 수 있었다.

그러나 20세기 후반에는 새로운 도전과 함께 새로운 기회도 등장했다. 소련을 포함한 주요 강대국들은 여전히 항해의 자유를 주장했지만, 해양 정치는 점점 더 천연자원 통제를 둘러싼 치열한 경쟁의 장이 되어 갔다. 산업적 어업으로 인해 많은 어종이 심각한 압박을 받고 있다는 사실이 명백해지면서, 각국은 해안에서 더 멀리 떨어진 해역까지 자신들이 '어족 자원'이라 부르는 것에 대해 통제권을 행사하려 했다. 한편, 새로운 채굴 기술은 해저에서 자원 노다지를 얻을 수 있다는 기대를 열어젖혔다. 최초의 해상 석유 생산 시설은 1930년대에 가동되었고, 제2차 세계대전이 끝날 무렵에는 생산량이 급격히 증가했다.[1] 해저에 훨씬 더 많은 광물이 매장되어 있을 가능성을 인식한 국가들은 점점 더 넓은 해양과 그 아래 해저에 대한 권리를 주장하기 시작했다.

따라서 전쟁 이후 수십 년 동안 국가들은 어떤 해양 자원이 누구의 소유인지 결정할 명확한 법적 규칙을 모색하기 시작했다. 다소 우여곡절을 겪은 일련의 국제회의 끝에, 1982년 새로운 해양법협약이 완성되었다. 그리고 마침내 1994년 협약이 발효되었을 때, 그것은 '해양 헌법'으로 불릴 만큼 중대한 전환점으로 평가되었다. 실제로 이 협약은 해양 정치의 근본적인 재편을 불러왔다. 국가의 자원 주권이 바다로 훨씬 더 멀리 확장되었고, 이는 역사상 유례없는 규모의 국가 영토 확대를 초래했다. 이러한 모든 확장은 자유로운 접근이라는 이상에 대한 중대한 패배를 의미했다. 17세기부터 20세기 초까지의 시기가 대체로 그로티우스적이었다면, 오늘날의 해양 정치는 확실히 셀든적이다. 아니, 어쩌면 하이퍼-셀든적이라고 해야

---

1   Mark Zacher and James McConnell, 'Down to the Sea with Stakes: The Evolving Law of the Sea and the Future of the Deep Seabed Regime', *Ocean Development & International Law*, vol. 21, no. 1 (1990), pp. 71–103, at p. 79.

할지도 모른다. 셀든 자신조차 국가들이 이처럼 광대한 해양과 해저에 대해 주권을 행사하게 되리라고는 상상하지 못했을 것이다. 그로티우스는 여전히 '해양법의 아버지'라는 칭호로 불리고 있지만, 새로운 조약 협상의 최종 단계에서 캐나다 대표는 그로티우스를 칭송하러 온 것이 아니라 매장하러 온 것이라며 의미심장한 농담을 던졌다.2

우리의 역사적 기억은 매우 짧을 수 있으며, 해양 정치는 대체로 대중 담론의 중심에서 벗어나 있다. 그 결과, 오늘날 해양에 대한 국가 주권이 얼마나 멀리 확장되었는지, 그리고 그것이 얼마나 최근에 등장한 현상인지 많은 이가 제대로 인식하지 못하는 것도 무리는 아니다. 우리는 먼저 해양 자원의 5분의 2가 국가의 보유 영역으로 전환된 이 인클로저 현상에 대해 간략히 살펴보는 것부터 시작해야 한다.

셀든의 귀환

해양 인클로저는 일련의 중대한 단계를 거치며 진행되었다. 그 첫 번째는 '영해'의 확장이었다. 코르넬리위스 반 바인케르스훅의 견해를 따라, 과거 국가들은 한때 영해의 범위를 저조선 기준 3해리로 설정하는 데 합의한 바 있다. 그러나 새로운 협약은 그 범위를 12해

---

2   Bernard Oxman, 'The Territorial Temptation: A Siren Song at Sea', *American Journal of International Law*, no. 100 (2006), pp. 830–851, at p. 832.

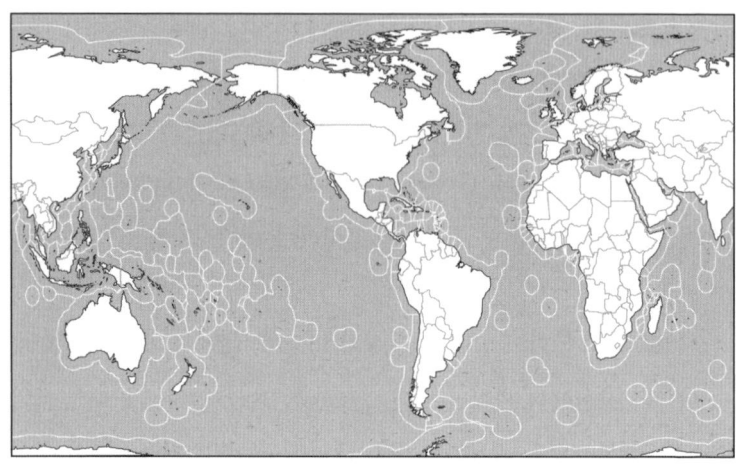

3.1 배타적 경제수역의 세계 지도.

리로 확대했다. 국가는 이 수역과 그 아래 해저, 그리고 그 위 공중에 대해 완전한 주권을 행사할 수 있게 되었다. 외국 선박은 여전히 '무해 통항권'을 보유하고 있는데, 이는 해당 국가의 영해를 어업 없이 통과하고, 군사적 위협을 가하지 않는 한 자유롭게 항해할 수 있음을 의미한다. 그 외의 경우, 영해는 다른 모든 국토와 마찬가지로 국가의 일부로 간주되며, 해당 국가가 별도로 명시하지 않는 한 국내법이 그 수역에도 적용된다.[3]

---

[3] John Noyes, 'The Territorial Sea and Contiguous Zone', in Donald Rothwell et al. (eds), *Oxford Handbook of the Law of the Sea* (Oxford: Oxford University Press, 2015), pp. 91–113. 또한 해양법협약은 해안 국가가 자국 수역 내에서 "관세, 재정, 이민 또는 위생법 및 규정의 위반"을 방지하거나 처벌하기 위해 '접속구역contiguous zones'을 설정할 수 있도록 허용하고 있다(유엔 해양법협약 제33조 제1항).

두 번째이자 훨씬 더 중대한 인클로저 조치는 해안으로부터 200해리까지 확장되는 '배타적 경제수역'의 도입이었다. 이 수역의 기능은 매우 구체적이다. 해안 국가는 배타적 경제수역 내를 항해 중인 타국 국민에 대해 일반적인 법적 권한을 행사할 수 없으며, 누가 그 수역에 진입할 수 있는지를 결정할 수도 없다. 이는 무해 통항권을 침해하는 것이 되기 때문이다.4 그러나 해안 국가는 배타적 경제수역 내의 천연자원에 대해서는 분명한 권한을 가진다. 배타적 경제수역을 보유한 국가는 그 안에 존재하는 모든 생물 및 무생물 자원을 수확하고, 그로부터 발생하는 수익을 보유할 법적 권리를 가진다.5 유엔 해양법협약은 이들 자원을 국가의 소유라고 명시하지는 않지만, 국가는 사실상 소유권의 전형적인 권한을 행사할 수 있다. 국가는 배타적 경제수역 내 자원을 소비하거나 보전할 수 있으며, 타인의 접근을 배제하거나 허용할 수 있다. 또한 외부인의 접근을 허용할 경우, 그 특권에 대해 대가를 부과할 수 있다.

배타적 경제수역의 선언을 허용함으로써, 해양법협약은 일부 국가가 앞서 다소 일방적으로 취했던 조치의 선례를 따르게 되었다. 이미 1945년, 트루먼 행정부는 미국 해안 인근 어족 자원을 관리할

---

4 해안 국가는, 예를 들어 외국 어선을 배제하는 경우처럼 자원 이용에 대한 자국의 결정을 집행할 권리를 가진다. 그러나 이러한 경우가 아니라면, 일반적으로 해당 국가의 국내법은 영해 밖에서는 적용되지 않는 것으로 간주된다. Gemma Andreone, 'The Exclusive Economic Zone', in Rothwell et al., *Oxford Handbook of the Law of the Sea*, pp. 159–180, at p. 177.

5 여기서 하나의 중요한 조건이 제시된다. 만약 한 국가가 자국의 배타적 경제수역 내에서 허용되는 총어획량을 스스로 수확할 능력이 없다면, 유엔 해양법협약에 따라 그 수역에 다른 국가가 접근할 수 있도록 허용해야 한다.

권리를 선언하는 포고문을 발표했다. 이어 1976년에는 '매그너슨-스티븐스 어업 보호 및 관리법'을 제정해, 미국의 어족 자원에 대한 주권을 해안선으로부터 200해리까지 확대하려 했다. 세계 남반구의 여러 국가, 특히 라틴아메리카 국가들 역시 곧 유사한 조치를 취했다.6 해양법협약이 마침내 법적 효력을 발휘한 1994년까지, 전 세계 100개가 넘는 배타적 경제수역이 선언되었다. 이 선언은 "인류 역사상 가장 거대한 인클로저"7로 불렸으며, 이는 어느 정도 정당한 평가였다. 그 결과는 중대했다. 전 세계 해양 공간의 약 5분의 2, 그리고 전 세계 어획량의 거의 90%를 포함하는8 해역에 대한 자원권이 개별 국가의 전유물이 된 것이다.

하지만 해양법협약은 거기서 멈추지 않았다. 배타적 경제수역은 바닷물 속에 포함된 자원에만 적용된다. 세 번째 인클로저 조치로서, 해양법협약은 해저 또는 해저 아래에 존재하는 모든 비생물자원과, 그곳에 서식하는 '정주성' 생물자원에 대한 관할권을 국가에 부여했다. (이 조치 역시 일부 국가가 앞서 취한 일방적 선언의 선례를 따른 것이었다. 1945년 트루먼 행정부가 해안 어업에 대한 권리를 주장한 포고문과 함께, 미국에 인접한 '대륙붕'이 '미국의 관할권과 통제 대상'임을 천명한 쌍둥이 선언이 발표되었다.) 해양법협약은 해안선으로부터 최대 200해리까지

---

6   Oxman, 'The Territorial Temptation', p. 833.
7   Liam Campling and Alejandro Colas, *Capitalism and the Sea* (London: Verso, 2021), p. 68.
8   Antonius Gagern and Jeroen van den Bergh, 'A Critical Review of Fishing Agreements with Tropical Developing Countries', *Marine Policy*, vol. 38 (2013), pp. 375–386, at p. 377.

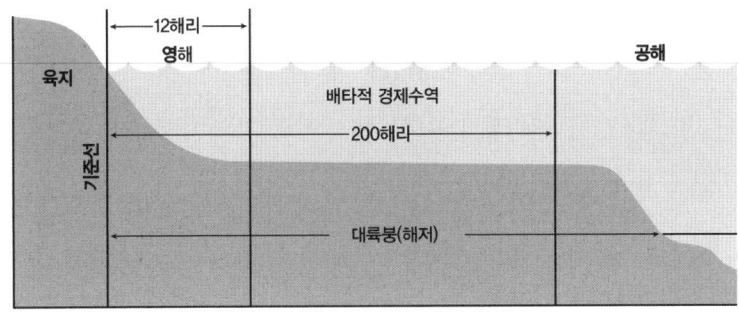

3.2 해양의 주요 법적 구역.

의 해저 자원에 대해 해당 국가가 개발 여부를 결정하고, 실제로 개발할 경우 그 수익을 보장받을 권리를 인정했다. 그런 의미에서 '대륙붕 체제'는 배타적 경제수역 체제를 보완한다. 하나는 해저에 대한 자원 권리를, 다른 하나는 수역 자체에 대한 자원 권리를 각각 부여하기 때문이다.

그러나 두 체제는 동일하지 않다. 대륙붕은 배타적 경제수역보다 더 멀리까지 확장될 수 있기 때문이다. 국가는 해안선으로부터 최대 200해리까지의 자원권을 자동으로 보장받지만, 해양법협약은 그 범위를 넘어서는 '확장된 대륙붕'을 주장할 수 있도록 허용하고 있다. '확장된' 대륙붕은 해안선으로부터 최대 350해리까지, 또는 대륙붕이 해수면 아래 2,500m 지점을 지난 이후 100해리까지 확장될 수 있다. 이는 실제로 일부 국가의 확장 주장 범위가 350해리를 훨씬 초과할 수 있음을 의미한다. 러시아는 북극점에까지 이르는 확장된 대륙붕을 주장한 사례로 잘 알려져 있지만, 이러한 영토적 야망을 드러낸 나라가 러시아만은 아니다. 북극을 둘러싼 다른 국가들 또한, 비교적 얕은 대륙붕으로 이루어진 북극 지역 대부분에 대해 유사한 주장을 펼치고 있다.9

해양 인클로저의 정당화?

해양 인클로저는 전 세계 사람들의 기회에 깊은 영향을 미쳐 왔다. 그중에서도 특히 중요한 이유는, 어떤 국가는 해안선을 가지고 있지만, 어떤 국가는 전혀 그렇지 않다는 사실 때문이다. 이로 인해 광범위한 해양 영역을 특정 국가가 차지하는 행위는 일종의 도덕적 정당화를 요구하게 된다. 단순히 해양 통제가 해안 국가들에게 유용하다는 사실만으로는 정당화가 되지 않는다. 해안 국가의 통제 체제가 왜 정당하고 바람직한지를 모든 사람에게 설명할 수 있어야 한다. 현대 철학자들은 해양 인클로저가 정당화되기 어렵다는 점을 지적해 왔지만, 이 문제를 본격적으로 논의한 사례는 드물다.10 이 절

---

9   Christopher Rossi, 'A Particular kind of Dominium: The Grotian Tendency and the Global Commons in a Time of High Arctic Change', *Journal of International Law and International Relations*, vol. 11, no. 1 (2015), pp. 1–60, at p. 53. 해양법협약은 해안선으로부터 200~350해리 사이 구간에서 발생하는 자원 개발 수익의 최대 7%를 국제해저기구와 공유하는 이익 공유 메커니즘을 구상하고 있다는 점을 언급할 필요가 있다. 그러나 지금까지 실제 자원 개발은 대부분 200해리 이내 구역에서만 이루어져 왔다. Ted McDorman, 'The Continental Shelf', in Rothwell et al., *Oxford Handbook of the Law of the Sea*, pp. 181–202, at p. 198.

10 존 시몬스A. John Simmons는 국가가 해안 인근 지역에 거주하는 사람들에 대해서는 일정한 관할권을 주장할 수 있을지 몰라도, 해저 자원에 대한 소유권을 정당하게 주장할 근거를

에서는 해양 인클로저를 정당화하기 위해 제시된 몇 가지 주장을 간략히 살펴보고, 그 주장이 실제로 얼마나 설득력을 가질 수 있는지 검토하고자 한다.

실효적 점유

어떤 국가가 해양 영토의 일부를 '점유occupying'하고 있다는 단순한 사실은, 그 영토에 대한 통치권이 존중되어야 한다는 의미로 해석될 수 있다. 그러나 점유라는 개념은 다양한 방식으로 이해될 수 있다. 한 가지 해석은, '점유'가 통제control와 유사한 개념이라는 것이다. 즉 어떤 장소에 우리가 독자적인 규칙을 부과할 수 있을 때, 우리는 그 장소를 점유하고 있다고 말할 수 있다. 해양에 대한 권리가 통세로서의 점유에 근거할 수 있다는 생각은, 17세기 '책들의 전투'에서도 중요한 논점이었다. 「마레 클라우숨」에서 셀든은 해양의 일부가 국가 영토로 전환될 수 있으며, 국가가 해야 할 일은 단지 그곳에 대해 지속적인 통제를 행사하는 것뿐이라고 주장했다.11 그의

현재의 주요 영토 이론들은 제공하지 못한다고 지적했다(Simmons, *Boundaries of Authority*, Oxford: Oxford University Press, 2016, pp. 196–199). 마거릿 무어Margaret Moore는 해저 자원에 대한 통제가 공동체의 자기결정권, 즉 그의 이론에서 영토적 권리의 핵심으로 간주되는 요소에 필수적인 것은 아니라고 주장했다. 무어는 해저 자원과 어족 자원을 국제적으로 관리하는 것이 최적의 해결책이 될 것이라고 보았다(Moore, *A Political Theory of Territory*, Oxford: Oxford University Press, 2015, pp. 167, 169–170). 카라 나인은 남극이나 북극처럼 대체로 사람이 거주하지 않는 지역에 대한 영토권은 정당화될 수 없다고 주장했다(Cara Nine, 'Territory in a World of Limits: Exploring Claims to Oil and Ice', in Liam Leonard et al. (eds), *Environmental Philosophy* (Bingley: Emerald Group Publishing, 2013), pp. 137–155).

11　John Selden, *Of the Dominion, or, Ownership of the Sea*, trans. Marchamont Nedham (London: Marchamont Nedham, 1652).

논쟁 상대였던 그로티우스 역시 국가들이 이러한 형태의 점유를 통해 해안 수역에 대한 권리를 획득할 수 있다고 믿었던 것으로 보인다.12 셀든과 그로티우스의 논쟁은 실효적 점유의 가능성 자체가 아니라, 그것이 실제로 바다 어디까지 확장될 수 있는가에 관한 것이었다. 어쩌면 오늘날의 국가들은 그로티우스나 셀든이 상상했던 것보다 훨씬 더 먼 바다까지 실질적인 통제를 행사할 능력을 갖추게 되었는지도 모른다.

통제로서의 점유가 영토 보유를 정당화할 수 있다는 생각은 철학과 법학 모두에 큰 영향을 미쳐 왔으며, 식민주의의 주요한 정당화 논리로 기능해 왔다.13 하지만 이 주장은 이제 역사에 맡겨져야 한다. 그 이유 중 하나는, 이 논리가 사실상 순환논법에 가깝기 때문이다. 이는 결국 내가 어떤 영토를 통제해야 할 이유가 단지 그 영토를 실제로 통제하고 있기 때문이라는 주장에 지나지 않는다. 이러한 논리는 힘이 정의를 만든다는 사고에 위험할 정도로 근접해 있다. 셀든이나 그로티우스와는 달리, 오늘날 우리는 단순한 통제가 영토에 대한 권리를 정당화할 수 있다고 보지 않으며, 그래서는 안 된다. 특히 생태적 한계가 분명한 세계에서, 우리는 통제를 통해 정당성을 확보하려는 것이 아니라, 공동체가 왜 특정한 공간과 자원을

---

12 Hugo Grotius, *The Rights of War and Peace* (Indianapolis: Liberty Fund, 2005 [1625]).
13 점유라는 개념은 때때로 노골적으로 자기편의적인 방식으로 정의되어 왔다. 유럽이 세계 곳곳을 식민지화할 때 자주 내세운 논리는, 그들의 탐험가들이 아무도 점유하고 있지 않은 영토를 발견했다는 주장이었다. 토착민이 간혹 눈에 띄기도 했지만, 대개는 그들이 그 땅을 올바른 방식으로 '점유'하고 있지 않다는 이유로 무시되었다. 결국 적절한 점유 능력을 갖췄다고 여겨진 집단에게만 그 영토를 지배할 길이 열려 있었던 것이다.

통치할 정당한 이유를 갖고 있는지를 설명할 수 있어야 한다.

하지만 영토를 점유하는 방식에는 다른 형태들도 있으며, 이는 도덕적 관점에서 오히려 더 중요할 수 있다. 철학자 안나 스틸즈Anna Stilz는 영토권에 대한 논의에서, 우리 모두는 개인으로서 지구 어딘가에 살아야 하며, 일단 어떤 특정한 장소에 거주하게 되면, 즉 그곳을 점유하게 되면, 그곳에서 쫓겨나지 않을 권리를 주장할 수 있게 된다고 지적한다. 이 권리는 언제나 결정적인 것은 아니지만, 강력한 도덕적 권리로 간주될 수 있다. 우리가 어떤 장소를 점유하게 되면, 우리는 그곳에 뿌리를 내리고 관계를 형성하며, 그곳에 계속 머무를 수 있다는 전제 아래 삶의 계획을 세운다.[14] 이러한 형태의 점유, 즉 삶의 방식이 특정한 장소와 깊이 얽혀 있는 점유는 반드시 고려되어야 할 중요한 요소다.

나 또한 이러한 점유 방식이 중요할 수 있다는 데 동의한다. 예를 들어, 전 세계 사람들에게 지구 어딘가에서 살아갈 권리를 부여하는 어떤 가상의 세계 권력체가 존재한다고 상상해 보자. 우리는 그러한 권력체가 사람들을 무작위로 이곳저곳으로 이동시키는 대신, 그들이 이미 거주하고 있는 장소에 주목하기를 바랄 것이다. 스틸즈의 주장처럼, 사람들이 이미 관계를 맺고 삶의 계획을 세운 곳에서 계속 거주할 수 있는 권리는 존중받아야 한다. 다만 내가 지적하고 싶

---

14 Anna Stilz, *Territorial Sovereignty: A Philosophical Exploration* (Oxford: Oxford University Press, 2019).

은 것은, 이 논거를 바다에서의 자원권 정당화에 적용하려 할 경우 (비록 그것이 스틸즈의 의도는 아니더라도), 즉시 심각한 문제에 직면하게 된다는 점이다. 가장 명백한 문제는, 우리가 바다를 육지처럼 점유하지 않는다는 사실이다. 만약 바다가 누군가에 의해 '점유'되고 있다면, 그것은 바다를 삶의 터전으로 삼는 다른 종들이며, 그런 의미에서 해양 생물들이야말로 바다에 대한 점유권을 가진다고 보는 것이 더 타당할지도 모른다. 반면, 바다에서 지속적으로 시간을 보내는 인간은 극히 드물고, 그들조차도 특정 해역에 '고정'되어 살아가지는 않는다. 우리가 육지에서 정착해 살아가는 방식과는 본질적으로 다르다. 인간은 일반적으로 바다, 특히 국가의 영해를 넘어선 공해상에 고정된 거주지를 세우지 않는다. 해저 또한 마찬가지다. 공상과학 작가나 군사 전략가들은 해저 거주지를 상상해 왔지만, 아직 현실로 실현된 적은 없다.[15] 물론, 해저 채굴 기술의 발전은 해안에서 멀리 떨어진 해저에 대한 주권의 매력을 분명히 증대시켰다. 그러나 우리가 여전히 대부분 육지에 거주하는 존재인 이상, 스틸즈가 말한 의미에서 인간이 해양이나 해저를 '점유'한다고 말할 수 있을지는 분명하지 않다.

설령 우리가 그러한 주장을 받아들인다 하더라도, 우리는 곧 두 번째 중대한 문제에 직면하게 된다. 바다에서 존재할 권리, 혹은 심

---

[15] Surabhi Ranganathan, 'Ocean Floor Grab: International Law and the Making of an Extractive Imaginary', *European Journal of International Law*, vol. 30, no. 2 (2019), pp. 573–600.

지어 바다에서 살아갈 권리는 배타적 경제수역이나 대륙붕에 관한 논쟁의 핵심 쟁점이 아니다. 배타적 경제수역이 존재하든, 국가가 대륙붕에 대한 권리를 가지고 있든, 누군가는 바다에서 살아갈 수 있다. 이러한 권리를 보장하기 위해 인클로저가 반드시 필요한 것은 아니다. 배타적 경제수역과 대륙붕은 특정 장소에서 살아갈 권리를 다루는 제도가 아니다. 이들은 단지 국가에 바다의 천연자원에 대한 권리를 부여하는 체제일 뿐이며, 해당 지역을 누가 방문하거나 거주할 수 있는지를 결정할 권한까지 포함하지는 않는다. 배타적 경제수역과 대륙붕 체제는 해당 국가가 외부인의 자원 개발을 제한할 수 있도록 하며, 자국이 자원을 개발할 경우 그로부터 발생하는 이익을 취할 수 있도록 한다. 이러한 결론을 정당화하려면 훨씬 더 정교하게 구성된 논거가 필요하며, '점유'라는 개념만으로는 충분하지 않다.

지리적 인접성

해양법협약은 대륙붕에 관한 제77조 3항에서, 연안국의 권리는 "실효이든 개념적이든, 점유에 의존하지 아니한다"고 명시하고 있다. 인클로저의 정당성을 어떻게든 확보해야 했던 해양법협약은 결국 또 다른 문제가 있는 개념인 '지리적 인접성'에 의존하게 된다. 대륙붕은 공동체가 거주하는 영토의 자연스러운 연장이므로, 그 공동체가 해당 대륙붕에 대한 권리를 행사할 수 있다는 논리다. 이후 국제사법재판소 역시 한 국가의 대륙붕에 대한 권리는 인접한 "육지

에 대한 그 국가의 주권 덕분에" 성립한다고 재확인한 바 있다.[16]

이 주장은 다소 놀랍다. 국제법률가들은 오랫동안 단순한 인접성이 영토에 대한 권리의 근거가 될 수 있다는 생각을 경멸해 왔기 때문이다. 1928년의 한 유명한 판결에서도 "영토 주권의 기초로 이해되는 인접성은 국제법상 아무런 근거가 없다"고 선언된 바 있다.[17] 첫 번째 우려는, 인접성이라는 개념이 바다와 육지를 막론하고 수많은 경계 분쟁을 촉발할 수 있다는 점이다. 만약 한 국가가 단지 자국 영토와 '인접'해 있다는 이유만으로 해양의 일부를 합병할 수 있다면, 인접한 이웃 국가의 일부를 합병하지 못할 이유는 무엇인가? 이는 단순한 가정이 아니라, 인접성이 "민족주의적 팽창이 스스로를 정당화하기 위해 흔히 내세운 기치 중 하나였다"는 역사적 사실에 근거한 질문이다.[18] 두 번째 우려는, 인접성이라는 개념이 "정확성이 현저히 결여되어 있고, 자의적인 결과로 이어질" 위험이 크다는 점이다.[19] 국가들이 자신과 '인접한' 영토를 주장할 수 있다면, 우리는 무엇을 기준으로 경계선을 그어야 하는가? 단지 가장 가까이에 있다는 이유만으로 바다 전체가 특정 국가들에 의해 합병될 수도 있다는 말인가?

---

16 다음에서 인용한 것이다. McDorman, 'The Continental Shelf', p. 184.
17 Philip Jessup, 'The Palmas Island Arbitration', *American Journal of International Law*, vol. 22, no. 4 (1928), pp. 735–752.
18 C.H.M. Waldock, 'The Legal Basis of Claims to the Continental Shelf', *Transactions of the Grotius Society*, vol. 36 (1950), pp. 115–148, at p. 139.
19 Jessup, 'The Palmas Island Arbitration'.

유엔 해양법협약은 대륙붕을 한 국가가 위치한 대륙 지각의 '자연스러운 연장'으로 설명함으로써, 이러한 우려에 대해 안심할 만한 과학적 해답을 제시하는 듯했다. 그러나 대륙붕에 대한 과학적 정의와 해양법협약이 규정한 법적 정의 사이의 연관성은 놀라울 만큼 느슨하다. 평균적으로 지질학적 대륙 지각은 심해로 떨어지기 전에 50해리를 넘지 않는 범위까지만 뻗어 있다. 그러나 해양법협약은 이 과학적 사실과 무관하게, 실제로 대륙 지각이 바다로 얼마나 뻗어 있든 상관없이 각국이 해안선으로부터 200해리까지 '대륙붕'에 대한 권리를 가진다고 선언한다. 그 결과, 일부 국가는 해양법협약에 의해 심해저의 깊고 긴 구간에 대해 법적 권리를 인정받게 되는데, 이는 어떤 의미에서도 육지의 '자연스러운 연장'이라 할 수 없다. 따라서 수라비 랑가나탄의 시석처럼, 국세법상 '내륙붕'이라는 개념은 주변 해양의 물리적 특성과는 무관하게, 국가의 영토 주장을 용이하게 하기 위해 설계된 법적 허구처럼 보인다.[20]

개량

국가의 영토권 주장을 잠정적으로 정당화하는 한 가지 근거는, 공동체가 토지나 자원을 '개량'해 왔다는 사실에 주목하는 것이다. 이 아이디어는 식민주의와 얽힌 복잡한 역사적 맥락이 있다는 점에서 신중하게 접근해야 한다. 식민지 개척자들은 '원주민'에게서 빼앗은

---

20   Ranganathan, 'Ocean Floor Grab', p. 17.

땅이 실제로는 점유되지 않았다고 주장하곤 했는데, 그 이유는 원주민들이 해당 토지를 개량하는 데 아무런 노력을 기울이지 않았다는 것이었다. 반면, 개척자들은 숲을 개간하고, 습지를 배수하며, '황무지'를 생산적인 영토로 전환하려 했다. 우리는 토지가 그러한 방식으로 변형되지 않는 한 영토에 대한 권리가 성립할 수 없다는 생각에 분명히 맞서야 한다. 환경 위기의 시대에 접어든 지금, 오히려 황무지를 그대로 두는 것이 더 바람직한 경우가 많기 때문이다. 그럼에도 불구하고, 개량이 일정한 도덕적 정당성을 지닌다는 인식은 여전히 널리 퍼져 있다. 예를 들어, 내가 어떤 황무지를 개간해 생산적인 농지로 바꾸었다고 가정해 보자. 이때 누군가 나타나 그 땅에 작물을 심기 시작한다면, 나는 그 땅을 개량한 사람으로서 그 땅의 사용 여부와 수익 분배에 대해 결정할 권리가 나에게 있다고 주장하게 될 것이다.

이러한 주장에 대해 어떻게 생각하든, 이를 바다에 대한 자원권 정당화 논리로 적용하는 일은 훨씬 더 어려워 보인다. 개별 해양 자원을 채취한 뒤 개량할 수 있다는 점은 의심의 여지가 없고, 실제로 사람들이 그런 행위를 한다면 그 자원 자체에 대한 일정한 권리를 주장할 수 있을지도 모른다. 하지만 바다 자체를 개량할 수 있다고 볼 이유는 거의 없다. 그로티우스가 지적했듯이, 바다는 육지와 달리 "열매를 맺기 위해 경작할 필요가 없다".[21] 땅은 갈고 비료를 주

---

21   Hugo Grotius, 'Defense of Chapter V of the Mare Liberum', in *The Free Sea*, trans.

면 생산성이 높아지지만, 채굴이나 어업과 같은 활동은 바다의 생산성을 증진시키는 데 아무런 기여를 하지 않는다. (물론 그러한 주장이 전혀 없었던 것은 아니다. 19세기 심해 어업을 옹호하던 이들은 해저를 준설하는 것이 마치 토양을 경작하는 것처럼 심해의 비옥도를 높일 수 있다고 주장했다. 그러나 그들은 틀렸다. 실제로 준설이나 저인망 어업bottom trawling22과 같은 행위는 해양 생태계를 심각하게 파괴하는 행위로 드러났다.23)

이 지점에서, 개량이 소유권의 기초라는 생각과 가장 자주 연관되는 철학자 존 로크는 그로티우스와 동일한 입장을 취했다. 로크의 토지 소유권 이론은 흔히 '농업적' 설명이라 불리는데, 이는 농부가 배수, 경운, 시비 등의 방식으로 토지의 가치를 (그의 관점에서) 획기적으로 끌어올릴 수 있다고 보았기 때문이다. 로크에 따르면, 사람들에게 특정 토지 구획에 대한 소유권을 부여해야 하는 이유는 두 가지다. 첫째, 누군가가 특정한 구획에 노동을 들였다면, ―로크의 표현을 빌리자면, 자신의 노동을 그 땅과 '혼합'했다면― 그 이후 다른 사람에게 그 땅을 사용하게 하는 것은 부당할 수 있다. 둘째, 사적 소유권은 보살핌과 투자를 촉진하므로, 경제적 효율성의 측면에서도 이롭다. 그러나 로크는 이러한 논리를 바다에 적용하는 데에는 분명히 선을 그었다. 바다는 그러한 형태의 개량에 적합하지 않으며, 따라

Richard Hakluyt (Indianapolis: Liberty Fund, 2004 [1615]), pp. 75-129, at p. 116.

22 [역주] 해저에 닿는 커다란 그물을 끌어 해양 생물을 잡는 어업 방식으로, 다양한 어종을 포획할 수 있지만 해저 생태계와 지형을 심각하게 훼손하는 것으로 알려져 있다.

23 Callum Roberts, *The Unnatural History of the Sea* (Washington DC: Island Press, 2007), p. 193.

서 개량을 통한 소유 정당화는 바다에는 적용될 수 없다고 보았다. 대신, 로크는 그의 『통치론 Second Treatise of Government』 제5장에서 "바다는 위대하며, 여전히 인류의 공유지로 남아 있어야 한다"고 명확히 했다.[24]

애착

영토 권리에 대한 또 다른 정당화 논거는 '애착 attachment'이라는 개념에 기반한다. 사람들은 특정 장소나 자원에 깊은 의미를 부여하며, 때로는 그것이 삶의 중심을 이루기도 한다. 해안 지역 주민에게는 해변을 거닐 자유 자체가 충족감과 웰빙의 중요한 원천이 되며, 그 자유를 잃으면 삶의 의미가 퇴색할 수 있다. 물고기를 잡는 능력 역시 많은 어부의 정체성을 구성하는 핵심 요소다. 사람을 정당하게 대한다는 것은 그들이 장소, 활동, 삶의 계획과 맺고 있는 깊은 관계를 인정하는 것을 의미할 수 있다.

실제로 많은 이들이 바다의 특정 해역에 강한 애착을 가지고 있음은 부인할 수 없다. 해양 정의를 논의할 때 이 점은 반드시 고려해야 한다. 그러나 우리의 질문은 이러한 애착이 해양법협약이 승인한 인클로저 체제를 정당화할 수 있느냐는 것이다. 이에 회의적인 이유가 몇 가지 있다. 첫째, 인클로저는 바다와 자원에 애착

24　John Locke, *Two Treatises of Government* (Cambridge: Cambridge University Press, 1988 [1688]), p. 289.

을 지닌 이들의 이익을 반드시 증진시키는 것이 아니라, 오히려 위협하는 경우도 있다. 해양법협약 제정 이전, 미국은 배타적 경제수역 내에서 지속 가능한 어획량을 모두 수확할 능력이 없는 국가는 '전통적으로 조업해 온 국가들'의 어업을 허용해야 한다고 제안했지만, 이 제안은 끝내 채택되지 않았다.25 배타적 경제수역은 오히려 해안국에 어부들을 수용하거나 배제할 권한을 부여했다. 브렉시트 이후 영국과 유럽의 관계 재조정에서도 이 문제가 불거졌다. 프랑스와 스페인은 자국 어부들이 대대로 조업해 온 해역에서 조업을 계속할 권리가 있다고 주장했지만, 영국은 그것이 배타적 경제수역 개념의 취지와 맞지 않는다고 반박했다. 이 제도의 핵심은 해당 수역에 대한 과거 사용 내역이나 애착을 고려할 국가의 의무가 없다는 점에 있다. 실제로 많은 국가는 배다적 경제수역을 새롭게 설정하며 수 세대 동안 해당 해역에서 어업을 해 온 이들을 배제해 왔다.26

둘째, 애착이 종종 중요한 의미를 갖는다는 점은 분명하지만, 국가에 자원 주권을 부여하는 것이 그에 대한 적절한 대응인지는 명확하지 않다. 많은 경우, 사람들에게 중요한 것은 단지 바다의 특정 구역에 계속 접근할 수 있는지 여부이며, 이는 이미 무해 통항권으

---

25 J.C. Phillips, 'The Exclusive Economic Zone as a Concept in International Law', *International and Comparative Law Quarterly*, vol. 26, no. 3 (1977), pp. 585–618, at p. 601.

26 예를 들어, 바다에 면하지 않은 국가의 어부들은 세계에서 가장 풍요로운 어장 대부분에서 배제되어 왔다. Helmut Tuerk, 'Landlocked and Geographically Disadvantaged States', in Rothwell et al., *Oxford Handbook of The Law of the Sea*, pp. 325–345, at p. 326.

로 보장된다. 또 다른 경우에는, 천연자원을 지속 가능한 방식으로 채취할 수 있는지가 핵심이다. 예를 들어, 전 세계적으로 생계형 어업에 종사하는 수백만 명의 소규모 또는 '맨손 어업' 어부들은 대체로 해안 가까이에서 활동하기 때문에, 배타적 경제수역의 설정이 이들에게는 큰 영향을 미치지 않는다. 이들이 직면한 진짜 위협은 기술적으로 앞선 산업용 어선단과의 경쟁에서 밀려나는 것이다. 생계형 어부들의 이익을 보호하려 한다면, 산업형 어업을 제한하거나 배제하는 조치를 검토할 수 있다. 그러나 각 해안 국가에 배타적 경제수역을 부여하는 것이 이러한 목적을 달성할 유일한 방법이라고 가정하는 것은 타당하지 않다. 철학자 마거릿 무어는 일부 해안 지역 공동체가 지역 어업과 긴밀한 관계를 맺고 있다고 지적하며, 이러한 관계가 존중받을 필요가 있다 하더라도 국제적 차원에서 적절한 기구를 통해 보호하는 것이 가능하다고 주장한다.[27]

끝으로, 우리가 바다에 대한 애착을 중요하게 여긴다면, 바다의 지속 가능성 역시 함께 고려해야 한다. 어업이 특정 어족을 파괴한다면, 그 어업에 애착을 가진 사람일수록 더 큰 피해를 입게 될 것이다.[28] 하지만 지속 가능성에 관심을 둔다고 해서 반드시 배타적 경제수역 체제를 지지해야 하는 것은 아니다. 실제로 나는 다음 절

---

[27] Moore, *A Political Theory of Territory*, pp. 168-169.
[28] 맨손 어업이나 소규모 어업 활동이 그 정의상 지속 가능하다고 당연시해서는 안 된다. 그 반례는 다음과 같은 연구에서 확인할 수 있다. Julie Hawkins and Callum Roberts, 'Effects of Artisanal Fishing on Caribbean Coral Reefs', *Conservation Biology*, vol. 18, no. 1 (2004), pp. 215-226.

에서, 배타적 경제수역이 지속 가능성을 증진하는 데 있어 일관된 성과를 거두지 못했으며, 오히려 종종 매우 부진했다는 점을 주장할 것이다. 요컨대, 바다에 대한 애착이 규범적으로 중요한 의미를 가질 수는 있지만, 그에 대한 올바른 대응이 바다의 영토화를 지지하는 것인지는 분명하지 않다.

생계적 필요

배타적 경제수역과 대륙붕에 대한 연안국의 주권을 정당화하는 마지막 논거로, 생계의 필요를 들 수 있다. 해안 지역 주민들이 영양 섭취나 안정적인 고용 등 기본적인 삶을 유지하기 위해 일정 수준의 자원 주권을 필요로 할 수 있다는 주장이다. 실제로 트루먼 선언은 "어입 자원은 생계의 원천으로서 연안 지역 공동체에 특별한 중요성을 지닌다"고 명시한 바 있다.[29] 바다 자원의 이용이 기본적 권리를 충족하는 데 핵심적이라면, 그 이용은 보장되어야 한다. 그러나 기본권을 중시하는 관점에서도 해양 자원에 대한 권리를 정당화할 수 있는 범위는 제한적이다. 예를 들어, 해저 자원에 대한 접근이 누군가의 기본적인 이익을 충족하는 데 필수적이라고 보기는 어렵다. 해저 광물은 일반적으로 접근 비용이 매우 높기 때문에, 그 채굴은 주로 부유한 계층의 전유물이 된다. 오히려 해저에 대한 주

---

29 1945 Presidential Proclamation No. 2668. Policy of the United States with Respect to Coastal Fisheries in Certain Areas of the High Seas.

권의 확장은 화석연료 공급을 안전한 한계를 넘어서까지 확대함으로써, 전 세계인의 기본적 권리를 위협할 수 있다.

사람들의 기본적인 영양 섭취에 꼭 필요한 자원이라면, 생존 이익에 근거한 주장은 더욱 설득력을 지닌다. 많은 사람은 바다에서 채취한 소금이나 바닷물을 담수화한 물에 의존하고 있으며, 전 세계 수백만 명이 물고기를 주요 영양 공급원으로 삼고 있다. 이들에게는 필수 미량 영양소를 제공할 대체 자원이 거의 없다. 이는 적어도 이러한 대체 공급원이 존재하지 않는 한, 계속해서 어업에 종사할 권리가 있음을 의미할 수 있다. 하지만 이에 대한 최선의 대응이 물고기에 대한 주권을 지역 국가에 부여하는 것인지는 분명하지 않다. 예를 들어, 해양을 관할하는 어떤 기관이든 소규모의 지속 가능한 어업 활동에 어업 허가를 배정할 수 있다. 또한 생계형 어업은 일반적으로 매우 제한된 지리적 범위에서 이루어지며, 대개 하루 만에 왕복할 수 있는 거리인 영해에 국한된다. 그 너머의 배타적 경제 수역에서는 대부분 산업형 어업이 이루어진다. 설령 생계형 어부들에게 영해 내 어업권을 우선 배정해야 한다는 주장이 가능하더라도, 해안선에서 200해리 떨어진 자원에 대한 배타적 권리를 정당화하기는 어렵다.

위에서 살펴본 일부 정당화 논거에는 일정한 타당성이 있지만, 그 어느 것도 해양법협약이 도입한 중대한 인클로저 조치를 정당화하지는 못한다. 바다에 대한 애착이나 생존권이 중요한 가치라면, 해안 거주자들이 해양 자원을 지속 가능한 방식으로 이용할 권리를 보호해야 할 충분한 이유는 있다. 그러나 이를 위해 반드시 해양 영토에 대한 주권이 필요한지는 명확하지 않다. 설령 그렇다 하더라도, 연안국에 12해리 영해에 대한 주권을 부여하는 것만으로 충분할 수 있다. 실제로 대부분의 생계형 어업과 전통적인 해양 활동은 이처럼 비교적 좁은 수역에 한정된다. 반면, 배타적 경제수역이나 대륙붕에 대한 정당화 논리로 애착이나 생존 이익을 내세우는 것이 과연 실질적인 정당성을 더할 수 있을지는 의문이다. 결국 우리는 인류 역사상 가장 광범위한 인클로저 조치들이 정당한 이론적 기반 없이 이루어졌을지도 모른다는 불편한 가능성과 마주하게 된다.

해양과 해양 자원의 좋은 거버넌스

지금까지 살펴본 논거들은 해안 국가와 바다 사이의 관계에 집중해 왔다. 그러나 어쩌면 그것은 잘못된 접근일 수 있다. 우리가 배타적 경제수역과 대륙붕에 대한 국가의 주권을 받아들여야 하는 진짜 이유는, 그것이 바람직한 결과를 가져오기 때문일 수 있다. 즉 인클로저가 정의롭고 효과적이며 지속 가능한 해양 거버넌스를 실현하는 데 필수적일 수 있다는 주장이다. 이러한 관점은 대륙붕에 관한 트루먼 선언에서도 드러난다. 선언문은 "이 자원들에 대한 승인된 관할권은 그 보전과 신중한 이용을 위해 필요하다"고 명시하고 있다.30 이와 유사한 논리는 존 로크 같은 철학자들의 저작에서도 발견된다. 로크는 개인에게 토지 소유권을 부여하면 그들이 그 토지를 책임감 있게 관리할 유인을 갖게 된다고 보았다. 마찬가지로, 해양에 대한 국가의 통제도 이와 유사한 방식으로 정당화될 수 있을지 모른다. 물론 로크는 바다에 대해서는 사람들이 그 보존을 위해 아무런 노력을 하지 않는다고 보았지만, 해안 국가들을 바다나 해저의 소유자로 설정하면 자원을 더 효율적이고 지속 가능한 방식으로 이용할 가능성도 있다. 혹은 해양에 대한 국가의 주권 확장이 더 큰 평등 실현에 기여할 수 있을까?

지속 가능성

토지 인클로저를 정당화하는 데 가장 자주 활용되는 논거 중 하나는, 이른바 '공유지의 비극'을 방지해야 한다는 주장이다. 예를 들어, 여러 농부가 가축을 자유롭게 풀어놓을 수 있는 공유 목초지가 있다고 하자. 누구든 원하는 만큼 방목이 가능하다면, 시간이 지나면서 그 목초지는 고갈될 수밖에 없다. 이는 개별 농부가 방목을 통해 즉각적인 이익을 얻을 수 있으므로 더 많은 가축을 풀어놓으려는 유인이 생기기 때문이다. 이로 인해 목초지가 황폐화되면, 그 피해는 결국 모두에게 돌아간다. 그런데 이러한 사실을 모두가 알고 있

---

30 1945 Presidential Proclamation No. 2667, Policy of the United States with Respect to the Natural Resources of the Subsoil and Sea Bed of the Continental Shelf.

다는 점이 오히려 상황을 악화시킬 수 있다. 모든 농부가 언젠가는 목초지가 고갈될 것임을 알게 되면, 그 전에 더 많은 이익을 챙기기 위해 방목을 더욱 늘리려 할 수 있기 때문이다. 생태학자 개릿 하딘 Garrett Hardin은 1968년 발표한 유명한 글에서 "공유지에서의 자유는 모두를 파멸로 이끈다"고 주장했다.[31] 하딘에 따르면, 이러한 비극을 막는 유일한 방법은 한때 공유지였던 토지의 일부를 개별 농부가 소유하게 하는 일종의 인클로저를 도입하는 것이다. 그러면 개별 소유자는 타인의 행위에 좌우되지 않고, 자신의 결정에 따른 이익과 손실을 직접 책임지게 된다. 그리고 자신의 생계가 자기 소유의 땅에 달려 있기 때문에 해당 토지를 더 현명하게 사용할 충분한 유인을 갖게 된다.

하딘의 주장은 얼핏 매우 그럴듯해 보이며, 실제로 인클로저를 정당화하는 논거로 상당한 영향을 끼쳤다. 하지만 이 주장은 공유지의 실제 역사에 대한 잘못된 인식에 기반하고 있다. 실제로 공유 목초지를 포함한 다수의 공유지는 오랜 세월에 걸쳐 지속 가능하고 공정한 방식으로 관리되어 왔다. 공유지의 운영 규칙은 개별 참여자의 행동을 엄격히 제한했으며, 이를 통해 여러 세대에 걸쳐 자원의 고갈을 방지할 수 있었다. 하딘이 핵심 사례로 제시한 중세 및 근세 초기의 영국에서, 개별 '공유자'에게 진정한 비극은 바로 인클로

---

[31] Garrett Hardin, 'The Tragedy of the Commons', *Science*, 162, 3859 (1968), pp. 1243–1248, at p. 1244.

저 자체였다. 인클로저가 부유한 지주들이 공유자들을 토지에서 내쫓는 결과를 낳았기 때문이다.32 그렇다면 하딘은 왜 그토록 중대한 오류를 범했을까? 그는 어떤 장소가 '공유지'였다는 사실, 즉 사람들이 쉽게 배제되지 않는 공간이라는 점이 곧 그곳의 자원 사용을 제한하는 효과적인 규칙이 존재하지 않는다는 뜻이라고 오해한 듯하다. 그러나 이는 명백히 사실과 다르다. 내가 이 글을 쓰는 곳에서 멀지 않은 뉴 포리스트New Forest는 오늘날까지도 공유지로 유지되고 있다. 이곳에서는 오랜 전통에 따라 공유자들이 뉴 포리스트 조랑말을 포함한 일정 수의 가축을 원하는 장소에 방목할 수 있는 권리를 가진다. 이 제도는 거의 천 년 동안 유지되어 왔으며, 뉴 포리스트는 여전히 영국에서 생물다양성이 가장 풍부한 생태계 중 하나이자 수많은 멸종위기종의 피난처로 남아 있다. 이처럼 인클로저 없이도 공동 자원과 공간을 협력적이고 공정하며 지속 가능한 방식으로 관리한 사례는 세계 곳곳에 존재한다.33 결과적으로, 우리는 완전한 자유와 인클로저 사이에서 이분법적으로 선택할 필요가 없다. 다음 장에서는 이와 같은 포괄적이고 집단적인 공동 관리 방식들이 어떻게 작동하는지 살펴볼 것이다.

하지만 하딘의 논리적 결함과 인종 · 인구 통제에 대한 의심스러

32　Susan Cox, 'No Tragedy of the Commons', *Environmental Ethics*, vol. 7, no. 1 (1985), pp. 49–61.

33　Elinor Ostrom, 'The Challenge of Common-Pool Resources', *Environment: Science and Policy for Sustainable Development*, vol. 50, no. 4 (2008), pp. 8–21.

운 견해에도 불구하고, 공유지의 비극이라는 개념은 실제 정책과 담론에 깊은 영향을 끼쳐 왔다.[34] 덜 알려진 사실은, 하딘이 개략적으로 제시한 이 논거가 어업 분야에서는 훨씬 이전에 더 정교한 형태로 등장했다는 점이다. 1954년 경제학자 H. 스콧 고든 H. Scott Gordon 은 어류가 '무제한 접근' 자원으로 취급되는 한, 남획은 불가피하다고 주장했다. 그의 핵심 논지는 "오늘 물고기를 남겨두더라도 내일 그것이 자신을 위해 남아 있으리라는 보장이 없기 때문에, 바닷속 물고기는 어부에게 아무런 가치가 없다"는 것이었다.[35] 이 때문에 어부들은 다른 사람보다 먼저 가능한 한 많은 물고기를 잡으려는 유인을 갖게 된다. 고든은 이 상황이 두 가지 전적으로 예측 가능한 결과를 초래한다고 보았다. 첫째, 어족 '자원'이 결국 고갈되거나 심각하게 훼손된다. 둘째, 어속이 남아 있는 동안 더 많은 어선이 업계에 진입하면서, 어업 전반이 '과잉 자본화'되어 비효율에 빠지게 된다. 그 결과 수익성은 점점 낮아질 수밖에 없다.

하딘과 마찬가지로 고든도 이 문제의 해법은 어족 자원에 대한 재산권 창출에 있다고 보았다. 어부들이 특정 어족, 혹은 특정 시기와 장소에서의 어획 권리를 소유하게 된다면, 자원을 더 효율적이고 지속 가능한 방식으로 이용하려는 유인을 갖게 될 것이다. 이러한 논

---

34 Surabhi Ranganathan, 'Global Commons', *European Journal of International Law*, vol. 27, no. 3 (2016), pp. 693-717.

35 H. Scott Gordon, 'The Economic Theory of a Common-Property Resource —The Fishery', *Journal of Political Economy*, vol. 62, no. 2 (1954), pp. 124-142, at p. 135.

리에 따라 양도성 개별 할당제Individual Transferable Quota, ITQ가 널리 도입되었다. 이 제도는 개별 어부나 어업 회사에게 특정 시기에 일정량의 어획 권리를 부여하며, 이 권리를 타인에게 양도하거나 판매할 수 있도록 허용한다. 어업 관리의 올바른 목표는 어획량의 극대화가 아니라 어업을 통한 수익의 극대화이며, 이러한 방식의 인클로저는 그 목표를 실현하는 수단으로 제시되었다.

어업의 운명을 진단한 분석으로서 스콧 고든의 주장은 상당한 진실을 담고 있다. 실제로 전 세계의 많은 어업이 그의 예측대로 스스로의 미래를 파괴하는 방식으로 운영되고 있다. 그러나 여기서 주목해야 할 핵심 질문은, 과연 해양 인클로저가 유일하거나 최선의 해결책이냐는 점이다. 특히 주의할 점은, 고든의 주장이 국가에 의한 해양 인클로저를 전제로 하지 않았다는 것이다. 그의 요지는 개별 어부의 활동을 규제할 필요성에 관한 것이었고, 어업은 최대 지속 가능 어획량에 따라 공정한 판단을 내릴 수 있는 공공기관의 허가를 받아야 한다고 주장했다. 그는 어획량이 '통합된 지휘 권력'에 의해 설정되는 한, 물고기는 사유 재산이나 공공 자산이 될 수 있다고 보았다.[36] 이와 마찬가지로, 1945년의 트루먼 선언은 해양 자원을 지속 가능하고 효율적으로 이용하려면 어떤 형태로든 '공인된 관할권'이 필요하다고 제안했다. 그러나 어딘가에 안정적인 관할 체계가 필요하다는 사실이, 그 권한이 개별 국가에 부여되어야 한다는 결론으

---

36 Ibid., p. 135.

로 곧장 이어지지는 않는다. 예를 들어, 국제기구가 전 지구적 차원에서 어업권을 할당하는 체제를 상상할 수도 있다. 따라서 국가별 해양 인클로저를 정당화하려면, 국가 단위의 거버넌스 체계가 최적의 해결책이거나, 적어도 유일하게 실현 가능한 방식임을 입증해야 할 것이다.

어쨌든 '푸딩의 진가는 먹어 보면 안다'는 말처럼, 배타적 경제수역의 역사는 꽤 씁쓸한 결과를 보여준다. 어족 자원의 남획을 줄이기는커녕, 배타적 경제수역의 도입은 오히려 어업 활동의 대규모 확장과 동시에 진행되었다. 1970년부터 2008년까지 전 세계 어업 규모는 무려 아홉 배나 증가했다.[37] 그 결과, 과잉 어획 상태로 분류되는 어족 자원의 비율은 10%에서 32%로 늘었고, 추가로 53%는 완전히 소진된 상태로 간주되었다.[38] 놀랍게도, 어업 활동이 폭발적으로 증가했음에도 전체 어획량은 오히려 점차 감소해 왔다.[39] 막대한 자금과 날로 정교해지는 기술이 점점 줄어드는 어족을 쫓는 데 투입되면서, 어업은 스스로의 미래를 갉아먹는 산업이 되어가고 있다.

물론 배타적 경제수역이 도입되지 않았더라도 어업 활동이 증가했을 가능성은 있다. 그러나 배타적 경제수역의 도입이 어업 확대

---

37 Yimin Ye, 'Global Fisheries: Current Situation and Challenges', in Hance Smith et al. (eds), *Routledge Handbook of Ocean Resources and Management* (Abingdon: Routledge, 2017), pp. 215–231, at p. 223.

38 Food and Agriculture Organization, *World Review of Fisheries and Aquaculture* (Rome: Food and Agriculture Organization, 2010).

39 Daniel Pauly and Dirk Zeller, 'Catch Reconstructions Reveal that Global Marine Fisheries Catches are Higher than Reported and Declining', *Nature Communications*, vol. 7, no. 10244 (2016), pp. 1–9, at p. 2.

를 촉진하는 데 중요한 역할을 했다는 점은 부인하기 어렵다. 수년간 미국과 스페인 등의 '원양 어선단'은 서아프리카와 라틴아메리카 연안에서 조업해 왔다. 그러나 해당 국가들이 배타적 경제수역을 선언하고 이들을 배제하자, 이들 어선단은 조업을 줄이기는커녕, 다른 해역에서의 조업을 계속할 수 있도록 막대한 어업 보조금 확대를 요구했고, 이는 실제로 관철되었다. 그 결과, 공해 어업이 더욱 확대되었고, 이들 어선을 계속 수용한 국가들의 배타적 경제수역 내에서도 어업 강도가 더욱 높아졌다. 그러나 공해 어업은 본질적으로 수익성이 낮은 구조다. 과도한 연료를 들여 먼 공해까지 이동한 수많은 선박이 줄어드는 어족을 두고 경쟁하는 상황이기 때문이다.[40] 현재 공해 어업 수익의 절반은 미국, 일본, 한국, 대만 등 자국 어선단에 막대한 보조금을 지급하는 네 나라에서 발생하며,[41] 그 수익의 대부분은 소수의 기업에 집중된다.[42] 이러한 보조금 없이는 공해 어업 자체가 경제적으로 지속될 수 없다. 그럼에도 대부분의 보조금은 갈수록 적은 수의 노동자만을 고용하는 일부 부유한 기업에 돌아가고 있으며, 유권자들이 이처럼 파괴적인 산업을 유지하기 위해 거액의 세금을 기꺼이 지불하는 이유는 정치적으로도 납득하기 어렵다.

---

[40] European Parliament Directorate General for Internal Policies, *Global Fishing Subsidies* (Brussels: European Parliament, 2013).

[41] Global Ocean Commission, *From Decline to Recovery: A Rescue Package for the Global Oceans* (Oxford: Global Ocean Commission, 2014), p. 41.

[42] Gabrielle Carmine et al., 'Who is the High Seas Fishing Industry?', *One Earth*, vol. 3, no. 6 (2020), pp. 730–738.

원칙적으로 각국은 다른 방식으로 행동할 수 있다. 특히 공해에서의 보조금을 줄이거나 폐지하고, 자국 배타적 경제수역 내 어업에 더 엄격한 제한을 두며, 저인망 어업, 유망流網 사용, '혼획된 어류'를 죽은 채 바다에 버리는 등의 파괴적 관행을 줄일 수 있다. 그러나 개별 국가들이 이러한 조치를 손쉽게 실행할 수 있는지는 불확실하다. 이는 배타적 경제수역 체계로 구성된 현재의 해양 질서에 구조적 문제가 깊이 자리하고 있기 때문이다. 첫째, 많은 국가는 어업 규제를 집행하거나 불법·비보고·비규제IUU 어업을 효과적으로 단속할 역량이 부족하다. 이러한 현실은 특히 외국 선박들이 지역 거버넌스의 약점이나 분열을 악용해 온 서아프리카 해안에서 두드러지게 나타난다. 이 지역의 불법·비보고·비규제 어업은 세계 최악 수준에 해당하며,[43] 개별 국가가 실질적인 어업 제한을 집행할 수 있을지도 불투명하다.

둘째, 배타적 경제수역과 개별 어족 '자원' 사이에는 '부적합성' 문제가 존재한다. 환경 정책 전문가들은 이를 '대응 원칙matching principle'이라는 개념으로 설명해 왔다. 이 원칙은 자원에 관한 의사결정이 해당 자원 풀이나 생태계의 경계와 일치해야 한다는 주장이다.[44] 예를 들어, 강에 관한 결정은 그 유역에 거주하는 사람들이 내

---

43 David Agnew et al., 'Estimating the Worldwide Extent of Illegal Fishing', *PLoS One*, vol. 4, no. 2 (2009), pp. 1–8, at p. 3; Alkaly Doumbouya et al., 'Assessing the Effectiveness of Monitoring Control and Surveillance of Illegal Fishing: The Case of West Africa', *Frontiers in Marine Science*, vol. 4 (2017), pp. 1–50.

44 예를 들어, 다음을 보라. Henry Butler and Jonathan Macey, 'Externalities and the Matching Principle', *Yale Law and Policy Review*, vol. 14 (1996), pp. 23–66.

려야 하며, 숲에 관한 결정은 그 숲 안이나 인근에 사는 사람들이 해야 한다는 것이다. 그렇다면 특정 어족에 대한 결정은 누가 내려야 할까? 아마도 그 어족이 서식하는 수역을 관할하는 이들이어야 할 것이다. 하지만 물고기는 이동성이 있다(물론 종에 따라 이동 범위는 다르다). 물고기는 배타적 경제수역이라는 법적·정치적 경계를 고려하지 않는다. 이들은 여러 배타적 경제수역의 경계를 넘나들며 정기적으로 회유한다. 이러한 경우, 보전에 관한 효과적인 결정을 단일 국가가 독자적으로 내릴 수 있을지는 불확실하다. 유엔은 이 문제를 일정 부분 다루고자 했다. 1995년 어족자원협정은 둘 이상의 배타적 경제수역에 걸쳐 서식하는 '경계 왕래 어족straddling stocks'의 관리를 위해 각국의 의무를 규정하고자 했다. 하지만 이 협정은 자발적 가입을 전제로 하며, 분쟁 해결 절차는 존재하더라도 그 결정에 강제력이 없다. 결국 국가들이 어족 관리에서 협력을 거부할 경우 이를 강제할 수단은 없는 셈이다.

해양법협약은 사실상 해안 국가들에게 상충되는 지침을 제공하고 있다. 제61조는 해안 국가가 배타적 경제수역 내 생물자원의 남획을 방지할 의무가 있으며, 이를 위해 효과적인 보전 정책을 수립해야 한다고 명시한다. 그러나 동시에 '총허용 어획량'을 개별 국가가 자율적으로 결정할 수 있다고 선언함으로써, 보전 의무는 실질적으로 상당한 재량을 허용하는 구조로 남는다.[45] 협약의 보존 관련

---

45   Andreone, 'The Exclusive Economic Zone', p. 167.

조항은 전반적으로 모호한 문구로 구성되어 있어, 어떤 경우에 국가가 그 의무를 위반했다고 판단할 수 있는지조차 명확하지 않다. 게다가 국가가 보전 의무를 다하지 않았을 경우, 이를 중재하거나 강제할 수 있는 실질적 국제 절차도 존재하지 않는다. 한편, 해양법협약의 다른 조항들은 어족 자원의 보전보다 그것의 완전한 활용에 더 무게를 두고 있는 듯하다. 제62조는 "해안 국가는 배타적 경제수역 내 생물자원의 최적 이용을 촉진해야 한다"고 규정하며, 해안 국가가 최대 지속 가능 어획량을 모두 소비하지 못할 경우 "그 잉여분을 타국이 이용할 수 있도록 허용해야 한다"고까지 명시하고 있다.

이 절에서는 지금까지 어족 자원에 집중해 왔다. 그러나 어족 자원에 대한 인클로저는 지속 가능성을 확보하는 데 종종 실패해 왔으며, 환경보호를 오히려 어렵게 만든 사례도 존재한다. 인클로저기 해안 국가들에게 가져다준 것 중 하나는 막대한 신규 화석연료 자원에 대한 통제권이었다. 21세기 첫 10년 동안 이루어진 주요 석유 및 가스 발견 10건 중 7건이 해상에서 이루어졌다.[46] 오늘날 인류는 지구의 대부분 화석연료가 땅속과 해저에 묻힌 채로 남아 있도록 보장해야 한다는 공동의 이해에 도달해 있다. 과거에는 석유의 고갈을 우려했지만, 이제는 사용할 수 있는 석유가 너무 많고, 이를 채굴할 수 있는 국가도 너무 많다는 점이 오히려 문제다. 탈탄소화가

---

[46] Salit Kark et al., 'Emerging Conservation Challenges and Prospects in an Era of Offshore Hydrocarbon Exploration and Exploitation', *Conservation Biology*, vol. 29, no. 6 (2015), pp. 1573–1585, at p. 1574.

불가피하다는 사실을 인식하면서도, 많은 국가는 그 시점이 오기 전에 가능한 한 많은 자원을 뽑아내고 판매하려는 경쟁에 나서고 있다. 이 글을 쓰는 시점에서, 오직 한 나라만이 이 흐름에서 벗어나 있다. 덴마크는 최근 국민투표를 통해 북해에서 더 이상 석유·가스 탐사를 허용하지 않기로 결정했다(기존 유정은 예외).47 급속히 온난화되는 세계에서, 우리는 다른 나라들 또한 해상 화석연료를 아예 손대지 않은 채 남겨두기를 바랄 수밖에 없다. 그러나 해양법은 이 선택을 개별 국가의 재량에 맡기고 있으며, 이는 종종 "먼저 하시죠"라는 식의 책임 미루기 게임으로 귀결된다. 선택이 각국의 몫으로 남아 있는 한, 다른 나라들이 미적대는 상황에서 왜 자국이 먼저 나서야 하는지를 정부가 유권자에게 설득하기는 어렵다. 기후 비상 사태 속에서 지속 가능성을 확보하려면, 이들 자원의 개발을 막아야 하며, 기후 안정을 달성하려면 결국 해양 자원 주권에 일정한 제한을 둘 수밖에 없다는 결론에 이르게 된다.

평등

배타적 경제수역의 도입은 지속 가능성이라는 목표를 실질적으로 진전시키지는 못한 것으로 보인다. 하지만 더 큰 평등을 촉진하는 데에는 기여했을 수도 있다. 1960~70년대 식민 지배에서 막 벗

47　Jillian Ambrose, 'Denmark to End New Oil and Gas Exploration in North Sea', *Guardian* (4 December 2020).

어난 많은 국가는 해양에서 신식민주의적 착취가 재현되는 듯한 상황에 직면했다. 1970년까지 전 세계 인구의 3분의 1에 불과한 부유한 국가들이 전체 어획량의 5분의 3을 차지하고 있었으며,48 영국, 독일, 소련 등의 원양 어선들은 남반구의 어족 자원을 집중적으로 노리며 가난한 국가들의 해안 바로 앞까지 진출했다. 이러한 행위는 '바다에서의 자유' 원칙 아래 정당화되었지만, 많은 신생 독립국 지도자는 자국 해안의 물고기를 더 이상 누구나 자유롭게 잡을 수 있는 공유재로 보려 하지 않았다. 풍부한 어장을 보유한 라틴아메리카 국가들이 인클로저 운동의 선두에 섰고, 이 흐름은 곧 다른 남반구 국가들로 확산되었다. 이로부터 인클로저를 정당화할 또 하나의 논거가 도출된다. 자원에 대한 주권을 연안국에 부여하는 조치는 어업 이익이 소수 득권층에 독점되는 것을 막기 위해 필요했을 수 있다. 물론 이러한 조치는 해안이 없는 가난한 국가들에게는 실질적 혜택을 주지 못했지만, 배타적 경제수역 체계는 적어도 가난한 해안국들이 세계 어획량에서 더 공정한 몫을 확보할 기회를 제공했다.

그러나 현실적으로 배타적 경제수역의 도입은 더 큰 평등을 실현하는 데 충분히 기여하지 못했다. 그 이유 중 하나는 이미 1장에서 다룬 바 있다. 세계에서 가장 넓은 배타적 경제수역을 보유한 국가는 영국, 미국, 프랑스, 호주이며, 이는 이들 국가가 다수의 해외 속령을 보유하고 있기 때문이다(여기에는 광대한 해안을 가진 러시아도 포함

---

48   John Hannigan, *The Geopolitics of Deep Oceans* (Cambridge: Polity, 2016), p. 65.

된다). 유럽 열강은 바다에 대한 지배력을 기반으로 수많은 작은 섬을 정복했고, 이러한 식민지 개척의 유산은 오늘날 수익성 높은 어장을 통제하게 된 전혀 예상치 못한 이익으로 이어졌다.

남반구 국가들에게 배타적 경제수역 도입의 결과는 분명 엇갈렸다. 배타적 경제수역 도입 이후 남반구 국가들의 총 어획량은 다소 증가했지만, 그 이익은 소수 국가에 집중되었다. 상위 10개국이 1990년까지 개발도상국 전체 어획량의 83%를 차지한 것이다.[49] 대다수 남반구 국가는 자국 어업을 본격적으로 확대할 역량이 부족했다. 이에 따라 많은 국가는 해양법협약 제62조에 따라 원양어업국과 접근 협정access agreements을 체결하는 방식을 택했다. 이는 원양어업국이 일정한 대가를 지불하고 연안국 해역에서 어업권을 행사하는 방식이다. 그러나 이러한 협정은 종종 매우 불리한 조건에서 체결되었다. 원양어업국들은 가장 저렴한 접근권을 확보하기 위해 연안국들을 상대로 경쟁을 유도했고, 협상 과정에서 정치적·경제적 영향력을 적극 활용했다. 경우에 따라 어업권 제공은 외국 원조와 연계되기도 했다.[50] 결과적으로, 원양어업국이 빈곤국에 지불하는 금액은 실제 어획물 가치의 평균 5%에 불과했다. 게다가 어업의 90% 이상에 해당하는 수익은 통조림, 훈제, 포장 등 공급망 상위

---

49 Lawrence Juda, 'World Marine Fish Catch in the Age of Exclusive Economic Zones and Exclusive Fishery Zones', *Ocean Development & International Law*, vol. 22, no. 1 (1991), pp. 1-32, at p. 7.

50 Gagern and van den Bergh, 'A Critical Review of Fishing Agreements', p. 379.

단계에서 발생하며, 이들 공정은 대부분 외국에서 이루어지고,[51] 그 이익도 지역 사회가 아닌 다국적 기업으로 흘러간다.

가장 악명 높은 불평등의 사례는 서아프리카에서 발생했다. 이 지역은 세계에서 가장 풍요롭고 '생산성이 높은' 해양 생태계를 보유하고 있지만,[52] 지역 국가들은 이를 활용할 자원과 역량이 부족했다. 그 결과, 부유한 국가들과의 접근 협정에 의존해 왔고, 이로 확보한 자금은 종종 국제 채무 상환에 필수적인 재원이 되었다. 그러나 많은 협정은 어획량 자체에 제한을 두기보다는 어선의 규모를 규제하는 방식으로 운영되었다. 예를 들어, 유럽연합 소속 어선들은 단 한 번의 접근료 지급만으로 사실상 무제한에 가까운 어획을 허용받기도 했다.[53]

원양어입국들과 체결된 이러한 협정은 일종의 '해양 강탈ocean grabbing'로 묘사되어 왔다.[54] 물론 이러한 비유는 다소 과장일 수 있다. 배타적 경제수역은 여전히 해당 연안국의 주권 범위 안에 있기 때문이다. 그러나 그 결과 어족 자원이 심각하게 고갈되었고,[55] 지역 주민들은 어획 경쟁과 어업 일자리 확보에서 밀려나게 되었다.

---

51 Ibid., p. 379.
52 Ramon Bonfil et al., *Distant Water Fleets: An Ecological, Economic and Social Assessment* (Vancouver: University of British Columbia Fisheries Centre, 1998), p. 24.
53 Gagern and van den Bergh, 'A Critical Review of Fishing Agreements', p. 378.
54 Nathan James Bennett, Hugh Govan and Terre Satterfield, 'Ocean Grabbing', *Marine Policy*, vol. 57 (2015), pp. 61–68.
55 Jacqueline Alder and Ussif Sumaila, 'Western Africa: A Fish Basket of Europe Past and Present', *Journal of Environment and Development*, vol. 13, no. 2 (2004), pp. 156–178, p. 169.

특히 보조금을 받는 유럽연합의 서아프리카 연안 어업이 초래한 종합적인 결과는 "아프리카 어민 공동체가 국제 시장에서 효과적으로 경쟁할 수 있는 가능성을 무너뜨린 것"이었다.[56] 동시에 해안 지역 공동체는 중요한 영양 공급원에 대한 접근권을 잃었으며, 이 지역에 만연한 불법 어획이 상황을 더욱 악화시켰다.[57]

한편, 각국 내부를 살펴보면, 인클로저가 더 큰 평등으로 이어졌다고 보기는 어렵다. 부유한 서구 국가들에서 가장 일반적으로 채택된 어업 관리 방식은 신자유주의적 접근이었다. 특정 어족 '자원'에 대한 권리가 시장에서 사고팔 수 있는 거래 가능한 자산으로 전환된 것이다. 이른바 '거래 가능한 어획 할당량'은 처음에 기존 사용자들에게 무상으로 배분되었는데, 해당 어족이 공동체 전체의 자산임을 고려할 때 이는 이례적인 결정이었다. 이후 이 할당량은 자유롭게 거래되며 점차 소수에게 집중되었고, 일부 지역에서는 대형 어업 기업들이 새로운 '바다의 제왕'으로 불리게 되었다. 많은 국가는 자국의 어업을 낭만화하며, 산업형 어업이 초래하는 생태적 파괴에도 불구하고 막대한 보조금을 제공하고 있다. 실제로 여러 지역에서 어업은 고수익 산업이 되었지만, 그 상태가 지속 가능할지는 불투명하다. 거래 가능한 어획 할당량 제도는 수익 극대화를 유일한 목표

---

[56] Alastair Couper et al., *Fishers and Plunderers* (London: Pluto Press, 2015), p. 54.

[57] Gohar Petrossian and Ronald V. Clarke, 'Disaggregating Illegal Fishing Losses for the 22 Countries of the West African Coast', *Maritime Studies* (2020), online early, pp. 1–11.

로 삼는 방식처럼 보인다. 그 결과, 과두화된 어업은 소규모 및 토착 어부들을 바다에서 밀어냈고,58 고용은 줄었으며, 경제적 자립성과 그에 따른 개인적 성취감마저 위축되었다. 이에 많은 해안 공동체는 경제적으로 껍데기만 남은 상태가 되었다. 소규모 어업은 흔히 비효율적이라 간주되지만, 생계와 정체성 유지에 있어 핵심적인 역할을 한다. 어업이 많은 취약 공동체에 중요한 경제적·영양적 안전망이 될 수 있다면, 신자유주의적 방식의 경제력 집중이 과연 어떤 의미에서 '진보'인지 다시 묻지 않을 수 없다.59

마지막으로, 내륙국의 처지를 고려할 필요가 있다. 해양법협약 제69조와 제70조는, 배타적 경제수역 내 특정 어족에 잉여가 있고 연안국이 이를 완전히 활용할 능력이 없을 경우, 내륙국이나 지리적으로 불리한 국가에 그 자원에 대한 접근을 허용해야 한다고 규정하고 있다. 원칙적으로 이는 배타적 경제수역에서 발생하는 이익이 더 공정하게 분배되도록 보장하려는 취지다. 그러나 실제로는 이 조항이 다소 역진적으로 작동한다. 어업 장비 등 인프라가 부족해 어족을 충분히 포획하지 못하는 국가들이, 높은 어획 능력을 가진 국가가 아니라 지리적으로 불리한 국가와 자원을 공유할 의무를 지는 구조이기 때문이다. 해양법협약 제71조는 특정 어족 자원에 '압도적

---

58 Katherine Seto and Brooke Campbell, 'The Last Commons: (Re)constructing an Ocean Future', in William Cheung, Yoshitaka Ota and Andres Cisneros-Montemayor (eds), *Predicting Future Oceans* (Amsterdam: Elsevier, 2019), pp. 365-376, at p. 370.

59 Christopher Béné, Bjørn Hersoug and Edward Allison, 'Not By Rent Alone: Analysing the Pro-poor Functions of Small-scale Fisheries in Developing Countries', *Development Policy Review*, vol. 28, no. 3 (2010), pp. 325-358.

으로 의존하는' 국가는 이 자원을 지리적으로 불리한 국가와 공유할 의무가 없다고 명시하고 있다. 결과적으로, 어획 능력이 높은 국가는 아무런 부담을 지지 않는 반면, 일부 어획 능력이 부족한 국가는 오히려 자원을 나누어야 하는 상황에 놓이게 된다. 무엇보다 이러한 조항은 실제로도 재량적으로 운용된다.60 외부 국가에 배타적 경제수역 접근을 허용한 100건의 양자 협정을 분석한 연구에 따르면, 어느 경우에도 내륙국이나 지리적으로 불리한 국가는 포함되지 않았다. 이들 국가는 제공할 것이 거의 없고, 결국 바다의 전리품 경쟁에서 철저히 배제되어 왔다.61 해양법협약은 '지리적으로 불리한 공동체'가 타국의 배타적 경제수역에서 어업할 자유를 가진다고 상정하지만, 이들이 그 자유를 실질적으로 활용할 수 있도록 하는 재정적·기술적 지원에 대해서는 아무런 규정을 두고 있지 않다. 결국 어떤 내륙국도 의미 있는 어업을 발전시키지 못한 것은 전혀 놀랍지 않은 결과다.

앞으로의 과제

어떤 의미에서는 해양의 인클로저가 진보처럼 보일 수도 있다. 그 유일한 대안이 바다에서의 속박 없는 자유라면 더욱 그렇다. 배타적

---

60 Tuerk, 'Landlocked and Geographically Disadvantaged States', pp. 325–345, at p. 333.
61 Charles Quince, *The Exclusive Economic Zone* (Wilmington, DE: Vernon Press, 2019).

경제수역과 대륙붕 체제의 핵심에는 일종의 형식적 평등이 자리하고 있다. 광활한 바다에서의 무제한 경쟁 대신, 모든 해안국이 자국 인접 해양 자원에 대한 권한을 부여받는다. 바다의 자원을 부유한 국가들이 독점하던 과거와 달리, 빈곤한 국가들도 해양 자원 쟁탈전에 참여할 기회를 갖게 된 것이다. 하지만 이러한 형식적 평등은 실질적인 결과의 평등으로 이어지지 않았다. 남반구 국가들이 얻은 이득은 지역마다 차이가 있었고, 대부분의 경우 그 효과는 제한적이었다. 많은 국가는 해양 접근권을 부유한 국가에 헐값에 넘겼고, 이 권리는 다시 다국적 기업에 무상으로 이전되었으며, 여기에 연료 보조금까지 얹어졌다. 지리적으로 불리한 국가는 이 체제 아래에서 형식적 평등조차 보장받지 못하고 있다.

지속 가능성 측면에서도 유사한 평가가 가능하다. 각국이 자국 해양 자원을 보전할 책임을 지는 것이 아무도 책임지지 않는 무질서한 상태보다는 낫다. 그러나 이러한 일반적인 책임은 구속력 있는 법적 의무로 이어지지 않았으며, 많은 국가는 해안 생태계를 보전할 역량이나 의지를 갖추지 못하고 있다. 심지어 일부 부유국과 남반구 국가들은 자국 어선이 타국의 배타적 경제수역이나 공해로 진출하는 비용을 지원하면서, 파괴적인 어업 방식에 보조금을 지급하고 있다. 그 결과, 배타적 경제수역 체제는 어족 자원의 고갈을 막지 못했다. 해안 수역의 영토화는 여전히 많은 남반구 사람이 생존을 위해 어류에 의존하고 있음에도, 상품으로서의 어류가 남반구에서 북반구로

일방향적으로 이동하는 세계 수산업의 구조를 바꾸지 못했다.[62]

하지만 어쩌면 다른 길이 있을지도 모른다. 바다에서의 자유나 해양의 인클로저만이 우리의 유일한 선택지는 아닐 수 있다. 다음 장에서는 해양법협약으로 이어진 초기 논쟁으로 돌아가, 자유와 인클로저를 넘어서는 평등주의적 대안이 어떻게 등장했는지 살펴볼 것이다. 이 대안을 옹호한 이들은, 그것이 모두를 위한 해양 정의를 실현할 수 있으리라 믿었다.

---

[62] 어류 수출의 85%는 선진국을 목적지로 한다. Wilf Swartz et al., 'Sourcing Seafood for the Three Major Markets: The EU, Japan and the USA', *Marine Policy*, vol. 34 (2010), pp. 1366–1373, at p. 1367.

4
바다 위 세계 질서의 재편

17세기의 '책들의 전투'를 읽다 보면, 우리 앞에 놓인 선택지는 자유 또는 인클로저뿐이라는 인상을 받기 쉽다. 바다는 모든 이에게 열려 있어야 하며, 누구나 자원을 자유롭게 수확할 수 있어야 할까? 아니면 바다와 해저의 상당 부분을 국가의 영토로 전환해, 개별 국가가 자원의 부를 독점할 수 있어야 할까? 이 선택이 곤란한 이유는, 자유도 인클로저도 매력적인 모델로 보이지 않기 때문이다. 공해에서의 자유는 매우 불평등하고 지속 가능하지 않은 어업 체계를 낳았다. 반면, 국가 중심의 인클로저 모델 역시 각국의 해양 경계와 생태계의 현실이 일치하지 않기 때문에 대규모 환경 문제를 해결하는 데 적합하지 않다. 이 모델은 한편으로 일부 국가에는 부를 안겨주었지만, 다수에게는 그렇지 않았다.

다행히 자유와 인클로저는 우리의 유일한 선택지가 아니다. 앞 장에서는 1982년 해양법협약이 예고한 인클로저의 물결을 살펴보았다. 인클로저가 이 협약의 가장 두드러진 결과였지만, 이 방대한 법률 문서에는 대부분의 사람이 주목하지 못한 또 하나의 흐름이 숨어 있다. 그것은 자유와 인클로저 모두에 대한 급진적인 대안을 제시한 흐름이었다. 이 대안은 해양, 또는 최소한 그 일부를 '국제화'된 공간으로 보려는 비전이었다. 이는 바다 자원을 전 인류의 이익을 위해 집단적으로 관리하자는 제안이며, 해양의 자유로운 이용은 모든 사람에게 실질적인 혜택을 제공해야 한다는 전제를 담고 있다. 자유와 인클로저라는 이분법을 넘어선 이 실험적 비전은, 지지자들의 바람대로 더 널리 퍼질 수도 있었다. 바다는 점점 심화되는 불평등의 도가니가 아니라, 더 평등한 세계 질서의 못자리가 될 수 있다. 물론 이러한 해양 정의의 꿈은 대부분 실망으로 끝났지만, 이 비전은 여전히 되살릴 만한 가치가 있는 강력한 청사진을 제시하고 있다.

해양의 탈식민화

1982년 해양법협약으로 이어진 논쟁들은, 때로는 법률가들이 건조한 법적 원칙을 두고 벌이는 난해한 말다툼처럼 보이기도 했지만, 결코 그렇지 않았다. 그 이면에는 반드시 주목해야 할 정치적 맥락이 자리하고 있었다. 국제법의 전통적 원칙들은 유럽 중심의 세계 질서 속에서 형성되었으며, 이 질서는 제국주의와 노예 제도, 그리고 종종 폭력적인 자본주의 체제를 전 세계에 강요하는 데 그 특징이 있었다. 이러한 원칙들이 유럽에서 비롯된 만큼, 유럽인의 이익을 반영하는 것은 어쩌면 당연한 일이었다. 수 세기가 지나 미국이 초강대국이 되었을 때에도, 미국은 이 법적 원칙들이 자국의 세계적

이익에 대체로 부합한다는 사실을 인식하게 되었다.

그러나 조약이 체결되기 전 몇 년 동안, 세계 정세는 이미 변화하고 있었다. 얼마 전 제국들이 붕괴했고, 일부는 여전히 흔들리고 있었다. 1940년대부터 1970년대 사이, 수많은 새로운 국가가 국제 무대에 등장했다. 영국, 프랑스, 포르투갈, 벨기에 등이 여러 세대에 걸쳐 지배해 온 지역에서, 인상적이고도 치열한 탈식민 해방의 물결을 통해 수십 개 공동체가 스스로의 정치적 운명을 직접 쥐게 되었다. 그러나 식민 지배에서 벗어나기 위해 고군분투했던 이 신흥공업국NIC 지도자들은 여전히 불리한 세계 경제 질서를 마주해야 했다. 이로 인해 그들은 기존의 국제법 질서를 깊이 의심했다. 그 질서는 식민지 시대에 형성되었고, 식민 지배에 사실상 동조해 온 체계였기 때문이나. 그들의 (전적으로 정당한) 관점에서 이 질서는 여전히 세계 주요 강대국의 이익을 수호하고 있었다.

따라서 세계 남반구의 새로운 국가들이 요구한 것은 단순한 독립국 지위 그 이상이었다. 부유한 국가들이 자신들의 이익을 위해 설계한 세계에서, 주권만으로는 충분하지 않았다. 새로 독립한 국가들은 주권과 더불어, 북반구와 남반구 간 격차를 줄이기 위한 새로운 법적·정치적·경제적 질서를 함께 요구했다. 애덤 게터츄Adom Getachew가 식민지 이후 시대를 다룬 통찰력 있는 저서에서 지적했듯, 대서양 양안의 신생 독립국들은 자신들이 단지 독립을 위한 투쟁에 그친 것이 아니라, 일종의 '세계 만들기' 프로젝트에 참여하고 있다고 보았다. 그들에게 진정한 독립이란, 정치적·경제적 운명을 스스로 결정할 수 있는 평등하고 민주적인 세계 질서를 수립하는 데 있었다.1 당시에는 다양한 '세계 만들기' 비전이 존재했지만, 그중 가장 야심찬 구상은 남반구가 세계 경제의 규칙을 재설계하는 데 완전한 주체로 참여할 것을 요구한 '신국제경제질서New International Economic Order, NIEO'였다. 급진적인 변화 없이는 북반구가 남반구에 채워 온 족쇄를 풀 수 없었고, 오직 그러할 때에만 형식적 주권은 실질적 독립과 스스로의 운명을 개척할 자유를 의미할 수 있었다.

이러한 맥락은 해양에 대한 새로운 헌법으로 이어지는 논의에 깊은 영향을 미치게 되었다. 해양법협약 채택을 향한 협상 과정에서, 기니 대표 이사 디알로Issa Diallo는 다수 신흥공업국 지도자의 입장을 대변하며 다음과 같이 주장했다. 그는 기존 해양법의 교의가 "강자의 권리를 표현한 것일 뿐이며, 식민주의의 잔재에 불과하다"고 지적하며, 이러한 법체계를 식민지 이후 시대까지 이어가는 것은 "정치적 독립뿐 아니라 경제적 독립을 위해 투쟁하는 젊은 국가들에게 커다란 불의"라고 강조했다.2

1960~70년대에 제기된 주된 우려는, 바다에서의 전통적인 자유원칙이 실상 부유한 국가들이 세계 남반구가 기술적으로 접근할 수 없는 귀중한 해양 자원을 수확할 수 있도록 보호해 준다는 점에 있

---

1 Adom Getachew, *Worldmaking After Empire: The Rise and Fall of Self-Determination* (Princeton: Princeton University Press, 2019), chapter 5.

2 다음에서 인용한 것이다. Tayo Akintoba, *African States and Contemporary International Law: A Case Study of the 1982 Law of the Sea Convention and the Exclusive Economic Zone* (The Hague: Martinus Nijhoff, 1996), p. 137.

었다. 1972년 협상 과정에서 케냐 대표 프랭크 은젠가Frank Njenga는 바다에서의 자유라는 교의는 "강한 나라가 약한 나라보다, 산업화된 나라가 가난한 나라보다, 선진국이 개발도상국보다 유리하도록 특별히 고안된 것"이라고 지적했다.3 훗날 탄자니아 총리를 지낸 조지프 와리오바Joseph Warioba 역시, 바다에서의 자유는 "소수 국가들이 가난한 나라들이 결코 따라할 수 없는 방식으로 바다 자원을 무자비하게 착취하는 데 사용하는 표어이자 변명"이 되어 버렸다고 비판했다.4 이러한 기본적인 문제의식은 때때로 부유한 국가 대표들조차 인정한 바 있다. 새로운 협약을 위한 협상에서 호주 대표를 맡았던 키스 브레넌Keith Brennan은 "옛 해양법"에 내재한 "본질적인 불평등"을 다음과 같이 지적했다. "해안에서 3마일을 벗어나면, 그다음부터는 '선착순'이었다. 부유한 나라는 자원을 찾아 수천 마일을 항해할 수 있었지만, 가난한 나라는 아무리 자유가 주어져도 그렇게 할 수 없었다. [...] 러시아가 페루 연안에서 자유롭게 조업할 수 있었던 것처럼, 페루도 러시아 연안에서 조업할 자유는 있었지만, 그런 일은 결코 일어나지 않았다."5

아프리카, 아시아, 라틴아메리카 전역에서 수십 개의 신생국이 등

---

3   다음에서 인용한 것이다. Peter Payoyo, *Cries of the Sea: World Inequality, Sustainable Development and the Common Heritage of Humanity* (The Hague: Martinus Nijhoff, 1997), I p. 69.

4   Boleslaw Boczek, 'Ideology and the Law of the Sea: The Challenge of the New International Economic Order', *Boston College International and Comparative Law Review*, vol. 7, no. 1 (1984), pp. 1–30, at p. 13.

5   William Wertenbaker, 'A Reporter at Large: The Law of the Sea', *New Yorker* (1 August 1983), pp. 41–45, at p. 45.

장하면서, 낡은 법을 개정하려는 강력한 정치 세력이 나타났다. 새로운 조약 초안을 마련하는 협상은 이들이 집단적 목소리를 낼 수 있는 첫 번째 기회였다. 그러나 이들의 지도자들은 그 영향력이 바다 너머까지 확산되기를 원했다. 그들에게 해양법 개정은 신국제경제질서의 핵심 과제였다. 당시 이매뉴얼 벨로Emmanuel Bello의 표현처럼, 새로운 질서를 지지하는 국가들에게 조약 협상은 "국제법의 규칙을 형성하는 데 완전한 참여자가 될 수 있는 드물고도 예기치 못한 기회"였다.6 이 목표를 실현하는 데 있어 신흥공업국들의 압도적인 수적 우위는 결정적이었다. 1945년 유엔 창립 당시 가입국은 51개국에 불과했으며, 이들 대부분은 이미 1919년 국제연맹에도 참여했던 국가들이었다.7 그러나 해양법협약이 완성될 무렵 협상 참여국은 164개국에 달했고, 세계 북반구 국가는 처음으로 수적으로 소수에 머물게 되었다.8 수적 우위를 자각한 신흥공업국들은 기존 해양법을 탈식민 시대의 요구에 따라 근본적으로 재편할 수 있다는 확신을 가지게 되었다.

앞선 장에서는 새로운 협약의 핵심 요소 중 하나를 살펴보았다. 그것은 국가들이 해양의 상당 부분을 자국 영토로 전환하는 내용이

---

6   Emmanuel Bello, 'International Equity and the Law of the Sea: New Perspectives for Developing Countries', *Verfassung und Recht in Ubersee*, vol. 13, no. 3 (1980), pp. 201–212, at p. 212.

7   Jan Jansen and Jürgen Osterhammel, *Decolonization: A Short History* (Princeton: Princeton University Press, 2017), p. 10.

8   Nils Gilman, 'The New International Economic Order: A Reintroduction', *Humanity* (Spring 2015), pp. 1–16, at p. 5.

었다. 신흥공업국들은 이 같은 움직임을 환영하며 지지했다. 해안 자원에 대한 주권은 부유한 국가들과 그들의 원양 어선단의 약탈로부터 자신들을 보호하고, 더 높은 수준의 경제적 자립을 이루는 데 도움이 될 것이라 기대되었기 때문이다. 그러나 앞서 보았듯, 이러한 기대는 현실에서 완전히 실현되지 못했다. 인클로저가 남반구 대부분 국가에 안겨준 혜택은 비교적 제한적이었다. 하지만 인클로저는 협약에서 논의된 유일한 쟁점이 아니었다. 국가 주권이 미치지 않는 공해 아래에는 막대한 광물 자원이 존재했다. 이 자원이 올바른 방식, 다시 말해 신흥공업국들이 바랐던 방식으로 관리된다면, 남반구의 추격형 발전을 촉진하는 데 기여할 수 있을 것이었다. 나아가 이는 식민주의의 경제적 족쇄를 끊고, 각국이 자신의 운명을 스스로 개척할 수 있는 전환점이 될 수도 있었다.

새로운 골드 러시인가, 새로운 국제 질서인가

심해저 곳곳에는 잠재적으로 막대한 경제적 가치를 지닌 광물 자원이 흩어져 있다. 이러한 광물들은 여러 유형으로 존재한다. 그중에서도 가장 중요한 것은 망간철, 망간단괴, 열수 분출구 근처에 모이는 황화 퇴적물이다. 이들 자원에 대한 지식은 해양법협약으로 이어지는 논쟁 당시 과학계에 전혀 새로운 것이 아니었다. 영국 왕립해군의 조사선 HMS 챌린저호는 그 유명한 해양 과학 탐사에서 1870년대 초반에 이미 망간단괴의 존재를 발견했다.9 그러나 이 자원들은 수십 4~6㎞ 아래에 분포해 있었고, 이를 채취할 방법이 없었기 때문에 오랫동안 과학적 호기심의 대상에 머물러 있었다. 1956년 국제법위원회International Law Commission는 이러한 광물을 개발하기 위한 기술이 아직 존재하지 않으며, 당분간 실용화되기 어렵다는 이유로 이를 규율하는 법적 규칙은 필요하지 않다고 판단했다.10 그러나 이 가정은 곧바로 재검토되었다. 다음 해 캘리포니아대학교는 망간단괴 채굴의 타당성을 조사했고, 그 경제적 가치가 충분하다는 결론을 내렸다.11 여기에 대중과 기업의 관심을 촉진한 또 하나의 계기는 존 메로John Mero의 저서 『바다의 광물 자원Mineral Resources of the Sea』의 출간이었다. 광산 기술자였던 메로는 해저 광물의 단 10%만 채굴하더라도 인류의 수요를 천 년 동안 충족시킬 수 있다고 주장했다. 그리고 해저 광물의 상업적 생산이 1980년대에는 현실이 될 것이라고 내다보았다.12

---

9   James Hein and Kira Mizell, 'Ocean Minerals', in Hance Smith et al. (eds), *Routledge Handbook of Ocean Resources and Management* (Abingdon: Routledge, 2017), pp. 296–309, at p. 296.

10 W. Frank Newton, 'Inexhaustibility as a Law of the Sea Determinant', *Texas International Law Journal*, vol. 16 (1981), pp. 369–432, at pp. 371–372.

11 Dennis Arrow, 'Seabeds, Sovereignty and Objective Regimes', *Fordham International Law Journal*, vol. 7, no. 2 (1983), pp. 169–243, at p. 172.

12 John Mero, *The Mineral Resources of the Sea* (Amsterdam: Elsevier, 1965). 결국 메로가 곧 도래할 것으로 본 해저 노다지에 대한 기대는 실현되지 않았다. 사실, 경제적 기회가 때때로 의도적으로 과장되었다는 정황도 있다. 1970년대 초, CIA는 하와이 근처에 침몰한 소련 핵잠수함 '레드 스타'를 해저에서 인양할 계획을 세우기도 했다. 존 해니건은 해저에서의 활동을 위장하기 위해 "CIA가 과학 저널과 주요 정기 간행물에 해저의 광대한 광물 자원을 채굴할 가능성에 대한 수십 편의 열광적인 논문을 싣게 했다"고 보고한다. John Hannigan, *The Geopolitics of Deep Oceans* (Cambridge: Polity, 2016), p. 84.

4.1 대서양 중앙 해저 5,526m 깊이에 있는 망간단괴.

이러한 맥락에서, 이 광물 자원에 누가, 어떻게 접근할 것인가 하는 문제가 훨씬 더 핵심적인 쟁점으로 떠올랐다. 메로의 입장은 명확했다. 바다에서의 자유 원칙에 따라 모든 이에게 접근이 개방되어야 한다는 것이었다. 실제로 이는 선착순 원칙을 의미했으며, 기술 수준이 낮은 사회들에게는 불리할 수밖에 없는 방식이었다. 또 다른 가능성은 더 셀든적인 해법으로, 개별 국가들이 해저로 관할권을 확장해 해당 자원에 대한 통제권을 확보하는 방식이다. 1945년 트루먼 선언은 이미 미국이 자국에 '인접한' 해저에 대해 자원 주권을 확장할 수 있다고 주장한 바 있다.13 이어서 1958년의 대륙붕에 관한 제네바 협약은 이러한 견해에 더 큰 정당성을 부여했다. 이 협약은 한 국가가 자국의 '대륙붕' 내에서, 또는 그 너머에서도 '초인접 수역에서 해당 지역의 천연자원을 이용할 수 있는 지점'까지 자원을 수확할 수 있다고 선언했다.14 이러한 법적 원칙의 진술은 놀라울 정도로 모호했다. 창의적으로 해석하자면, 이 원칙은 해안 국가들이 전 세계 해저를 자국의 독점적 광물 개발 구역으로 전환할 수 있는 여지를 남긴 셈이었다.15

그 해석이 진심이었든 허황되었든, 첨단 기술을 보유한 국가들이 곧 새로운 골드 러시의 주요 수혜자가 될 것이라는 두려움이 확산되었다. MIT 연구에 따르면, 해저 채굴을 시작하는 데 필요한 초기 비용은 약 5억 6천만 달러로,16 남반구 국가들로서는 감당할 수 없는 규모였다. 그러나 부유한 국가들에게는 충분히 도전해 볼 만한 금액이었고, 먼저 도달하는 이들에게는 막대한 수익이 돌아갈 수도 있었다. 그 결과, 임박한 듯 보였던 해저 광물 개발은 신국제경제질서 지지자들의 기대와 달리 기존의 국제적 불평등을 완화하기는커

---

13   Proclamation 2667 of 28 September 1945, entitled 'Policy of the United States with Respect to the Natural Resources of the Subsoil and Sea Bed of the Continental Shelf', and Proclamation 2668, entitled 'Policy of the United States with respect to Coastal Fisheries in Certain Areas of the High Seas'.

14   United Nations Convention on the Continental Shelf (29 April 1958), Article 1.

15   Ted McDorman, 'The Continental Shelf', in Donald Rothwell et al. (eds), *Oxford Handbook of the Law of the Sea* (Oxford: Oxford University Press, 2015), pp. 181–202, at p. 190.

16   Arrow, 'Seabeds, Sovereignty and Objective Regimes', p. 174.

녕 오히려 심화시킬 위험을 안고 있었다. 이러한 위험은 그 자원이 바다에서의 자유 원칙에 속하든, 인클로저 체제에 속하든 마찬가지였다. 자유 체제하에서는 새로운 자원 쟁탈전이 벌어질 텐데, 그 경쟁에서 남반구 국가들이 승자가 될 가능성은 거의 없었다. 인클로저 체제는 해안 국가들에게 자원 개발의 권리를 부여하지만, 남반구 국가들은 이를 실질적으로 행사할 역량이 부족했다. 결국 그들은 그 권리를 외국 기업에 임대하게 될 가능성이 높았고, 외국 기업들은 협상에서 강경한 조건을 내세울 것이 분명했다.

1960년대 후반이 되자 급진적이고 대안적인 비전이 등장했다. 이는 그 이전 10여 년간 국제법 영역에서 서서히 부상해 온 하나의 아이디어에 기반한 것이었다. 1959년에는 남극을 통치하기 위한 새로운 조약이 만들어졌다. 이 조약은 이 얼음 대륙이 평화와 국제 협력의 장소가 되어야 하며, 모든 영유권 주장은 '동결'되어야 한다고 선언했다. 이 원칙은 오늘날까지 유효하다. 1967년에는 여러 국가가 우주조약Outer Space Treaty에 서명했고, 이 조약은 달과 같은 천체가 어떤 국가의 영토도 될 수 없다고 규정했다. 그 이유는 '인류 전체'가 그 공간의 관리에 '공동의 이해'를 가지고 있기 때문이었다.17 이러한 아이디어는 해양 영역에서 가장 뚜렷하게 구현되었다. 1967년 8월, 민간 연구단체인 평화기구연구위원회CSOP는 유엔 사무총장에게

---

17 1967 Outer Space Treaty, Preamble. 1979년의 달 협정(비록 조인국은 상대적으로 적었지만)은 달이 인류 공동 유산의 일부임을 선언함으로써 한 걸음 더 나아갔다.

결의안 초안을 제출했다. 결의안은 "국가 관할권을 벗어난 공해와 해저를 인류 공동의 유산으로 선언한다"고 밝히고, "이 지역의 이용을 규제할 유엔 체제 내 국제기구의 설립"을 촉구했다.18 이 계획은 처음에는 큰 주목을 받지 못했지만, 그해 말 몰타 외교관 아르비드 파르도Arvid Pardo가 유엔 총회에서 행한 유명한 연설을 계기로 해양 정치의 중심 의제로 떠올랐다. 파르도의 관심은 처음에는 다소 기회주의적이었다. 그는 몰타를 국제 무대에 부각시키기 위해 이 제안이 주목을 끌 것이라 기대했고, 실제로 그렇게 되었다. 그러나 시간이 흐르면서 그는 이 구상에 깊이 몰두하게 되었다. 해저에 막대한 자원이 존재한다고 확신했으며, 그것이 기술 선진국에 의해 독점된다면 심각한 불의가 될 것이라 믿었다.

이에 따라 파르도는 이러한 자원들이 인류의 '공동 유산'으로 간주되어야 한다고 선언했다.19 이 제안이 급진적이었던 이유는, 세계의 모든 공간을 주권의 영역 또는 자유의 영역, 즉 '닫힌 바다'인 마레 클라우숨 또는 '열린 바다'인 마레 리베룸mare liberum으로 나누는 기존의 이분법을 분명히 거부했기 때문이다. 이른바 '공동 유산 원칙'으로 알려지게 된 이 제안은, 17세기 '책들의 전투'에서 비롯된 해양 담론의 언어를 넘어 새로운 제3의 범주를 도입한 것이었다. 이 개념

---

18 Surabhi Ranganathan, 'Global Commons', *European Journal of International Law*, vol. 27, no. 3 (2016), pp. 693–717, at p. 708.
19 Arvid Pardo, Speech to the United Nations General Assembly, November 1967. UN Doc A/C.1/PV.1516.

이 정립되면서 '공동 유산' 자원 체제에는 몇 가지 핵심 원칙이 포함되었다. 첫째, 공동 유산에 해당하는 지역은 오직 평화적 목적으로만 사용되어야 한다. 둘째, 사적 소유는 허용되지 않는다. 셋째, 해당 자원은 현재와 미래 세대를 위해 인류 전체가 공동으로 관리해야 하며, 개발 여부는 국제 사회 전체의 판단에 따라야 한다. 넷째, 개발이 허용될 경우, 그 이익은 공동으로 분배되어야 한다. 이는 그 자원의 미래에 대해 우리가 공동의 이해관계를 가지고 있음을 반영한다. 이익 분배는 *전 인류의* 이익을 위한 것이어야 하며, 특히 최빈국과 내륙국 국민의 이익을 우선적으로 고려해야 한다. 마지막으로, 공동 유산 자원은 기술 이전에 관한 제안과도 밀접하게 연결되어야 한다. 이는 남반구 국가들이 단순한 수혜자가 아니라, 자원 개발에 능동적으로 참여할 수 있도록 지원하기 위한 장치다.[20]

이러한 아이디어들은 종종 그로티우스의 정신을 계승한 것으로 간주되지만, 이는 매우 오해의 소지가 있는 해석이다. 그로티우스는 해저가 특정 공동체의 소유가 되어서는 안 된다는 주장에는 동의했을지 모른다(물론 앞서 살펴본 것처럼, 그가 인클로저를 전면적으로 반대한 것은 아니었다). 그러나 공동 관리, 이익 공유, 기술 이전과 같은 개념은 그의 저작 어디에서도 찾아볼 수 없다. 그런 점에서 공동 유산 원칙은 바다에서의 자유를 옹호한 그로티우스의 사유와는 상당히

---

20 Annica Carlsson, 'The US and UNCLOS III —The Death of the Common Heritage of Humankind Concept?', *Maritime Studies* (July–August 1997), pp. 27–35, at p. 28.

거리가 있다. 그로티우스에게 바다를 공동의 것res communis으로 본다는 것은, 모든 개인이 바다의 자원을 이용하고 그 공간을 항해함으로써 자신을 부양할 권리를 가진다는 의미였다. 그가 말한 바다의 공유성은 '공동체 지향적' 개념이 아니었다.[21] 반면, 공동 유산 원칙은 해저를 집단적으로 관리해야 한다는 공동의 이해관계를 전제로 한다는 점에서 본질적으로 다른 입장을 취한다.

파르도의 기대대로 그의 연설은 국제적으로 큰 반향을 일으켰다. 1969년 유엔 총회는 새로운 국제 체제가 마련될 때까지 해저 광물 자원 개발을 유보한다는 모라토리엄을 선언했다. 이 체제는 훗날 국제해저기구라는 새로운 기관에 의해 운영된다. 이 모라토리엄을 성사시키는 과정에서 신흥공업국들은 북반구 국가들과의 표결에서 승리했고, 미국과 소련의 강한 반대까지 극복했다.[22]

그 파급력은 상당했다. 파르도에 따르면, 새로운 해저 체제는 유엔에 중요한 수입원을 제공함으로써, 유엔이 부유한 국가들에 대한 재정적 의존과 그에 따른 정치적 영향력에서 벗어날 수 있을 것으로 보았다. 그렇게 된다면 유엔은 매년 50억 달러 규모의 개발 원조를

---

[21] Antonio Cassese, *International Law in a Divided World* (Oxford: Clarendon Press, 1986), p. 377. 알렉스 아우데 엘페링크가 말했듯이, 해양 자원이 "이해 관계를 가진 국가들이나 전체로서의 국제 공동체의 조율된 관리 체제하에 있을 수 있다"는 생각은 그로티우스의 사유에 낯선 것이다. Oude Elferink, 'De Groot —A Founding Father of the Law of the Sea, Not the Law of the Sea Convention', *Grotiana*, vol. 30 (2009), pp. 152–167, at p. 166.

[22] Euripides Evriviades, 'The Third World's Approach to the Deep Seabed', *Ocean Development and International Law Journal*, vol. 11, no. 3/4 (1982), pp. 201–264, at p. 211.

집행할 수 있을 것이었다.23 파르도의 동료이자, 해양법협약 최종 회의에서 또 하나의 핵심 인물이 된 엘리자베스 만 보르게제는 해저 채굴 수익이 신흥공업국에 독립적인 재정 기반을 제공하고, 결과적으로 조건이 따르는 변덕스러운 외국 원조에 대한 의존에서 벗어나는 길이 될 수 있다고 보았다.24

이러한 맥락에서 남반구 국가들은 공정하고 효과적인 해저 거버넌스 체계의 결정적 중요성에 점차 확신을 가지게 되었다. 필리핀 법학자 피터 파요요Peter Payoyo의 표현에 따르면, 국제해저기구 체제 하의 공동 유산은 "국제 사회 전체를 위한 또 다른 존재 방식의 소小모델이자, 글로벌 거버넌스의 전형을 보여주는 제도적 모델"이 될 수 있었다.25 이 체제의 잠재적 의미는 부정적 차원과 긍정적 차원을 동시에 내포하고 있있다. 부정적으로는, 보르게제의 지적처럼 "해양을 포함하지 않고서는 신국제경제질서를 구축할 수 없다"는 점이다.26 해양 경제는 자유시장에만 맡기기에는 너무 중요했다. 긍정적으로는, 공동 유산 개념이 원칙적으로 다른 여러 영역에도 적용 가능한 일련의 사상적 기초를 제공한다는 데 그 의의가 있다. 보르게제에 따르면, 유엔 신탁통치이사회는 이 원칙을 공해를 포함한

---

23 Arvid Pardo, Speech to the United Nations General Assembly, November 1967.
24 Elisabeth Mann Borgese, 'The New International Economic Order and the Law of the Sea', *San Diego Law Review*, vol. 14 (1977), pp. 584-596, at p. 590.
25 Payoyo, *Cries of the Sea*, p. 163.
26 Mann Borgese, 'The New International Economic Order and the Law of the Sea', p. 584.

더 포괄적인 해양은 물론, 남극과 우주에도 적용할 수 있다.[27] 나아가 이 원칙은 세계 식량 자원, 열대우림, 전 지구적 문화유산으로까지 확대될 수 있다. 그렇다면 공동 유산 원칙은 '국제 관계 구조의 변화'를 뒷받침하는 핵심 원리로 작동하게 된다.[28] 이때 해양 거버넌스는 신국제경제질서라는 더 큰 구상의 시험대가 되며, 신흥공업국의 수적 우위를 고려할 때 "이곳에서의 실패는 신국제경제질서의 다른 영역에서도 거센 난관을 뜻할 것이다."[29]

무엇보다 중요한 점은 해저 채굴 수익의 일부를 빈곤 국가에 분배하자는 데 그치지 않고, 신흥공업국들이 채굴 과정에 직접 참여하는 구상이 제안되었다는 것이다. 이 계획의 핵심적 혁신은 '유엔 엔터프라이즈UN Enterprise'라는 국제 공공기업의 설립이었다. 이 기업은 인류 전체를 대표해 채굴을 수행하고, 남반구와 북반구 국가 모두를 참여시킨다. 수익은 국제해저기구에 귀속된다. 이처럼 엔터프라이즈는 "선진국과 개발도상국 간의 새로운 형태의 능동적이고 참여적인 협력"을 구현하는 기구로 구상되었다.[30] 남반구의 지지자들에게 이 구상은 "다국적 기업에 대한 의존을 통제하고, 어쩌면 그것을 없

---

[27] Elisabeth Mann Borgese, *Ocean Governance and the United Nations* (Centre for Foreign Policy Studies, Dalhousie University, 1995), p. 236.

[28] Mann Borgese, 'The New International Economic Order and the Law of the Sea', p. 586.

[29] Robert Friedheim and William Durch, 'The International Seabed Resources Agency Negotiations and the New International Economic Order', *International Organization*, vol. 31, no. 2 (1977), pp. 343–384, at p. 344.

[30] Mann Borgese, 'The New International Economic Order and the Law of the Sea', p. 590.

애는 데 필요한 경험을 쌓을 수 있는 현실적인 기회"로 여겨졌다.[31]

이 구상이 얼마나 급진적이었는지는 아무리 강조해도 지나치지 않다. 엔터프라이즈 계획에는 현재와 미래 세대 모두의 공동 유산으로 지정된 자원을 국제기구가 직접 관리하고, 그 수익을 세계적 불평등 완화에 활용하며, 남반구 국가들이 서구와의 기술 격차를 극복할 수 있도록 지원하는 비전이 담겨 있었다. 이는 매우 혁신적이면서도 깊은 영감을 주는 구상이었다. 비록 신국제경제질서의 꿈은 곧 거센 풍랑을 맞게 되었지만, 이 비전은 여전히 포기하지 말아야 할 이상이다.

해양법협약에서의 해저 자원

1982년 해양법협약 최종 협상의 의장을 맡은 싱가포르 출신의 토미 코는 이 협약이 "유엔 헌장 다음으로 국제 사회의 기념비적인 업적"이라고 선언했다. 그는 숱한 난관에도 불구하고 협약이 체결되었으며, "모든 국가의 상충하는 이해관계를 성공적으로 조율했다"고 평가했다.[32] 주목할 점은 협약 서문이 신국제경제질서의 언어를 반영하고 있다는 사실이다. 서문은 이 협약의 규정들이 "인류 전체의 이익과 필요, 특히 개발도상국의 특별한 이익과 필요를 고려한

31　Friedheim and Durch, 'The International Seabed Resources Agency Negotiations', p. 352.
32　Tommy Koh, 'A Constitution for the Oceans' (1982), p. xxxiv. Available at http://www.un.org/depts/los/convention_agreements/texts/koh_english.pdf.

정의롭고 공정한 국제 경제 질서의 실현에 기여할 것"이라는 희망을 피력했다.

최종 협약은 분명 매우 중요하고, 여러 면에서 혁신적인 조약이었다. 가장 주목할 만한 진전은 배타적 경제수역의 도입이었다. 앞서 살펴본 것처럼, 이 제도는 남반구 국가들이 기대했던 만큼의 이익을 실현하지는 못했다. 그러나 국제해저기구의 설립과 더불어 해저가 인류 공동의 유산임을 명확히 규정한 것은 중대한 진전으로 평가되었다. '심해저'로 불리는, 어떤 국가의 관할권에도 속하지 않는 해저 구역은 이제 어떤 국가나 민간 주체도 점유하거나 소유할 수 없게 되었다. 이 구역의 광물 자원을 개발하려면 새롭게 마련된 국제해저 채굴 체제의 규범을 따라야 한다. 미래 세대를 포함한 전 인류의 이익을 대표할 책임을 지닌 국제해저기구의 출범은 주목할 만한 조치였다. 이 기구는 해저 자원에 대해 배타적 권한을 가진 유일한 기관으로 자리 잡았다. 토미 코는 "협약 외부에서 심해저 자원을 채굴하려는 어떤 국가의 시도도 국제 사회의 광범위한 비난을 받게 될 것이며, 중대한 정치적·법적 결과를 초래하게 될 것"이라고 경고했다.33 향후 해저 광물 자원이 채굴될 경우, 국제해저기구는 그 이익의 일부를 확보해 가장 불리한 위치에 처한 국가들, 특히 지정학적 제약을 지닌 국가들의 개발을 지원하는 데 사용할 예정이다.

그러나 최종적으로 채택된 해저 채굴 조항이 일련의 타협의 산물

---

33 Ibid., p. xxxiv.

이며, 그 결과 남반구 국가들의 기대 대부분이 좌절되었다는 점 또한 부인할 수 없다. 1970년대 후반, 미국 대표단은 제안된 해저 체제의 여러 조항에 불만을 제기하며, 이를 수정하지 않으면 협약 전체에서 이탈할 수 있다고 경고했다. 협상 과정 내내, 미국이 협약에서 발을 빼거나 바다에서의 자유 원칙을 근거로 해저 자원에 대한 일방적 접근권을 주장할 수 있다는 우려는, 미국 대표단이 여러 핵심적인 양보를 이끌어내는 데 결정적인 지렛대로 작용했다.[34]

당시 협상에서 특히 큰 논란을 불러일으킨 쟁점 중 하나는 생산 통제 문제였다. 해저에서 광물이 무제한으로 채굴될 가능성은 남반구 일부 국가들에게 심각한 위협으로 받아들여졌다. 이들 국가 상당수가 구리, 니켈, 코발트, 망간 등 금속 수출에 크게 의존하고 있기 때문이다. 예를 들어, 당시 구리 수출은 칠레 전체 수출액의 78.3%, 잠비아는 94.6%, 자이르는 83%를 차지했다.[35] 이들 국가는 해저 채굴이 광물 공급 과잉을 초래해 세계 시장 가격 폭락을 야기할 것을 깊이 우려했다.[36] 그렇게 될 경우, 자국 경제는 막대한 타격을 입을 수밖에 없었다. 이러한 사태를 방지하기 위해 이들 국가는 국제해저기구가 매년 채굴 가능한 광물의 양에 대해 엄격한 상한선을 설정해야 한다고 강력히 주장했다. 그러나 이러한 요구는 미국과

---

34   Payoyo, *Cries of the Sea*, p. 307.
35   Lawrence Juda, 'UNCLOS III and the New International Economic Order', *Ocean Development and International Law*, vol. 7, nos. 3–4 (1979), pp. 221–255, at p. 241.
36   예를 들어, 다음을 보라. Arrow, 'Seabeds, Sovereignty and Objective Regimes', p. 174; Friedheim and Durch, 'The International Seabed Resources Agency Negotiations', p. 352.

주요 선진국 대표들에게는 용납할 수 없는 것이었다. 존 메로는 이미 1965년에 "불행히도 세계의 많은 신생 국가뿐 아니라 일부 구세계 국가들에서 지나치게 강고한 민족주의가 수입에 의존하는 사회들을 필수 광물 자원으로부터 단절시킬 수 있다"고 지적한 바 있다. 그에게 해저 자원의 가장 큰 가치는 '정치적' 복잡성 없이 자유롭게 이용될 수 있다는 점에 있었다.37 따라서 남반구 국가들이 채굴 상한선을 설정하는 데 성공한다면, 그 목표는 좌절될 수밖에 없었다.

1970년대의 석유 위기 또한 협상 후반부에 짙은 그림자를 드리웠다. 1973년 중동의 석유 수출국들은 이스라엘의 이집트 침공을 지지한 서방 국가들에 대한 항의로, 몇몇 국가에 대한 석유 공급을 중단하는 공동 대응에 나섰다. 그로 인해 발생한 석유 부족 사태는 서방 국가들의 경제를 사실상 마비 상태로 몰아넣었다. 대체 에너지원 확보에 안간힘을 쓰는 사이, 세계 석유 가격은 네 배로 급등했다. 이 상황에서 다른 자원 수출국들은 하나의 분명한 결론에 도달했다. 자원 공급을 공동으로 통제하는 것이야말로 세계 경제에서 자국의 위상을 근본적으로 바꿀 수 있는 가장 유력한 수단이라는 인식이었다. 이러한 인식은 남반구 국가들이 국제해저기구에서 수적 우위를 이용해 해저 광물 채굴량을 통제할 수 있으리라는 미국의 우려를 설명해주는 대목이기도 하다. 실제로 남반구 국가들은 조약 초안 작성 과정에서 충분한 수적 우위를 점하고 있었고, 그 의지를 관철시킬

---

37 Mero, *Mineral Resources of the Sea*, p. 5.

수도 있었다. 그러나 만약 그들이 실제로 그렇게 나선다면, 많은 부유한 국가가 협약 자체에서 이탈할 가능성이 크다는 전망도 제기되었다.[38]

이처럼 해저 거버넌스를 둘러싼 논쟁은 단순한 기술적 쟁점이 아니라, 세계 경제의 미래에 대한 상반된 비전에서 비롯된 것이었다. 해저 채굴은 더 평등한 세계 경제 질서를 구축할 기반이 될 수도 있었지만, 동시에 남반구 국가들이 (비록 바람직하지는 않더라도) 원자재 공급국으로서 유지해 온 입지마저 위협받을 수 있다는 우려도 제기되었다. 미국에게는 빈곤국들이 제안한 여러 방안이 국제 사회주의의 기운을 풍기는 불온한 주장처럼 보였다. 헨리 키신저Henry Kissinger는 1976년, "가까운 미래에 해저 채굴 기술을 보유할 가능성이 없는 국가들은, 그 능력을 보유한 국가들에게 전면적인 국제화 원칙을 강요해서는 안 된다"고 주장했다.[39] 특히 엔터프라이즈 구상은 많은 부유한 국가의 "국제 공공기업 설립 자체에 대한 이데올로기적 반대"에 직면했다.[40] 의무적 기술 이전 제안 역시 미국 대표단의 강한 반발을 불러일으켰다. 그들은 이러한 제안이 자국 기업들의 지적 재산권을 침해한다고 주장했다. 흥미롭게도, 신흥공업국들의 입장이 사회주의적 색채를 띠고 있음에도 불구하고, 소련 역시 매우 조심스러운 태도를 보였다는 것이다. 소련은 일관되게 해저 광물에 대

---

38 Friedheim and Durch, 'The International Seabed Resources Agency Negotiations', p. 361.
39 다음에서 인용한 것이다. Payoyo, *Cries of the Sea*, p. 312.
40 Carlsson, 'The US and UNCLOS III', p. 29.

한 자유로운 접근을 선호했으며, 자국이 통제할 수 없는 형태의 국제 사회주의 구상에는 큰 관심을 보이지 않았다. 오히려 자국의 기술적 우위를 활용해 채굴 산업에서 주도권을 확보하는 데 더 관심을 가졌다. 이로 인해 신흥공업국들은 딜레마에 빠졌다. 이들은 수적으로는 충분한 힘을 보유하고 있었지만, 실제로 그 힘을 행사할 경우 "엔터프라이즈가 성공적으로 작동하려면 협력이 필수적인 10여 개의 주요 산업국이 협약에서 이탈할 수 있다"는 우려에 직면하게 되었다.[41]

마침내 공개된 협약 초안은 부유한 국가들을 위한 여러 핵심적인 양보 조항을 포함하고 있었다. 미국은 국제해저기구의 역할이 해저 채굴 신청을 접수하고 등록하는 수준에 머물러야 한다고 보았다.[42] 이에 대해 남반구 국가들은 그러한 설정이 국제해저기구의 정치적 목적을 무력화시키고, 기구 자체를 '형식적인 약체'로 전락시킬 것이라 우려했다.[43] 타협의 일환으로, 해양법협약은 '병행' 채굴 체계라는 독특한 방식을 도입했다. 이 체계에 따르면, 민간 개발자는 해저 광물 탐사를 신청할 때 두 개의 구역을 지정해야 하며, 국제해저기구는 그중 하나를 선택해 인류 전체를 대표하는 엔터프라이즈가 독점적으로 개발할 수 있도록 한다. 나머지 한 구역은 해당 민간 기

---

41   Friedheim and Durch, 'The International Seabed Resources Agency Negotiations', p. 356.
42   Carlsson, 'The US and UNCLOS III', p. 29.
43   Mann Borgese, 'The New International Economic Order and the Law of the Sea', p. 589.

업이 개발하게 된다.44 이러한 병행 체계는 해저 자원의 개발을 오직 엔터프라이즈가 전담해야 한다고 주장했던 남반구 국가들에게는 큰 양보였다. 공동 유산을 민간 주체가 개발하도록 허용한 것은 고통스러운 선택이었지만, 해양법협약을 이상이 아닌 현실로 전환하기 위해 불가피한 조치로 받아들여졌다.

그러나 이러한 타협은 결국 아무런 소용이 없었다. 해양법협약이 최종 확정될 무렵 미국에서는 레이건 행정부가 집권 중이었고, 1982년 7월 레이건 대통령은 미국이 협약에 서명하지 않겠다고 공식 발표했다. 당시 국무부 해양 담당 차관보는 의회에 출석해, 행정부가 다음과 같은 조항들에 강하게 반대하고 있다고 밝혔다. 즉 해저 광물을 인류의 '공동 유산'으로 규정한 점, 미국 기업들이 '국제적' 엔터프라이즈와 경쟁해야 한다는 점, 남반구 국가들과 로열티를 공유해야 한다는 의무, 기술 이전 요구, 생산 통제 조항 등, 요컨대 신흥공업국들이 제안한 급진적 요소 전반에 대한 반대였다. 소련 역시 해저 자원을 공동 유산으로 규정한 데 반대했으며, 바다에서의 자유 원칙은 수정될 필요가 없다고 주장했다.45

해저 채굴을 위한 새로운 체제에 회의적인 입장을 보인 것은 미국과 소련뿐만이 아니었다. 해양법협약은 1982년에 최종 채택되었지만, 60개국의 비준 없이는 발효될 수 없었다. 그러나 5년이 지난 후

---

44 Arrow, 'Seabeds, Sovereignty and Objective Regimes', p. 183.
45 Ibid., p. 178.

에도 비준국은 34개국에 불과했으며, 자국의 어족 자원에 대한 주권을 보장받고자 했던 아이슬란드를 제외하면 대부분이 남반구 국가들이었다. 해양법협약이 또 하나의 실패한 조약으로 전락할 가능성은 점점 커지고 있었다. 한편으로는, 부유한 국가들이 해저 광물 채굴에 독자적으로 나설 가능성도 갈수록 높아지고 있었다. 이러한 사태를 막고 해양법협약이 발효 요건을 충족할 수 있도록 하기 위해, 북반구 국가들이 더 수용할 수 있는 형태로 조약을 조정하는 새로운 법적 장치를 추가하기로 결정되었다. 1994년 채택된 '이행 협정'(훗날 '뉴욕 수정안'으로도 불리는 조항들을 포함)은 여러 중대한 타협을 공식화한 것이었으며, 이로 인해 해저 채굴에 대한 정의로운 거버넌스를 실현할 가능성은 한층 더 멀어지게 되었다.

이행 협정은 의무적 기술 이전 조항을 폐지하고, 생산 통제 조항을 약화시켰다. 또한 엔터프라이즈의 운영에 중대한 제약을 가했는데, 특히 활동 자금을 조달하기 위한 차입 권한마저 제한되었다. 여기에 주요 산업국이 사실상 거부권을 행사할 수 있는 구조로 구성된 국제해저기구 평의회가 엔터프라이즈의 모든 활동을 명시적으로 승인해야 한다는 조항이 추가되었다. 이러한 조치들이 결합되면서 엔터프라이즈는 사실상 '작동 불가능한 기구'[46]가 되었고, 해저 채굴

---

46 Scott Shackelford, 'Was Selden Right? The Expansion of Closed Seas and Its Consequences', *Stanford Journal of International Law*, vol. 47, no. 1 (2011), pp. 1–50, at p. 26.

로 인한 이익을 적극적으로 공유할 가능성도 크게 낮아졌다.[47] 당초 구상되었던 국제해저기구의 기능은 점차 축소되었으며, 이제는 '산업국들의 광물 자원에 대한 질서 있는 접근을 보장하는 것'이 사실상 유일한 목적처럼 보인다.[48] 한 비평가의 표현에 따르면, "처음에 구상된 국제해저기구는 사실상 사산되었으며, 이는 '새로운' 해양법협약에 모든 나라를 참여시키려 한 (또는 일부 나라만이 참여한) 대가였다."[49]

아이러니하게도, 해양법협약의 형성에 핵심적인 역할을 했던 미국은 정작 이 협약을 아직까지도 비준하지 않았다. 국제 정치에서 흔히 그렇듯, 미국은 자신이 주도해 만든 국제 규범에 스스로는 구속되기를 거부해 왔다. 하지만 이러한 태도는 다른 부유한 국가들의 미온적 입장과 맞물려, 국가 관할권 밖의 영역을 공동으로 관리하려는 이 선구적 시도를 결국 좌절로 이끌었다. 해양법협약 협상 당시 오스트리아 대표는 이행 협정이 공동 유산이라는 구상에 '호화로운 장례식'을 치렀다고 평가했다.[50] 남반구 국가들의 입장에서 수정된 해저 체제는 "제3세계 신국제경제질서의 궁극적인 유폐"를 의미했다.[51]

---

47 Carlsson, 'The US and UNCLOS III', p. 28.
48 Payoyo, *Cries of the Sea*, p. 395.
49 Ibid., p. 466.
50 다음에서 인용한 것이다. Helmut Tuerk, *Reflections on the Contemporary Law of the Sea* (The Hague: Martinus Nijhoff, 2012), p. 41.
51 Payoyo, *Cries of the Sea*, p. 420.

바다에서의 평등

1960~70년대에 심해저 광물 자원이 곧 채굴될 것이라는 예측은 아직 실현되지 않았다. 돌이켜보면, 당시의 전망은 단명한 기술 유토피아주의에 고무된 지나치게 낙관적인 기대였다. 실제로 파르도의 연설이 있었던 당시에도 이미 명확한 기술적 장애물[52]이 존재했으며, 이는 오늘날까지도 상업적 채굴을 가로막고 있다. 그럼에도 불구하고 기술은 꾸준히 발전하고 있으며, 현재 여러 기업이 국제해저기구와 계약을 체결해 심해저 탐사를 진행 중이다. 향후 실제 채굴이 이루어질지는 여전히 불확실하지만, 한때 심오하고 난해하게 여겨졌던 심해저 광물에 대한 논쟁은 분명 중요한 의미를 지녔다. 이 논쟁은 바다의 미래에 대해 근본적으로 상반된 전망을 드러냈고, 새로운 해양적 사고를 탄생시켰다. 공동 유산이라는 이상은 자유 대 인클로저라는 이분법적 구도를 넘어서 국제적이고 평등주의적인 새로운 해양 거버넌스 모델을 위한 개념적 공간을 열어젖혔다. 비록 공동 유산 체제가 결국 취한 구체적 형태는 여러 면에서 실망스러웠지만, 그 밑바탕에 있는 이상은 여전히 매우 소중하다. 이 이상은 앞으로의 해양 정치에서 중요한 역할을 수행할 수 있을 것이다.

열린 바다의 자원을 어떻게, 누구의 이익을 위해 관리할 것인가는 여전히 해양법과 해양 정치의 최전선에 놓인 핵심 쟁점이다. 국

---

52   Ranganathan, 'Global Commons', p. 712.

가 관할권 외부 해역에서의 생물다양성 이용을 규제하기 위한 새로운 국제협약에 대한 협상은 2015년 시작되었으며, 이 글을 쓰는 현재에도 유엔에서 계속 진행 중이다. 이미 바이오테크 기업들은 국가 관할권 밖에서 발견된 독특한 생명체를 활용하고 있으며, 여러 해양 기반 의약품이 시장에 출시되었다. 여기에는 HIV 치료제로 최초 승인된 레트로비어Retrovir, AZT, 암 환자의 만성 통증 치료에 사용되는 지코노타이드Ziconotide 등이 포함된다.[53] 그럼에도 불구하고, 공해에서의 생물자원 탐사는 여전히 사실상 규제되지 않은 상태다. 해양 유전자 정보를 분석해 치료제를 개발하는 기업들은 바다에서의 자유 원칙에 따라 활동하며, 이 원칙이 과학 연구의 자유를 보장한다고 주장한다. 그러나 과학 연구를 수행하는 것과 해양 생물의 유전지 정보에 대한 소유권을 주장하는 것 사이에는 중대한 차이가 있다. 게다가 이 산업은 진입 장벽이 매우 높아, 지금까지 해양 생명공학 분야는 소수의 부유한 국가가 사실상 독점하고 있다. 따라서 현재 논의의 핵심은 새롭게 제정될 국제 규범이 이익 공유의 실질적 메커니즘을 포함할 것인지, 그리고 기술 이전을 위한 실효성 있는 장치를 글로벌 남반구에 제공할 것인지 여부다. 중국과 '77개국 그룹G77' 개발도상국들은 심해의 생물자원도 공동 유산으로 간주해야 한다고 주장하는 반면, 많은 부유한 국가는 이 자원들이 여전히 바

---

[53] Linwood Pendleton, 'Greening the Ocean Economy', in Smith et al. (eds), *Routledge Handbook of Ocean Resources*, pp. 199–211, at p. 204.

다에서의 자유 원칙에 따라야 한다고 본다.54 결국 바다가 더 평등한 세계 질서를 촉진하는 공간이 될 것인지, 아니면 기존의 불평등을 더욱 심화시키는 장이 될 것인지가 여전히 결정되지 않은 채 남아 있다.

함께 참여하는 국제 거버넌스

이 절에서 강조하고자 하는 핵심은 공동 유산이라는 이상이 지닌 가치가 정확히 무엇인가 하는 점이다. 아마도 가장 근본적인 요점은 우리 모두가 심해저와 그 자원의 미래에 이해관계를 가지고 있다는 인식 자체일 것이다. 남반구 국가들이 옹호한 비전은 국제 사회 전체가 해저 거버넌스에 (필요할 경우 채굴 과정에도) 함께 참여해야 한다는 것이었다.55 이 비전에서 국제 '공동체'는 매우 포괄적인 개념으로 이해되었다. 공동 유산 원칙은 권리와 의무의 주체를 국가가 아닌 개인으로 설정했다는 점에서 당시 국제법 체계 내에서 비교적 이례적인 시도였다. 또한 이 원칙은 명백히 세대를 초월하는 것이었

---

54 David Freestone, 'Marine Biodiversity in Areas beyond National Jurisdiction', in International Ocean Institute (ed.), *The Future of Ocean Governance and Training: Essays in Honour of Elisabeth Mann Borgese* (Leiden: Brill Nijhoff, 2018), pp. 151-155, at p. 154.
55 다이어 틀라디Dire Tladi가 지적하듯, "공동의 관리라는 개념은 아마도 인류 공동 유산 원칙의 가장 핵심적인 요소일 것이다." Tladi, 'The Common Heritage of Mankind and the Proposed Treaty on Biodiversity in Areas beyond National Jurisdiction: The Choice Between Pragmatism and Sustainability', *Yearbook of International Environmental Law*, vol. 25, no. 1 (2015), pp. 113-132, at p. 126.

다. 공동 유산으로 간주되는 자원과 장소는 *현재 세대와 미래 세대* 모두의 유산이며, 그 관리는 양 세대의 이익을 함께 고려해야 한다고 보았다.56

이는 인간이 바다를 소유한다는 뜻이 아니다. 파르도와 보르게제는 모두 공동 유산이라는 이상이 그러한 전제에 기반하지 않는다는 점을 분명히 했다.57 해저나 그 밖의 해양 공간을 인류가 공동으로 소유한다는 발상은 본질적으로 심각한 '인간 중심적' 사고에 기반한다. 그것은 인간이 지구와 그 생태계를 지배할 정당한 위치에 있다는 전제를 내포하고 있다. 그러나 우리는 이러한 사고방식에 저항해야 한다. 바다는 애초에 인간이 거주하는 공간이 아니며, 다양한 생명체가 살아가는 복잡하고 다채로운 생태계다. 다행히도 공동 유산이라는 개념은 우리가 바다를 소유한다고 말하지 않으며, 해양 정치에서 인간의 이익만이 고려되어야 한다고 주장하지도 않는다. 이 개념은 단지 우리 모두가 바다의 미래에 공동의 이해관계를 가지고 있다는 사실을 강조할 뿐이다. 나는 해저가 인류만이 아니라 지구상 모든 생명체의 공동 유산이라고 말하는 편이 더 적절하다고 생각한다. 그것은 공동 유산이라는 개념이 포괄할 수 있는 방향으로의 조정이다. 어떤 것이 우리의 유산이라는 사실이, 그것이 다른 종들의

---

56   Alexandre Kiss, 'The Common Heritage of Mankind: Utopia or Reality?', *International Journal*, vol. 40, no. 3 (1985), pp. 423−441, at p. 435.

57   다음의 유용한 논의를 보라. Prue Taylor, 'The Concept of the Common Heritage of Mankind', in Douglas Fisher (ed.), *Research Handbook on Fundamental Concepts of Environmental Law* (Cheltenham: Edward Elgar Publishing, 2016), pp. 306−335.

유산이기도 하다는 가능성을 배제하지는 않기 때문이다.58 하지만 소유권에 대해서는 그렇게 말할 수 없다. 만약 인류가 바다의 소유자라면, 그 순간 다른 존재는 소유자가 될 수 없게 되며, 우리는 그런 관념을 거부해야 한다. 공동 유산이라는 이상이 지닌 핵심 통찰은, 우리 모두가 수많은 다른 종과 더불어 특정 공간과 자원의 미래에 대해 결코 단순화할 수 없는 이해관계를 공유하고 있다는 점에 있다.

공정한 이익 공유

수 세기 동안 바다에서의 자유 원칙은 바다에 관한 사실상의 공식 이데올로기로 기능해 왔다. 좁은 영해를 제외하면, 물고기나 물개, 고래를 원하는 누구나 '포획'할 수 있다는 생각은 20세기까지도 널리 받아들여졌다. 앞서 살펴본 바와 같이, 이 원칙은 심각한 불평등과도 양립할 수 있다. 가장 빠르거나 강한 자가 해양 자원을 독점하고, 느리고 약한 자는 그 피해를 감내하는 세계에서도 이 원칙은 적용될 수 있다. 신흥공업국들의 정치적 비전은 바로 이러한 가능성에 대한 반작용이었다. 해양 자원의 이용에 있어 부유한 국가들은 기술적으로 압도적일 뿐 아니라, 지리적으로도 유리한 위치에 있다. 이

---

58   Prue Taylor, 'The Common Heritage of Mankind: Expanding the Oceanic Circle', in Dick Werle (ed.), *The Future of Ocean Governance and Capacity Development: Essays in Honor of Elisabeth Mann Borgese* (Leiden: Brill Nijhoff, 2018), pp. 142-150, at p. 149.

에 대응해 신흥공업국들은 자원 개발이 모두에게 이익이 되어야 하며, 해저 거버넌스 체계를 설계할 때 가장 불리한 처지에 놓인 이들의 이해를 특별히 고려해야 한다고 주장했다.

이를 실현할 한 가지 방법은 해저 자원 개발에 세금을 부과하고, 그 수익을 빈곤국과 내륙국에 분배하는 것이다. 이 구상은 신흥공업국의 비전에서 핵심적인 역할을 했으며, 오늘날 해양 생물다양성 논의에서도 여전히 중요한 의미를 지닌다. 물론 공정한 이익 공유는 정의로운 해양 경제의 핵심 조건이지만, 그것만으로는 충분하지 않다. 국제해저기구를 신국제경제질서의 실현 수단으로 본 이들 중 상당수는, 남반구 국가들이 자원 개발에서 단지 수동적으로 혜택을 받는 존재가 아니라, 능동적으로 참여하는 주체가 되어야 한다고 보았다. 특히 아쉽게도 실패로 끝난 엔터프라이스는 상기석으로 다국적 기업이 세계 무대에서 누리는 지배적 위치를 대체할 수 있는 새로운 국제 경제 조직의 모델을 제시한 바 있다. 공동 자산의 참여적 관리에 대한 구상은 오늘날 국내 및 지역 차원에서 다시 주목받고 있으며,[59] 신흥공업국들이 제시한 해저에 대한 원래의 비전은 이러한 질문을 국제적 맥락에서도 재검토할 필요가 있음을 시사한다.

---

[59] Joe Guinan and Martin O'Neill, *The Case for Community Wealth Building* (Cambridge: Polity, 2020).

이익 공유에서 보전으로

　1970년대에 등장한 공동 유산이라는 이상은 공정한 이익 공유라는 쟁점에 뚜렷이 집중하고 있었다. 만약 심해저의 광물이 개발된다면, 그 수익은 어떻게 분배해야 하는가? 그리고 그러한 분배가 빈곤국들이 세계 경제의 미래를 결정하는 데 더 큰 역할을 하도록 어떻게 유도할 수 있을까? 이 과제는 매우 중요했지만, 그만큼 심해저에서의 보전과 환경보호라는 본질적인 문제는 뒷전으로 밀려났다. 이러한 지속 가능성에 대한 무관심은 어느 정도 예상된 일이었다. 파르도의 유명한 연설 당시, 인류는 심해저에 어떤 생명체가 존재하는지조차 알지 못했다. 파르도와 그의 동시대인들은 심해저를, 필요한 기술만 갖춰지면 퍼 올릴 수 있는 광물이 흩어진 '광물의 황무지'로 여겼다. 하지만 그 시각은 크게 잘못된 것이었다. 실제로 심해저는 복잡한 생태계를 유지하고 있다. 그곳은 특별한 산호, 관벌레, 그 밖의 다양한 생명체가 서식하는 공간이다. 이 해저 생물들은 대부분 햇빛이 아닌 화학 물질에 의존해 생존하며, 대체로 성장 속도가 매우 느려 심각한 피해가 발생하면 회복이 거의 불가능하다. 이러한 맥락에서 우리는 관점을 전환해야 한다. 우리가 심해저에 대해 취해야 할 접근은 보호와 책임 있는 관리의 태도여야 한다. 나는 마지막 장에서 공해와 심해저에서의 경제 활동을 근본적으로 축소할 것을 제안할 것이다. 우리는 이 해양 공간들을 채굴 가능한 자원의 저장소가 아니라, 인류와 지구를 공유하는 다른 종들을 위해 보호해야 할 보전 구역으로 인식해야 한다.

따라서 공동 유산이라는 이상이 전제하는 또 다른 측면은 의무의 존재다. 어떤 장소가 우리의 공동 유산이라면, 우리는 그것을 보호하기 위해 함께 협력해야 한다. 이는 곧 국가 관할권 바깥에 있는 장소와 자원의 미래를 지키기 위해 국제적으로 협력할 책임이 있다는 것이다. 특정한 공간이나 자원이 우리의 공동 유산이며, 그에 관한 일들이 우리의 이해와 필연적으로 얽혀 있다면, 우리는 해양에서의 상호작용을 안정적인 제도적 기반 위에 올려놓을 책무를 가진다. 그래야만 우리의 공동 이익과 개별 이익이 존중받고, 지구 생명 유지의 기반이 되는 공유 자산도 제대로 보호될 수 있다. 지구적 협력의 의무라는 발상은 공동 유산이라는 이상에서 핵심적인 개념이다.[60] 이 이상은 우리가 바다를 더 나은 방식으로 관리하는 방법을 끊임없이 모색해야 하며, 바다에 의존해 살아가는 모든 존재의 삶과 생계를 더 효과적으로 보장해야 한다는 점을 시사한다. 아울러 우리는 보전을 위한 비용이 반드시 수반된다는 사실을 인식해야 한다. 다음 장에서 제시할 해양 정의의 핵심 원칙 중 하나는, 바다를 보전하는 데 드는 비용을 공정하게 분담해야 한다는 것이다. 이 원칙이 실현되지 않는다면, 효과적인 보전 정책이 등장할 가능성은 크게 낮아질 것이다.

우리가 환경보호의 의무를 진지하게 받아들인다면, 해양 정치에

---

[60] Kiss, 'The Common Heritage of Mankind', p. 433.

서 중요한 역할을 할 수 있는 제도의 형태에 대해서도 더 상상력 있게 접근할 필요가 있다. 공동 유산이라는 이상은 본질적으로 세대를 넘어서는 것이며, 이는 우리가 미래 세대의 이익을 더 효과적으로 보호할 수 있는 방식을 모색해야 함을 시사한다. 또한 이 이상은 다른 종 구성원의 이익을 고려해야 한다는 점도 강조한다. 지금까지 바다의 미래에 관한 논의에서, 다른 동물들의 이익을 어떻게 보호할 것인가에 대한 진지한 고민은 부족했다. 그러나 나는 그 고민이 해양에 관한 우리의 사고에서 중심적인 자리를 차지해야 한다고 믿는다.

공동의 개발에서 공동의 보호로

나는 신흥공업국이 제시한 비전을 단순한 과거의 유산으로 치부해서는 안 된다고 생각한다. 그 비전에는 여전히 되새길 만한 중요한 사상들이 담겨 있으며, 더 평등하고 참여적인 자원 거버넌스 모델로서 의미 있는 함의를 지니고 있다. 그러나 이제 우리의 초점은 질서 있는 자원 개발에서 강력한 환경보호로 옮겨가야 한다. 심해저는 채굴을 기다리는 자원의 보고가 아니다. 그곳에 서식하는 수많은 생명체의 이익은 이 공간이 자원 채굴과 환경 파괴로부터 벗어난 안식처가 되어야 함을 말해 준다.

우리가 공동 유산이라는 이상이 지닌 급진적 핵심을 회복할 수 있다면, 그것이 심해저를 넘어서는 함의를 지니고 있음을 알 수 있다.

파르도는 주로 실용적인 이유에서 이 이상을 심해저 광물에만 적용했으며, 그 위에 놓인 공해에는 적용하지 않았다. 그러나 해양을 해저로부터 정치적으로 분리한 이 구상은 중대한 문제를 안고 있다. 무엇보다도, 공동 유산 원칙은 공해의 경우에도 분명히 적용될 수 있다. 앞서 살펴보았듯, 현재 심해저와 수층에 존재하는 해양 생물 다양성에 관한 논의는, 과거 심해저 광물을 둘러싼 논쟁에서 핵심이 되었던 이익 공유와 기술 이전 문제와 정확히 맞닿아 있다. 또한 해양과 심해저 사이에는 복잡한 생태학적 상호작용이 존재하므로, 이 둘을 분리해 관리하려는 시도는 실효성이 떨어질 수밖에 없다. 따라서 해양과 심해저를 정치적으로 분리하는 기존 접근 방식 대신, 심해저와 그 위 수역 내의 생물 및 무생물 자원을 더 통합적이고 일관된 방식으로 관리해야 한다.61 이 책의 마지막 장에서는 더 평등하고 민주적인 해양 전반의 거버넌스 가능성을 살펴볼 것이다.

---

61 예를 들어, 다음을 보라. Arianna Broggiato, 'Fair and Equitable Sharing of Benefits from the Utilization of Marine Genetic Resources', *Marine Policy*, vol. 49 (2014), pp. 178–185, at p. 179; Taylor, 'The Common Heritage of Mankind: Expanding the Oceanic Circle'.

5
해양 정의의 일곱 가지 원칙

우리의 해양 거버넌스 제도는 제 역할을 하지 못하고 있다. 해양법협약하에 구축된 해양 거버넌스 체계는 배타적 경제수역, 공해 등 수많은 구역으로 바다를 분할하는 방식으로 설계되었으며, 처음부터 구조적 한계를 안고 있었다. 이 체계는 바다를, 한 지역에서의 파괴적 활동이 다른 모든 지역에도 광범위한 영향을 미칠 수 있는 상호 의존적인 생태계, 즉 하나의 생태계 그물망으로 인식하지 못했다. 1982년 이 협약을 제정한 이들은 오늘날 우리가 직면한 가장 중대한 도전들을 예견하지 못했다. 그들은 심해저에 존재하는 섬세하고 복잡한 생명체들을 겨우 일부 엿보았을 뿐이며, 기후변화, 해양 산성화, 플라스틱 오염 등의 문제들이 초래할 심각성과 전 지구적 파급력도 제대로 인식하지 못한 상태였다.

우리가 직면해야 할 냉혹한 현실은 현재 바다가 거대하고 복합적인 생태 위기의 국면에 들어섰다는 점이다. 최근 수십 년 동안 해양이 흡수한 탄소의 양은 현 지질 시대에서 유례 없는 수준이며, 이는 해양의 화학적 균형을 빠르게 무너뜨리고 있다. 역사적으로 이와 유사한 변화는 해양 생물의 대규모 멸종과 밀접하게 연관되어 있었다. 이러한 변화는 이미 산호초와 해양 먹이사슬의 기초가 되는 플랑크톤 개체군에 심각한 피해를 주고 있다. 기후변화의 영향은 남획, 오염, 연안 서식지 파괴 등 다른 인간 활동과도 복합적으로 맞물려 있다. 예를 들어, 해양 온난화는 어류 개체군의 대규모 이동을 초래하는 동시에, 이들 어족은 파괴적인 어업 행위로부터 또다시 심각한 압박을 받고 있다.

다행히도 국제 사회는 변화의 필요성을 인식하게 되었다. 2015년 유엔은 빈곤, 불평등, 그리고 다양한 전 지구적 환경 문제에 대응하기 위해 지속가능개발목표Sustainable Development Goals, SDGs를 채택했다. 각 목표에는 2030년까지 달성해야 할 구체적인 세부 목표들이 포함되어 있었다. 그중 하나는 바다를 직접적으로 다루고 있었으며, 이는 세계 각국 정부가 해양 건강 회복을 위한 명확한 목표에 최초로 공동 합의한 사례였다. 이른바 'SDG 14'로 불리는 이 목표는 플라스틱 오염과 불법 어업을 줄이고, 해양보호구역을 전체 해양 면적의 10%까지 확대하는 것을 비롯한 여러 과제를 포함하고 있다. 그러나 SDG 14의 접근 방식은 우리가 직면한 위기의 규모에 비해 턱없이 부족하다. 이 목표는 해양 경제의 '기존 운영 방식'과 거의 충돌하지 않으며, 현재의 위태로운 상황을 초래한 제도와 규범에 대한 비판도 철저히 회피하고 있다. 설령 이 목표들이 모두 달성된다고 해도, 해양 경제에서 심화되는 불평등이나 다가오는 생태 위기를 저지하기에는 역부족이다.1 더구나 초기 징후에 따르면, 이처럼 제한적인 목표들조차 대부분 달성되지 못할 가능성이 높다.2

우리가 직면한 과제의 규모와 그 상호 연결성을 고려할 때, 이제는 더 나아갈 준비가 되어 있어야 한다. 그러기 위해서는 해양법협약에 명시된 기존 규칙과 제도가 더 이상 오늘날의 목적에 부합하지 않는다는 사실부터 인정해야 한다. 각국은 자국 배타적 경제수역 내 해양 자원을 지속 가능하게 관리할 의무를 지닌다. 그러나 관련 규정은 애매하며, 해양 생태계를 훼손한 국가에 실질적인 제재를 가할 수단도 미비하다. 대기업 중심의 어업 로비와, '더 이상 태워서는 안 될 탄소'를 여전히 채굴하려는 화석연료 산업의 압력 속에서, 많은 정부는 지나치게 낮은 환경 기준을 설정해 왔다. 물론 몇몇 국가는 다른 길이 가능하다는 점을 입증해 보였다. 노르웨이는 신중한 수산 자원 관리 원칙을 도입해 여러 어족의 의미 있는 회복을 이끌었고, 덴마크는 해상 석유 및 가스 탐사를 더 이상 추진하지 않겠다는 입장을 밝혔다. 그러나 이러한 모범 사례는 극히 드물다. 해안 자원을 방만하게 관리해 온 사례나, 제도가 있어도 이를 집행할 역량조차 없는 국가들이 훨씬 더 많다. 더욱이 해양법협약은 해안 국가들에게 상충된 메시지를 준다. 보전의 중요성을 강조하면서도, 동시에 자국

---

1   Chris Armstrong, 'Ocean Justice: SDG 14 and Beyond', *Journal of Global Ethics*, vol. 16, no. 2 (2020), pp. 239-255.

2   Kirsty Nash et al., 'To Achieve A Sustainable Blue Future, Progress Assessments Must Include Interdependencies Between the Sustainable Development Goals', *One Earth*, vol. 2, no. 2 (2020), pp. 161-173.

자원을 '완전히 이용'할 의무를 명시하고 있기 때문이다.

배타적 경제수역이 인클로저의 논리를 반영한다면, 공해에서는 여전히 바다에서의 자유라는 이상이 지배 원칙으로 남아 있다. 원칙적으로 각 국가는 자국 깃발을 단 선박의 활동을 규제할 의무가 있으며, 공해 자원의 관리와 보전을 위해 다른 국가들과 협력해야 한다. 이를 위해 다수의 지역수산관리기구가 구성되어 공해에서의 어획량 제한에 대한 국가 간 합의를 도출해 왔다. 그러나 이들 기구의 관할 범위는 불균형적이다. 어떤 지역수산관리기구는 특정 어종(특히 참치류)을, 다른 일부는 특정 해양 구역을 관할한다. 게다가 이들 기구에 대한 가입은 자발적이다. 특정 어족을 멸종 직전까지 남획하려는 국가는 단순히 가입하지 않음으로써 그 의무를 회피할 수 있다. 가입국이라고 해도, 요구가 받아들여지지 않으면 탈퇴를 위협하며 더 많은 어획량을 요구할 수 있다. 상황을 더욱 악화시키는 요인은 개별 선박이 국적을 손쉽게 변경할 수 있다는 점이다. 기국Flag State이 지역수산관리기구에 가입해 과도한 어업 활동을 단속하려 해도, 선장은 간단히 '편의치적便宜置籍, Flag of Convenience, FOC' 방식으로 비가입국에 선박을 등록할 수 있다.3 일부 사례에서 지역수산관리기구의 실패는 거의 우스꽝스러운 수준에 이르렀다. 한 저명한 해양법 교수는 대서양참치보존위원회International Commission for the Conservation

---

3   Kristina Gjerde et al., 'Ocean in Peril: Reforming the Management of Global Ocean Living Resources in Areas Beyond National Jurisdiction', *Marine Pollution Bulletin*, vol. 74, no. 2 (2013), pp. 540–551, at p. 545.

of Atlantic Tunas, ICCAT가 업계에서는 '모든 참치를 잡기 위한 국제적 음모International Conspiracy to Catch All the Tuna'라는 별칭으로 불린다고 귀띔해 주었다. 실제로 이 위원회는 참치 개체수의 급격한 붕괴를 되돌리는 데 실패했다. 관련 주제를 다룬 한 저서에 따르면, 참치 '보존' 정책의 궤적은 '관리되는 멸종'이라는 표현이 더 적절하다고 한다.4

설령 어류 개체군의 지속 가능성을 달성하겠다는 의지가 있더라도, 지역수산관리기구가 이를 실현할 실질적 수단을 갖추고 있는지는 불분명하다. 특정 어종의 생존 가능성은 단순한 어획량 조절을 넘어, 복잡한 먹이사슬 속 *다른* 종들의 변화에 달려 있기 때문이다. 예를 들어, 참치는 빠르게 이동하는 육식성 어류로, 다량의 소형 어류를 먹이로 삼는다. 하나의 기구가 참치 어획량을 줄이더라도, 다른 기구들이 참치의 먹이가 되는 어종을 보호하지 못하면 개체군 회복은 기대할 수 없다. 더구나 바다가 점점 산성화되면서 플랑크톤 개체군이 감소하면, 이들 먹이 어종 역시 위협받는다. 지금까지 공해 거버넌스는 각 어종과 해역을 생태적으로 독립된 것처럼 취급하며, 서로 다른 기구들이 제각각 결정을 내리는 '칸막이식' 방식으로 운영되어 왔다.5 그러나 효과적인 거버넌스는 해양 생태계가 상호의존적이면서도 매우 취약하다는 인식에서 출발해야 한다.

---

4   Jennifer Telesca, *Red Gold: The Managed Extinction of The Giant Bluefin Tuna* (Minneapolis: Minnesota University Press, 2020).

5   Cassandra Brooks et al., 'Challenging the Right to Fish in a Fast-Changing Ocean', *Stanford Environmental Law Journal*, vol. 33 (2013), pp. 289-324, at p. 298.

국가의 재량권과 제도적 파편화는 해양절대보호구역Marine Reserves 이나 해양보호구역과 같은 해양의 보전 구역을 설정하려는 수많은 시도를 좌절시켜 왔다. 해양절대보호구역은 모든 채굴 및 파괴적 활동을 금지하는 반면, 해양보호구역은 일부 활동에만 제한을 두고 나머지는 허용한다. 해양절대보호구역이 훨씬 더 강력한 보호 효과를 제공하는 것은 분명하지만, 해양보호구역 역시 생태계에 상당한 이점을 가져다줄 수 있다. 일단 설정되면, 이 구역들은 바닷속 생명의 오아시스가 되어, 어류가 인근 해역으로 빠르게 회귀하기 시작한다.6 국가는 자국의 배타적 경제수역 내에서 이러한 보호구역을 설정하고 이를 단속할 권한을 지닌다. 그러나 실제로는 이러한 보호구역이 '종이 위의 보호구역'에 그치는 경우가 많고, 각종 파괴적 산업활동으로 실질적인 침해를 받고 있다. 최근 발표된 한 연구에 따르면, 영국 해양보호구역의 97%가 준설선과 초대형 트롤선의 출입을 허용하고 있었으며, 이는 '보호'라는 말 자체를 무색하게 만든다.7 전반적으로 국가들은 산업 어업 로비에 맞서기를 꺼려 왔으며, 환경보호를 제대로 감시하고 집행하는 데 필요한 자원을 투입하는 데에도 터무니없이 소극적이었다.

공해에서는 더 근본적인 문제가 존재한다. 전 지구적 차원의 책임이나 강제력이 부재한 탓에, 이곳의 환경보호는 사실상 자율 규

---

6   Callum Roberts, *The Unnatural History of the Sea* (Washington DC: Island Press, 2007), p. 365.
7   Karen McVeigh, 'Revealed: 97% of UK Marine Protected Areas Subject to Bottom-Trawling', *Guardian*, www.theguardian.com (9 October 2020).

제에 의존하고 있다.8 공해에도 해양보호구역이 존재하지만, 이는 이를 준수하기로 동의한 국가에만 구속력을 가지며, 선박은 간단히 기국을 다른 나라로 바꾸는 방식으로 규제를 피할 수 있다. 지금까지 공해에서 해양보호구역을 설정하기 위한 가장 주목할 만한 시도는 남극 주변의 생태적으로 풍요로운 해역에서 이루어졌다.9 그러나 러시아 같은 강경한 어업국의 반발로 로스해Ross Sea 해양보호구역은 당초 계획의 3분의 1에도 못 미치는 규모로 지정되었다. 일부 지역은 해양절대보호구역으로 설정되었지만, 전체 구역의 총 허용 어획량은 실질적으로 줄지 않았다. 더욱이 협정에 참여한 어떤 국가든 이를 언제든 철회할 수 있는 구조이기 때문에,10 이 구역은 안정적인 보호 체제로 보기 어렵다. 내가 이 글을 쓰는 지금도 남극 인근의 추가 보호구역 지정은 반복적으로 거부당하고 있다.11 그 외 대부분 지역의 보호구역은 규모가 훨씬 작고 극도로 파편화되어 있으며, 단속도 매우 미흡하다. 일부 해양 과학자는 건강한 해양을 유지하려면 최소한 해양 전체 면적의 3분의 1 이상을 전면 보호해야 한

---

8 Dire Tladi, 'The Common Heritage of Mankind and the Proposed Treaty on Biodiversity in Areas Beyond National Jurisdiction: The Choice Between Pragmatism and Sustainability', *Yearbook of International Environmental Law*, vol. 25, no. 1 (2015), pp. 113–132, at p. 116.

9 다음을 보라. Deborah Rowan Wright, *Future Sea* (Chicago: Chicago University Press, 2020), pp. 119–120.

10 Anne-Marie Brady, 'A Pyrrhic Victory in Antarctica?', www.thediplomat.com (4 November 2016).

11 Chelsea Harvey, 'Once Again, New Antarctic Reserves Fail to Win Backing', www.sciencemag.org (2 November 2020).

다고 주장해 왔다(이 책의 마지막 장에서는 이보다 더 과감한 목표를 제시할 것이다).12 그러나 유엔의 지속가능개발목표는 훨씬 보수적인 접근을 택해 2020년까지 해양의 10%를 보호하겠다는 목표만 설정했다.13 이는 해양 생물 고갈을 막기에는 턱없이 부족하며,14 그마저도 달성되지 못했다. 2020년 기준으로 완전 보호되었거나 고강도로 보호된 해역은 해양 전체 면적의 고작 2.5%에 불과했다.15

해양법협약은 해양 생물다양성 보호를 포함한 여러 핵심 쟁점이 제도적 사각지대에 빠지는 것을 막지 못했다.16 자원과 지역별로 분절된 현행 체계는 오늘날의 복잡한 현실에 부응하지 못하고 있다. 오히려 바다가 직면한 환경 위기의 규모는 다양한 환경 문제의 복합적 상호작용을 다룰 수 있는 포괄적이고 통합적인 해양 거버넌스의 필요성을 분명히 보여준다.17 효과적인 해양 거버넌스는 단순히 사후 대응에 그치는 수동적 체계가 아니라, 위협을 조기에 감지하고

---

12 다음을 보라. https://ocean.economist.com/governance/articles/the-need-to-protect-at-least-30-of-the-ocean-by-2030 (accessed 22 February 2021).

13 다음을 보라. https://sdgs.un.org/goals/goal14 (accessed 18 January 2020).

14 Bethan O'Leary et al., 'Effective Coverage Targets for Ocean Protection', *Conservation Letters*, vol. 9, no. 6 (2016), pp. 398-404. Enrich Sala and Kristin Rechberger, 'Protecting Half the Ocean?', in Raj Desai et al. (eds), *From Summits to Solutions: Innovations in Implementing the Sustainable Development Goals* (Washington DC: Brookings Institution Press, 2018), pp. 239-264.

15 Reniel Cabral et al., 'A Global Network of Marine Protected Areas for Food', *Proceedings of the National Academy of Sciences*, vol. 117, no. 45 (2020), pp. 28134-28139.

16 David Freestone, 'Marine Biodiversity in Areas Beyond National Jurisdiction', in International Ocean Institute (ed.), *The Future of Ocean Governance and Training: Essays in Honour of Elisabeth Mann Borgese* (Leiden: Brill Nijhoff, 2018), pp. 151-155, at p. 151.

17 Michael Orbach, 'Beyond the Freedom of the Sea: Ocean Policy for the Third Millennium', *Oceanography*, vol. 16, no. 1 (2003), pp. 20-29, at p. 27.

선제적으로 대응하는 능동적 구조여야 한다.[18] 1992년 리우 지구정상회의에서 채택된 '의제 21Agenda 21'도 해양 관리는 "내용적으로 통합되고, 예방적이며, 선제적인 접근"을 취해야 한다고 강조했다.[19] 그러나 30년이 지난 지금까지도 그 약속은 실현되지 않고 있다.

우리가 직면한 두 번째 중대한 과제는 해양 경제의 구조적 불평등을 억제하고 되돌리는 일이다. 정치인들은 '블루 이코노미'의 잠재력에 큰 기대를 걸지만, 그로부터 누가 실제로 이익을 얻는가는 거의 논의되지 않는다. 해양 자원의 이용에 본질적인 생태적 한계가 존재한다면, 이 문제는 더 이상 외면할 수 없다. '블루 가속'은 많은 승자와 동시에 많은 패자를 낳을 것이다. 하지만 현재의 해양 거버넌스는 이러한 불평등 확대를 억제할 역량을 보여주지 못하고 있다. 배타적 경제수역과 대륙붕을 중심으로 한 인클로저 체계는 소수에게만 혜택을 안겨 왔다. 일부 남반구 국가가 일정한 이익을 얻기는 했지만, 가장 큰 수혜자는 여전히 부유한 국가들이었다.

한편, 공해에서는 전체 해양 어획량의 70% 이상이 단 10개국에 의해 이루어지고,[20] 그 이익은 소수의 거대 기업이 독점하고 있다. 바다에서의 자유라는 체제는 신국제경제질서 지지자들이 우려했

---

18   Kristina Gjerde, 'Challenges to Protecting the Marine Environment beyond National Jurisdiction', *International Journal of Marine and Coastal Law*, vol. 27 (2012), pp. 839–847, at p. 844.
19   같은 책, p. 840에서 인용.
20   Rashid Sumaila et al., 'Fisheries Subsidies and Potential Catch Loss in SIDS Exclusive Economic Zones: Food Security Implications', *Environment and Development Economics*, vol. 18, no. 4 (2013), pp. 427–439.

던 대로 불평등을 더욱 심화시키는 방향으로 작동해 왔다. 국제해저기구가 더 평등하고 참여적인 세계 경제 질서를 가능케 할 것이라는 초기의 기대는 끝내 좌절되었다. 최근에는 바다에서의 '생물 탐사'가 바다에서의 자유를 가장 효과적으로 활용할 수 있는 이들에게 또 다른 황금 기회를 제공하고 있다. 2017년 기준, 해양 유전자 서열 관련 특허는 약 13,000건이 등록되어 있었고, 이 책 서문에서 언급했듯이 그중 거의 절반이 독일의 한 기업에 귀속되어 있었다.[21] 현재 국가 관할권 바깥의 생물다양성Biodiversity Beyond National Jurisdiction, BBNJ에 관한 새로운 국제 규범이 협상 중이지만, 실질적인 이익 공유 체계가 포함될지는 여전히 불확실하다(이 점은 10장에서 자세히 논의할 것이다). 공해는 민주적 논의나 통제 없이, 극도로 불평등한 자본 축적이 이루어져 온 초자본주의의 공간이었다.

이 장의 나머지에서는 해양의 불평등과 환경 파괴 문제에 대응하기 위한 일곱 가지 원칙을 간략히 제시한다. 여기서의 목적은 이 원칙들을 실현하기 위한 구체적인 정책이나 제도를 설계하는 데 있지 않다. 그 과제는 다음 장들에서 본격적으로 다룰 것이다. 이 장에서 강조하고자 하는 바는, 해양 거버넌스를 변화시키는 데 필요한 핵심 원칙들을 분명히 밝힘으로써 불평등과 생태계 파괴를 되돌릴 수 있는 토대를 마련하는 일이다.

---

[21] Robert Blasiak et al., 'Corporate Control and Global Governance of Marine Genetic Resources', *Science Advances*, vol. 4, no. 6 (2018), eaar5237, p. 2.

1) 해양에 대한 우리의 공통된 이해관계

바다의 미래는 곧 *우리의* 미래다. 해양 탐사와 바다와의 상호작용은 점점 더 활발해지고 있다. 인구 증가와 빈곤 탈피를 위한 노력은 인류가 식량과 자원을 얻기 위해 바다에 더욱 의존하게 될 것임을 보여준다. 동시에 우리는 바다가 지구 생명의 유지에 얼마나 깊이 관여하는지도 점차 인식하고 있다. 이는 해양 거버넌스에 대해 우리 모두가 공통된 이해관계를 지니고 있음을 의미한다. 바다가 잘못 관리된다면 전 지구적 피해가 불가피하다. 그러나 바다가 회복되고, 해양 산업이 파괴적인 방식에서 지속 가능한 방향으로 전환된다면, 그 혜택은 전 인류에게 돌아갈 수 있다.

앞선 장에서는 바다가 인류 공동 유산이라는 개념을 소개한 바 있다. 이 개념은 해양의 발칸화(해안 국가가 바다를 각자의 봉지 영역으로 나누는 방식)와 자원의 사유화(바다에서의 자유 원칙 아래 기업들이 해양 자원의 이익 대부분을 독점하는 구조) *모두에* 이의를 제기한다. 바다는 우리 *모두의* 이익을 위해, 특히 가장 불리한 처지에 놓인 이들과 내륙 국가들까지 포함해 공동으로 관리되어야 한다는 주장이 그 핵심이다. 현재 공동 유산 원칙은 법적으로 공해 아래 심해저에만 적용된다. 그러나 이 사상은 그 범위에 갇히지 않는다. 공동 유산 원칙이 지닌 핵심은 다음과 같다. 해양 거버넌스에는 모두가 참여해야 하며, 지속 가능한 해양 산업의 이익은 공정하게 분배되어야 한다. 해양 환경보호는 모두의 책임이며, 바다는 평화와 국제 협력의 공간이어야 한다. 이러한 원칙은 200해리 바깥 심해저에만 적용되어서는 안 되며, 훨씬 더 넓은 해양 거버넌스를 이끄는 기준이 되어야 한다. 해양 정의란 인류가 바다와 맺는 관계 속에서 이익과 부담을 더 공정하게 나누고, 거버넌스에 참여하는 권리와 책임이 진정으로 공유될 수 있는 체계를 요구한다.

이 원칙이 급진적 사상인 또 하나의 이유는, 이를 인간에게만 한정할 근거가 전혀 없다는 데 있다. 바다에 대한 공통된 이해관계는 인간뿐 아니라, 지구를 함께 살아가는 다른 생명체들, 특히 실제로 바다에 서식하는 동물들에게도 똑같이 적용된다. 공동 소유와 달리, 공동 유산 또는 공동 이해관계라는 개념은 비인간 존재들이 건강하고 풍요로운 바다로부터 누릴 이익까지 포괄할 수 있을 만큼 충분히 유연하다. 해양 거버넌스 제도는 이러한 비인간 존재들의 이익에도 실질적으로 응답할 수 있도록 구성되어야 한다. 이와 관련해 주목해야 할 놀라운 사실이 있다. 해양법협약은 수많은 조항을 포함하고 있음에도, 실제 바다에 살아가는 동물들의 이익을 단 한 차례도 명시적으로 언급하지 않는다. 해양 동물이 언급될 때에도, 그것은 분배하거나 수확할 자원으로만 다뤄진다. 이는 해양 정의에 대한 인식이 얼마나 빈곤한지를 보여준다. 우리는 이러한 시각을 벗어나야 한다. 바다는 지구 생명의 핵심이자, 그 자체로 보호받아야 할 복잡한 생명의 그물망이라는 인식이 이제는 새로운 기준이 되어야 한다.

2) 민주적 포용

우리 모두가 해양의 미래에 이해관계를 지니고 있다면, 그 미래를 결정하는 과정에도 참여할 권리를 가져야 한다는 주장은 자연스럽다. 철학자들이 '모든 영향받는 대상 고려 원칙all affected principle'이라 부르는 이 원칙은, 어떤 정치적 결정으로 중대한 영향을 받게 될 이들이라면 누구나 그 결정의 형성에 참여할 권리를 지닌다고 본다. 이 원칙이 무시되면, 결정자는 다양한 이해관계를 동등하게 고려할 의무가 없게 되고, 일부 집단은 피해로부터 방치될 수 있다.[22] 이 원칙은 해양 거버넌스에 적용될 때 급진적인 함의를 갖는다. 해양 경제와 해양 환경을 규율하는 규범은 인류 전체에 영향을 미치며, 그 영향은 해안 거주자나 해양 경제에 직접 관여한 사람들만의 것이 아니다. 바다가 지구 생태계 전반에 수행하는 핵심적 기능을 고려하면, 우리는 모두 해양 의사결정에 참여할 권리를 갖는다.

이는 중대한 전환을 의미한다. 현실에서 시민이 바다의 미래에 대해 의견을 묻는 일은 드물기 때문이다. 스스로를 민주국가라 여기는 나라들조차, 정치 지도자들이 해양 문제를 중심 의제로 삼는 일은 드물고, 정당의 공약에서도 해양은 뒷전으로 밀린다. 대부분의 경우 해양 관련 의사결정은 정치인이나 현대 해양법 체제하의 법률가들에게 위임되어 왔다. 비정부기구들이 남획이나 플라스틱 오염과 같은 쟁점을 부각시키는 데 일정한 역할을 해 왔지만,[23] 이들은

---

[22] Robert Goodin, 'Enfranchising All Affected Interests, and its Alternatives', *Philosophy & Public Affairs*, vol. 35, no. 1 (2007), pp. 40–68.

[23] Ana Spalding and Ricardo de Ycaza, 'Navigating Shifting Regimes of Ocean Governance', *Environment and Society*, vol. 11 (2019), pp. 5–26, at p. 7.

어업 및 화석연료 산업 로비와의 경쟁 속에서 늘 한계를 겪는다. 해양 정의는 보통 시민이 목소리를 낼 수 있어야 하며, 바다의 미래가 곧 우리의 미래라면 그 결정 과정에 시민이 참여해야 한다. 이 점에서 남반구 국가들이 제안한 급진적 해양 정치 구상이 좌절된 현실은 더욱 뼈아프다. 세계 인구 다수를 대표하는 이들 지도자들은 평등과 적극적 참여의 원칙을 해양 거버넌스의 중심에 놓고자 했지만, 모든 단계에서 저지당했다. 오늘날 해양 거버넌스는 여전히 강대국의 영향 아래 있으며, 이들은 다시 기업의 이해관계에 종속되어 있다. 이것 자체가 하나의 부정의다. 특히 해양 의사결정에서 보통 시민이 배제되는 현실은 바다에 깊이 의존하는 원주민 공동체나 해안 지역 공동체에게 더욱 큰 피해를 준다. 이들을 배제하는 것은 정의롭지 않을 뿐 아니라, 해안 환경을 지속 가능하게 관리할 수 있는 그들의 지혜를 정부가 외면하는 일이기도 하다.

해양 거버넌스의 결정은 아무리 선의가 있다 하더라도 직접 참여할 수 없는 이들에게도 영향을 미친다. 우리는 이들의 이익 또한 제도적으로 *대변될* 수 있도록 노력해야 한다. 7장에서 논의하겠지만, 동물 역시 해양 관련 의사결정에서 자신들의 이익이 고려될 권리를 가질 수 있다. 비록 제도에 직접 참여할 수는 없지만, 우리는 그들의 이익을 충실히 반영할 책임이 있다.[24] 미래 세대의 이익도 마찬

---

24 동물을 대의한다는 아이디어에 관해서는 다음을 보라. Alfonso Donoso, 'Representing NonHuman Interests', *Environmental Values*, vol. 26, no. 5 (2017), pp. 607–628.

가지다. 아직 태어나지 않은 이들도 우리가 지금 내리는 결정에 의해 먼 훗날 중대한 영향을 받을 수 있다.25 물론 그들을 대표하는 일에는 여러 어려움이 따른다. 이들은 오늘날의 '대표자'를 선출할 수도, 그 성과에 책임을 물을 수도 없다.26 그렇다고 이들을 대표할 수 있는 모든 가능성이 사라지는 것은 아니다. 그들의 구체적인 *견해*는 알 수 없지만, 충분히 예측 가능한 *이해관계*에 대해 신중한 판단을 내릴 수 있다.27 미래 세대의 이익을 보호하려면, 핵심 천연자원을 보전해야 한다. 또한 그들의 자율성을 존중하는 일은 대체 불가능한 자원을 파괴해서는 안 된다는 주장에 더욱 힘을 실어준다(이 점은 아래에서 다시 논의할 것이다). 비록 동물도, 미래 세대도 오늘날의 의사 결정에 직접 참여할 수는 없지만, 이들의 이익을 제도적으로 보호할 장치는 반드시 마련되어야 한다.

3) 권리의 공간으로서의 바다

우리의 정치 원칙, 헌법, 도덕적 가치는 대체로 육지를 기반으로 형성되어 왔다. 인간은 본디 육상 생물이자, '땅 위'에 뿌리내린 정

---

25   이는 철학자들이 '광범한 영향받는 사람 중심 견해wide person affecting view'라고 부르는 입장을 요구한다. 이 견해에 대한 설명과 논증은 다음을 보라. Nils Holtug, *Persons, Interests, and Justice* (Oxford: Oxford University Press, 2010), pp. 106-162.

26   Nadia Urbinati and Mark Warren, 'The Concept of Representation in Contemporary Democratic Theory', *Annual Review of Political Science*, vol. 11, no. 1 (2008), pp. 387-412.

27   Anja Karnein, 'Can We Represent Future Generations?', in Inigo Gonzalez-Ricoy and Axel Gosseries (eds), *Institutions for Future Generations* (Oxford: Oxford University Press, 2016), pp. 83-97, at p. 86.

치 공동체 속에서 살아간다. 어쩌면 그렇기 때문에 바다에 있는 이들의 권리는 오랫동안 주목받지 못했다. 지중해 한가운데를 표류하는 이주민들은 '아무의 책임도 아닌 존재'로 여겨진다. 해안 국가는 이들이 육지에 도달하지 못하도록 막는 데 주력한다. 일단 상륙하면 정치적 망명을 신청할 수 있기 때문이다. 다음 장에서 살펴보겠지만, 바다에서 일하는 이들 역시 착취와 학대에 매우 취약하다. 이들의 본국은 일정한 법적 책임을 지지만, 실제로는 그들의 권리를 거의 보호하지 않는다. 선박이 등록된 기국도 일정한 책임을 지지만, 이른바 '편의치적' 국가는 해상 노동자의 권리에 무관심하고 냉담한 태도로 악명이 높다.

영국의 인권 단체 '바다에서의 인권Human Rights At Sea'은 이러한 무관심에 맞서 활동하고 있다. 이 단체는 해상에서도 인권이 *여전히 유효하다*는 점을 국가들이 공식적으로 인정하게 하는 것을 목표로 삼는다.[28] 어떤 면에서는 이 목표가 다소 이상하게 들릴 수도 있다. 누가 바다에 나갔다고 해서 인권이 사라진다고 생각하겠는가? 그러나 현실에서 해상 인권은 정치적 우선순위에서 밀려나기 쉽고, 제도적 보호 역시 취약하다. 해양 정의를 위한 첫걸음은, 인권이 국가의 경계를 넘어선 공간에서도 여전히 유효하다는 사실을 진지하게 받아들이는 일이다. 우리가 해상 인권을 중요하게 여긴다면, 이를 효과적으로 보호할 방법을 찾는 일도 우리의 책임이다. 다음 장에서

---

[28] https://www.humanrightsatsea.org/who-are-we (accessed 22 February 2021).

살펴보겠지만, 이를 위해서는 외해에서 발생하는 일을 오직 '기국'만이 감시할 수 있다는 전통적인 법 원칙을 재검토할 필요가 있다. 도덕적으로 보더라도, 다른 이들도 그러한 권리를 가져야 하며, 바다가 학대의 무법지대가 되지 않도록 함께 책임져야 한다.

인권이 중요하다는 점은 분명하지만, 다른 생명체들 또한 권리를 가질 수 있음을 잊지 말아야 한다. 인권은 오랫동안 논의되어 왔지만, 종마다 어떤 권리를 가질 수 있는지를 밝히는 일은 여전히 낯설고 복잡한 과제다. 그렇다고 그 작업을 외면할 이유는 없다. 7장에서는 고래와 돌고래가 실제로 가질 수 있는 권리 목록을 간략히 제시하며 이 작업을 시작할 것이다. 이는 해양 동물의 권리를 탐색하는 출발점일 뿐, 결코 그 끝은 아니다.

4) 지속 가능성과 사전 예방 원칙

해양 거버넌스가 지속 가능성을 목표로 삼아야 한다는 주장은 자명해 보인다. 그러나 지속 가능성이라는 개념은 다양한 방식으로, 때로는 상충되는 방식으로 해석되어 왔으며, 어떤 거버넌스가 진정으로 지속 가능한지에 대해서는 여전히 논의가 필요하다. 한 관점은, 지속 가능해야 할 대상이 우리 사회의 경제적 기반이라고 본다. 사람들은 앞으로도 계속 식량, 주거, 에너지를 필요로 할 것이며, 이를 안정적으로 공급할 수 있다면 그 경제는 지속 가능한 것으로 간주된다는 것이다. 그러나 이러한 접근은 지속 가능성의 의미를 지나치게 축소시킨다. 환경이 광범위하게 파괴되더라도, 그로 인한 이익이 경제 성장을 촉진하기만 하면 정당화될 수 있다는 발상과 양립할 수 있기 때문이다. 예를 들어, 자연을 새로운 기술로 대체하는 방식처럼 말이다. 이 접근은 자연이 경제의 안정적 작동에 필수적이지 않는 한 보존할 이유가 없다고 본다는 점에서 지속 가능성의 본래 취지를 훼손한다.

따라서 '약한' 지속 가능성 개념보다는 한층 더 강한 해석이 요구된다. 이 해석은 몇 가지 핵심적인 관점을 포함한다. 첫째, 자연은 인간에게 어떤 유용성을 제공하든 상관없이 그 자체로 고유한 가치를 지닌다. 우리는 자연을 착취하지 않거나 보호해야 할 의무를 지닌다. 그것이 우리에게 이익이 되어서가 아니라, 풍요로운 자연환경을 지닌 세계가 본질적으로 더 나은 세계이기 때문이다. 둘째, 자연의 안녕에 이해관계를 지니고 있으며 보호받아야 할 권리를 가진 존재는 인간만이 아니다. 다른 종의 생명체들도 권리를 지닌다면, 우리는 그들이 풍요로운 삶을 누릴 수 있도록 때로는 우리의 경제적 이익을 기꺼이 포기해야 할지도 모른다. 셋째, 인간의 이익에만 초점을 맞추더라도, 풍요롭고 다양한 자연과 교감할 수 있는 능력은 충만한 삶의 일부다. 파괴된 자연환경은 인간 삶의 질을 떨어뜨릴 수 있으며, 비록 그것이 환경을 보호해야 할 유일한 이유는 아닐지라도, 그 자체로 충분한 이유가 된다. 마지막으로, 다시 인간의 이익에 주목해 보자. 공동 유산이라는 개념은 본질적으로 세대 간 정의를 전제로 한다. 바다는 지금을 살아가는 우리만의 것이 아니라, 아직 태어나지 않은 이들의 유산이기도 하다. 우리는 미래 세대가 무엇을 소중히 여길지 알 수 없다. 어쩌면 그들은 생물다양성이 겨우 남아 있는 몇몇 오아시스뿐인 세상에서, 물질적 안락만이 보장된 삶에 만족할지도 모른다. 하지만 그렇게 단정할 수는 없다. 오히려 풍요롭고 다양한 자연과 교감하지 못하는 현실을 깊이 후회할 수도 있다. 그 선택을 우리가 대신 내리는 것은 지극히 오만한 일이다. 우리가 할 수 있는 가장 안전한 선택은, 건강하고 다양한 자연환경을 미래 세대에 온전히 물려주고, 그들이 또 그것을 다음 세대로 전해주기를 바라는 것뿐이다.

이러한 주장은 우리의 환경보호 정책이 더 강력하고 신중해야 함을 시사한다. 우리는 해양을 포함한 지구상의 생명을 유지하는 데 핵심적인 생태계와 자원을 확실히 보호해야 한다. 그러나 현재 우리는 그러한 최소 기준조차 제대로 충족하지 못하고 있다. 더 큰 문제는, 우리 스스로의 행동이 어떤 영향을 초래할지를 충분히 알지 못한다는 점이다. 해양 생태계에 대한 이해가 아직 미흡한 것처럼, 그 취약성과 인간 활동의 영향에 관한 지식 역시 부족하다. 자원 착취가 일정 수준을 넘어서면 돌이킬 수 없는 환경 피해를 야기하는 '임계점 효과 threshold effects'가 나타날 수 있고, 하나의 피해가 더 큰 파괴로 이어지며 통제 불가능하게 확산되는 '피드백 효과'도 발생할 수 있다. 그럼에도 우리는 이러한 위험들을 충분히 인지하지 못하고 있다. 그렇다면 우리는 어떻게 행동해야 할까? 이러한 불확실성 속에

5.1 호주 퀸즐랜드의 로드스톤 리프.

서 많은 환경 과학자는 '사전 예방 원칙'의 필요성을 강조해 왔다.[29] 이는 어떤 행위가 환경에 미칠 영향을 합리적으로 통제할 수 있다는 확신이 없는 한, 환경을 훼손할 수 있는 행위는 피해야 한다는 원칙이다. 이 원칙은 새로운 해양 자원 개발이나 실험적 채굴을 시도하는 측에 그 안전성을 입증할 책임을 부과한다. 만약 안전하다는 점을 증명하지 못한다면, 해당 행위는 시작되어서는 안 된다. 지금까지 우리가 바다에 가한 수많은 피해―비록 의도하지 않았더라도, 때로는

---

29 환경 연구자들은 여기에 '생태계 원칙'이라 불리는, 한 발 더 나아간 원칙을 추가하고 싶어 할지도 모른다. 이 원칙은 해양처럼 복잡하고 상호 의존적인 생태계는 그러한 원리에 따라 관리되어야 한다고 제안한다. 여기서는 이 원칙을 별도로 다루지 않지만, 이 장에서 제시하는 논지와 충분히 양립할 수 있다.

무모했던-를 돌아보면, 더 신중한 접근이 필요하다는 점은 분명하다. 따라서 생태적으로 *중요한* 역할을 할 수 있는 해양 구역은 선제적으로 보호되어야 한다.[30]

5) 공정한 이익 공유

바다는 많은 부를 제공한다. 이러한 자원의 소비가 지속 가능성을 위해 제한되어야 하더라도, 우리가 정당하게 바다로부터 취할 수 있는 자원이 누구에게 이익이 되어야 하는가라는 중요한 질문은 여전히 남는다. 나는 신국제경제질서를 옹호한 이들처럼, 해양 거버넌스의 규칙을 설계할 때 더 큰 세계적 평등이라는 목표를 추구해야 한다고 본다. 지금까지 세계 경제의 게임 규칙은 다수가 아닌 상위 10%에게 더 많은 혜택을 제공해 왔다. 그러나 이러한 불평등을 영속시키는 것이 우리의 운명은 아니며, 이를 줄일 기회는 분명히 존재한다. 핵심은 그 기회를 인식하고 실현하는 데 있다. 현재의 해양 거버넌스 제도는 당면한 문제들에 점점 압도당하고 있다. 앞으로 새로운 제도와 규칙을 설계하게 될 때에는, 희소한 자원을 둘러싼 경쟁에서 세계에서 가장 취약한 이들을 더욱 뒤처지게 내버려두는 것이 아니라, 그들이 미래의 지속 가능한 해양 산업에 주체적으로 참여할 수 있도록 뒷받침해야 한다.

---

[30] Simon Dietz and Eric Neumayer, 'Weak and Strong Sustainability in the SEEA: Concepts and Measurement', *Ecological Economics*, vol. 61 (2006), pp. 617-26, at p. 619.

이러한 생각은 평등의 본질과 그 중요성에 대한 더 넓은 관점에 기반한다. 평등을 추구할 때 진정으로 주목해야 할 것은, 사람들이 풍요로운 삶을 영위할 수 있는 능력이다. 정의의 관점에서 핵심은, 사람들이 자신의 삶에서 무엇을 할 수 있으며, 어떤 존재가 될 수 있는가에 있다. 좋은 삶이란 건강, 우정과 의미 있는 인간관계, 즐거움, 일정 수준의 자율성, 공동체의 삶의 형태를 함께 결정할 수 있는 능력, 안전하고 다양한 환경에서 살아갈 수 있는 조건, 그리고 아름다움을 경험하는 미적 감수성을 누릴 수 있는 삶이다.[31] 이러한 것들을 실제로 가능하게 할 수 있다면, 그 삶은 분명히 더 나아졌다고 말할 수 있다.[32] 우리가 도덕적으로 동등한 가치를 지닌 존재라면, 번영을 가능하게 하는 자원과 관계는 —달리 행동해야 할 정당한 이유가 없는 한— 모두가 번영하는 삶을 살아갈 동등한 기회를 가질 수 있도록 배분되어야 한다.

우리가 바다 자원에 대한 접근을 어떻게 배분할지 고민할 때, 이

---

[31] 웰빙에 대한 객관적 목록 이론을 옹호하는 최근 논의로는 다음을 보라. Christopher Rice, 'Defending the Objective List Theory of Well-Being', *Ratio*, vol. 26, no. 2 (2013), pp. 196–211.

[32] 여기에서는 몇 가지 복잡한 철학적 쟁점을 간략하게 제시했기 때문에, 독자에 따라 웰빙과 번영에 관한 더 폭넓은 문헌에 대한 단서를 원할 수도 있다. 건강이나 좋은 인간관계처럼 특정 상태를 수행하거나 누릴 수 있는지를 기준으로 번영을 정의하는 '객관적' 웰빙 이론을 옹호하는 논의로는 다음을 보라. Guy Fletcher, *The Philosophy of Well-Being* (Abingdon: Routledge, 2016). 이에 대한 필자의 견해는, 웰빙이 전적으로 객관적인 것만은 아니며, 지나 동일시와 같은 '주관적' 과정에도 일정 부분 의존한다는 것이다. 이는 웰빙 개념이 실질적으로 '혼합형' 이론이어야 함을 시사한다. 이와 같은 이론을 옹호한 논의로는 다음을 보라. Steven Wall and David Sobel, 'A Robust Hybrid Theory of Well-being', *Philosophical Studies*, vol. 178, no. 9 (2020), pp. 2829–2851. 또한 객관적 웰빙 이론은 평등에 대한 '역량 접근 방식'과도 밀접하게 연결되어 있다는 점은 주목할 만하다. 이 접근법을 강하게 옹호한 대표적인 논의로는 다음을 보라. Amartya Sen, *Choice, Welfare and Measurement* (Oxford: Blackwell, 1982), pp. 353–369.

관점은 중요한 시사점을 제공한다. 무엇보다 자원을 언제나 동일한 양으로 나누어야 한다는 견해는 거부되어야 한다. 첫째, 어떤 사람들은 동등한 수준의 건강과 삶의 질을 유지하기 위해 다른 이들보다 더 많은 자원을 필요로 할 수 있다. 둘째, 자원 분배의 결정은 불가피하게 그 사회의 배경 맥락에 의해 좌우된다. 오늘날 세계는 극심한 불평등 속에 놓여 있으며, 출생지는 한 개인의 삶의 전반적 전망을 결정짓는 가장 중요한 요인이다. 계급, 성별, 인종 역시 강력한 구조적 제약으로 작용한다.[33] 이러한 현실을 무시한 채 바다 자원에 대한 접근을 무조건 동일하게 보장해야 한다고 주장하는 것은 오히려 정의를 왜곡하는 셈이다. 지속 가능한 해양 자원 접근 규칙은 가장 불리한 처지에 놓인 이들이 *격차*를 줄일 수 있도록 설계되어야 하며, 때로는 그들에게 평균 이상의 자원을 배분하는 방식이 필요할 수도 있다. 이는 단순히 자원에 대한 접근 기회를 동등하게 보장하는 것이 아니라, 모든 이가 동등하게 번영할 수 있는 삶의 역량을 갖추도록 하는 것이 근본적인 목표임을 보여준다. 평등을 진지하게 고민하는 이들이 지향해야 할 정책 방향도 여기에 있다.[34] 이러한 생각은 탈식민화 초기 신국제경제질서를 강력하게 주창했던 - 비록 성공하지는 못했지만- 신생 독립국 지도자들의 핵심 사상과도 깊이 맞닿아 있다. 그들은 해저 광물 자원의 이용 규칙을 수립할 때,

---

33 Branko Milanovic, *Global Inequality* (Cambridge, MA: Harvard University Press, 2016).
34 이와 같은 주장을 더 자세히 전개한 논의로는 다음을 보라. Chris Armstrong, *Justice and Natural Resources: An Egalitarian Theory* (Oxford: Oxford University Press, 2017), chapter 2.

이를 전 지구적 불평등을 완화하고, 특히 가장 불리한 위치에 놓인 국가들의 지위를 끌어올릴 기회로 삼아야 한다고 주장했다. 이는 엘리자베스 만 보르게제가 해저를 "국가 간 육상 기반 불평등을 완화하는", "위대한 평등화 장치"로 표현한 취지와도 맥락을 같이한다.35 이러한 사상은 심해저뿐 아니라 바다 전체의 거버넌스에도 반영되어야 한다.

그러나 웰빙에 대한 관심은 이 논의가 단순한 재정 수익의 문제가 아님을 시사한다. 실제로 '블루 이코노미'나 '블루 가속' 담론에서는 금전적 이익에 대한 집착이, 바다가 우리 삶에 기여하는 다양한 방식들을 가리는 경우가 적지 않다. 생명력 넘치는 해양 환경을 접하는 경험은 정서적·정신적 차원에서 깊은 의미를 지닐 수 있다. 최근 '블루 케어Blue Care' 분야의 연구는 바다와의 연결이 신체적·정신적 웰빙에 기여한다는 점을 강조하고 있다.36 전 세계 곳곳에서 사람들은 바다로부터 평온과 안정감을 얻으며, 어떤 문화에서는 바다가 삶의 중심적 의미를 차지하기도 한다. 또한 바다는 수백만 명의 생계를 떠받치는 기반이기도 하다. 이러한 맥락에서 생계형 어업이 주목을 받아 왔지만, 조간대에서 해양 생물을 채취하는 '해루질gleaning' 또한 매우 중요한 활동이다. 이 일은 대체로 여성과 아동이

---

35 Elisabeth Mann Borgese, 'The New International Economic Order and the Law of the Sea', *San Diego Law Review*, vol. 14 (1977), pp. 584-596, at p. 587.
36 Easkey Britton et al., 'Blue Care: A Systematic Review of Blue Space Interventions for Health and Wellbeing', *Health Promotion International*, vol. 35, no. 1 (2020), pp. 50-69.

수행하며, 아마도 그 때문에 학계의 조명을 받지 못했을 수 있다. 그러나 해루질은 단지 영양 확보 수단에 그치지 않고, 자연과의 유대, 자율성, 공동체와의 관계를 형성하는 의미 있는 행위로 간주된다.[37] 경제적 수익에만 집중하면, 건강하고 역동적인 해양 생태계가 웰빙을 증진하는 다양한 방식들을 쉽게 간과하게 된다. 일부 사회과학자가 제안한 '블루 웰빙blue well-being' 개념을 진지하게 받아들인다면, 바다의 가치를 바라보는 기존 인식은 근본적으로 재검토해야 한다.[38] 예를 들어, 블루 이코노미가 일정한 수익을 가져다준다 해도, 다수가 정서적 유대를 형성해 온 해안과의 관계를 훼손한다면, 새 항만 건설은 결코 진보라고 할 수 없다. 마찬가지로, 더 많은 이윤을 창출하는 산업화되고 세계화된 어업이 지역 빈곤층의 식량 안보를 위협하고 수백만 명의 일자리를 빼앗는다면, 그것을 결코 축복이라 부를 수는 없다.

6) 공정한 책임 분담

바다를 보호하고 그것을 활기차고 건강한 상태로 회복시키는 데에는 다양한 비용이 따른다. 이는 플라스틱 오염과 같은 여러 위협으로부터 소중한 자원을 지키는 데 드는 비용을 포함한다. 예를 들

---

[37] Ruby Grantham, Jacqueline Lau and Danika Kleiber, 'Gleaning: Beyond the Subsistence Narrative', *Maritime Studies*, vol. 19, no. 4 (2020), pp. 509–524.

[38] Ronan Foley et al. (eds), *Blue Space, Health and Wellbeing: Hydrophilia Unbounded* (London: Routledge, 2019).

어, 수천수만 마리의 해양 생물을 죽이며 바다에 흩어진 '유령 어망'을 제거하는 일은 막대한 비용이 드는 작업이다. 또한 훼손된 생태계를 복원하는 데 드는 비용도 포함된다. 예를 들어, 생태학자들이 어업 활동으로 손상된 산호를 다시 이식하거나, 기후변화의 위협을 피해 산호를 더 시원하고 교란이 적은 해역으로 옮기는 경우가 이에 해당한다. 가장 시급한 문제는 흔히 경제학자들이 말하는 '기회비용'을 둘러싸고 발생한다. 여기에는 남획과 같은 해로운 활동을 중단함으로써 발생하는 손실이 포함된다. 아울러 보전 프로젝트가 사람들의 생계 유지 능력을 저해할 수 있다는 점 또한 반드시 고려해야 할 중요한 비용이다.[39]

정의의 중요한 물음 중 하나는 이러한 비용을 누가 부담해야 하느냐는 것이다. 나는 보전의 정의에 관한 작업에서 이 질문에 답하기 위해 두 단계로 접근해야 한다고 제안한 바 있다.[40] 첫 번째 단계는 특정 행위자에게 특별한 책임이 있는지를 평가해 그들에게 부담을 지우는 것이 정당한지를 따지는 것이다. 철학자들이 '기여 원칙'이라 부르는 이 개념은 도덕적 책임과 부담을 연결한다. 행위자가 자신의 행동이 초래할 결과를 알고 있었거나 알았어야 하며, 그 외에 합리적인 대안이 있었다면, 그들에게 피해에 대한 책임을 묻는 것은

---

39 보전 프로젝트에서 발생하는 다양한 비용과 그 분담 방식에 대한 더 자세한 논의는 다음을 보라. Armstrong, *Justice and Natural Resources*, chapter 10.

40 Chris Armstrong, 'Sharing Conservation Burdens Fairly', *Conservation Biology*, vol. 33, no. 3 (2019), pp. 554–560.

정당하다. 이 원칙에 따르면, 플라스틱을 생산했거나 그것이 바다로 흘러들도록 방치한 이들이 정화 비용을 부담해야 한다. 마찬가지로, 인간이 일으킨 기후변화로 산호초가 손상되었다면 복원 비용은 온실가스를 많이 배출한 이들이 져야 한다.

그러나 기여 원칙만으로 모든 경우를 설명할 수는 없다. 나는 이미, 사람들이 자신의 행동이 초래할 결과를 알지 못했거나, 달리 선택할 수 있는 대안이 없었던 경우에는 이 원칙을 적용하기 어렵다는 점을 암시했다. 대안이 없었다는 사실은, 환경에 일정한 해를 끼쳤더라도 여건이 매우 열악한 사람들에게 보전 부담을 지우는 것이 대체로 부당한 이유를 설명해 준다. 환경 훼손의 원인을 명확히 특정할 수 없거나, 그 원인이 더 이상 존재하지 않는 이들에 의해 발생한 경우도 있을 수 있다. 이러한 경우에는 두 번째 단계로 넘어가야 한다. 즉 기여 원칙에 따라 부담을 나눌 수 없는 경우에는 '역량 원칙'을 적용해야 한다. 이 원칙은, 자신의 웰빙에 과도한 손실 없이 기여할 수 있는 사람이라면 그렇게 해야 한다고 말한다. 형편이 나을수록 더 많이 부담해야 하며, 최소한의 웰빙 수준에 미치지 못하는 사람에게는 어떤 희생도 요구해서는 안 된다. 역량 원칙은 국가적 맥락에서는 익숙한 개념이다. 예를 들어, 소득이 높은 사람들이 더 많은 세금을 내야 한다는 논의가 그렇다. 나는 이 원칙을 해양 보전의 부담을 나눌 때에도 세계적 차원에서 적용할 수 있다고 제안한다. 역량 원칙이 매력적인 이유는, 그것이 불평등 완화라는 목표와 맞닿아 있기 때문이다. 여유가 있는 이들은 더 많이 부담해야 하며, 그럴 여력이 없는 이들에게는 책임을 요구해서는 안 된다.

우리가 두 번째 단계를 취할 때 고려해볼 수 있는 또 하나의 원칙이 있다. 역량뿐 아니라, 성공적인 보전 노력에서 비롯되는 *혜택*의 분포 역시 비용 분담의 기준이 될 수 있다. 생태계가 효과적으로 보호되면, 사람들은 폭풍으로부터의 보호나 식량 안보 같은 중요한 혜택을 지속적으로 누릴 수 있다. 이러한 경우에는 더 많은 혜택을 받는 이들이 보전 노력에 더 많이 기여하는 것이 정당하다고 볼 수 있다. 특히 그 혜택이 실제로 *필요로* 하고, 이를 유지하는 데 기여할 능력이 있으며, 그로 인해 불이익을 겪지 않는다면 이 원칙은 더욱 설득력을 가진다.[41]

다만, 내가 이 글에서 다룬 질문들이 보전 정의와 관련해 유일하게 중요한 것은 아니다. 보전의 우선순위를 설정하는 과정에 지역 주민들이 참여하고, 보전 정책이 외부로부터 강요된 것으로 인식되지 않도록 하는 것 역시 중요하다. 강제로 추진되는 보전 정책은 성공 가능성이 낮으며, 이는 해양 거버넌스에서 민주적 참여가 왜 중요한지를 잘 보여준다. 여기에는 보전의 우선순위 설정 과정에 참여하는 것도 포함된다. 이는 보전 비용이 공정하게 분담되고, 기존의 번영 격차가 더 악화되지 않도록 하는 것만큼이나 중요하다.

---

41 나는 다음 책에서 열대우림 보호를 사례로 들어 혜택에 관한 논의를 더 자세히 다루었다. Chris Armstrong, 'Fairness, Free-riding and Rainforest Protection', *Political Theory*, vol. 44, no. 1 (2016), pp. 106-130.

7) 정의로운 전환

해양 환경을 보호하려면 많은 사람이 해양 생태계에 가하는 부담을 줄여야 한다. 이러한 변화는 결국 일자리와 생계에 혼란을 초래할 수 있다. 어업 부문의 개혁 사례를 생각해 보자. 일부 생태학자는 어족 자원의 지속 가능성을 확보하려면 전 세계 어업 활동 수준을 1990년대 수준으로 전반적으로 낮춰야 한다고 제안한다.[42] 또한 지속 가능한 어업의 미래는 저인망 어업의 일부 형태, 수많은 바닷새의 폐사를 유발하는 연승 어업延繩漁業[43], 독극물과 폭발물 사용 등 다양한 파괴적 어업 방식을 점진적으로 폐지하는 것을 포함하게 될 것이다. 덜 해로운 방식으로의 전환은 그 자체만으로도 큰 비용이 들 수 있다. 그러나 더 근본적으로, 앞서 제안된 방식대로 어업 활동 전반을 줄이게 되면 대규모의 일자리가 사라질 수 있다. 세계 남반구의 많은 지역에서 해안 지역 공동체는 생계에 큰 타격을 입을 이들을 보호할 사회 안전망조차 제대로 갖추지 못한 실정이다. 그 결과, 많은 사람에게 소득뿐 아니라 사회적 관계망, 자존감, 개인적 효능감의 상실이라는 중대한 피해가 따를 수 있다.

이러한 손실 중 일부는 장기적인 영향을 남기기도 하지만, 단기적인 전환만으로도 상당한 비용과 어려움을 동반한다. 예를 들어, 일

---

42   Yimin Ye, 'Rebuilding Global Fisheries: The World Summit Goals, Costs and Benefits', *Fish and Fisheries*, vol. 14, no. 2 (2013), pp. 174-185, at p. 179
43   [역주] 무명이나 나일론으로 만든 긴 줄에 낚시찌를 일정 간격으로 달아 수면에 띄우고, 그 사이에 낚싯바늘을 드리워 고기를 잡는 어업. 주로 남태평양 수역에서 학꽁치, 다랑어, 고등어 등을 포획할 때 사용된다.

부 생태학자가 전체 해양 면적의 3분의 1 이상을 포함해야 한다고 제안한 광범위한 해양보호구역 지정 방안을 떠올려 보자.44 장기적으로 이러한 보호구역은 어업 공동체에 큰 이익을 가져다준다. 어획이 금지된 해역에서는 더 많은 개체가 성숙해 더 많은 알을 낳고, 그 알은 먼 거리까지 퍼져나간다. 이처럼 해양보호구역은 "주변 어장으로 방사되는 생산의 중심"이 된다.45 그러나 단기적으로는, 특히 대안적 고용 기회나 실질적 정부 지원이 부족한 지역 사회에서 어획 금지는 개별 어민에게 큰 부담이 된다.

이러한 '전환' 비용을 가장 가난한 계층이 떠맡아서는 안 된다. 그것은 공정하지 않을 뿐 아니라, 해양 경제 개혁에 대한 저항으로 이어질 수 있다. 이로부터 다양한 형태의 전환 지원이 필요하다는 결론이 도출된다. 기후변화 대응에서도 유사한 원칙이 —항상 실천에 옮겨지지는 않았지만— 분명히 인식되어 왔다. 기후변화에 관한 파리협정은 "기후변화 대응"이 "지속 가능한 발전"과 "빈곤 퇴치"에 미칠 영향을 언급하며,46 그 조치로 "가장 큰 영향을 받는 국가들의 우려를 고려할 것"을 약속하고 있다.47 기후변화 대응이 취약한 공동체의 빈곤 탈출을 가로막아서는 안 되는 것처럼, 이들 국가에는 국제적 지원이 필요하다. 이 원칙은 해양 거버넌스의 지속 가능한 전환

44　Roberts, *The Unnatural History of the Sea*.
45　Ibid., p. 365.
46　United Nations Framework Convention on Climate Change, *Paris Agreement*, Preamble.
47　Ibid., Article 6, Article 4.

에도 똑같이 적용되어야 한다. 환경을 파괴하는 관행에서 벗어나는 일은 도덕적으로 반드시 필요하지만, 그 전환 *비용*을 빈곤층이 떠안아서는 안 된다. 정의로운 전환은 저소득 지역 공동체가 충분한 기회를 누릴 수 있도록 설계된 정책들과 함께 추진되어야 한다. 이러한 정책의 구체적인 사례는 9장에서 블루 뉴딜의 가능성을 중심으로 살펴볼 것이다.

정의롭고 지속 가능한 해양을 실현하려면 우리가 직면한 과제의 규모를 직시하고, 해양 정치의 미래를 새롭게 사고해야 한다. 이러한 새로운 접근은 인간과 다른 종들이 하나의 세계 해양에 의존하는 다양한 방식을 온전히 반영하는 명확한 원칙에 기반해야 한다. 이 장에서 제시한 일곱 가지 원칙은 미래의 도전에 대응하며 진화할 해양 정치의 도덕적 나침반이 된다. 정의롭고 지속 가능한 해양 거버넌스를 이루려면 이들 원칙을 모두 포괄해야 한다. 하지만 현재의 해양 거버넌스에는 여전히 많은 사각지대가 존재한다. 해양 생태계의 복잡하고 상호 연결된 구조, 비인간 동물의 이해관계, 해상에서의 인권, 그리고 다양한 환경 위기 등 핵심 요소들이 충분히 반영되지 않고 있다. 이러한 원칙들을 실행에 옮기는 일은 해양 거버넌스를 정의롭고 지속 가능한 방향으로 전환하는 중요한 출발점이 될 것이다. 또한 이 원칙들은 해양 거버넌스를 더 참여적인 체계로 전환하고, 일반 시민이 그 과정에 직접 참여할 길을 열게 될 것이다. 이 책의 다음 장들에서는 이러한 원칙을 현실화할 구체적인 정책 방안을 살펴볼 것이다.

6
해상 노동자 보호

2013년 방글라데시 언론은 최소 40명의 어부가 손발이 묶인 채 바다에 던져져 익사했다는 충격적인 사건을 보도했다. 하지만 영상 증거가 있음에도 어떠한 기소도 이루어지지 않았다.[1] 이듬해에는 태국 어선에 팔려간 캄보디아 출신 남성과 소년들을 대상으로 한 조사에서, 많은 이들이 선상 관리자들이 노동자를 살해하는 장면을 직접 목격했다고 진술했다.[2] 이러한 사례는 해상 노동 착취의 극단적인 단면일 뿐이다. 어업의 일부 부문은 여전히 인신매매와 강제노동에 의존하고 있으며, 노동자들은 폭력, 학대, 위험하고 비위생적인 작업 환경에 일상적으로 노출되고 있다.[3] 이들이 잡은 수산물 상당수는 결국 부유한 국가 소비자들의 식탁에 오른다. 예를 들어, 강제

1　이는 더 넓은 문제의 일부다. 해상에서 발생한 범죄 가운데 유죄 판결로 이어지는 경우는 1%도 되지 않는 것으로 추정된다. Ian Urbina, 'Murder at Sea: Video Captures 4 Murders, But the Killers Go Unpunished', *New York Times*, 20 July 2015.

2　Kate Hodal and Chris Kelly, 'Trafficked into Slavery on Thai Trawlers to Catch Food for Prawns', *Guardian*, 10 June 2014.

3　Irini Papanicolopulu, *International Law and the Protection of People at Sea* (Oxford: Oxford University Press, 2018), pp. 29–30; Alastair Couper et al., *Fishers and Plunderers* (London: Pluto Press, 2015), pp. 121–137.

노동이 가장 심각한 지역 중 하나인 타이완은 미국 시장에 수출되는 새우와 왕새우의 최대 공급지이자,4 반려동물 사료, 건강 보조제, 양식업 등에 사용되는 원재료의 주요 산지이기도 하다.

많은 독자에게 이러한 사실은 충격적으로 다가올 것이다. 해상 노동자에 대한 착취와 학대는 대부분 사람들의 시야와 의식 밖에서 벌어진다. 해양 정의의 핵심 원칙 중 하나는, 단지 바다에 있다는 이유만으로 누구의 권리도 보호받지 못해서는 안 된다는 데에 있다. 그러나 이 원칙을 실현하려면 여전히 해야 할 일이 많다. 이 장에서는 해상 노동자들이 겪는 고통에 대해 누가 도덕적 책임을 져야 하는지, 그리고 그들의 권리를 어떻게 더 효과적으로 보호할 수 있을지를 살펴본다. 여기서 다루는 사례들은 모두 어업 종사자들을 중심으로 한다. 현재로서는 이 분야에서 가장 심각한 착취와 학대가 발생하고 있다는 명확한 증거가 존재하기 때문이다.5 하지만 해운업이나 해양 석유 시추 현장에서 일하는 이들 역시 다른 방식으로 취약할 수 있으며, 내가 제안하는 개혁 방안 상당수는 이들의 처우 개선에도 기여할 수 있다. 이 점을 염두에 두고, 어민 보호를 정치적 의제로 끌어올리는 첫 단계는 그들이 얼마나, 그리고 왜 그렇게 취약한지를 인식하는 일이다.

---

4 Naomi Bang, 'Casting a Wide Net to Catch the Big Fish: A Comprehensive Initiative to Reduce Human Trafficking in the Global Seafood Chain', *University of Pennsylvania Journal of Law & Social Change*, vol. 17 (2014), pp. 221–255, at p. 223.

5 이 장에서는 이들을 지칭할 때 익숙한 '어부fishermen' 대신 '어민fishers'이라는 용어를 사용한다. 어획 활동 종사자 대부분이 남성이긴 하지만, 여성과 아동 또한 이 산업의 일원으로 존재하기 때문이다.

어민들은 왜 이토록 취약한가

세계 경제의 주변부에서 일하는 노동자들에 대한 착취와 학대는 참담할 만큼 광범위하다. 예를 들어, 수백만 명의 이주 노동자는 비자의 부재나 입국 비자에 부과된 조건 때문에 쉽게 착취당한다. 언제든 추방될 수 있다는 두려움 속에서 고용주의 비인간적 대우를 받아들이는 것 외에 선택지가 없을 수도 있다. 이들의 권리에 거의 관심을 기울이지 않는 수용국도 적지 않다. 따라서 학대에 취약한 것은 어민들만이 아니다. 그러나 여러 면에서 어민들이 처한 환경은 이주 노동자들이 흔히 겪는 현실을 압축적으로 보여준다. 밀폐된 공간에서의 노동, 극한의 온도 속 고된 작업, 언어가 통하지 않고 문화나 종교가 존중되지 않는 작업 환경 등은 그 대표적인 예다. 그럼에도 어민들의 취약성이 일부는 고유한 요인에서 비롯된다는 점 또한 분명하다. 이에 적절히 대응하려면, 그에 상응하는 고유한 해결책이 필요할 수 있다.

어민들을 학대에 취약하게 만드는 주요 요인 중 하나는 극단적인 지리적 고립이다. 선박 위의 어민들은 시민 사회와 철저히 단절되어 있으며, 변호사나 기본 의료 서비스에 접근하는 것조차 거의 불가능하다. 지난 수십 년 동안 세계 각국의 항구 입항 횟수는 줄어들었고, 정박 시간도 짧아졌다. 항구는 연안국이 노동자 권리 침해를 단속할 수 있는 핵심 공간이지만, 그 기회 자체가 줄어든 것이다. 최근에는 수십만 톤의 어획물을 바다에서 직접 가공할 수 있는 대형 '모선'이 등장하면서, 많은 어선이 항구에 들르지 않고 모선에 접근해 어획물을 넘기는 방식을 택하고 있다. 이로 인해 어민들은 몇 달, 때로는 수년에 걸쳐 바다에 머무르게 된다. 국경 통제가 고도로 정치화되고, 심지어 범죄화된 오늘날에는 항구에 접근하는 것 자체가 큰 장벽이 될 수 있다. 예를 들어, 미국은 선원이 선박을 떠나기 *전에* 인터뷰를 거쳐 160달러짜리 비자를 취득하도록 요구한다.6 이러한 지리적 고립은 어민들을 다른 이주 노동자들과 뚜렷이 구분 짓는 요소이며, 그들이 왜 이토록 취약한지를 설명하는 데 핵심적인 단서가 된다.

어민 보호를 약화시키는 두 번째 요인은 관련 법과 협약의 적용 범위가 불균등하다는 점이다. 현대 해양법은 바다에 있는 이들의 인권을 거의 언급하지 않으며, 해양법협약 또한 노동자의 권리에 대한 지속적인 논의를 포함하지 않았다. 해상 노동자의 권리를 보호하려는 일부 협약은 어민을 명시적으로 보호 대상에서 제외하고 있기도 하다.7 대부분의 경우, 어민들은 2007년 제정된 어업노동협약Work in Fishing Convention에 의존할 수밖에 없다. 이 협약은 어민에게 무상 식수와 식량 제공을 보장하고, 숙소와 의료에 대한 최소 기준을 설정하며, 휴식 시간과 송환 조건 등을 명시하고 있다. 특히 노동자의 송환은 선주가 비용을 부담해야 한다는 점을 분명히 한다. 그러나

---

6 다음을 보라. https://www.marineinsight.com/maritime-law/a-guide-to-applying-for-us-visa-for-seafarers (accessed 14 May 2020).

7 2006년 국제노동기구ILO의 해사노동협약Maritime Labour Convention은 그 한 예다.

이 협약은 각국이 소형 어선에 종사하는 어민들을 일부 조항에서 제외할 수 있도록 허용하고 있어, 실제로는 가장 취약한 어민들이 보호받지 못하는 경우가 많다.[8]

물론 많은 이주 노동자가 권리 보호에 소극적인 국가에서 일하고 있다. 그러나 어민의 권리 보장을 더욱 복잡하게 만드는 세 번째 요인은 그들의 특수한 법적 지위다. 이 점은 어민들이 다른 이주 노동자들과 어떻게 다른 처지에 놓여 있는지를 이해하는 데도 도움이 된다. 영해, 즉 한 국가의 해안에서 12해리까지 확장되는 해역 안에서는, 연안국이 원할 경우 외국인 어민에게 자국 내 모든 법적 보호를 적용할 수 있다. 예를 들어, 노르웨이 해안에서 10해리 떨어진 해역에서 일하는 어민은 원칙적으로 산업안전이나 최저임금과 관련된 법률을 포함해 본토 노동자와 동일한 보호를 받아야 한다. 그러나 영해를 벗어나면 상황은 훨씬 불확실해진다. 모든 선박은 하나의 국가에 등록되어야 하며, 그 국적은 반드시 선박의 실제 소유국이나 선원의 출신국과 일치할 필요가 없다. 일단 등록되면, 해당 선박은 마치 그 국가의 법적 영토가 바다로 확장된 것처럼 오직 기국의 관할권만 적용된다. 따라서 선원이 문제에 직면했을 때는 자신이 탄 선박이 어느 국가에 등록되어 있는지를 확인하고, 그 국가에 도움을 요청해야 한다. 그러나 많은 기국은 어민의 권리를 보호하는 핵심 협약에 서명하지 않았으며, 실제로 2007년 어업노동협약을 비준한

8　Papanicolopulu, *International Law and the Protection of People at Sea*, p. 39.

국가는 지금까지 단 18개국에 불과하다.9

어민이 악덕 고용주에게 학대 당하기 쉬운 이유는 바로 지리적 고립과 불안정한 법적 지위에 있다. 바다 위의 어민은 흔히 어떤 도움도 받을 수 없는 상태로 고립되어 있고, 그 발밑의 법적 토대는 언제든 바뀔 수 있다. 한 어민이 배 밖으로 한 발짝도 나가지 않고도 하루 만에 두 개 이상의 국가 관할권 아래 놓이는 일도 드물지 않다. 이는 선박 소유주가 법적 책임을 피하기 위해 '기국 변경flag out'을 자주 활용하기 때문이다. 선주 입장에서는 기국을 바꾸는 일이 빠르고 비용도 적게 들지만, 개별 어민에게는 그 여파가 당혹스럽기만 하다. 실제로 문제가 발생했을 때 자신이 어느 국가에 도움을 요청해야 하는지조차 모르는 경우도 많다.

기국은 해당 선박에 자국의 국내법은 물론, 자국이 비준한 국제 노동 협약들을 집행할 책임이 있다. 그러나 현실에서는 기국이 선박 소유자에게 선택되는 이유 자체가 노동자 보호에 소극적일 것이라는 기대 때문인 경우가 많다. 노동자의 권리를 최소한으로라도 존중하겠다는 요구 없이 국기를 대여하는, 이른바 '편의치적' 국가는 착취를 방조하는 이동식 피난처 역할을 한다. 이들은 국기를 판매하면서도, 그 과정에서 발생하는 노동 인권 침해에는 눈을 감는다. 예를 들어, 파나마는 2005년 법령 제8/98호를 통해 파업권, 최저임금,

---

9   다음을 보라. https://www.ilo.org/dyn/normlex/en/f?p=1000:11300:0::NO:11300:P11300_INSTRUMENT_ID:312333 (accessed 14 May 2020).

상해 보상에 관한 보호 조항을 폐지했고, 노동 시간을 제한하는 어떤 조약에도 서명하지 않았다.[10] 라이베리아, 온두라스, 적도 기니 등도 대표적인 편의치적국이다. 이들 국가는 선박 등록 시 단 한 번의 수수료만 부과하고, 법적 책임을 최소화할 수 있다는 점을 앞세워 기국 서비스를 홍보한다. 그러나 실제로 이들 국적의 선원은 거의 없으며, 해당 국가에 등록된 선박 대부분도 그 나라 소유가 아니다. 많은 선박은 편의치적국의 항구에 입항할 일조차 없어, 설령 기국이 노동자 권리를 보호할 의지가 *있더라*도 부당한 처우를 받은 선원이 법적 절차를 개시하기는 극히 어렵다. 이처럼 기형적인 법적 구조는 어민들을 현대 자본주의 경제의 경계선에 내몰린 존재로 만든다. 관할권과 그에 따른 보호 책임은 언제든 빠르게 이동하며, 실질적인 법적 보호는 내부분 손이 닿지 않는 곳에 머물러 있다. 반면, 이러한 구조는 노동자 권리를 침해하면서도 어떠한 책임도 지지 않으려는 약탈적 고용주들에게는 강력한 보호막으로 작용한다.

바다에서의 학대 양상

바다에서의 착취와 학대는 어쩌면 항해의 역사만큼이나 오래되었을 것이다. 고국의 시야에서 벗어난 곳에서 일하는 선원들은 예

---

10   Enrique Cajigas, 'Panama', in Deirdre Fitzpatrick and Michael Anderson (eds), *Seafarers' Rights* (Oxford: Oxford University Press, 2005), pp. 381–406, at pp. 388, 391.

로부터 부실한 배급, 장시간 노동, 열악한 작업 환경에 대해 불만을 토로해 왔다. 하지만 이러한 문제들의 규모와, 그에 깔린 인종적·성별적 불평등 구조는 운송과 어업이 본격적으로 산업화되면서 더욱 심화되었다. 19세기 증기선의 등장은 이러한 흐름을 가속화시켰다. 세계 무역이 폭발적으로 팽창했고, 바다 위 노동력의 '국제화'도 본격화되었다. 범선 시절에는 신참 선원이 숙련 선원으로 성장하기까지 수년의 훈련이 필요했지만, 증기선에서는 별다른 기술 없이도 즉시 화로에 석탄을 넣는 일에 투입될 수 있었다. 이로 인해 임금은 급락했고, 노동 조건은 악화되었다. 전통적인 해양 강국들은 선원 대부분을 아시아 출신으로 채웠고, 그들에게는 유럽 선원보다 훨씬 낮은 임금과 열악한 숙소를 배정했다. 불지옥 같은 기관실에서의 작업 환경은 이러한 차별을 더욱 가중시켰고, 아시아계 선원들은 결핵이나 폐렴 등 질병에 훨씬 더 쉽게 노출되었다.[11]

이러한 아시아계 노동자들은 종종 '래스카스lascars'라 불리며, 말 그대로 '수면 아래', 다른 선원들의 시야 밖에서 보이지 않는 역할을 맡았다. 소설가이자 전직 선원이었던 조지프 콘래드Joseph Conrad는 갑판 아래에서 화로를 지피는 중국인 '화부firemen'들과의 짧은 조우를 인상 깊게 회고했다. 그는 한 증기선에서 일하며 이렇게 썼다. "나는 그때 중국인 화부들을 처음이자 마지막으로 보았다. '본다'는

---

11 Jonathan Hyslop, "Ghostlike" Seafarers and Sailing Ship Nostalgia: The Figure of the Steamship Lascar in the British Imagination, c. 1880–1960', *Journal for Maritime Research*, vol. 16, no. 2 (2014), pp. 212–228, at p. 216.

표현이 정확하다. 누구도 그들과 말을 섞지 않았다. 그들은 아무도 쳐다보지 않았고, 나 역시 그들을 직접 마주한 적이 없었다. 그들은 늘 일정한 시간에 햇빛 아래 모습을 드러냈지만, 어딘가 유령처럼 비현실적인 느낌이었다."12 이처럼 보이지 않는 존재로 남은 그들의 모습은 '유럽 선원들이 세계화를 영웅적으로 이끌었다는 승리의 서사'를 만들어내는 데 기여했을지도 모른다. 하지만 이들은 어업과 상업의 세계화에서 핵심적인 역할을 수행했다.13 이 '이방인' 선원들의 존재를 지워 버리는 일은 단순한 우연이 아니라, 육지에서도 제도적으로 강제되곤 했다. 예를 들어, 1925년 제정된 '유색 외국인 선원 특별 제한령'은 아시아계 선원들의 영국 항구 진입을 금지했다. 물론 그 실효성은 제한적이었던 것으로 보인다.14

　1970년대 석유 파동은 선원 구성의 국제화를 더욱 가속화했다. 유가 급등으로 연료비가 치솟고, 새로운 어업 기술 도입에 따른 운영비 증가까지 겹치면서 많은 소규모 어업 종사자가 사업을 접게 되었다. 그렇다면 선주들은 어떻게 수익을 회복하고 선박 운항을 유지했을까? 한 가지 대응은 선박과 장비의 정비를 줄이는 것이었고,

---

12　Joseph Conrad, 'Well Done', in Joseph Conrad, *Notes on Life and Letters*, ed. J.H. Snape with Andrew Burza (Cambridge: Cambridge University Press, 2004), pp. 142-152, at pp. 143-144.

13　David Chappell, 'Ahab's Boat: Non European Seamen in Western Ships of Exploration and Commerce', in Bernhard Klein and Gesa Mackenthun (eds), *Sea Changes: Historicizing the Ocean* (New York: Routledge, 2004), pp. 75-89, at pp. 75-76.

14　Hyslop, '"Ghostlike" Seafarers and Sailing Ship Nostalgia', p. 213.

이는 종종 비극적인 결과를 초래했다.15 또 다른 방법은 인건비 절감을 위해 남반구 출신 선원을 고용하는 것이었다. 석유 위기는 또한 '기국 변경'을 가속화해 선주들이 더 쉽게 노동자에게 열악한 조건을 강요할 수 있는 구조를 만들었다. 실제로 2014년까지 전 세계 선박의 총 중량 기준으로 70% 이상이 자국이 아닌 타국에 등록되어 있었다.16 우리가 확인할 수 있는 한, 이 시기 동안 선박의 실질적 소유권은 대부분 변하지 않았다.17

극단적인 사례에서 오늘날의 어업은 이미 강제노동이 만연한 대표적 글로벌 산업 중 하나가 되었다. 인도양과 남중국해의 어업 및 양식업은 처벌 위협 속에 비자발적으로 일하는18 인신매매 피해자에게 심각하게 의존하고 있다.19 그러나 어업 내 학대가 가장 심각한 지역은 아마도 타이만Gulf of Thailand일 것이다.20 이 지역에서는 약 20만 명의 이주 어민이 일하고 있으며, 대부분 캄보디아, 미얀마, 라오스, 인도네시아, 필리핀 등지에서 모집된다. 국제노동기구 조사에 따르면, 원양 어선 노동자 중 최소 6분의 1이 강요나 기만에 의

15　Couper et al., *Fishers and Plunderers*, p. 33.
16　Liam Campling and Alejandra Colas, *Capitalism and the Sea* (London: Verso, 2021), p. 147.
17　Alastair Couper, 'Historical Perspectives on Seafarers and the Law', in Fitzpatrick and Anderson, *Seafarers' Rights*, pp. 3-35, at p. 26.
18　다음을 보라. https://www.ilo.org/global/standards/information-resources-and-publications/langen/index.htm (accessed 11 January 2018).
19　Supang Chantavanich et al., 'Under the Shadow: Forced Labour Among Sea Fishers in Thailand', *Marine Policy*, vol. 68 (2016), pp. 1-7.
20　Melissa Marschke and Peter Vandergeest, 'Slavery Scandals: Unpacking Labour Challenges and Policy Responses within the Off-shore Fisheries Sector', *Marine Policy*, vol. 68 (2016), pp. 39-46, at p. 40.

6.1 인도네시아, 2015년: 어업 노예 생활에서 구출된 노동자들이 임시 대피소에 모여 있다.

해 본인의 의사와 무관하게 일하게 된 것으로 나타났다.21 더욱 우려스러운 것은, 태국 당국이 이 같은 인신매매 문제에 제대로 대응하지 못했을 뿐 아니라, 로힝야 무슬림 난민을 강제노동에 팔아넘긴 정황까지 제기되고 있다는 점이다.22

심지어 어선에서의 일자리를 노동자가 자발적으로 구한 경우에도, 그 처지는 여전히 심각한 취약성을 안고 있다. 많은 이들이 브

21　International Labour Organization, *Employment Practices and Working Conditions in Thailand's Fishing Sector* (Bangkok: ILO, 2013), p. 46.

22　Jason Szep and Stuart Grudgings, 'Special Report: Thai Authorities Implicated in Rohingya Muslim Smuggling Network', *Reuters* (17 July 2013).

로커 수수료를 마련하기 위해 가족 자산을 담보로 맡기며, 계약을 어길 경우 이를 압류당할 수 있다.23 태국 어선에 인신매매되어 일한 미얀마 출신의 텟 표 린Thet Phyo Lin은 이렇게 증언했다. "여기서 일을 그만두려면 고용주 허락을 받아야 해요. 어떤 고용주는 그냥 보내주지만, 어떤 사람은 먼저 빚부터 갚으라고 해요."24 어민들에게 부과된 '빚'에는 종종 예상치 못한 비용이 덧붙으며, 결과적으로 채무 노동 형태로 이어지는 경우도 많다.25 이로 인해 계약은 고용주에게 강력한 통제 수단이 되지만, 노동자의 권리는 거의 보호받지 못한다. 태국 어업 노동 실태를 조사한 필립 로버트슨Philip Robertson은 "서면 계약서를 받은 어민을 단 한 명도 찾지 못했다"고 밝혔다.26 국제노동기구 협약은 고용주가 음식이나 숙소 비용을 임금에서 공제하는 것을 금지하고, 선박까지의 이동과 귀환에 드는 비용 역시 노동자가 아닌 고용주가 부담해야 한다고 명시하고 있다. 그러나 현실에서는 많은 노동자가 이러한 법적 권리를 알지 못하고, 실제로는 각종 공제 관행이 만연하다. 과도한 노동 시간 문제도 마찬가지다. 또 다른 미얀마 출신 인신매매 생존자인 먄트 헤인 흐테이Myint Hein

---

23 Annuska Derks, 'Migrant Labour and the Politics of Immobilisation: Cambodian Fishermen in Thailand', *Asian Journal of Social Science*, vol. 38 (2010), pp. 915–932, at p. 922.
24 다음을 보라. https://www.hrw.org/report/2018/01/23/hidden-chains/rights-abuses-and-forced-labor-thailands-fishing-industry (accessed 17 November 2020).
25 Marschke and Vandergeest, 'Slavery Scandals', p. 40.
26 Philip Robertson, *Trafficking of Fishermen in Thailand* (Bangkok: International Organization for Migration Thailand, 2011).

Htay는 이렇게 말했다. "고용주들은 우리가 얼마나 일하든 전혀 신경 쓰지 않아요. 심지어 죽는다 해도 시신을 바다에 던져 버릴 뿐이에요."[27] 자신의 권리를 주장한 어민은 외국 항구에 버려질 위험에 처한다. 승선 시 신분증 반납을 요구받는 경우가 많아, 항구국에 버려질 경우 불법 입국으로 체포될 수 있다.[28] 항의한 이들이 마주하는 결과는 이보다 훨씬 더 심각할 수도 있다.

부유한 자유민주주의 국가의 해안에서 일하는 노동자라면, 더 안정적으로 권리를 보호받을 수 있을 것으로 기대할 수 있다. 이들 국가는 이론상 자국의 배타적 경제수역 200해리 내에서 누가 어업 활동을 할 수 있는지를 결정할 권한을 갖고 있기 때문이다. 그러나 지금까지 외국인 어민의 권리 보호에 대해서는 놀라울 정도로 무관심한 태도를 보여 왔다. 뉴질랜드처럼 부유한 국가의 어업에서도 현대판 노예제에 해당하는 노동 조건이 확인되었고, 뉴질랜드산 오징어의 약 5분의 2는 강제노동을 통해 어획된 것으로 추정된다.[29] 외국인 노동자가 합법적으로 고용된 경우에도 현지 어민보다 열악한 대우를 받는 경우가 많다. 예를 들어, 스코틀랜드 해역에서 일하는 필리핀 출신 어민 1,000여 명은 영국 기업에 고용되어 있지만, 동일한

---

27 다음을 보라. https://www.hrw.org/report/2018/01/23/hidden-chains/rights-abuses-and-forced-labor-thailands-fishing-industry (accessed 17 November 2020).

28 Erol Kahveci, 'Neither At Sea Nor Ashore: The Abandoned Crew of the Obo Basak', *Annuaire de Droit Maritime* (2006), pp. 281–322.

29 Benjamin Skinner, 'The Fishing Industry's Cruellest Catch', *Bloomberg Business Week* (23 February 2012).

일을 하면서도 영국 어민보다 훨씬 낮은 임금을 받고, 작업 환경도 열악하다.30 이들은 대체로 낡은 선박과 제대로 정비되지 않은 장비 속에서 일하기 때문에, 바다에서 사망할 확률이 영국 어민보다 3배 이상 높은 것으로 나타났다.31 영국 연안의 가리비 어장에서도 강제노동 사례가 보고된 바 있다.32

학대와 착취에 대한 도덕적 책임

지금까지 살펴본 바와 같이, 오늘날 어업은 심각한 학대와 착취가 만연한 산업이다. 학대와 착취의 정의에는 다소 차이가 있을 수 있으나, 어떤 합리적인 기준을 적용하더라도 이 산업은 중대한 불의가 자행되고 있는 현장이다. 일부 고용주는 널리 인정되는 노동권과 인권을 침해하며, 노동자의 취약성을 이용해 정당한 보상을 박탈한다는 점에서 명백히 착취적이다.33 학대와 착취가 집중된 지역도 있지만, 이러한 문제는 세계 각지에서 발생하고 있으며, 부유한 자유민주주의 국가의 해역도 예외가 아니다. 이러한 상황은 어민들이 겪는

---

30 Penny Howard, 'Sharing or Appropriation? Share Systems, Class and Commodity Relations in Scottish Fisheries', *Journal of Agrarian Change*, vol. 12, nos. 2–3 (2012), pp. 316–343, at p. 337.
31 Couper et al., *Fishers and Plunderers*, p. 37.
32 Severin Carrell, 'Slavery Risk Warning over UK's Scallop Fisheries', *Guardian* (1 February 2018).
33 착취에 대한 훌륭한 분석으로는 다음을 보라. Nicholas Vrousalis, 'Exploitation, Vulnerability, and Social Domination', *Philosophy & Public Affairs*, vol. 41, no. 2 (2013), pp. 131–157.

심각한 취약성, 특히 육지로부터 멀리 떨어진 어선 위에서의 물리적 고립이 핵심 원인임을 보여준다.

이제 내가 탐구하고자 하는 질문은, 이러한 학대에 대해 누가 도덕적 책임을 져야 하는가, 그리고 실제로 그런 책임 주체가 존재하는가다. 이는 간단하지 않은 문제다. 오늘날 자본주의 경제는 소유, 생산, 소비가 전 세계에 걸쳐 복잡하게 분산된 그물망으로 구성되어 있어, 우리 대부분은 자신도 모르는 사이 이러한 학대에 어떤 방식으로든 '연결'되어 있을 수 있다. 그렇다면 그 연결이 언제 도덕적으로 비난받아야 하며, 우리의 행동을 바꿔야 할 도덕적 이유가 되는 순간은 언제인가? 이 문제는 철학자들이 오랫동안 고심해 온 주제다. 그들은 도덕적 책임에 대한 질문을 정교하게 분석하는 도구를 제공해 왔으며, 이를 통해 우리는 학대와의 다양한 연결 방식과 그에 따른 책임의 정도를 구분할 수 있게 되었다.

가장 직접적인 책임은 의심할 여지 없이, 취약한 노동자를 고용한 뒤 학대한 이들에게 있다. 이는 주로 어선을 소유하거나 지휘하는 선주와 선장을 뜻한다. 강제노동을 시키거나, 폭력의 위협 아래 장시간 또는 위험한 환경에서 일하게 하는 것은 명백한 학대다. 또한 이들이 노동자의 취약한 처지를 이용해 정당한 보상을 지급하지 않는다면, 이는 분명한 착취에 해당한다.

따라서 선주와 선장은 가장 명백한 가해자다. 이들은 실제로 취약한 노동자를 착취하고 학대하는 행위를 직접적으로 저지른다. 자발적이지 않은 노동자를 어선에 공급하는 인신매매업자들 역시 도덕적으로 비난받아야 한다. 이들 역시 선주와 마찬가지로, 물질적 이득을 위해 노동자의 권리를 의도적으로 침해한다. 공식적인 고용 알선업자라 하더라도, 자신이 연결한 노동자들이 학대를 당할 가능성이 충분히 크다는 사실을 알 수 있었음에도 이를 외면했다면 도덕적 책임에서 자유로울 수 없다.

이처럼 직접적인 가해자 외에도, 어업 내 학대에 간접적으로 *연루된* 이들도 적지 않다. 그들이 연루되었다고 판단할 수 있는 기준은, 학대가 지속되고 있음을 인지하고 있었고, 이를 막을 수 있었음에도 행동하지 않았을 때다.[34] 이들을 식별하는 일은 어업 내 불의의 도덕적 구조를 이해하는 데 핵심적이며, 궁극적으로 누가 얼마만큼의 책임을 져야 하는지를 판단하는 데 중요한 기준이 된다.

우선 공급망 하위의 기업들을 살펴보자. 이들은 소규모 어업 종사자들로부터 수산물을 사들여, 이를 레스토랑이나 슈퍼마켓, 반려동물 사료 제조업체, 건강 보조식품 제조사 등에 공급하는 대형 수산기업들이다. 이들 기업이 학대를 *의도하지* 않았고, 오히려 그것을 끔찍하다고 여겼을 수도 있다. 그러나 자신이 구매한 수산물이 학대나 착취를 동반해 확보되었음을 알고 있으면서도 그 사실을 외면한 채 거래를 계속하고, 그로 인해 자신이 이러한 학대 구조를 유지하는 데 일조하고 있음을 인지하고 있다면, 이들 역시 그 책임에서 자유로울 수 없다. 중요한 사실은, 세계 수산업이 소수의 거대 기업에

---

34 Robert Goodin, 'Structures of Complicity', unpublished manuscript (2019).

의해 좌우되고 있다는 점이다.[35] 이들 기업은 긍정적이든 부정적이든 막대한 영향력을 행사할 수 있다. 만약 이들이 어업 부문 개혁을 위한 압력 행사를 선택한다면, 그 효과는 상당할 것이다. 반대로, 지금처럼 불편한 질문을 회피한 채 수산물 구매를 지속한다면, 학대는 여전히 악덕 고용주와 인신매매업자들에게 수익성 높은 선택지로 남게 된다.

개별 소비자가 어업 현장의 학대에 연루되었다고 보기는 어렵다. 대기업은 산업 전반에 막대한 영향을 미치지만, 개별 소비자의 영향력은 극히 제한적이기 때문이다. 당신이나 내가 생선 소비를 중단한다고 해서 학대의 규모에 실질적인 변화가 생길 가능성은 낮다. 그런 점에서 소비자가 학대를 직접 *지속시키고* 있다고 보기는 어렵고, 연루되어있다는 비판도 설득력이 떨어진다. 그러나 그렇다고 해서 소비자가 전적으로 책임에서 벗어날 수 있는 것은 아니다. 수산물이 비윤리적으로 조달되었음을 알고도 계속 소비를 선택한다면, 일정한 도덕적 책임은 피할 수 없다. 여기서 중요한 것은 선택지가 존재하느냐는 점이다. 세계 남반구의 많은 사람은 생존에 필요한 단백질과 미량 영양소를 섭취하기 위해 생선 외에 뚜렷한 대안이 없다. 이런 상황에서 소비 습관의 변화를 요구하는 것은 부당하며, 설령 그들이 비윤리적으로 조달된 생선을 소비하더라도 비난할 수는 없다.

---

35   Henrik Österblom et al., 'Transnational Corporations as "Keystone Actors" in Marine Ecosystems', *PLoS ONE*, vol. 10, no. 5 (2015), e0127533.

하지만 충분하고 부담 없는 대체 식품이 있다면, 특히 그런 조건을 갖춘 부유한 국가의 소비자라면, 비윤리적으로 조달된 생선을 피할 도덕적 의무가 더욱 분명해진다.

이 절에서는 지금까지 고용주, 알선업자, 기업, 소비자처럼 익숙한 행위자들을 살펴보았다. 그러나 어업의 경우, 상대적으로 덜 알려졌지만 도덕적 책임이 분명한 두 집단이 있다. 그중 하나는 *편의치적국*의 정책 입안자들이다. 이들은 최소한의 노동 기준조차 지키려는 노력 없이 자국 국기를 선박 소유자에게 넘기고, 그로 인한 학대와 착취를 사실상 방조한다. 편의치적 제도가 없다면, 선주나 선장이 이러한 행위를 저지르고도 책임을 피하기는 훨씬 어려웠을 것이다. 편의치적국은 애초에 노동 기준을 지킬 의지가 없으며, 국경을 넘나드는 착취의 피난처로 기능한다는 사실을 누구보다 잘 안다. 이들은 노동 조건을 끝없이 낮추는 경쟁을 부추길 뿐 아니라, 선박 소유주가 법적 감시를 피하도록 돕기도 한다. 예를 들어, 선박마다 서로 다른 회사 명의로 등록할 수 있도록 허용함으로써 피해자가 실소유자를 밝히거나 법적 책임을 묻기 어렵게 만든다.36

어떤 편의치적국은 자신이 노동 착취에 가담하지 않았다고 주장할 수 있다. 자국이 규정을 바로잡더라도 달라질 것은 없으며, 어차피 악덕 선주들은 다른 편의치적국에 선박을 등록하면 그만이라는

---

36 Alastair Couper, 'Implications of Maritime Globalisation for the Crews of Merchant Ships', *Journal for Maritime Research* (February 2000), pp. 1–8, at p. 3.

것이다. 그런 점에서 자신은 학대를 지속시키는 데 결정적인 역할을 하지 *않는다*고 항변할지도 모른다. 그러나 이러한 주장은 설득력이 없다. 그 이유를 설명하기 위해 다소 극단적인 예를 들어 보자. 한 공장주가 직원들이 게으르다며, 죽을 때까지 일하게 만들 총을 사겠다고 한다. 총을 팔 수 있는 사람이 스무 명 있고, 그중 열다섯은 거절하지만 나를 포함한 다섯은 팔기로 한다. 공장주는 무작위로 *내* 집을 찾아왔고, 나는 실제로 그에게 총을 판다. 그는 곧 그 총으로 노동자를 착취하고 학대한다. 이 경우, 나는 그의 행위에 분명히 가담한 셈이다. 학대에 필요한 도구를 제공함으로써 그 행위를 가능하게 만든 것이다. 가담이란 때로 혼자서 학대를 가능하게 만드는 것이며, 때로는 여러 사람이 같은 일을 하려는 상황에서 그 역할을 *자처하는 것만으로도* 성립된다. 편의치적국이 여럿 있다는 이유만으로 각국이 도덕적 책임에서 벗어날 수는 없다.

마지막으로, *연안국* 역시 착취와 학대에 대해 중대한 도덕적 책임을 질 수 있다는 점을 강조하고자 한다. 이들은 두 가지 방식으로 잘못된 관행의 지속에 기여할 수 있다. 첫째는 어획물이 하역되고 판매되는 '항만국'으로서의 역할과 관련된다. 원칙적으로, 어획물이 하역되는 국가는 어민의 권리를 보호하는 데 중요한 역할을 할 수 있다. 자국 연안에서 이들 국가는 선박에 승선해 어민의 근무 및 생활 조건을 점검할 수 있으며, 학대를 저지른 이의 국적이나 선박의 기국과 무관하게 자국 법에 따라 처벌할 권한도 가진다. 그러나 안타깝게도 일부 국가는 이 권한을 행사할 의지가 부족한 것으로 드러났다. 이른바 '편의항port of convenience' 국가는 점검을 느슨하게 해 더 많은 어업 거래를 유치하려 한다. 이 경우, 무역 확대에 대한 열망이 노동자 권리를 보호해야 할 책임감을 앞서게 된다. 따라서 이러한 국가들 역시 일정 부분 책임을 져야 한다. 만약 학대를 자행한 선박들이 어획물을 하역하지 못하게 된다면, 이들이 학대에 의존할 유인은 본질적으로 약화될 수밖에 없다.

연안국이 착취와 학대에 대해 책임질 수 있는 또 다른 방식은 자국 배타적 경제수역에 대한 결정권자로서의 역할과 관련된다. 전 세계 어획량의 약 90%가 배타적 경제수역에서 이루어지는 만큼, 해당 수역에서의 조업을 허용한 국가는 그 안에서 발생하는 착취와 학대에 대해 일정 부분 도덕적 책임을 공유하게 된다. 한 국가의 배타적 경제수역 내에서 일하는 외국인 선원은 다소 특이한 위치에 놓인다. 그는 해당 국가의 경제에 기여하면서도, 이주 노동자에게 통상 보장되는 노동·안전·환경에 대한 보호는 받지 못한다. 만약 연안국이 자국의 배타적 경제수역 내에서 발생하는 학대와 착취를 인지하고 있으면서도 이를 막기 위한 조치를 취하지 않는다면, 그 역시 해당 학대에 연루된 것으로 간주될 수 있다.

이 주장은 다소 설명이 필요하다. 연안국은 자국의 항구와 영해에 있는 사람들에 대해서는 완전한 법적 권한을 갖지만, 배타적 경제수역 내에서 항해하거나 조업하는 사람들에 대해서는 그렇지 않다. 연안국은 배타적 경제수역 내 자원, 특히 수시로 경계를 넘나드는 어류를 포함한 자원에 대한 권리를 보유하지만, 일반적으로 노동권을 집행할 권한은 없다. 물론 해군 함정이 노예무역에 연루된 것으로 의심되는 선박을 승선 수색할 수는 있으나, 실제로 이 권한이 행사되는 경우는 드물다.37 즉 연안국의 권한이 일상적인 노동권 보호에까지 미치지는 않는다는 점은 분명하다. 그렇다면 어떻게 배타적 경제수역 내에서 발생한 학대에 대해 이들이 도덕적 책임을 진다고 말할 수 있을까?

사실, 연안국은 자국의 배타적 경제수역 내에서 발생하는 착취와 학대를 예방하는 데 결코 무력한 존재가 아니다. 이 수역에서 누가 조업할 수 있는지를 결정할 법적 권한은 전적으로 국가에 있기 때문이다. 예를 들어, 캐나다나 베트남의 배타적 경제수역에서 어획하려면 반드시 해당 국가의 허가를 받아야 한다. 따라서 연안국은 조업 허가 조건으로 모든 어선이 노동사에 기본적인 보호 조지를 제공하도록 요구할 수 있다. 이러한 요구를 수용하지 않는 어선에는 조업 자체를 허용하지 않으면 된다. 마찬가지로, 편의치적 선박에 대해 배타적 경제수역 접근 자체를 거부할 수도 있다. 불행히도 지금까지 많은 국가가 이러한 조치를 실제로 취하지 않았다. 그러나 몇몇 국가는 예외다. 앞서 언급했듯, 뉴질랜드 수역에서 조업하던 일부 어선은 과거 심각한 학대 사례와 관련되어 있었다. 하지만 2014년 NGO, 변호사, 노동조합이 연대한 캠페인을 계기로 뉴질랜드 정

---

37 Douglas Guilfoyle, *Shipping Interdiction and the Law of the Sea* (Cambridge: Cambridge University Press, 2009).

부 정책에 중대한 변화가 일어났다. 현재 뉴질랜드 수역에서 조업하려면, 자국 노동자에게 적용되는 것과 동일한 보호 조치를 이행하겠다는 약속이 있어야만 어업 허가를 받을 수 있다.[38] 이 정책이 완벽히 시행되고 있는 것은 아니지만, 분명 의미 있는 진전이다. 이는 연안국이 배타적 경제수역 내 노동 관행을 실질적으로 통제할 수 있다는 사실을 보여준다. 그럼에도 이를 외면하는 국가는 정당한 비판을 피할 수 없다.

물론 연안국이 자국 수역에서 누가 조업하는지를 실질적으로 파악할 역량 자체가 부족한 경우에는 이야기가 달라질 수 있다. 예를 들어, 서아프리카 연안에서는 불법 어업이 만연하지만, 현지 정부는 이에 효과적으로 대응할 능력이 부족하다. 그러나 이는 대체로 북반구 국가들에는 해당되지 않는다. 감시하고 통제할 역량이 있음에도 연안국이 배타적 경제수역 내 어민들이 직면한 문제에 대해 책임을 회피한다면, 그것은 명백히 착취에 연루되는 행위다.

노동자 보호

어민에 대한 학대와 착취는 심각하고 구조적인 문제이며, 다양한 행위자들의 행동에 의해 지속되고 있다. 이를 해결하려면 다층적이고 복합적인 접근이 필요하며, 여러 행위자가 각자의 역할을 수행

---

[38]   Couper et al., *Fishers and Plunderers*, p. 167.

해야 한다. 어떤 경우에는 소비자나 활동가로서의 개인이 변화를 이끌 수 있고, 또 어떤 경우에는 해운업에서 그랬듯, 노동조합과 같은 조직이 노동 환경 개선에 중요한 역할을 할 수 있다. 그러나 대부분의 소형 어선 노동자들은 노조에 가입되어 있지 않으며, 고용주들은 노조 가입자를 기피하는 경향이 강하다. 이러한 상황에서는 애초에 노동자가 취약한 위치에 놓이게 되는 구조적 조건 자체를 개선하는 것이 중요하다. 이는 종종 대규모 법적·정치적 개혁을 수반한다.[39] 이 절에서는 어민이 착취와 학대에 노출되는 취약성을 줄이는 데 도움이 될 네 가지 개혁 방향을 간략히 제시한다. 여기에는 비교적 온건한 방안부터 급진적이고 변혁적인 방안까지 포함되어 있으나, 이들이 서로 경쟁 관계에 있는 것은 아니다. 세계 어업 내 취약 노동자의 권리를 보호하려면 이 모든 개혁 방향이 중요한 역할을 하게 될 것이다.

투명성. 문제 해결의 첫걸음은 그것을 인식하고, 행동할 수 있는 이들에게 알리는 것이다. 그런 의미에서 지식은 곧 힘이다. 좋은 출발점은 전 세계 어선을 망라하는 글로벌 등록부를 구축하고, 각 선박의 최종 소유주를 명확히 밝히는 것이다. 이는 학대 피해 어민이 가해 고용주를 상대로 법적 구제를 모색하는 데 도움이 되며,[40] 관

---

[39] 구조적 부정의의 성격에 관한 설명으로는 다음을 보라. Iris Marion Young, *Responsibility for Justice* (Oxford: Oxford University Press, 2011), chapter 2.

[40] Thomas Mensah et al., 'Proposals for Legal Reform', in Fitzpatrick and Anderson, *Seafarers' Rights*, pp. 539–559, at p. 548.

심 있는 연안국이 실소유주에게 책임을 물을 수 있는 중요한 수단이 된다.

 또한 우리는 어업 내 노동 관행에 관한 더 나은 정보를 소비자에게 제공해야 한다. 언론에 보도된 충격적인 사례나 '바다에서의 인권'과 같은 단체의 의미 있는 활동에도 불구하고, 대중은 여전히 어업 분야에서 벌어지는 인권 침해 실태를 잘 알지 못하는 경우가 많다. 이는 다소 의외일 수 있다. 많은 사람이 어업의 윤리적 문제에 민감하게 반응하기 때문이다. 그러나 대중의 관심은 대체로 (물론 매우 중요한) 어족 자원의 지속 가능성이나, 유망·저인망 어업 같은 잔혹하고 파괴적인 관행의 축소에 집중되어 있다. 윤리적 소비를 장려하기 위한 어류 인증 제도도 여럿 있으며, 그중 가장 잘 알려진 것은 해양관리협의회Marine Stewardship Council, MSC가 운영하는 제도다. 이 제도는 지속 가능한 방식으로 어획된 수산물에 '파란 인증마크'를 부여한다. 그러나 노동자의 권리 또한 어업의 핵심 요소임에도, 지금까지 해양관리협의회는 이 문제에 충분한 관심을 기울이지 않았다. 최근 들어 이 기관은 지난 2년간 강제노동 혐의로 기소된 기업에는 인증을 부여하지 않겠다는 방침을 내놓았다.41 이는 분명 긍정적인 진전이지만, 그 기준은 여전히 지나치게 낮다. 노동권 존중은 '잘 관리된' 어업을 정의하는 핵심 기준 중 하나가 되어야 한다. 그

---

41 다음을 보라. https://www.msc.org/en-us/standards-and-certification/fisheries-standard (accessed 3 March 2021).

렇지 않으면, 소비자는 정보에 기반한 선택을 할 수 없다.

수산물은 반려동물 사료나 건강 보조식품 등 다양한 제품의 원재료로 사용되기도 한다. 이러한 경우에는 파란 인증마크와 같은 소비자 중심 캠페인만으로는 효과적인 대응이 어렵다. 오히려 책임의 초점을 소비자가 아닌 수산물 가공 기업에 두는 것이 더 타당하다. 이들 기업은 자사 공급망에서 노동자에 대한 학대가 발생하지 않도록 법적 책임을 져야 한다. 그러나 현재 자사 제품에 사용되는 수산물의 출처를 체계적으로 추적하는 기업은 극히 드물다. 이는 필요한 기술이 없어서가 아니라,[42] 그 기술을 실제로 사용하게 하려는 정치적 의지가 부족하기 때문이다. 예를 들어, 2012년 캘리포니아는 기업 투명성법을 제정해, 대기업이 자사 수입품에 인신매매가 개입되지 않았음을 어떻게 확인하는지 명시하도록 했다.[43] 이어 2015년 영국은 현대 노예법을 통해, 모든 대기업에 자사 공급망 내 노예노동과 강제노동의 위험을 보고할 의무를 부과했다. 이러한 사례는 유사한 제도를 집행할 역량이 있는 모든 국가에서 훨씬 더 광범위하게 적용되어야 한다.

연안국의 자원 주권 활용. 앞서 살펴보았듯, 배타적 경제수역 보유는 연안국에 해당 해역의 천연자원에 대한 관할권을 부여하지만, 원칙적으로 사람에 대한 관할권까지 포함하지는 않는다(다만, 자원권

---

[42] Katrina Nakamura et al., 'Seeing Slavery in Seafood Supply Chains', *Science Advance*, e1701833 (2018), pp. 1-10, at pp. 3, 7.

[43] Bang, 'Casting a Wide Net to Catch the Big Fish', pp. 238-243.

을 방어할 필요가 있을 경우는 예외다). 따라서 연안국은 자국 해양 관할권 내에서 노동자의 권리를 *직접적*으로 보호할 수 없다. 이로 인해 대부분의 국가는 배타적 경제수역 내에서 발생하는 학대 문제에 사실상 손을 놓고 있다. 그러나 이는 결코 정당화될 수 없다. 연안국은 자원 주권을 *지렛대로 삼아* 학대를 용납하지 않겠다는 원칙을 분명히 세울 수 있기 때문이다. 중요한 점은, 이를 위해 새로운 법이나 제도를 마련할 필요조차 없다는 것이다. 기존의 자원 주권을 더 윤리적으로 행사하기만 하면 된다. 연안국은 노동자 권리 보호와 정기적인 노동 조건 점검에 동의하는 기업에만 어업권을 부여해야 한다. 뉴질랜드는 이러한 방식이 실현 가능함을 이미 입증했다. 이제 시민들은 자국의 정치 지도자들에게 이 같은 정책을 더 폭넓게 시행하라고 요구해야 한다. 이는 어업 노동자의 노동 조건을 실질적으로 개선하는 데 중요한 전환점이 될 수 있다.

 이 정책은 어업의 '공급' 측면에서 인센티브 구조를 바꾸는 조치다. 어족 자원에 접근하려면 노동권을 존중해야 한다는 조건이 붙기 때문이다. 그러나 항만국은 산업의 '수요' 측면에서도 더 큰 영향력을 행사할 수 있다. 노동자를 학대한 선박이 어획물을 하역하지 못한다면, 그와 같은 부당한 관행을 지속할 유인은 크게 줄어들 수밖에 없다. 이를 실현하려면 항만국이 선박에 승선해 점검하려는 일관된 의지를 보여야 한다. 2016년 채택된 항만국 조치협정은 항만국이 어선을 강력히 점검하도록 규정하고 있지만, 그 초점은 노동권이 아닌 불법 어업 단속에 맞춰져 있다. 그럼에도 더욱 엄격하고 일관된 점검은 어업 노동자 보호에도 효과적일 수 있다. 현재까지 이 협정에 가입한 국가는 전체의 3분의 1에 불과하다.44 어업 노동자의 극심한 취약성을 줄이기 위해서라도 더 많은 국가가 이 협정에 가입하도록 유도하는 것이 시급한 과제다.

'실질적 연결성'. 배타적 기국 관할권Exclusive Flag State Jurisdiction, EFSJ이라는 관행은 어민들이 겪는 고통의 핵심에 자리하고 있다. 어민들이 위험에 처했을 때 도움을 요청할 수 있는 유일한 대상은 기국이지만, 정작 기국이 그 상황에 무관심하다면 어떻게 해야 할까? 특히 노동자의 권리 보호에 무관심한 편의치적 문제는 선박과 기국 간의 관계가 얼마나 허약한지를 여실히 보여준다. 해양법협약을 비롯한 여러 국제법 문서는, 선박이 특정 국가의 국기를 달고 항해하려면 해당 국가와 '실질적 연결성'이 존재해야 한다고 명시하고 있다. 그러나 이 '실질적 연결성'이 구체적으로 무엇을 의미하는지는 명확하게 합의된 바 없다. 1986년 채택된 선박 등록 요건에 관한 협약은 이에 대한 하나의 해석을 제시한다. 해당 국가 내에 실질적 지분이 존재하고, 선박의 소유주가 누구인지 명확히 확인 가능하며, 그 국가가 선원의 상당수를 제공하는 경우에 비로소 '실질적 연결성'이 성립한다는 것이다.45 이러한 기준이 채택된다면, 학대 피해 선원들이 더 실효성 있는 법적 구제를 받을 수 있을 것이다. 그러나 이 협

---

44 다음을 보라. http://www.fao.org/port-state-measures/en (accessed 4 March 2021).

45 Robin Churchill, 'Seafarers' Rights at the National Level', in Fitzpatrick and Anderson, *Seafarers' Rights*, pp. 131–167, at pp. 134–135.

약은 아직 발효 요건을 충족하지 못해 법적 효력을 갖지 못하고 있다. 그 결과 현재로서는 선박과 기국 사이에 요구되는 '연결성'이란 단지 형식적인 등록 행위에 불과하며, 이는 여전히 노동자를 착취하거나 학대하려는 이들에게 편리한 통로를 제공하는 구조로 남아 있다.

배타적 기국 관할권의 종식. 앞서 살펴본 개혁 방안들은 세계 어업에 종사하는 이들의 삶을 실질적으로 개선할 수 있다. 그러나 이러한 조치들만으로는 잘못된 관행을 완전히 근절할 수 없다. 예를 들어, 연안국이 자국의 배타적 경제수역에서 조업하는 외국 어선에 대해 최소한의 노동 기준을 요구하도록 자국의 권한을 적극 활용하자는 제안은, 착취와 학대 문제에 대한 부분적 해결에 그친다. 무엇보다, 일부 국가는 배타적 경제수역 내에서조차 노동권을 실질적으로 집행할 능력을 갖추지 못하고 있다. 게다가 일부 어획 활동은 애초에 연안국의 자원 주권이 미치지 않는 공해에서 이루어진다. 이 경우, 어민은 고용주의 양심과 선박이 등록된 기국의 관할권에 의존할 수밖에 없다.

나는 정보 공유를 확대하고 '실질적 연결성' 조항을 개혁함으로써 선박 소유주가 착취와 학대에 연루되지 않도록 정치적·법적·소비자적 압력을 형성해야 한다고 제안한 바 있다. 하지만 이러한 개혁들도 완전한 해결책은 아니다. 해양 경제에는 여전히 노동 관행이 극도로 불투명한 회색 지대가 광범위하게 존재한다. 일부 수산물은 불법 어업이나 노예노동으로 포획된 뒤, 합법적으로 운영되는 다른 선박으로 옮겨져 하역되기도 한다. 이를 '환적trans-shipment'이라 하며, 이러한 관행은 착취와 학대의 근절을 가로막는 심각한 장애물이다. 환적은 법적 책임의 경계를 흐리게 하고, 가해 선박 소유주를 산업에서 퇴출시키는 일조차 훨씬 어렵게 만든다.

이러한 맥락에서 우리는 더 급진적인 결론을 피하기 어렵다. 노동자의 가장 기본적인 권리를 온전히 보호하려면, 기국이 *아닌* 다른 주체의 직접적인 개입이 필요하다. 지금까지의 수많은 사례는 기국이 학대 문제를 해결할 능력도, 의지도 없다는 사실을 보여준다. 따라서 해결책에는 의지와 역량을 갖춘 다른 주체들이 포함되어야 한다. 국가는 자국 선박이 *아니더라도* 노동권 침해가 의심될 만한 충분한 근거가 있다면 승선 조사를 실시할 권한과 의지를 가져야 한다. 그래야만 가해자들이 실질적인 억제력 앞에 놓이게 된다.

이러한 제안은 배타적 기국 관할권이라는 기존 관행과 정면으로 충돌한다. 그러나 세계에서 가장 취약한 노동자들의 권리를 보호하려면, 이 충돌은 불가피하다. 과거에는 배타적 기국 관할권이 일정한 도덕적 정당성을 가졌을지도 모른다. 해양사 대부분에서 기국 변경은 드문 일이었고, 선원·선주·기국의 국적이 대체로 일치했기 때문에 선원들은 자국의 보호를 기대할 수 있었다. 그러나 어업의 세계화는 이러한 전제를 근본적으로 무너뜨렸다. 오늘날 대부분의 어민은 자국이 아닌 나라에 등록된 선박에서 일하고, 그 선박은 또 다른 국가의 소유다. 이러한 상황에서 배타적 기국 관할권은 노동 기준의 하향 경쟁을 부추기는 윤활유 역할을 하며, 노동자 보호를 심각하게 약화시켜 왔다.

그렇다면 우리는 이 관행을 어떻게 넘어설 수 있을까? 가장 이상적인 해법은 바다에서의 노동권을 감독할 법적 권한을 가진 국제기구, 이를테면 '해양경찰'의 설립이다. 이 기구는 노동권 침해가 의심되는 선박에 대해 승선 조사를 실시할 수 있어야 하며, 학대에 가담한 선장에 대해서는 국제법원을 통한 형사 처벌이 가능해야 한다. 이를 위해서는 국제형사재판소ICC의 관할권 확대나 해양 인권 보호를 위한 새로운 국제법원 설립과 같은 급진적인 조치가 필요할 수 있다. 효과적인 제도 설계를 위해서는 이 법원이 선박 소유주에 대한 손해배상 청구권을 갖고, 심각한 경우 범죄인 인도까지 요구할 수 있어야 한다. 해양경찰과 그에 부속된 법원은 공해는 물론 각국의 배타적 경제수역에서도 권한을 행사해야 하며, 이는 연안국의 주권을 침해하는 것이 아니다. 배타적 경제수역은 연안국에 자원에 대한 권리를 부여하지만, 사람에 대한 일반 관할권까지 보장하는 것은 아니기 때문이다. 따라서 이와 같은 체계는 기국들이 반복적으로 노동 기준을 무시하는 현실을 바로잡고, 집행의 공백을 메우는 핵심적 조치가 될 수 있다.

이 방안이 최적의 해결책임은 분명하지만, 단기적으로 실현되기는 어려울 수 있다. 그러나 새로운 기구 없이도 실현 가능한 대안은 존재한다. 해양법협약을 개정해, 관심 있는 제3국이 최소한의 노동 기준을 집행할 수 있도록 권한을 부여하는 방식이다. 예를 들어, 특정 국가의 배타적 경제수역 내에서 그 국가는 노동권 침해가 의심되는 선박에 승선해 조사하고, 가해자를 체포·기소할 수 있어야 한다. 연안국에 법 집행 역량이나 자원이 부족한 경우, 그 권한을 다른 국가에 위임할 수도 있다. 이 모델은 공해로도 확장할 수 있다. 노동권 침해 선박을 발견한 어느 국가든 승선·체포·기소할 수 있도록 하는 방식이다.

이러한 제안은 급진적으로 보일 수 있으나, 전례가 없는 것은 아니다. 현재도 전 세계 해군 함정은 노예무역에 연루된 것으로 의심되는 선박에 대해, 기국과 무관하게 승선할 수 있는 법적 권한을 가진다. 이는 1926년 제정된 '노예제 협약'과 1956년의 '노예제에 관한 보충 협약'에 따라 보장된 권한이다. 그러나 그 명칭에서 드러나듯, 이 승선 권한은 한 인간이 다른 인간의 재산으로 취급되는 경우인 노예노동에 국한되어 있으며, '강제노동'이나 '의무노동'에 대해서는 기국만이 관할권을 가진다.46 이것만으로는 충분하지 않다. 노예제는 중대한 도덕적 침해지만, 채무노동, 계약서 작성 거부, 신체적 위협, 여권 압수, 외국 항구에서의 유기 등 다양한 착취 관행의 일부에 불과하다. 보충 협약은 '채무노동'을 통제하는 데 관심을 보였지만, 승선 권한을 노예노동 외의 사례까지 확대하지는 않았다.

여기에는 두 가지 문제가 있다. 첫째, 왜 노예노동만이 제3국의

---

46 1926년 노예제 협약 제5조. 애덤 게터츄가 지적했듯이, 노예제와 강제노동을 구분하는 데에는 의심스러운 역사적 배경이 존재한다. 1920년대 식민 열강들은 (아마도 다른 나라에서 행해지고 있던) '진정한 의미의 노예제'를 금지할 준비는 되어 있었지만, 자국 식민지 내 강제노동 관행이 국제적 감시의 대상이 되는 것은 원치 않았다. Getachew, *Worldmaking After Empire: The Rise and Fall of Self-Determination* (Princeton: Princeton University Press, 2019), p. 59.

승선 조사를 정당화할 수 있는지 불분명하다. 노예노동이 끔찍한 관행인 것은 분명하지만, 강제노동과 채무노동 역시 마찬가지로 중대한 인권 침해다. 이들 또한 국제법 질서를 위배하는 행위인 만큼, 어디에서든 선박에 대한 승선 조사를 정당화할 수 있는 근거가 되어야 한다. 둘째, 노예노동이나 기타 학대를 방지하기 위해 허용된 권한이 지나치게 제한적이다. 앞서 언급한 두 협약은 노예무역에 연루된 것으로 의심되는 선박에 대해 승선 조사와 기국에의 통보는 허용하지만, 노예 상태에 있는 이들을 석방하거나 가해자를 체포할 권한은 부여하지 않는다. 이는 기국이 아무런 조치를 취하지 않더라도 마찬가지다.[47] 노동자의 최소한의 권리를 진지하게 보호하려면, 제3국에 피해자를 석방하고 가해자를 체포할 수 있는 권한을 부여해야 한다. 이 권한은 전통적인 노예노동은 물론, 강제노동과 채무노동에도 똑같이 적용되어야 한다. 이제 바다에서의 배타적 관할권이라는 원칙은 강요·착취·폭력으로부터 자유로울 권리라는 노동자의 기본적 이해를 중심에 두고 근본적으로 재고되어야 한다.

해양법이 발전했음에도, 바다에서 살아가고 일하는 이들, 특히 세계에서 가장 위험한 일자리에 자발적으로 또는 타의로 내몰린 노동자들의 인권은 여전히 외면받고 있다. 나는 세계 곳곳의 다양한 행위자들, 그리고 평범한 시민과 지도자들조차도 어민에 대한 전 지구적 학대 구조에 무의식적으로 연루되어 있을 수 있음을 지적해 왔

---

[47] Guilfoyle, *Shipping Interdiction and the Law of the Sea*, p. 76.

다. 하지만 그들의 처지를 개선하기 위해 지금 당장 실현 가능한 일들도 있다. 앞서 살펴본 개혁안 상당수는 대규모의 법적·제도적 변화 없이도 시행할 수 있다. 그러나 어민의 권리를 안정적으로 보호하려면, 오늘날 가장 취약한 이들의 기본권을 가로막고 있는 배타적 기국 관할권 체제를 궁극적으로 폐기해야 한다.

취약 계층 보호

2020년 10월, 라술 이란네자드Rasoul Iran-Nejad, 그의 아내 시바 모하마드 파나히Shiva Mohammad Panahi, 그리고 자녀 아니타Anita와 아민Armin은 영국해협을 건너던 중 배가 전복되어 익사했다. 생후 15개월이던 막내 이르틴Artin의 시신은 이듬해 여름에야 수습되었다. 이들 쿠르드계 이란인 가족은 앞서 많은 이가 그랬듯, 영국에 망명을 신청하기 위해 바다를 건너던 중이었다.[48] 이 비극은 바다가 단지 어업 노동자만이 아니라, 박해나 빈곤을 피해 탈출하는 이들에게도 얼마나 위험한 공간인지를 보여준다. 지중해 역시 인도주의적 참사가 계속되는 해역이다. 2019년 한 해 동안에만 1,283명이 유럽 해안에 도달하지 못하고 익사한 것으로 추산된다.[49] 이 위기에 대한

---

48 Zoe Tidman and Conrad Duncan, 'Four Drowned Migrants in English Channel Were Part of Same Iranian Family', *Independent*, www.independent.co.uk (28 October 2020).
49 다음을 보라. https://reliefweb.int/sites/reliefweb.int/files/resources/IOM_Mediterranean_3Jan2020.pdf (accessed 23 January 2021).

대응으로 각국 정치인들은 해안을 더 적대적인 공간으로 만들어 이주민과 난민을 차단하겠다는 입장을 내세우고 있다. 영국 내무장관 프리티 파텔Priti Patel은 해협 횡단을 "실행 불가능하게 만들겠다"고 선언하며,50 군사적 대응 방안을 검토하라고 지시하기도 했다. 한편, 유럽에서 구조 활동을 벌여 온 NGO들은 '불법 이민 조장' 혐의로 기소될 위기에 처해 있다.51 이는 이른바 '연대의 범죄화' 과정이며, 그 결과 해상에서의 이민자 사망자는 오히려 증가하고 있다.52

이러한 대응이 초래할 수 있는 가장 심각한 위험은, 절박한 사람들이 점점 더 작고 위험한 배를 타고 밤의 어둠 속에서 바다를 건너도록 내몰린다는 점이다. 바다가 권리의 공간이라면, 우리는 단지 망명을 시도했다는 이유로, 혹은 박해나 빈곤을 피해 도망치는 사람을 도왔다는 이유로 누군가가 범죄화되거나 폭력에 노출되는 현실을 용납할 수 없다. 오히려 우리는 사람들의 취약성을 줄일 방법을 모색해야 한다. 이를 위해 새로운 원칙이나 제도를 만들어 낼 필요는 없다. 정치인들에게 포퓰리즘적 수사를 거두고, 각국이 이미 서명한 국제법의 의무를 이행하라고 촉구하면 된다. 인도적 구조 활동에 나선 이들을 처벌하거나 비난해서는 안 된다. 오히려 해양법협약 제98

---

50 Lizzie Dearden, 'Channel Crossings: Priti Patel was Warned Government Policies were Pushing Migrants into Dangerous Voyages Nine Months Ago', *Independent*, www.independent.co.uk (11 August 2020).

51 Marina Petrillo, Lorenzo Bagnoli and Claudi Torrisi, 'The Prosecutor's Case Against the Rescue Ship Open Arms', https://openmigration.org/en (29 March 2018).

52 Cetta Mainwaring and Daniela DeBono, 'Criminalising Solidarity: Search and Rescue in a Neo-Colonial Sea', *Politics and Space* (2021), online early.

조는 각국이 자국 국기를 단 선박에 대해 '조난 위험에 처한' 사람을 구조할 *의무*를 부과해야 한다고 명시하고 있으며, 연안국에게는 조난자를 위한 수색·구조 체계를 구축할 책임이 있다.53 구조된 사람이 있다면, 다른 안전한 항구가 없는 한 그 선박의 기국이 책임을 져야 한다. 따라서 위험에 처한 이주민을 구조하는 NGO들의 활동은 법을 위반하는 것이 아니라, 국가가 져야 할 법적·도덕적 책임을 대신 수행하는 것이다. 이는 책임을 회피하는 정부의 공백을 메우는 일이다.

물론 각국의 책임을 더 정교하게 규정해야 할 과제가 여전히 남아 있는 것도 사실이다. 앞서 지적했듯, 바다에서 일하는 노동자의 권리를 온전히 보호하려면 국제기구가 필요하며, 이상적으로는 이 기구가 국외에서 안전한 피난처를 찾는 이들의 권리까지 보호하는 데에도 중요한 역할을 해야 한다. 8장에서는 '기후 망명자'로 불리는 특정 이주민 집단이 어떤 권리를 가질 수 있는지 살펴볼 것이다. 이들은 여러 면에서 독특한 존재이지만, 그들의 권리 보장과 수용에 따른 비용 분담에 관한 논의는 더 광범위한 상황에도 적용될 수 있다. 물론 보호 비용의 공정한 분담은 중요하지만, 어떤 경우에도 난민이 피난처를 찾고 그곳에 도달할 권리가 침해되어서는 안 된다. 바다에서 벌어지는 이 지속적인 인도주의적 비극은 우리 모두의 관심사가 되어야 하며, 시급하고 효과적인 제도적 대응이 요구된다.

---

53 United Nations Convention on the Law of the Sea, Article 98.

7
해양 동물의 권리

지난 한 세기 동안 인류는 전 세계 육지의 4분의 3 이상을 경작지, 공장, 주거지 등으로 바꾸어 사용해 왔다.1 그 과정에서 다른 종들이 살아갈 공간은 극적으로 줄었다. 사냥과 오염 같은 인간 활동은 공존하는 생명체들에게 막대한 피해를 입혔다. 그 결과는 참혹하다. 많은 지역에서 대형 동물, 즉 '거대 동물'은 이미 오래전에 사라졌고, 남은 종들 역시 위태로운 상태에 놓여 있다. 이 경향은 갈수록 심화되고 있다. 지난 40년간 야생동물 개체 수는 평균 60% 감소했다.2 그 자리를 채운 것은 대규모로 사육되는 동물들이다. 오늘날 인류는 매년 약 800억 마리의 동물을 식용으로 번식시키고 도축한다.3 이들에게 먹일 사료를 재배하기 위해 남은 황무지마저 파괴되고 있다. 숲은 콘크리트와 아스팔트로 덮였고, 야생동물이 살던 자

---

1   James Watson et al., 'Catastrophic Declines in Wilderness Areas Undermine Global Environment Targets', *Current Biology*, vol. 26, no. 21 (2016), pp. 2929-2934.

2   WWF, *Living Planet Report 2018* (Gland, Switzerland: WWF International, 2018).

3   다음을 보라. https://ourworldindata.org/meat-production#number-of-animals-slaughtered (accessed 24 February 2021).

263

리에는 철창 속 가축들이 들어섰다.

　육지가 점점 더 큰 압력을 받자, 인류는 이제 탐욕스러운 시선을 바다로 돌리고 있다. 실제로 바다에서 잡히는 물고기의 수는 이미 우리가 육지에서 식용으로 도축하는 동물 수를 넘어섰다.4 해양 생물은 특히 취약하다. 육지 동물에게조차 적용되는 (대체로 미흡한) 동물 복지 기준조차 바다에는 거의 존재하지 않기 때문이다.5 해양 서식지도 위협받고 있다. 맹그로브, 습지 등 육지와 바다의 경계에 있는 생태계는 급속히 사라지고 있으며, 산호초는 백화 현상으로 붕괴되고 있다. 이러한 흐름은 불편한 질문을 던진다. 바다도 결국 육지처럼 '길들여질' 것인가? 인류세의 바다, 즉 인간의 식량과 자원을 위한 공간으로 전락할 것인가? 남은 해양 야생 생물들은 멸종의 물결 속에서 변두리로 밀려나 위태롭게 살아가게 될 것인가?

　우리 중 많은 이는 이 질문들에 단호히 '아니오'라고 답해야 한다고 믿는다. 바다는 무엇보다도 눈부신 해양 생명체의 서식지이며, 앞으로도 그들에게 풍요롭고 살기 좋은 공간으로 남아야 한다. 해양 정의에 대한 논의는 바다의 이익을 인류 사이에서 공정하게 나누는 데 그쳐서는 안 된다. 그것만으로는 현저히 부족하고, 지나치게 근시안적인 접근이다. 나는 이 장에서 해양 정의를 실현하는 데 있어 중요한 첫걸음은 해양 동물의 권리를 진지하게 받아들이는 것이라

4　Dinesh Wadiwel, 'Do Fish Resist?', *Cultural Studies Review*, vol. 22, no. 1 (2016), pp. 196–242, at pp. 196–197.
5　Ibid., p. 198.

고 주장할 것이다. 해양 동물의 권리를 존중하고 보호하는 일은, 그들이 인간에게 어떤 이익을 주는가와는 무관하게 그 자체로 중요한 과제다. 이 장의 목표는 해양 동물의 권리가 무엇이며, 이를 어떻게 보호할 수 있을지에 대한 논의의 출발점을 마련하는 데 있다.

모든 해양 동물이 동일한 권리를 가져야 하는 것은 아니다. 종마다 지닌 고유한 능력에 따라 권리는 달라질 수 있다. 고래의 권리는 불가사리나 문어의 권리와 같지 않을 것이다. 모든 해양 생물종의 권리를 하나하나 열거하려면 책 한 권으로도 부족하므로, 여기서는 고래, 참돌고래, 쇠돌고래porpoisies 등 고래목에 속한 종들의 권리를 중심으로 살펴보고자 한다. 육지 사례로는 '대형 유인원 프로젝트 Great Ape Project'를 떠올릴 수 있다. 이 프로젝트에서 학자와 활동가들은 침팬지, 고릴라, 오랑우탄에게 생명권, 자유권, 고문으로부터의 보호를 요구해 왔다.6 내가 제시하려는 구상 역시 이 정신을 공유하며, 고래목 권리 선언Declaration of Cetacean Rights에 대한 지지를 바탕으로 그 범위를 확대해야 한다고 주장한다. 다시 강조하건대, 이는 하나의 사례일 뿐이다. 다른 종에게 권리가 없다는 뜻도, 고래목의 권리가 더 중요하다는 뜻도 아니다. 그러나 어디선가는 시작해야 한다. 고래목의 권리를 진지하게 논의하는 것만으로도 해양 정의가 인간의 이익만으로 정의될 수 없음을 분명히 보여준다.

---

6 Paola Cavalieri, 'The Meaning of the Great Ape Project', *Politics and Animals*, vol. 1 (2015), pp. 16–34.

동물에게 권리가 있어야 하는 이유

동물 권리를 옹호하는 이들은 오랫동안 큰 장애물에 부딪혀 왔다. 정의라는 개념이 오직 인간에게만 적용될 수 있는 것으로 여겨져 왔기 때문이다. 하지만 그렇다고 해서 정의의 원칙이 동물과 무관하다는 뜻은 아니다. 예를 들어, 동물 권리에 회의적인 사람조차 내가 당신의 개를 죽이는 일을 부당하다고 여길 수 있다. 그러나 이 경우의 부당함은 개 자체가 아니라 *당신에게* 향한다. 당신의 재산을 침해하고, 고통을 야기했다는 점에서 그렇다. 다시 말해, 개는 스스로 권리를 가진 존재가 아니므로, *개가* 부당한 대우를 받았다고 보기는 어렵다는 것이다. 열대우림 파괴에 대해서도 유사한 논리를 적용할 수 있다. 기후 안정성이 무너져 미래 세대가 피해를 입거나 원주민 공동체가 삶의 터전에서 쫓겨날 경우, 우리는 이를 부정의로 간주한다. 하지만 이 논리에 따르면, 그곳에 살던 동물들에게는 정의가 침해되었다고 말할 수 없다. 왜냐하면 정의에 관한 논의는 권리와 의무의 존재를 전제하며, 동물은 그 어느 것도 지니지 않는다고 보기 때문이다.

그렇다면 왜 우리는 정의가 인간만을 위한 개념이라고 믿어야 할까? 한 가지 대답은, 다른 동물은 정의에 관한 대화에 참여할 수 없기 때문이라는 것이다. 정의나 도덕에 대한 성찰은 인간 고유의 능력이므로, 그로부터 도출되는 권리와 의무도 인간에게만 적용된다는 주장이다. 그러나 이러한 주장은 설득력이 약하다. 무엇보다도,

도덕적 이유에 반응하거나 도덕적 논의에 참여할 수 있는 존재가 인간뿐인지조차 확실하지 않다.7 물론 우리가 동물8을 정의의 문제에 대한 숙고 과정에 신뢰할 수 있는 방식으로 포함시키는 방법을 아직 알지 못한다는 점은 사실일 수 있다. 하지만 더 중요한 것은, 어떤 존재가 도덕적 논의에 참여할 수 없다고 해서 그들에게 권리나 의무가 없다는 결론이 정당화되지는 않는다는 점이다. 미래 세대는 지금 우리와 함께 정의에 대해 토론할 수 없지만, 그들의 이해관계는 지구의 미래를 결정할 때 분명 고려되어야 한다. 아기들 역시 정의에 대해 논의할 수는 없지만, 그들 또한 권리를 지닌 존재다. 물론 *언젠가* 이들이 도덕적 논의에 참여하게 될 것이라 말할 수는 있다. 하지만 모든 이가 그렇게 될 수 있는 것은 아니다. 어떤 이들은 심각한 장애로 인해 정치에 참여하거나 도덕적 판단을 내리는 것이 매우 어렵거나 불가능할 수 있다. 그렇다고 해서 그들에게 권리가 없다고 할 수는 없다. 정의에 대한 숙고는 중요하지만, 논의에 참여할 수 없다는 이유로 권리가 무시되어서는 안 된다.9

 인간이 지능이나 언어 능력 등 특정한 능력을 갖췄기 때문에 다른

---

7   이에 대한 논의로는 다음을 보라. Steve Sapontzis, 'Are Animals Moral Beings?', *American Philosophical Quarterly*, vol. 17, no. 1 (1980), pp. 45–52.

8   앞으로는 '다른 동물'이나 '비인간 동물' 같은 표현 대신, 편의상 '동물'이라는 용어를 사용할 것이다. 물론 인간도 동물이며, 이 점을 부정해서는 안 된다.

9   동물은 도덕 원칙을 이해하거나 그에 따라 행동할 수 없기 때문에 의무를 가질 수 없다고 주장할 수도 있다. 그러나 이 주장이 옳든 그르든, 동물이 권리를 가질 수 있다는 주장은 여전히 유효하다. 예를 들어, 다음을 보라. Joel Feinberg, 'The Rights of Animals and Future Generations', in William Blackstone (ed.), *Philosophy and Environmental Crisis* (Athens, GA: University of Georgia Press, 1974), pp. 43–68.

동물과 구별된다는 주장이 제기될 수 있다. *이것*이 인간은 권리를 갖고 동물은 그렇지 않은 이유를 설명해 줄 수도 있다. 하지만 동물 권리에 회의적인 이들에게 불행히도 이 주장은 사실이 아니다. 이 장에서 살펴보겠지만, 고래와 돌고래는 매우 높은 지능을 지니고 있고, 복잡한 언어를 사용하기도 한다. 설령 그렇지 않더라도, 그들이 왜 권리를 가질 수 없는지에 대한 명확한 근거는 없다. 인간 역시 지능이나 언어 능력에 큰 차이가 있다는 점을 기억해야 한다. 예를 들어, 아주 어린 아기는 말을 전혀 못하지만, 그렇다고 해서 도덕적 권리를 가질 수 없다고 보지는 않으며, 그렇게 여겨서도 안 된다.

인간과 다른 동물의 능력 차이는 생각만큼 뚜렷하지 않다. 그러나 정말 중요한 것은 언어를 사용하거나 도덕적 논의에 참여할 수 있는 능력이 아니라, 어떤 존재가 삶을 잘 누릴 수 있는지, 고통을 겪을 수 있는지다. 18세기 말, 철학자 제러미 벤담Jeremy Bentham은 동물 복지의 향상을 위해 선구적인 주장을 펼쳤다. 그는 도덕적 판단의 핵심은 동물의 지능이나 언어 능력이 아니라, 고통과 쾌락을 느낄 수 있는지에 달려 있다고 보았다. 개를 걷어차는 행위가 고통을 유발한다면, 그것만으로도 그 행위를 삼가야 할 이유는 충분하다. 그 개가 말을 하거나 이성적 토론에 참여할 수 있는지는 부차적인 문제다.10 고통은 고통이며, 그것을 느끼는 존재의 지능 수준은 본질이 아니

---

10 Jeremy Bentham, *An Introduction to the Principles of Morals and Legislation* (London: Macmillan, 1789). 동물이 자기 삶의 주체라면, 일반적으로 동물을 지칭할 때 '그것'이라 표현하더라도, '그' 또는 '그녀'라고 부르는 것이 더 적절하다.

다. 벤담은 권리 개념에 회의적이었지만, 오늘날 많은 학자와 활동가는 동물의 권리를 법으로 명문화하는 것이 그들을 보호하는 데 중요한 진전이 될 것이라 본다. 어떤 존재가 괜찮은 삶을 누릴 권리를 가진다는 것은, 그것이 단순한 바람이 아니라 쉽게 무시할 수 없는 강력하고 정당한 주장임을 뜻한다. 개는 학대받지 않을 *권리*가 있으며, 이는 개 자신을 위한 권리이지 누군가의 재산이기 때문이 아니다. 이상적으로 이 권리는 법으로도 보장받아야 한다.

동물 권리에 대한 주장은 더 긍정적인 관점에서 제시될 수 있다. 많은 생물종은 *감각*을 지니며, 이는 그들이 다양한 감각을 스스로 경험할 수 있다는 뜻이다. 어떤 생물이 고통을 느끼고 이를 피하려 한다면, 그 생물은 고통을 피할 *이해관계*를 가진다. 쾌락이나 다른 긍정적 경험을 할 수 있다면, 더 많은 긍정적 경험을 누릴 이해관계도 있다.[11] 다수의 생물종은 자기 인식, 즉 *주체성*을 지닌 것으로 보인다. 자신에게 무언가 일어나고 있다는 의식을 가지고 있으며, 때로는 기억을 통해 희망이나 후회 같은 감정을 느끼기도 한다. 욕망, 좌절, 성취감, 지루함 같은 감정을 경험할 수 있다면, 그 생명체는 더 충만한 삶을 누릴 이해관계를 가진다. 이 주장은 능력의 확인에서 출발한다. 능력은 이해관계를 낳고, 이해관계는 권리의 근거가 된다. 동물이 극심한 고통을 겪을 수 있다면, 그 고통에 노출되지 않을 권리를 가질 수 있다. 야생에서 자유롭고 충만한 삶을 누릴 수

---

[11] Peter Singer, *Practical Ethics*, 2nd edn (Cambridge: Cambridge University Press, 1993).

있다면, 포획되지 않을 권리 역시 가질 수 있다.12

많은 사람은 동물이 권리를 가질 수 있다는 생각을 여전히 급진적이고 불편한 주장으로 여긴다. 회의론자들은 인간의 모든 구성원이 권리를 지닌다는 '인권' 개념은 기꺼이 받아들이지만, 그 권리를 다른 종에까지 확장하는 데는 주저한다. 나는 이러한 저항이 불안정한 토대 위에 있음을 보여주고자 했다. 인간만이 특별한 능력을 지녔다고 단정하기 어렵고, 설령 차이가 있다 해도 그것이 권리의 유무를 가를 만큼 중대한 차이라고 보기는 어렵다. 물론 나는 모든 동물이 똑같은 권리를 가져야 한다고 주장하지 않는다. 앞서 말했듯, 권리는 이해관계에 의해 정당화되며, 이해관계는 다시 능력에 기반한다. 이 능력은 종마다 다르다. 성게는 자신을 독립된 존재로 인식하지 못할 수 있으며, 돌고래처럼 풍부한 내면세계를 지니지 못할 수도 있다. 성게가 자신이 어디에 있고 무엇을 하고 있는지조차 인식하지 못한다면, 포획되지 않을 권리는 별 의미가 없을 것이다. 포식자가 없는 수족관이 돌고래에게는 참기 어려운 공간일지라도, 성게에게는 충분히 적절한 환경이 될 수 있다. 그러나 성게가 고통을 느낄 수 있다면, 불필요한 고통에서 자유로울 권리는 가질 수 있을 것이다. 정신적·육체적·정서적 능력이 클수록 그 생명체가 누려야

---

12 논의를 단순화하기 위해 이 장의 남은 부분에서는 지각력과 주체성에 집중하려 한다. 그러나 원칙적으로 권리는 지각력, 주체성, 자율성, 이성 등 훨씬 더 폭넓은 능력 집합에 기반할 수 있다. 다양한 능력을 토대로 특정 권리를 어떻게 정당화할 수 있는지는 다음을 참조하라. Kirstin Andrews et al., *Chimpanzee Rights: The Philosophers' Brief* (Abingdon: Routledge, 2018), chapter 6.

할 권리의 범위도 넓어져야 한다는 주장은 설득력이 있다. 더 많은 능력을 지닌 존재는 보호받아야 할 이해관계도 그만큼 많아진다. 따라서 각 종의 구체적인 능력에 따라 알맞은 권리 목록을 마련해야 한다.

본격적인 논의에 앞서 두 가지를 간단히 짚고자 한다. 첫째, 내가 제안하는 것은 고래목이 *도덕적* 권리를 가진다는 점이다. 이는 우리가 도덕적 관점에서 고래목을 어떻게 대해야 하는지에 대해 명확한 한계를 설정해야 한다는 뜻이다. 고래목은 현재 법이나 제도로부터 충분한 보호를 받지 못할 수 있으며, 따라서 여기서 말하는 권리는 이미 부여된 *법적* 권리가 아니다. 하지만 고래목이 도덕적 권리를 가진다고 인정한다면, 우리는 그 권리가 법적으로도 보호되어야 한다고 주장할 수 있다. 그렇게 함으로써 그것은 법적 권리로 *전환*될 수 있다. 고래목 권리 선언은 고래가 도덕적 권리를 가지며, 이를 법적 권리로 전환해야 한다고 주장하는 선언이다. 나는 이 목표에 전적으로 동의한다.

둘째, 나는 이 장에서 *기본권*이라 부를 수 있는 권리에 집중하려 한다. 기본권이란 최소한의 인간다운 삶을 살아가는 데 필수적인 권리다.13 주요 국제 인권 협약에 따르면, 기본권에는 생명권, 잔혹한 처우 및 구금으로부터의 자유권 등이 포함된다. 이러한 권리는 인

---

13   기본권 개념에 대해 더 알고 싶다면 다음을 보라. Henry Shue, *Basic Rights: Famine, Affluence, and US Foreign Policy* (Princeton: Princeton University Press, 1980).

간다운 존재를 유지하는 데 필수적이며, 기본권이 없다면 삶은 살아 볼 가치조차 없을 것이다. 기본권의 중요한 특징은 다른 권리보다 항상 우선한다는 점이다. 예를 들어, 재산권은 누군가의 잔혹한 처우 및 구금으로부터의 자유보다 앞설 수 없다. 이는 노예제가 비윤리적인 이유 중 하나다(또 다른 이유는 인간이 재산이 되어서는 안 된다는 점이다). 마찬가지로, 종교의 자유도 다른 이의 생명권보다 우선할 수 없다. 설령 그것이 천국에 이르는 길이라 믿더라도, 다른 인간을 희생시키는 행위는 법적으로 금지된다. 물론 기본권이 다른 권리에 의해 제한되는 경우도 있지만, 이는 또 다른 기본권이 충돌할 때에만 정당화될 수 있다. 그만큼 기본권은 매우 엄중한 도덕 개념이며, 나는 이 개념이 고래목의 사례에도 충분히 적용될 수 있다고 본다.

고래목 권리의 정당화

2010년 5월, 학자와 활동가들이 핀란드 헬싱키대학교에 모여 '고래목 권리 선언'을 발표했다.14 이 선언은 아직 국제법상 공식 지위를 지니지 않지만, 고래와 돌고래 보호를 정치적 최우선 과제로 끌어올리려는 시도다. 충분한 정치적 지지와 여론이 뒷받침된다면, 언젠가는 법적 현실로 이어질 수도 있다. 국가 정상들이 서명하는 국제법상 선언과 달리 이 선언은 누구나 서명할 수 있으며, 나 역시

---

14   다음을 보라. www.cetaceanrights.org (accessed 29 November 2019).

서명했다. 이 장을 읽고 나면 독자들도 서명을 고려해 볼 수 있을 것이다.

    이 선언은 중요한 도덕적 권리가 존재하며, 이를 국내법과 국제법으로 보호해야 한다고 주장한다는 점에서 여러 인권 조약과 유사하다. 다만 이 선언은 그러한 권리를 고래목, 즉 전 세계에 서식하는 모든 고래, 참돌고래, 쇠돌고래에게까지 확장하려 한다. 주요 권리로는 생명권, 잔혹한 처우와 고문으로부터의 보호권, 자연 서식지에 머물 자유를 포함한 이동의 자유권, 서식 환경 보호권, 그리고 고래목 문화가 방해받지 않을 권리가 있다. 대체로 이 권리들은 기본권으로 볼 수 있다. 생명권과 잔혹한 처우 및 구금으로부터의 자유권은 모든 삶에 필수적이기 때문이다. 물론 고래목 문화가 방해받지 않을 권리처럼 기본권이 아닌 요소도 포함되어 있다. 이 장에서는 이러한 권리들이 중요한 도덕적 권리이며, 법적으로도 보호받아야 한다는 점을 설득하고자 한다. 아울러, 선언에 명시되지 않은 권리들 역시 고래목이 지니고 있음을 주장할 것이다.

    그렇다면 왜 고래와 돌고래가 이러한 권리를 가질 자격이 있다고 봐야 할까? 고래목을 연구해 온 과학자들은 이들의 뛰어난 정신적 능력을 오래전부터 강조해 왔다. 물론 이들의 능력에 대한 우리의 지식은 아직 제한적이며, 일부 종에 대해서는 다른 종보다 더 많은 정보를 가지고 있다. 이런 정보의 간극 때문에 고래목 전체를 일반화하기는 어렵지만, 많은 종이 높은 사고력과 이해력을 지녔다는 사실은 분명하다. 예를 들어, 병코돌고래는 해저에서 먹이를 찾기 위해 해면을 도구로 사용하는 모습이 관찰되었으며, 수 세기 동안 인간 어부를 도와주고 그 대가로 어획물의 일부를 얻어 온 것으로 알려져 있다.15 고래목 역시 인간과 마찬가지로 진화 과정에서 뇌의 크기와 복잡성이 크게 발달했다.16 모든 고래목은 인간보다 훨씬 더 복잡하게 주름지고, 신경세포가 더 밀집된 대뇌피질을 지니고 있다.17 이들은 고통과 쾌락을 분명히 느끼며, 자기 인식을 지닌 존재로 보인다. 예를 들어, 돌고래는 자신을 독립된 개체로 인식할 수 있으며,18 실험에서는 인간이 만든 언어뿐 아니라 현실을 묘사한 그림, 손가락으로 가리키는 몸짓의 의미도 이해하는 능력을 보였다.19 또한 고래목은 자체적으로 복잡한 형태의 의사소통과 지각 능력을 지니고 있다. 시각뿐 아니라 음파 탐지를 통해 세계를 '보는' 능력은 어두운 심해에서 특히 유용하며, 복잡한 음성 의사소통도 가능하다. 일부 고래목에게는 의사소통이 생존에 필수적인 요소이며, 동료와 소통하지 못하게 된 돌고래가 스스로 삶을 포기하는 듯한 사례도 보

---

15   Bianca Romeu, 'Bottlenose Dolphins that Forage with Artisanal Fishermen Whistle Differently', *Ethology*, vol. 123, no. 2 (2017), pp. 906–915.

16   Lori Marino, 'Brain Structure and Intelligence in Cetaceans', in Philippa Brakes and Mark Simmonds (eds), *Whales and Dolphins: Cognition, Culture, Conservation and Human Perceptions* (London: Routledge, 2013), pp. 115–127.

17   David Levin, 'Towards Effective Cetacean Protection', *Natural Resources Lawyer*, vol. 12, no. 4 (1979), pp. 549–597, at p. 557.

18   Diana Reiss and Lori Marino, 'Mirror Self-Recognition in the Bottlenose Dolphin: A Case of Cognitive Convergence', *Proceedings of the National Academy of Science*, vol. 98, no. 10 (2001), pp. 5937–5942.

19   Louis Herman et al., 'Representational and Conceptual Skills of Dolphins', in Herbert Roitblat, Louis Herman and Paul Nachtigall (eds), *Language and Communication: Comparative Perspectives* (Hillsdale, NJ: Erlbaum Associates, 1993), pp. 403–442.

7.1 하와이 해안에서 공중으로 뛰어오르는 스피너돌고래.

고된 바 있다.[20]

고래목은 탁월한 지능을 바탕으로 높은 수준의 사회적·문화적 복합성을 이룩해 왔다. 문어처럼 지능이 높은 일부 해양 생물이 대체로 비사교적인 반면, 고래와 돌고래는 복잡하고 정교한 사회 구조를 형성하며 살아간다. 이들은 고유한 '문화'를 지닌 것으로도 보인다. 예를 들어, 범고래(혹은 킬러웨일)는 가족 집단마다 고유한 방언을 사용하며, 이는 어미로부터 새끼에게 전해진다. 서로 다른 '무리'에 속한 범고래가 만날 때는 특정한 '환영 의식'을 치른 뒤 함께 어울리

---

20   Levin, 'Towards Effective Cetacean Protection', p. 556.

는 모습도 관찰된다.21 혹등고래는 새로운 사냥 기법을 개발해 집단 전체에 빠르게 확산시키는 능력을 보인다.22 고래목을 깊이 살펴볼수록, 인간만이 새로운 행동과 관행을 학습할 수 있다는 통념은 설득력을 잃는다.

실제로 고래목이 의도적인 행동을 하고, 이를 지속적으로 실천한다는 주장은 충분히 설득력이 있다. 이들의 행동에는 과거의 기억과 미래에 대한 전망이 모두 반영된다. 예를 들어, 먼 바다를 오랜 기간 이동한 뒤 다시 원래 영역으로 돌아온 고래 떼는 "먼저 전년도에 불렀던 노래를 부르고, 이어 새로운 노래를 부른다."23 범고래 어미는 얕은 바다에서 사냥하는 법을 새끼에게 가르치며, "미래를 내다보고 계획을 실행하는 능력"을 보여준다.24 설령 주체성을 "자아에 대한 개념을 가지고, 장기적 계획을 세우며, 환경에 대한 일반적 사실을 인식하고 이를 계획에 지능적으로 활용하는 능력"25으로 좁게 정의하더라도, 고래목이 이 기준에 부합한다는 데에는 이견이 거의 없다. 그렇다면 고래목이 지녀야 할 구체적인 권리는 무엇일까?

---

21 Luke Rendell and Hal Whitehead, 'Culture in Whales and Dolphins', *Behavioral and Brain Sciences*, vol. 24 (2001), pp. 309–382, at p. 315.
22 Ibid., p. 312.
23 Paola Cavalieri, 'Whales as Persons', in Susan Armstrong and Richard Bozler (eds), *The Animal Ethics Reader*, 2nd edn (London: Routledge, 2008), pp. 204–210, at p. 207.
24 Ibid., p. 207.
25 Jan Narveson, 'Animal Rights', *Canadian Journal of Philosophy*, vol. 7, no. 1 (1977), pp. 161–178, at p. 166.

고래목의 생명권

고래목의 권리 가운데 가장 먼저 언급되어야 할 것은 *생명권*이다. 이는 고래와 돌고래가 살해당하거나 생존에 필수적인 수단을 박탈당하지 않을 기본적 권리를 의미한다. 이 권리를 존중하기 위해 우리는 철학자들이 말하는 '소극적' 의무를 이행해야 한다. 이는 고래와 돌고래에게 해를 끼치지 *않을* 의무다. 이들이 스스로 생명권을 보장할 수 없는 경우, 이를 뒷받침하는 '적극적' 의무도 우리가 져야 한다는 주장 역시 설득력이 있다. 다만 이 장에서는 소극적 의무에 집중하며, 여기에는 고래와 돌고래를 자의적으로 살해하지 않을 것, 생존을 위협할 만큼 환경을 훼손하지 않을 것 등이 포함된다.

고래목에게 기본적인 생명권이 있다면, 이는 중대한 의미를 지닌다. 그러나 인간의 생명권이 항상 절대적으로 보장되지 않듯, 고래목의 생명권 역시 예외 없이 적용되는 것은 아니다. 전쟁 상황에서는 더 큰 희생을 막기 위해 일부를 죽여야 할 때가 있고, 일상에서도 자기방어를 위한 폭력은 정당화되기도 한다. 마찬가지로, 고래와 돌고래를 죽이는 행위도 오직 생존을 위한 불가피한 *상황에서만* 정당화될 수 있다. 예를 들어, 범고래가 공격해 온다면(물론 극히 드문 일이지만), 그를 죽이는 일이 허용될 수 있다. 다른 선택지가 없는 경우, 생존을 위해 식량으로 삼는 것도 가능하다. 그러나 단지 스포츠를 즐기기 위해서나 범고래 고기를 먹고 싶다는 이유만으로 죽이는 일은 정당화될 수 없다.

7.2 1910년경, 알래스카의 고래잡이 회사 타이(Tyee whaling company)가 사냥한 고래(참고래로 추정).

 이러한 입장에서 분명히 도출되는 결론 중 하나는, 상업적 고래잡이가 고래목의 생명권을 대규모로 침해한 중대한 불의였다는 점이다. 이윤을 동력으로 한 20세기 산업적 포획은 세계 흰긴수염고래의 99%, 혹등고래, 긴수염고래, 참고래의 96%를 죽음에 이르게 했다.26 그 방식 또한 잔혹했다. 대포로 작살을 쏘거나, 새끼를 미끼 삼아 어미를 유인하는 등의 비인도적 수법이 동원되었다. 이 학살은 인간 생존의 필요 때문이 아니었다. 고래 사체를 연료, 의약품, 화

---

26 William Burns, 'The Berlin Initiative on Strengthening the Conservation Agenda of the International Whaling Commission: Towards a New Era for Cetaceans?', *Journal of International Wildlife Law and Policy*, vol. 6, no. 3 (2003), pp. 255–276, at p. 73.

장품 산업에 판매해 막대한 수익을 올리려는 탐욕의 결과였다.

고래목의 생명권이 금지하는 것은 고래와 돌고래를 고의로 죽이는 행위만이 아니다. 어업 활동 중 발생하는 부수적 죽음 역시, 예측 가능하고 예방할 수 있다면 생명권을 침해하는 중대한 과실에 해당한다. 매년 최소 5,000마리 이상의 돌고래가 참치잡이용 그물에 걸려 목숨을 잃는다.27 그러나 이들의 희생을 줄일 수 있는 기술과 방법은 이미 충분히 마련되어 있다.28 경제적 이유로 이를 외면하는 것은 고래목에 미치는 심각한 영향을 고려할 때 결코 정당화될 수 없다. 이와 유사하게, 매년 많은 고래가 '선박 충돌'로 사망하고 있다. 고속으로 이동하는 선박을 피하지 못해 발생하는 사고이지만, 이 역시 예방이 가능하다. 선박 속도를 줄이거나,29 선체를 더 매끄럽고 덜 치명적으로 설계하는 방식으로 사망률을 크게 낮출 수 있다.

고래목의 생명권을 존중하려면 이들의 먹이 공급을 방해하지 않는 것도 필수적이다. 그러나 우리는 고래목이 스스로 먹이를 구할 능력을 심각하게 훼손하고 있다. 일부 고래 종은 크릴이라 불리는 작은 갑각류에 의존해 영양을 공급받지만, 크릴은 산업적 어획으로 큰 압박을 받고 있다.30 대규모로 포획된 크릴은 반려동물 사료, 건강 보

---

27 Callum Roberts, *The Ocean of Life: The Fate of Man and the Sea* (London: Penguin, 2012), p. 324.
28 Ibid., p. 324.
29 David Laist et al., 'Collisions Between Ships and Whales', *Marine Mammal Science*, vol. 17, no. 1 (2001), pp. 35-75.
30 Roberts, *The Ocean of Life*, p. 253.

조제, 양식장 사료 등으로 가공된다. 이로 인해 고래가 생존하거나 새끼를 기를 수 없다면, 고래목의 생명권은 심각하게 위협받게 된다.

고문으로부터의 자유, 이동과 문화의 자유

고래목은 *고문 및 그 밖의 잔혹한 처우로부터 자유로울 기본권을* 지닌다. 인간에게 고문이 정당화되기 어려운 이유는 단지 극심한 고통을 유발하기 때문만이 아니라, 피해자의 자율성을 철저히, 그리고 대개 의도적으로 짓밟기 때문이다.31 고문은 스스로 결정할 수 있는 존재를 오직 고통만을 감내하는 무력한 대상으로 전락시킨다. 고래목도 지각과 자의식을 지닌 존재로서, 고문이나 잔혹 행위를 단순한 신체적 고통이 아니라 주체성과 자율성에 대한 심각한 침해로 경험할 것이다.

고래목이 자율성을 유지하려는 경향은 이들이 *이동의 자유를* 기본권으로 지니고 있음을 시사한다. 이동의 자유는 다른 여러 중요한 권리의 토대가 되며, 뜻을 같이하는 개체들과 어울릴 수 있는 능력에도 필수적이다. 이 자유에는 원할 경우 한곳에 머물 권리도 포함된다.32 따라서 이 권리를 존중한다는 것은 고래목이 스스로 선택한

---

31 고문과 그 부당성에 대한 철학적 논의로는 다음을 보라. David Sussman, 'What's Wrong with Torture?', *Philosophy & Public Affairs*, vol. 33, no. 1 (2005), pp. 1–33.

32 Kieran Oberman, 'Immigration, Global Poverty and the Right to Stay', *Political Studies*, vol. 59, no. 2 (2011), pp. 253–268.

자연환경에 머물 자유를 보장한다는 의미다. 이러한 이유로 고래목을 포획해 가두는 행위는 대부분 부당하다. 수상 경력이 있는 영화 〈블랙피쉬〉(2013)는 범고래를 감금했을 때 초래되는 참혹한 결과를 생생하게 보여준다. 물론 일부 고래목을 포획해야만 치명적인 질병을 치료할 수 있는 경우처럼, 생존을 위해 극히 예외적인 조치가 필요한 상황을 상정할 수는 있다. 그러나 그러한 사례는 극히 드물다. 이동의 자유가 기본권인 이상, 이 권리를 제한할 수 있는 경우는 오직 다른 존재의 기본권을 보호하는 데 꼭 필요한 경우에 한정되어야 한다. 단지 인간의 호기심을 충족하기 위해 테마파크에 고래목을 가두는 일은 결코 정당화될 수 없다.[33]

이동의 자유와 고문으로부터의 자유는 최소한의 괜찮은 삶을 위해 반드시 보장되어야 할 기본권이다. 그러나 나는 고래목이 이러한 최소한의 기준을 넘어서는 추가적인 권리도 지니고 있다고 주장하고자 한다. 고래목 권리 선언은 고래목 문화의 훼손을 막을 권리를 그 예로 제시한다. 앞서 살펴본 것처럼, 고래목은 고유한 문화를 지니고 있으며, 이 문화는 그들에게 깊은 의미를 지닌다. 인간의 경우와 마찬가지로, 뜻을 함께하는 개체들과 교류하고, 자신이 속한 문화의 신념이나 관행을 전수할 자유는 고래목에게도 매우 소중한 가치로 보인다. 물론 한 개인이 자신의 문화가 반드시 지속될 권리를

---

[33] 포획된 범고래의 신체적·정신적 건강 악화에 관한 연구로는 다음을 보라. Lori Marino et al., 'The Harmful Effects of Captivity and Chronic Stress on the Well-Being of Orcas (Orcinus Orca)', *Journal of Veterinary Behavior*, vol. 35 (2020), pp. 69-82.

지닌다고 일반화하기는 어렵다. 그 이유 중 하나는 다음 세대가 문화적 선택에 대해 스스로 판단할 자유를 가져야 하기 때문이다. 하지만 문화적·사회적 규범을 유지하고 이를 동료들에게 전할 수 있는 능력과 조건은 충분히 권리로 인정될 만큼 중요한 이해관계일 수 있다.[34] 그리고 우리는 때때로 이러한 권리를 침해함으로써 도덕적으로 잘못된 행위를 저지를 수 있다. 예를 들어, 외딴 섬들에 흩어져 사는 인간 공동체를 생각해 보자. 이들은 정기적인 라디오나 TV 방송을 통해 고유한 문화와 언어를 유지해 왔다. 그런데 누군가 고의 또는 과실로 이 방송을 방해한다면, 이 공동체는 자신의 문화를 유지할 권리가 침해되었다고 정당하게 항의할 수 있을 것이다.

그러나 우리는 지금 이 순간에도 고래목에게 그러한 행위를 자행하고 있다. 선박, 해저 시추, 풍력발전소, 군사 훈련 등에서 발생하는 소음 공해는 고래목의 의사소통 능력을 심각하게 방해한다. 이 소음은 때로는 삶 자체를 견딜 수 없게 만들기도 한다. 실제로 소음 공해는 고래목이 자살하듯 해변으로 떠밀려오는 주요 원인 중 하나라는 증거도 있다. 그렇다면 이는 고문받지 않을 권리마저 침해하는 셈이다. 일부 고래는 600마일이 넘는 거리에서도 서로 소통할 수 있지만, 선박과 풍력발전소에서 발생하는 소음은 울음소리의 전달 거리를 6마일 이내로 제한해 버린다. 결과적으로 이러한 소음 공해는

---

[34] 철학자들은 이렇게 덧붙일 것이다. 정의와 양립할 수 있는 규범에 한해서만 전승의 권리는 인정된다. 타인에게 해를 끼치는 전통을 전승할 권리는 없다.

"그들의 세계를 축소시키고 있다."35 소음은 고래의 사냥을 어렵게 만들어 생명권을 침해할 수 있으며, 짝짓기를 방해해 서로를 찾기 어렵게 만들기도 한다. 그러나 프로펠러 설계 개선과 같은 기술적 조치를 통해 이러한 간섭은 상당 부분 줄일 수 있다.36 우리의 기본권이 침해되지 않는 한, 이러한 합리적인 조치를 외면하는 것은 결코 정당화될 수 없다.

나는 고래목이 '고래목 권리 선언'에 포함되지 않은 또 하나의 권리, 즉 정치적 대표권을 지니고 있다고 주장하고자 한다. 현재 고래목은 국내외 정치 제도에 직접 참여할 방법이 없기에, 투표권이나 출마권은 그들에게 의미가 없다. 그러나 그렇다고 해서 이들을 정치적 결정 과정에서 배제해야 한다는 뜻은 아니다. 미래 세대나 정치 참여가 불가능한 의료적 상태의 사람들과 마찬가지로, 비인간 동물 역시 정치적 숙의 과정에서 자신의 이익이 적절히 고려될 권리를 지닌다고 볼 수 있다.37 우리는 고래목의 이익을 대변할 수 있는 해양 거버넌스 제도를 설계하고, 이들이 정치적 논의의 중심에서 배제되지 않도록 별도의 장치를 마련해야 한다. 해양 동물의 이익이 제도 안에서 충분히 고려되지 않는다면, 그 제도의 정당성 역시 약화될 수밖에 없다.

---

35 Roberts, *The Ocean of Life*, p. 172.
36 Ibid., p. 179.
37 Alasdair Cochrane, *Should Animals Have Political Rights?* (Cambridge: Polity, 2020).

반론과 답변

일부 독자는 내가 내린 결론이 다소 급진적이고 도전적이라고 느낄 수 있다. 예를 들어, 어떤 이들은 고래를 죽이는 행위가 인간을 죽이는 것만큼 심각한 도덕적 범죄로 간주될 수 있느냐고 반문할 것이다. 실제로 일부 철학자는 비인간 동물을 죽이는 것이 인간을 죽이는 것보다 도덕적으로 덜 심각할 수 있다고 주장해 왔다.38 그 근거 중 하나는 동물이 시간에 대한 의식적 인식을 가지고 있지 않을 수 있다는 점이다. 누군가의 미래 삶을 빼앗는 것은 나쁜 일이지만, 그가 미래에 대한 희망과 계획을 가지고 있다면 그만큼 더 나쁘다고 할 수 있다. 반면, 미래를 계획하지 않고 순간순간을 살아가는 존재라면, 그 생명을 빼앗는 일이 상대적으로 덜 나쁠 수 있다. 실제로 일부 해양 생물은 이러한 방식으로 삶을 영위하는 것으로 보인다. 예를 들어, 불가사리는 다음 먹이를 찾는 것 외에 특별한 희망이나 포부를 가지고 있지 않을 것이다. 그러나 나는 이러한 논점이 일부 생물에게는 적용될 수 있더라도, 고래목에는 해당되지 않는다고 본다. 개별 고래와 돌고래는 시간에 대한 감각을 지니고 있으며, 미래에 대한 기대와 욕망도 가지고 있을 가능성이 *크다*. 그런 점에서 이들의 생명권이 강력하다고 말하는 것은 충분히 이치에 맞다. 우리

---

38 심리적 통일성과 존재 지속의 이해관계 사이의 연관성에 대해서는 다음을 보라. Jeff McMahan, 'The Comparative Badness for Animals of Suffering and Death', in Tatjana Visak and Robert Garner (eds), *The Ethics of Killing Animals* (Oxford: Oxford University Press, 2016), pp. 65–85, at p. 78.

가 고래목의 정신세계를 더 깊이 이해할 수 있다면, 이들 또한 미래의 삶을 박탈당하고 사랑하는 이들과 함께할 수 없게 되는 일을 깊이 슬퍼할 존재임을 알게 될 것이다. 물론 고래목의 시간 감각이 인간만큼 강한지에 대해서는 더 많은 연구가 필요하며, 인간이 미래를 박탈당하지 않을 권리를 다소 더 강하게 가진다는 가능성까지 전적으로 배제하려는 것은 아니다. 그럼에도 불구하고, 고래목이 강력한 생명권을 지니며, 이는 절대적 필요가 있을 때에만 제한될 수 있다는 주장에는 충분한 근거가 있다.

인간 문화와 관련된 또 다른 반론도 검토해 보자. 1986년 국제포경위원회는 포경 모라토리엄을 도입해 해양 포유류 도살을 줄이는 데 성공했다. 그러나 노르웨이, 아이슬란드, 일본 등 일부 국가는 여전히 고래잡이를 계속하고 있으며, 종종 '문화적' 방어 논리를 내세운다. 내가 다루고자 하는 반론은 다음과 같다. 산업적 포경은 유감스러운 일이지만, 전 세계 일부 공동체가 여전히 수행하는 '문화적' 포경은 별개로 봐야 한다는 주장이다. 이러한 관행은 일부 사람들의 삶의 방식에서 중요한 의미를 지니며, 이를 금지하면 그들의 문화 자체가 위협받을 수 있다는 것이다. 그러나 실제로 문화적 포경과 산업적 포경을 구분하는 것은 쉽지 않다. 과학을 근거로 내세우는 주장도 이 논쟁에 얽혀 있다. 예를 들어, 일본은 포경을 문화적 이유와 과학적 연구 목적 모두로 정당화해 왔으며, 최근에는 국제포경위원회에서 탈퇴했다.39 그러나 과학을 내세운 이러한 주장은 설득력이 떨어진다. 고래와 돌고래가 기본적인 생명권을 지닌다면, 해양생물학 발전을 위해 그들을 죽이는 행위는 정당화될 수 없다(우리는 인간의 생물학을 이해하기 위해 사람을 죽이지 않는다). 실제로 수만 마리의 고래를 죽였음에도 과학이 실질적으로 발전했다는 근거는 부족하다. 대부분의 전문가는 '과학적' 포경이 실상은 저녁 식탁에 오를 고래고기 유통을 위한 명목일 뿐이라고 본다.

그렇다면 '문화적' 방어 논리는 어떻게 봐야 할까? 노르웨이, 아이슬란드, 일본은 오랜 기간 고래를 소비해 왔다. 비록 대부분의 노르웨이인, 일본인, 아이슬란드인은 더 이상 고래고기를 먹지 않지만, 일부는 여전히 이를 소비하며, 그 전통이 이들에게 중요한 의미를 가질 수 있다. 특히 수세대에 걸쳐 고래목을 사냥해 온 일부 원주민 공동체의 경우, 고래의 계절적 이동에 맞춰 삶을 꾸리고, 고래 껍질과 이빨로 다양한 물품을 제작해 왔기에 이 전통의 의미가 더욱 깊을 수 있다. 그렇다면 우리는 이러한 전통을 지키려는 열망에 공감해야 하지 않을까? 공감할 수는 있지만, 기본권을 도덕적으로 진지하게 존중한다면 문화적 전통을 지속하려는 열망이 생명권보다 우선할 수는 없다. 우리는 인간의 생명을 희생하면서 문화를 보존하자는 주장을 받아들이지 않는다. 그렇다면 고래는 왜 예외여야 하는

---

39 다음을 보라. https://iwc.int/statement-on-government-of-japan-withdrawal (accessed 2 April 2021).

가? 요컨대, 문화적 방어 논리는 고래목의 생명권을 충분히 진지하게 고려하지 않는다는 점에서 정당성을 잃는다. 물론 사람들의 생존 자체가 고래잡이에 *달려 있다면* 이야기는 달라질 수 있다. 실제로 일부 원주민 공동체는 생계와 문화적 관습을 동시에 근거로 들어 포경을 옹호해 왔다. 그러나 대부분의 경우, 포경 없이도 생계를 유지할 수 있는 대안은 존재한다.40 만약 정말로 대안이 없다면, 다른 생존 수단을 시급히 마련해야 한다. 대안이 존재한다면, 고래를 죽이는 행위는 정당화될 수 없다.41

---

40   Rachel Wichert and Martha Nussbaum, 'The Legal Status of Whales: Capabilities, Entitlements and Culture', *Sequencia*, vol. 72 (2016), pp. 19–40, at p. 26. 다음도 보라. Paula Casal, 'Is Multiculturalism Bad for Animals?', *Journal of Political Philosophy*, vol. 11, no. 1 (2003), pp. 1–22, at p. 5. 카살이 지적했듯이, 고래를 가장 많이 잡는 국가는 아이슬란드, 노르웨이, 덴마크, 캐나다, 일본 등 세계에서 가장 부유한 나라들이다.

41   원주민 포경을 옹호하는 이들은, 포경이 개인의 생존과 무관하더라도 공동체의 존속에는 필수적일 수 있다고 주장한다. 더 이상 고래를 사냥하거나 사체를 활용할 수 없다면, 구성원들이 자신이 공동체의 일원이라는 정체성을 잃을 수 있다는 것이다. 이러한 공동체는 이미 다수 '현대' 사회에 편입되는 과정에서 큰 피해를 입었으며, 그 강제적 편입은 일종의 문화적 집단 학살로도 볼 수 있다. 그렇다면 여전히 대규모 동물 도살이 이루어지는 다수 사회가 이들에게 추가적 압박을 가하는 것이 정당한가? 이는 매우 중요한 문제 제기다. 고래목 포획을 비판하면서 공장식 축산을 외면하는 것은 명백한 위선이다. 이 책은 해양을 다루지만, 나는 양쪽 모두를 비판하며, 규모 면에서 공장식 축산이 동물 복지와 지구 건강에 가장 심각한 위협 중 하나라는 점을 부인하지 않는다. 또한 서구 사회가 문화적 포경 비판을 '전통' 공동체에 대한 공격 수단으로 삼아 온 측면이 있으며, 자신들이 고래의 구원자인 양 행동하는 태도 역시 설득력이 떨어진다. 이는 동물권을 논할 때 어떤 시선과 태도를 취할 것인지가 결정적으로 중요함을 보여준다. 우리는 균형 잡힌 시선으로, 각 공동체가 말하는 문화적 관행의 의미에도 귀 기울여야 한다. 그러나 나는 문화 보존이 생명권만큼 근본적인 가치는 아니라고 본다. 고래목의 생명권을 진지하게 받아들인다면, 인간의 희생을 정당화하는 문화적 논리를 거부해야 하듯, 포경을 정당화하는 논리 역시 받아들일 수 없다.

고래목과 기후변화

고래목의 권리를 진지하게 받아들인다면, 주요 해양 문제를 바라보고 대응하는 방식에도 중대한 변화가 필요하다. 그 대표적 사례가 바로 기후변화다. 전 세계가 기후 목표를 논의할 때(지구 온난화를 1.5도로 제한할 것인가, 2도로 할 것인가, 혹은 다른 기준을 정할 것인가) 고래와 돌고래의 권리 역시 고려되어야 한다. 기후변화는 이미 고래목이 생존에 필요한 자원을 확보하는 능력을 심각하게 위협하고 있다. 남극 지역에서는 과도한 남획과 해빙 감소로 크릴 개체수가 줄고 있으며,[42] 다른 해역에서도 해양 온난화로 돌고래와 고래의 먹이 자원이 급감하고 있다. 이는 고래목의 생명권에 중대한 타격을 줄 수 있으며, 이 점만으로도 더 과감한 온실가스 감축 전략을 추진해야 할 강력한 이유가 된다.

고래목의 권리를 진지하게 고려한다면, 기후변화 대응 전략을 선택할 때에도 이를 중요한 기준으로 삼아야 한다. 예를 들어, '지구공학'을 옹호하는 이들은 자연환경을 인위적으로 변화시켜 지구나 해양이 더 많은 탄소를 흡수하게 함으로써 대기 중 탄소를 제거할 수 있다고 주장한다. 하지만 일부 지구공학 기술은 고래목에게 심각한 피해를 줄 수 있다. 대표적인 예가 '철분 비료 살포'다. 이는 바다 표

---

[42] Angus Atkinson et al., 'Long-term Decline in Krill Stock and Increase in Salps within the Southern Ocean', *Nature*, vol. 432, no. 7013 (2004), pp. 100–103.

면에 철분을 뿌려 식물성 플랑크톤의 성장을 촉진하려는 시도다. 이론상으로는 식물성 플랑크톤을 먹는 고래에게 이로울 수 있지만, 실제 결과는 예측하기 어렵다. 예를 들어, 해양 심층부의 산소가 줄어들 경우 먹이 사슬 전체가 무너질 수 있으며,[43] 이는 다른 고래목 종에게 심각한 피해를 초래할 수 있다. 사전 예방 원칙에 따르면, 예상되는 영향을 충분히 파악하고 안전하게 통제할 수 있을 때까지 이러한 기술은 도입되어서는 안 된다. 고래목의 권리는 기후변화 적응 전략을 선택할 때에도 반드시 고려되어야 한다. 해수면 상승에 대응해 방조제를 건설하는 것은 많은 해안 공동체에 합리적인 대안처럼 보일 수 있다. 하지만 천연 해안선을 콘크리트 구조물로 대체하면, 돌고래의 먹이 활동을 방해하거나 새끼를 키울 안전한 서식지를 파괴할 수 있다. 고래목과 같은 비인간 동물의 이익을 반영하는 것은 기후위기에 공정하게 대응하기 위한 필수 조건이다.

반면, 고래는 기후변화 대응에 있어 강력한 동맹이 될 수 있다. 고래는 탄소를 포집하는 데 핵심적인 역할을 하지만, 그 중요성은 종종 간과된다. 고래는 크릴과 작은 해양 생물을 먹으며 많은 양의 탄소를 흡수하고, 그 배설물은 해저로 가라앉아 탄소를 장기간 봉인한다. 평균적인 대형 고래 한 마리에 저장된 탄소는 약 33톤에 달하며, 이는 1,375그루의 나무가 1년 동안 성장해야 흡수할 수 있는 양

---

[43] *Scientific Synthesis of the Impacts of Ocean Fertilization on Marine Biodiversity* (Montreal: Secretariat of the Convention on Biological Diversity, 2009), pp. 23-29.

이다.44 고래가 죽으면 그 사체는 심해로 가라앉아 수세기 동안 탄소를 봉인한다. 더 중요한 것은, 고래가 철과 질소를 심해에서 끌어올려 표층수에 방출함으로써, 이동 경로마다 식물성 플랑크톤의 성장을 촉진하는 영양 순환의 핵심 통로 역할을 한다는 점이다.45 식물성 플랑크톤은 매년 전 세계 열대우림보다 더 많은 탄소를 고정하며, 그 활동이 단 1%만 증가해도 20억 그루의 나무가 흡수하는 양에 해당하는 탄소를 포집할 수 있는 것으로 추정된다.46 물론 이것이 고래를 사냥이나 기타 해양 활동의 피해로부터 보호해야 할 이유는 아니다. 고래는 그 자체로 권리를 지니며, 바로 그 이유로 보호받아야 한다. 다만 상업적 포경 이후 고래 개체수를 회복하려는 노력이 기후 안정에 상당한 기여를 할 수 있다는 점은 주목할 만하다. 고래는 '생태계 조성자'이며, 우리는 그들을 적이 아닌 동맹으로 삼아야 한다.47

고래목을 넘어?

지금까지 나는 고래목 권리 선언의 수준을 넘어서는 핵심 권리 목

---

44 Ralph Chami et al., *Nature's Solution to Climate Change*, International Monetary Fund Finance and Development, December 2019, p. 35.
45 Joe Roman et al., 'Whales as Marine Ecosystem Engineers', *Frontiers in Ecology and the Environment*, vol. 12, no. 7 (2014), pp. 377–385, at pp. 379–381.
46 Chami et al., *Nature's Solution*, p. 36.
47 Andrew Pershing et al., 'The Impact of Whaling on the Ocean Carbon Cycle: Why Bigger was Better', *PLoS One*, vol. 5, no. 8 (2010), e12444.

록이 필요하다고 주장해 왔다. 고래목은 여러 도덕적 권리를 지니고 있으며, 우리는 이를 해양 전역에서 법적으로 보장받을 수 있는 권리로 전환하기 위해 모든 노력을 기울여야 한다. 고래목의 이익을 진지하게 고민하는 일은, 정의론과 지배 제도 전반에 깊이 뿌리내린 '인간 중심적' 접근을 넘어서는 데 우리가 얼마나 큰 과제를 마주하고 있는지를 잘 보여준다. 나는 해양 동물 역시 권리를 *지닐* 수 있으며, 그 권리에는 중대한 '기본권'도 포함된다는 점을 입증하고자 했다. 그리고 이러한 권리를 진지하게 받아들일 때, 어떤 실질적 변화가 뒤따를 수 있는지도 함께 살펴보았다.

그러나 이것이 단지 하나의 사례에 불과하다는 점도 분명히 했다. 바다에는 저마다의 능력과 이익을 지닌 수많은 생명체가 존재하며, 이들 역시 도덕적으로 보호받을 가치가 있는 권리를 지닐 수 있다. 예를 들어, 바다표범, 바다소, 문어에게도 살해, 고문, 구금으로부터의 자유를 보장하는 법적 권리를 부여해야 한다는 주장이 가능하다. 동물권에 대한 포괄적 논의를 구축하려면 종마다 서로 다른 능력을 신중히 성찰해야 한다. 이를 정당화하는 작업에는 철학자뿐 아니라 생물학자의 통찰도 필요하며, 이러한 권리를 옹호하려면 시민, 법조인, 시민단체, 그리고 궁극적으로 정치 지도자들의 지지가 뒷받침되어야 한다.

어떤 면에서는 고래목의 권리를 옹호하는 일이 비교적 쉬운 편이다. 고래와 돌고래는 인간과 일정 부분 유사한 능력을 지니고 있기 때문이다. 나는 여러 차례 고래 및 돌고래와 함께 항해하며, 그들이 물 위로 곡예하듯 뛰어오르거나 배가 만들어내는 파도를 타는 등 장난기 어린 행동을 하는 모습을 직접 목격한 바 있다. 그들은 분명 재미를 위해 그렇게 행동하는 듯했다. 야생에서 그들을 만나는 행운을 누린 사람이라면, 비록 생김새는 다르더라도 그 안에 '개체'가 존재한다는 사실을 쉽게 인식할 수 있을 것이다. 그러나 다른 종의 경우에는 판단이 그만큼 분명하지 않을 수 있으며, 그 종이 지닌 능력의 범위를 둘러싸고 더 큰 논란이 벌어질 수도 있다. 하지만 이러한 논란은 피할 수 없는 일이다. 물고기의 경우를 살펴보자. 물고기에게도 잔혹한 처우를 받지 않을 권리가 있다면, 우리는 많은 어업 관행을 근본적으로 바꿔야 할 것이다. 예를 들어, 물고기를 불필요하게 고통스럽게 죽이는 포획 방식은 폐기해야 할지도 모른다. 만약 물고기가 중대한 생명권을 지닌다면, 그 파장은 훨씬 더 클 수 있다. 물론 이것이 언제나 물고기를 식량으로 삼는 일이 잘못이라는 뜻은 아니다. 때로는 선택의 여지가 없는 경우도 있기 때문이다. 실제로 세계 남반구에서는 수백만 명이 생존을 위해 물고기에 크게 의존하고 있다. 이 현실을 안타깝게 여기고 변화를 도모할 수는 있지만, 그들에게 당장 어류 섭취를 멈추라고 요구하는 것은 현실적이지 않다. 그러나 대부분의 경우, 물고기를 먹는 행위는 그들의 생명권을 부당하게 침해하며, 단지 우리의 목적—더 다양하고 흥미로운 식단을 추구하려는 욕구를 포함해—을 위한 수단으로 그들을 대하는 행위라고 나는 생각한다.48 이것이 내가 물고기를 먹지 않는 주된 이유 중 하나다(물론 물고기의 권리 외에도 다른 이유가 있다. 예를 들어, 산업적 어업은 해양 생태계를 교란하고, 해저와 산호초를 대규모로 파괴했으며, 저인망 어업을 통해 전 세계 항공 산업보다 더 많은 탄소를 배출했고,49 수많은 고래와 돌고래를 죽였다50).

나는 이러한 견해가 논란의 여지가 있으며, 많은 이가 애초에 물고기가 중대한 생명권을 지닌다는 주장에 쉽게 동의하지 않을 것임을 인정한다. 앞서 언급했듯, 일부 생명체는 미래에 대한 개념 없이 순간순간을 살아가는 것으로 보인다. 누군가가 미래를 *인식하고* 있다면 그 미래를 빼앗는 것은 더 심각한 침해가 되며, 그렇지 않다면 덜 심각하게 여겨질 수도 있다. 그러나 나는 물고기가 정말로 그런 순간적 존재 방식을 따르는지 확신하지 않는다. 오히려 이것은, 물고기가 고통을 느끼지 않는다는 오래된 편견처럼, 우리가 가진 선입견에 불과할 수 있다. 이는 이미 많은 반증에도 불구하고 여전히 뿌리 깊게 남아 있는 믿음이다.51 한 번은 가족과 함께 그레이트 배리어 리프를 방문할 수 있었던 놀라운 특권을 누린 적이 있다. 그러

---

48   Christine Korsgaard, *Fellow Creatures: Our Obligations to the Other Animals* (Oxford: Oxford University Press, 2018), pp. 220–226.

49   Lili Pike, 'The Surprise Catch of Seafood Trawling: Massive Greenhouse Gas Emissions', www.vox.com (18 March 2020).

50   예를 들어, 다음을 보라. Laura Mannocci et al., 'Assessing the Impact of Bycatch on Dolphin Populations: The Case of the Common Dolphin in the Eastern North Atlantic', *PLoS One*, vol. 7, no. 2 (2012), e32615.

51   Troy Vettese, Becca Franks and Jennifer Jacquet, 'The Great Fish Pain Debate', *Issues in Science and Technology*, vol. 36, no. 4 (2020), pp. 49–53.

나 안타깝게도 이러한 경험은 우리 후손들에게는 허락되지 않을지도 모른다. 우리가 스노클링을 시작하자, 커다란 제비활치 한 마리가 나타나 내내 배 곁을 맴돌았다. 가이드는 이렇게 말했다. "아, 브루스예요. 우리가 언제 오는지 항상 기억하거든요." 가이드는 떠나기 전 브루스에게 먹이를 주었고, 브루스는 만족한 듯 헤엄쳐 사라졌다. 물고기는 기억력이 나쁘다는 고정관념은 이제 거둘 때다.

또 다른 관점으로는, 야생 물고기가 처한 불안정한 생존 조건을 지적할 수 있다. 물고기는 진화생물학자들이 말하는 'r-전략생물 r-strategists'52이다. 인간은 고래나 돌고래처럼 소수의 자손만 낳아 오랜 기간 양육하지만, 물고기는 대개 수많은 알을 낳고, 부화한 새끼들은 스스로 살아남아야 한다. 이들은 대부분 곧바로 다양한 포식자에게 잡아먹히고 만다. 이러한 점을 고려하면, 양식업—물고기를 사육망 안에서 키운 뒤 식용으로 사용하는 관행—이 물고기에게 실질적인 해를 끼친다고 보기 어렵다는 주장을 펼칠 수도 있다. 어차피 야생에서 물고기가 성체로 성장할 가능성은 극히 낮기 때문이다. 양식장에서 자라는 물고기는 결국 식용으로 도살되지만, 야생에서보다 성체로 성장할 확률이 훨씬 높다. 이 관점에서 보면, 합리적인 복지 기준이 갖춰진다면 양식업은 도덕적으로 허용될 수 있으며, 오히려 더 바람

---

52 [역주] 많은 수의 자손을 낳고 양육은 거의 하지 않는 생물. 생존율이 낮고 수명은 짧으며, 대부분의 어류, 곤충, 양서류 등이 여기에 속한다. 이와 대비되는 개념은 자손 수는 적지만 양육에 많은 에너지를 투자하는 K-전략 생물K-strategists이다.

직한 방식일 수도 있다.53

그러나 이러한 반론이 실제로 무엇을 입증하는지는 분명하지 않다. 양식업이 일부 물고기의 성체 성장 가능성을 높인다 하더라도, 여전히 그 권리를 침해할 수 있다. 돌고래에게 좋은 삶이 존재하듯 (그리고 그것이 포획 상태가 아님을 우리가 확신할 수 있듯), 물고기에게도 좋은 삶은 존재할 것이다. 좁은 그물망 안에서 수많은 동료와 뒤엉켜 이끼와 배설물에 덮인 채 일생을 보내는 삶은 거의 확실히 그에 해당하지 않는다. 우리가 물고기의 스트레스를 인식하지 못하는 것은 상상력과 이해력의 부족 때문이다. 물론 이 주장은 논쟁적이다. 그래서 이 책의 전체 논지가 여기에만 의존하는 것은 아니라는 점을 분명히 밝혀 둔다. 앞 장에서는 어업 종사자의 인권 문제를 다루었다. 어업의 미래를 빌느나번, 이는 반드시 고려해야 할 사안이다. 설령 물고기를 먹지 말아야 한다고 보거나, *가능하다면* 먹지 않는 것이 더 낫다고 여기는 나와 같은 입장을 취하더라도, 어업은 당분간 사라지지 않을 것이다. 따라서 어업 종사자의 인권 문제는 앞으로도 지속적인 관심이 필요하다.

---

53   이러한 양식업의 모습은 여러모로 지나치게 단순화되어 있다. 대표적인 이유는 사람들이 참치, 연어, 송어, 바다새우, 민물새우 같은 포식성 어류나 '사육' 어류를 선호하기 때문이다. 이들을 먹기 위해 엄청난 양의 물고기가 희생되며, 그들을 '잡어trash fish'라 부르는 것만 봐도 우리가 그 생명을 어떻게 여기는지 분명히 드러난다.

8
해수면 상승과 소규모 섬나라들

육지와 바다의 경계는 끊임없이 변화한다. 이 경계에는 하구, 습지, 염습지 같은 경계 지대뿐 아니라, 때로는 육지였다가 때로는 그렇지 않은 지역들도 포함된다. 변화의 시기에는 경계가 극적으로 이동하기도 한다. 약 8,000년 전까지만 해도 사람들은 오늘날 잉글랜드라 불리는 지역에서 대륙 유럽까지, 고고학자들이 도거랜드Doggerland라 부르는 지역을 걸어서 오갈 수 있었다. 그러나 북아메리카의 거대한 빙하가 녹아내리면서 이 육지 다리는 물에 잠겼고, 그 결과 영국은 대륙 유럽과 분리되었으며, 오늘날 우리가 사실상 불변의 것처럼 인식하는 현대 세계 지도가 형성되었다.

인류세에 들어서면서 인간은 스스로 해양 경계를 다시 그리기 시작했다. 네덜란드의 뛰어난 기술자들은 수십 년에 걸쳐 국토 면적을 약 5분의 1가량 확장했으며, 싱가포르에서도 비슷한 과정이 진행 중이다. 어떤 이들에게는 이것이 이득을 의미하지만, 다른 이들에게는 일종의 손실을 뜻한다. 내 아내는 바레인이라는 작은 섬나라에서 바다로부터 불과 45m가량 떨어진 집에서 자랐다. 어린 시절,

바다는 아내 일상의 중심이었다. 많은 지역 주민과 마찬가지로 아내의 조상들도 상인이었고, 나무로 만든 다우선을 타고 페르시아만으로 나아가 중동 전역은 물론 멀리 인도까지 진주를 찾아 항해했다. 그러나 이제 그곳을 다시 찾으면 언제나 쓸쓸한 마음이 든다. 한때 산호초가 둘러싸고 있던 해안선은 사라졌고, 그 자리에 고층 건물과 쇼핑몰이 들어섰기 때문이다. 바다는 1.6km 이상 멀어졌으며, 바다의 소리와 냄새는 거의 잊혔다.

바레인, 싱가포르, 네덜란드 같은 나라들은 주거, 농업, 공업을 위한 토지를 확보하기 위해 해안 지형을 *의도적*으로 변화시켜 왔다. 그러나 인류세에 접어든 지금, 자연이 온전히 인간의 통제 아래 있다고 믿는 것은 위험한 착각이다. 이는 고대 그리스인이 휴브리스hubris라 부른, 몰락을 부르는 자만심의 전형이다. 자본주의는 자연 세계를 끊임없이 변형시키고 있지만, 그 과정에서 우리는 예상치 못한 결과들을 마주하고 있으며, 그 대가를 감당하기 어려운 이들이 점점 늘어나고 있다. 특히 인간이 초래한 기후변화는 우리가 공유하는 지리적 환경에 원치 않는 변화를 가져오고 있다. 해수면 상승으로 수천만 명이 삶의 터전을 잃고, 일부 국가는 아예 사람이 살 수 없는 곳이 될 수도 있다. 국제적 공조가 뒷받침되지 않는다면, 수많은 취약 계층의 삶과 생계가 심각한 위협에 처할 것이다.

이 장에서는 해수면 상승으로 삶의 터전을 잃고, 나아가 무국적자가 될 수 있는 '기후 망명자'의 처지를 살펴본다. 가장 먼저 해결해야 할 과제는 기후 망명자를 수용할 도덕적 의무가 누구에게 있는지, 그리고 이들이 국제 체제로부터 어떤 보호를 받을 자격이 있는지를 규명하는 일이다. 동시에 해수면 상승이 정치 공동체의 존속에 미칠 영향, 특히 작은 섬나라들의 생존 문제도 시급히 검토해야 한다. 이러한 섬나라들은 해수면 상승으로 인해 아예 사람이 살 수 없는 땅이 될 수 있다. 그렇게 된다면, 자치적 정치 공동체로서의 미래는 심각한 타격을 입게 되고, 구성원들은 여러 수용국으로 흩어져 공동의 정치 생활이나 공유 제도를 유지하지 못할 수도 있다. 일부 논자들은 섬 공동체가 정치 지도에서 완전히 사라지는 '국가 소멸'이라는 끔찍한 전망을 내놓기도 했다. 작은 섬나라 주민들의 미래는 여전히 깊은 불확실성에 싸여 있지만, 올바르게 대응한다면 이처럼 두려운 시나리오는 최소한 일부는 피할 수 있다. 해수면 상승으로 섬 전체가 침수된다면, 주민들은 자신들의 책임이 아닌 세계 주요 온실가스 배출국들로 인해 막대한 상실을 겪게 되는 것이다. 그러나 섬이 물에 잠긴다고 해서 반드시 자결권이나 국가 지위statehood까지 사라져야 하는 것은 아니다. 소규모 섬 국가들의 위기를 진지하게 받아들이려면, 사람과 영토, 국가 사이의 관계에 대한 오랜 통념을 근본적으로 다시 성찰해야 한다.

해수면 상승의 위협

지구 온난화는 두 가지 방식으로 해수면 상승을 일으킨다. 첫째, 따뜻한 물은 차가운 물보다 더 많은 공간을 차지해 해수가 팽창한다. 둘째, 빙하가 녹으며 막대한 양의 물이 바다로 유입된다. 최근 수십 년간 빙하 융해는 더욱 심각해졌고, 남극과 그린란드의 빙상 붕괴는 가장 큰 위협으로 지목된다.[1]

해수면은 얼마나 높아질까? 이는 온실가스 배출을 얼마나 효과적으로 줄이고, 열대우림 같은 탄소 흡수원의 감소를 얼마나 늦추거나 되돌릴 수 있느냐에 달려 있다. 강력한 기후 정책이 즉시 시행되더라도, 지금까지의 배출로 인해 상당한 온난화가 이미 '고정'되어 있는 만큼 해수면은 어느 정도 계속 상승할 수밖에 없다. 그러나 얼마나 더 상승할지는 전적으로 우리의 선택에 달려 있다. 세계 경제의 탈탄소화에 각국 지도자들이 진지하게 나서고, 시민들 또한 생활 방식을 바꾼다면 이번 세기 말까지 해수면 상승을 약 0.5m로 제한할 수도 있다. 반대로 실질적인 탈탄소화 노력이 없다면 해수면은 1m를 훌쩍 넘을 수 있으며, 특히 남극 빙상이 대규모로 붕괴할 경우 그 위험은 더욱 커질 것이다.[2]

1m라는 수치가 크게 느껴지지 않을 수도 있지만, 해수면이 조금만 상승해도 그 결과는 매우 심각할 수 있다. 이번 세기 말까지 주요 세계 도시들이 침수될 가능성도 충분하다. 마이애미와 뉴욕처럼 위험에 처한 도시가 주목을 받았지만, 실제로 가장 큰 영향을 받

---

[1] Intergovernmental Panel on Climate Change, *Climate Change 2013: The Physical Science Basis. Contribution of Working Group I to the Fifth Assessment Report of the Intergovernmental Panel on Climate Change* (Cambridge: Cambridge University Press, 2013), pp. 1153-1157.

[2] Intergovernmental Panel on Climate Change, *Special Report on the Ocean and Cryosphere, Summary for Policymakers* (Geneva: IPCC, 2019), p. 20.

을 도시는 아시아에 있으며, 상하이, 홍콩, 오사카 등이 심각한 어려움에 직면할 것이다.3 대도시 외에도 광범위한 토지가 바다에 잠길 수 있다. 영구적이지 않더라도 수백 년, 어쩌면 수천 년 동안 사라질 수도 있다. 이로 인해 지역 공동체가 겪게 될 어려움은 과소평가하기 힘들다. 해수면에서 10m 이하 지역에는 현재 약 6억 8천만 명, 즉 전 세계 인구 11명 중 1명이 살고 있다. 이 가운데 거의 4분의 1은 해수면에서 불과 1m 이내에 거주한다.4 따뜻해진 바다는 수백만 명이 거주하고 일하며 농사를 짓는 공간을 줄어들게 만들 것이며, 사람들은 밀려드는 해안을 피해 내륙으로 물러날 수밖에 없을 것이다.

해수면 상승으로 인한 문제는 단지 바다에 잠기는 것만이 아니다. 바닷물이 육지로 밀려들면서 소금기가 인근 농지에 스며들어 토양의 비옥도가 떨어진다. 이는 기후변화로 인한 사막화와 맞물려 세계 인구 증가에 따른 식량 공급을 심각하게 위협할 것이다. 해안 지역은 극단적인 파도와 기상 패턴에도 더욱 자주 노출될 것이다. 기후변화에 관한 정부 간 패널IPCC은 2050년까지 사이클론이나 쓰나미 같은 재해가 많은 지역에서, 과거에는 100년에 한 번꼴로 일어나던 일이 매년 발생할 것이라고 높은 신뢰도를 바탕으로 전망한다. 홍수

---

3   Josh Holder, Niko Kommenda and Jonathan Watts, 'The Three-Degree World: The Cities that will be Drowned by Global Warming', *Guardian*, www.theguardian.com (3 November 2017).

4   IPCC, *Special Report on the Ocean and Cryosphere*, p. 5.

피해는 2100년까지 10배, 심하면 100배까지 증가할 수 있으며,5 해안 지역 거주는 점점 더 부담스럽고 불안정해질 것이다.

하지만 해수면 상승은 모든 지역에 동일한 영향을 미치지는 않을 것이다. 북대서양과 지중해에서는 앞으로 수십 년간 파고가 오히려 낮아질 수 있으며, 이 지역 주민들은 방파제, 홍수 방지벽, 또는 다음 장에서 다룰 자연 기반 보호 조치에 투자할 수 있는 재정적 여력을 갖춘 경우가 많다. 반면, 오스트레일리아 남쪽 바다와 열대 동태평양에서는 파고가 상당히 높아질 가능성이 있으며, 적응 능력은 심각하게 제한될 것으로 보인다.6 중국, 인도, 방글라데시, 베트남, 필리핀 등 세계 남반구 국가들은 농경지와 주거지 상실로 가장 큰 타격을 입게 될 것이다. IPCC의 가장 비관적인 시나리오가 현실화될 경우, 방글라데시와 베트남 등에서는 현재 인구의 3분의 1이 거주하는 지역이 바다에 완전히 잠길 수 있다.7

이는 절망적인 결과가 될 것이다. 세계 열대 지역 대부분은 상대적으로 빈곤해 급격한 변화에 대응할 회복력이 매우 취약하기 때문이다. 남반구의 수백만 명은 이미 매일 빈곤과 싸우고 있으며, 이들의 정부는 해수면 상승으로 인한 혼란과 붕괴 속에서 국민을 지원하는 데 큰 어려움을 겪을 것이다. 이주 전문가들은 '국내' 강제 이

---

5 Ibid., pp. 20-27.

6 Ibid., p. 21

7 Scott Kulp and Benjamin Strauss, 'New Elevation Data Triple Estimate of Global Vulnerability to Sea-level Rise and Coastal Flooding', *Nature Communications*, vol. 10, no. 1 (2019), pp. 1-12, at p. 5.

주'internal' displacement가 급증할 것으로 예상한다. 수많은 사람이 밀려오는 바다를 피해 자국 내 다른 지역으로 피난해야 하며, 그 과정에서 재산과 일자리를 잃고 소외와 착취에 쉽게 노출될 수 있다. 기후 정의의 핵심 과제는 기후변화를 초래한 책임이 상대적으로 적은 남반구 국가들에 자원과 기술 지원을 집중하는 것이다. 지금까지 우리는 이들의 적응을 위한 재정 지원을 충분히 진지하게 받아들이지 않았다. 그러나 이것은 기후변화가 인류에 던지는 가장 중대한 과제 중 하나다.

사라지는 섬과 피난할 권리

해수면 상승의 영향을 가장 크게 받을 이들은 남아시아와 동아시아의 대국에 거주하지만, 바다 곳곳에 흩어진 소규모 섬 국가는 전혀 다른 형태의 위기에 직면해 있다. 태평양의 키리바시, 투발루, 마셜 제도, 인도양의 몰디브 같은 나라는 해수면과 거의 맞닿아 있어, 비교적 작은 해수면 상승만으로도 완전히 침수될 수 있다. 그렇게 되면 이들 국민은 특별한 곤경에 처한다. 이들은 '국내' 강제 이주를 겪는 것이 아니라, 의지할 후방 없이 타국에서 피난처를 찾아야 한다. 생존을 위해 다른 나라에 의존해야 하는 '*기후 망명자*'가 되는 것이다.[8] 현재 어떤 섬 국가가 실제로 잠기게 될지는 불확실하지만,

---

8 '기후 망명자'라는 용어는 다음 책에서 사용되었다. Sujatha Byravan and Sudhir Chella Rajan, 'The Ethical Implications of Sea-Level Rise Due to Climate Change', *Ethics & International Affairs*, vol. 24, no. 3 (2010), pp. 239-260.

8.1 해수면 상승으로 물에 잠긴 투발루 푸나푸티 환초에 10대 소녀가 앉아 있다.

이미 상당한 수준의 해수면 상승이 온실가스 배출로 고정된 상황에서 많은 지역의 전망은 어둡다. 키리바시의 아노테 통Anote Tong 전 대통령은 "우리의 섬, 우리의 집은 금세기 안에 더 이상 살 수 없게 되거나, 심지어 사라질 수도 있다"고 말한 바 있다.9 이러한 일이 현실이 되기 전에 우리는 소규모 섬 주민들에게 어떤 지원과 보상이 정당하게 주어져야 하는지 진지하게 고민해야 한다. 기후위기에 대한 대응이 공정하고 효과적이려면, 침수에 대한 두려움뿐 아니라 침수 이후 삶에 대한 이들의 바람에도 귀 기울여야 한다.

---

9   Anote Tong, 'Nation Under Threat', in *Climate 2020: Facing the Future* (London: United Nations Association, 2015), p. 76.

우선 가장 중요한 것은, 기후 망명자 또는 *잠재적* 망명자에게 생명과 생계를 지킬 수 있는 국가로 이동할 권리를 보장해야 한다는 점이다. 이 권리는 망명자들이 기존과 유사한 형태의 정치 공동체를 유지할 수 있을지 여부와는 무관하게(이는 아래에서 다룰 것이다), 즉각적인 위협으로부터 기본권을 보호하는 필수적인 안전 장치다. 그러나 수십 년간 기후변화와 그 영향을 논의해 왔음에도, 현대 난민 제도는 여전히 기후 망명자들이 처한 상황을 제대로 다루지 못하고 있다. 이 제도는 제2차 세계대전 이후 수백만 명이 고국을 떠나 긴급히 망명을 필요로 하던 시대에 탄생했다. 인종, 종교, 성적 지향 등 다양한 이유로 자국 정부에 의해 박해받는 이들에게 안전한 피난처를 제공하는 것이 목적이었다. 관련 국제법은 난민을 자국에서 박해받을 우려가 있어 타국에 망명을 요청하는 사람으로 정의한다. 그러나 기후 망명자는 이 정의에 해당하지 않는다. 해수면 상승으로 삶의 터전을 잃은 사람은 자국 정부로부터 박해를 당한 것이 아니라, 국가가 통제할 수 없는 요인으로 살 수 없는 땅이 되었기 때문이다. 그럼에도 이들은 기존 난민들과 마찬가지로 국제 사회의 보호를 받을 정당한 도덕적 권리를 가진다. 자국 내에서 기본적인 보호를 상실했다는 점에서 동일하기 때문이다.[10] 박해를 피해 망명한 사람을 본국으로 돌려보내는 것은 그를 심각한 위험에 노출시키

---

10   Rebecca Buxton, 'Reparative Justice for Climate Refugees', *Philosophy*, vol. 94 (2019), pp. 193-219, at p. 194.

는 것이며, 기후 망명자를 돌려보내는 일 역시 생존을 위협하는 결과로 이어진다.

국제 체제의 핵심 목표 중 하나는 기후 망명자에게 기존 난민들이 누려온(비록 현실에서는 불완전하더라도) 법적 보호를 동등하게 확장하는 것이어야 한다. 이들을 난민이라 *부를지* 여부는 본질적이지 않다. 중요한 것은, 기후 망명자가 타국에 입국할 도덕적 권리를 가진다는 사실을 인정하고, 이를 국제법상 시급히 보장해야 한다는 점이다. 실제로 기후 망명자에게는 단순한 망명 이상의 조치가 필요하다. '일반' 난민은 언젠가 고국으로 안전하게 돌아갈 수 있을 것이라는 (종종 불확실한) 가정 아래 망명이 일시적 조치로 간주되지만, 기후 망명자는 영구적인 재정착이 필요하다. 한 번 침수된 섬은 가까운 미래에 다시 사람이 살 수 있는 땅이 되지 않기 때문이다. 따라서 기후 망명자는 단순히 다른 나라에 입국할 권리뿐 아니라, 궁극적으로 그 나라의 *시민*이 될 권리도 강하게 주장할 수 있다. 명확한 시민권 취득 경로가 없다면, 이들은 새로운 나라에서 영구적인 소수자로 살아야 하고, 동등한 정치적·사회적 권리 없이 차별받으며 살아가야 할 것이다. 갈 곳이 없는 사람들에게 이는 결코 받아들일 수 없는 일이다.

일부에서는 기후 망명자가 새로운 국가에서 망명은 물론 시민권까지 가질 권리를 주장하는 데 이의를 제기할 수 있다. 그러나 그럴 이유는 없다. 보수 정치인들은 종종 망명 제도의 '악용'을 비난하며, 난민 수용 여부와 규모는 각국이 자율적으로 결정해야 한다고 주장해 왔다. 그러나 이는 도덕적 판단의 무게를 지나치게 수용국에만 지우는 결과를 낳는다. 설령 국가가 자국의 미래를 스스로 결정할 권리가 있다고 해도, 그것이 인간의 기본적 생존권보다 우선할 수는 없다.11 기후 망명자 문제에서 쟁점이 되는 것은 바로 이 생존권이다. 시민권 취득 경로 없이 영구적 외국인 계층과 함께 살아가는 현실을 받아들일 수 없다면, 망명은 수용국 공동체의 완전하고 평등한 구성원이 될 가능성까지 함께 보장해야 한다.

물론 어떤 국가도 기후 망명자의 입국을 거부해서는 안 되지만, 누가 어디로, 몇 명이 이주할 수 있는지는 여전히 중요한 문제다. 접근 방식은 크게 두 가지로 나뉜다. 첫째, 기후 망명자가 *어디든* 한 곳으로 이주할 권리를 인정하는 것이다. 이 경우, 이들이 이주하는 국가는 이들의 권익을 보호할 수 있는 안정적이고 합리적으로 통치되는 곳이어야 하지만, 반드시 본인이 선택한 국가는 아닐 수 있다. 둘째, 기후 망명자가 이주할 국가를 스스로 *선택할* 권리를 인정하는 접근이다.

첫 번째 접근은 문제를 본질적으로 상향식이 아닌 하향식으로 해결하려는 태도와 맞닿아 있다. 원칙적으로 수용국들이 모여 각국이 수용할 망명자 수를 합의할 수 있다. 예를 들어, 평균보다 많은 온실가스를 배출한 국가는 '문제를 일으킨 쪽이 책임진다'는 원칙에

---

11 David Miller, *National Responsibility and Global Justice* (Oxford: Oxford University Press, 2007), p. 221.

따라 평균보다 많은 기후 망명자를 수용해야 한다고 결정할 수 있다. 또는 부유한 국가나 인구 밀도가 낮은 국가는 수용 능력이 더 크다는 이유로 더 많은 망명자를 받아야 한다고 판단할 수도 있다. 기후변화에 대한 책임과 수용 능력을 함께 고려해 기준을 마련하는 방식도 가능하다.12 어느 방식을 택하든, 이론적으로 각국이 수용해야 할 망명자 수를 미리 산정할 수 있으며, 그에 따라 망명자를 각국에 '배정'할 수 있다. 모든 망명자에게 안전한 거처가 제공된다면, 비록 개별 기후 망명자에게 선택권이 없더라도 국제 사회는 자기 책무를 다한 셈이 된다.

하지만 나는 이러한 하향식 대응에 우려가 있으며, 망명자가 정착지를 더 주도적으로 선택할 수 있는 상향식 접근이 필요하다고 본다. 하향식 대응은 선택권을 제한해 오히려 더 나쁜 결과를 초래할 수 있다. 반면, 스스로 선택할 수 있다면 망명자들은 자신과 유사한 삶의 방식을 가진 국가를 선호할 것이다. 예를 들어, 망명자들은 해수면 상승에 덜 취약한 다른 섬나라를 선택함으로써 기존의 삶을 이어가고, 문화·언어·종교를 공유하는 사람들과 함께 살기를 원할 수 있다. 소중한 이들과 관계를 맺고, 자신의 삶을 어느 정도 스스로 통제할 수 있을 때 좋은 삶이 가능하다는 점에서, 우리의 결정은 이들의 웰빙에 중대한 영향을 미칠 수 있다. 전통적인 고향을 잃는

---

12 이러한 입장에 따른 제안으로는 다음을 보라. Mathias Risse, 'The Right to Relocation: Disappearing Island Nations and Common Ownership of the Earth', *Ethics & International Affairs*, vol. 23, no. 3 (2009), pp. 281–300, at p. 296.

것만으로도 이미 충분히 고통스러운데, 단지 그 국가가 부유하거나 온실가스 배출이 많다는 이유만으로 망명자에게 문화·기후·지형이 이질적인 국가로의 이주를 강요하는 것은 그 고통을 더욱 가중시킬 수 있다.

정의로운 망명자 재정착 시스템이라면, 망명자들이 특정 국가를 선호할 만한 타당한 이유가 있음을 인정해야 한다.[13] 실제로 기후변화 대응 과정에서 섬 주민들의 의견은 자주 배제되며,[14] 이는 불필요한 상처를 더할 뿐이다. 망명자들은 대부분 기후변화의 가해자가 아니라 피해자인 만큼, 적응 과정에서 권한을 부여받아야 한다. 우리는 위에서 기술 관료적 해법을 강요하기보다, 그들의 자율성과 능동적 참여를 보장하는 정책을 지지해야 한다. 따라서 수용국에 과도한 부담이 없는 한, 망명자가 신댁한 정착지가 결정적 기준이 되어야 한다.

그러나 상향식 접근에도 우려는 있다. 기후 망명자들이 원하는 국가로 이주할 수 있게 되면, 일부 국가에 인구가 집중될 수 있다. 지리적·문화적으로 고향과 비슷한 곳을 택하거나, 더 나은 기회를 기대해 특정 국가를 선호할 수 있기 때문이다. 가족이나 지인과 떨어지지 않기 위해 함께 이동하려는 경우도 있을 것이다. 이렇게 되면

---

[13] David Owen, 'Refugees and Responsibilities of Justice', *Global Justice: Theory Practice Rhetoric*, vol. 11, no. 1 (2018), pp. 23-44, at p. 36.

[14] Rory Walsh and Charlotte Stancioff, 'Small Island Perspectives on Climate Change', *Island Studies Journal*, vol. 13, no. 1 (2018), pp. 13-24, at p. 17.

일부 수용국이 다른 나라보다 훨씬 큰 부담을 지게 될 수 있으며, 그 부담이 반드시 더 큰 책임이 있는 국가에 돌아가는 것도 아니다. 예를 들어, 섬 주민들이 빈곤하고 온실가스 배출이 적은 다른 섬나라에 몰리게 되면, 오히려 감당하기 어려운 국가에 부담이 전가될 수 있다.

이에 대한 한 가지 답은, 기후 망명자들을 애초에 부담으로 여겨서는 안 된다는 것이다. 그들도 인간이며, 안전한 곳에서 살아갈 권리가 있다. 그리고 우파 정치인들의 주장과 달리, 이민은 대체로 수용국에 이익이 된다. 이주민은 미래의 시민이며, 특히 고령화가 진행 중인 국가에서는 그들의 노력과 노동력이 중요한 자원이 될 수 있다. 이는 유의미한 반론이지만, 비용에 대한 우려를 완전히 해소하지는 못한다. 망명자들이 시간이 지나 소중한 시민이 된다고 해도, 교육·주거·복지·의료 서비스를 제공하는 데 드는 단기적·중기적 비용은 상당할 수 있으며, 일부 국가는 안타깝게도 이를 감당할 여력이 없을 수도 있다. 예를 들어, 피지는 투발루와 키리바시에서 망명자를 수용하겠다는 뜻을 여러 차례 밝혔지만, 이들을 제대로 받아들일 자원이 충분한지는 불확실하다.15 소규모 섬나라에서는 인구 압박으로 토지 가격이 상승해 빈곤층이 주거 시장에서 밀려날 우려도 있다. 이에 비해 하향식 접근은 망명자 수용에 따른 부담을

15　Milla Emilia Vaha, 'Hosting the Small Island Developing States: Two Scenarios', *International Journal of Climate Change Strategies and Management*, vol. 10, no. 2 (2018), pp. 229–244, at p. 235.

더 공정하게 분담할 수 있다는 장점이 있다.

이 지점에서 최선의 대응은 복잡한 문제의 실마리를 단순하고 분명하게 푸는 일이다. 망명자에게 거주지 선택권을 보장하는 동시에, 그로 인한 비용을 공정하게 나누는 방안을 모색해야 한다. 이는 상당 부분 실현 가능하다. 망명자들이 특정 국가를 선택해 새 삶을 시작하더라도, 그 국가가 모든 비용을 떠안을 필요는 없기 때문이다.16 예컨대 유엔 적응기금Adaptation Fund 같은 기구는, 대규모 망명자를 수용해 큰 부담을 겪는 국가에 재정적 지원을 제공할 수 있다. 물론 이를 위해서는 지금보다 훨씬 더 많은 자원이 필요하다. 더 나은 방안은 상당한 금액을 망명자 개인에게 직접 지원해, 어디서든 경제적으로 자립할 수 있도록 돕는 것이다. 물론 이것만으로 그들이 잃은 모든 것을 온전히 '보상'할 수는 없다. 섬 주민들은 집과 생계수단은 물론, 정체성과 관습, 소속감을 지탱해 온 기반 자체를 잃을 수 있다.17 고향을 떠나 땅과 바다와 맺어 온 관계가 끊어지는 일은, 단순히 안전한 피난처를 제공하는 것만으로는 회복할 수 없는 깊은 웰빙의 상실을 의미한다. 그렇다면 국제 사회, 특히 고배출국들은 망명자들에게 의미 있는 사과와 함께, 그 상실을 함께 기억하겠다고 약속해야 한다. 또한 섬 주민들에게 전환 자금을 지원하면, 그들이

---

16   Clare Heyward and Jörgen Ödalen, 'A Free Movement Passport for the Territorially Dispossessed', in Clare Heyward and Dominic Roser (eds), *Climate Justice in a Non-ideal World* (Oxford: Oxford University Press, 2016), pp. 208-226.

17   Clare Heyward, 'Climate Change as Cultural Injustice', in Thom Brooks (ed.), *New Waves in Global Justice* (Basingstoke: Palgrave Macmillan, 2014), pp. 149-169.

미래를 스스로 개척할 수 있을 뿐 아니라, 수용국 입장에서도 이들을 받아들이는 일이 더 매력적인 선택지가 될 수 있다. 적응 자금을 망명자와 수용국에 나누어 지원하는 것이 공정한 전환을 이루는 가장 효과적인 방식이다. 자금의 대부분을 망명자에게 지급하면 이들이 자신의 운명을 주도할 수 있고, 일부를 수용국에 제공하면 복지나 교육 지출을 유지하고 양질의 주거 환경을 마련해 자국 빈곤층에 미치는 영향을 줄일 수 있다.

내가 주장하는 바는, 기후변화에 대한 책임의 정도와 전환 비용을 감당할 능력이 기후 망명자 수용에 따른 비용 분담의 핵심 기준이 되어야 한다는 것이다. 그러나 이를 근거로 망명자를 특정 국가에 '배정'하는 하향식 모델을 채택해서는 안 된다. 이 기준은 오히려 망명자와 수용국이 함께 살아갈 수 있도록 적응 과정을 지원하는 데 활용되어야 한다. 이를 위해 기후 망명자(그리고 부차적으로 수용국)를 위한 전환 기금을 조성하고, 각국이 기후변화에 끼친 영향과 감내할 수 있는 부담 수준에 따라 공정하게 분담하도록 해야 한다. 물론 이 방안만으로 망명자가 특정 국가에 몰리는 현상을 완전히 막을 수는 없다. 특정 시기에 한 국가로 인구가 집중되면 현지의 공공 서비스가 심각한 압박을 받을 수 있고, 이 경우 해당 국가는 일시적으로 이민을 제한할 정당한 근거를 가질 수 있다. 그럼에도 수용 비용을 공정하게 나누기만 해도 통합 과정은 훨씬 수월해지고, 망명자들이 자신의 미래를 스스로 설계할 가능성도 높아진다. 이는 정치적 논의의 방향도 한층 긍정적으로 바꿀 수 있다. 망명자에게 전환 자금이

주어진다면, 수용국은 그들을 부담이 아닌 기회로 받아들일 가능성이 커진다(나는 이들이 부담이라는 인식 자체가 부당하다고 보지만, 그 인식은 여전히 강력한 영향을 미치고 있다). 무엇보다 이러한 정책은 기후 망명자들의 미래를 그들 자신의 손에 돌려주는 일이다. 우리가 초래한 기후변화를 고려할 때, 이는 최소한 우리가 져야 할 책임이다.

자결권, 국가 지위, 영토

망명자들이 겪을 *정치적 상실*에도 주목해야 한다. 우리는 국가가 지배하는 세계에 살고 있으며, 많은 이가 집단적 자치를 중요한 가치로 여긴다. 이 세계에서 자결권은 특정 영토에 대한 통제와 깊이 연결되어 있다. 그러나 해수면 상승은 자결권과 영토 통제 모두를 위협할 수 있다. 몰디브 정부는 해수면 상승이 "몰디브 국민의 자결권을 박탈할 수 있다"며, 이를 기후변화의 중대한 피해로 지적했다.18 이에 따라 태평양 섬 국가 지도자들은 2015년 수바 선언Suva Declaration에서, 해수면 상승 대응 과정에서 *국민으로서* 존재할 권리를 반드시 보호해야 한다고 강조했다.19

좀 더 극단적으로는 섬 주민들이 국제관계학자들이 말하는 '국가

---

18 Submission of the Maldives to the Office of the UN High Commissioner for Human Rights under Human Rights Council Resolution 7/23, 'Human Rights and Climate Change' (25 September 2008) at p. 7.
19 Vaha, 'Hosting the Small Island Developing States', p. 232.

소멸' 가능성에 직면할 수 있다는 주장도 제기되었다.[20] 국제법에서 국가 지위는 일정 요건을 갖춘 하나의 패키지로 간주된다. 즉 영구적인 인구가 영구적인 영토에 거주하고, 이를 대표하는 실질적인 정부가 존재하며, 다른 국가들과 외교 관계를 맺을 수 있어야 한다.[21] 하지만 저지대 섬 국가들은 이러한 요건 가운데 특히 영구적인 영토에 거주하는 인구의 존속 자체가 위협받고 있다. 그렇다면 침수는 국가 지위의 상실을 뜻하는가? 전쟁으로 국토를 잃은 국가들도 일정 기간 망명 정부를 유지하며 국가 지위를 인정받아 왔다. 이들은 고정된 영토를 통제하지 못해도 여전히 국가로 간주되었다. 그러나 전쟁은 어디까지나 일시적이다. 반면, 침수는 훨씬 장기화할 수 있어 기존의 망명 정부 모델로는 대응이 어렵다는 지적도 있다.[22]

국가 지위의 상실은 단순한 토지나 재산, 문화적 유대의 상실을 넘어, 기후 망명자들이 겪는 피해를 더욱 심화시킬 수 있다. 이로 인해 침수라는 가능성은 우리를 거의 탐색되지 않은 영역으로 이끈다. 망명자들은 다른 곳에서 국가를 재건할 권리를 가질 수 있을까? 이미 대부분의 땅이 어떤 국가의 영토로 점유된 세계에서 그것이 가능한 일일까? 망명자들이 새로운 영토를 확보하지 못한다면, 더는 집단적 자결권을 행사할 수 없는가? 그렇다면 그들의 국가와 섬 시

20　James Ker-Lindsay, 'Climate Change and State Death', *Survival*, vol. 58, no. 4 (2016), pp. 73-94.
21　Montevideo Convention on the Rights and Duties of States (1933), Article 1.
22　Rosemary Rayfuse and Emily Crawford, 'Climate Change, Sovereignty and Statehood', *Sydney Law School Legal Studies Research Paper*, 11/59 (2011), p. 5.

민권은 역사 속으로 사라지는 것인가?

해수면 상승은 분명 중대한 위협이지만, 나는 여기서 절망을 권하는 조언에 반론을 제기하고자 한다. 침수가 반드시 자결권, 국가 지위, 나아가 영토 보유의 종말을 의미할 필요는 없다고 생각한다. 물론 망명자들이 겪게 될 상실을 결코 가볍게 여기는 것은 아니다. 그 상실은 막대하며, 침수라는 가능성 자체만으로도 이미 중대한 피해다. 우리가 온실가스 배출을 충분히 줄이지 못함으로써 섬 주민들에게 심각한 불의를 저질러 왔다는 점 역시 분명하다. 그러나 많은 섬 주민은 어떤 상황에서도 자결권과 독립 국가 지위에 대한 깊은 헌신을 보여 왔다. 나는 이 헌신을 진지하게 받아들이며, 해수면 상승이라는 위기 속에서도 이를 지켜낼 수 있는 방안을 모색하고자 한다.

우선 자결권 개념부터 살펴보자. 현재 섬 공동체들은 자신들의 정치적 미래를 스스로 결정하고 있다. 어떤 제도를 운영할지, 이를 어떻게 재정적으로 뒷받침할지, 정치 과정에 누구를 어떻게 참여시킬지도 직접 정한다. 국제법은 세계 각지의 고유한 '민족'들이 자결권을 행사할 권리를 명확히 보장하고 있다. 예를 들어, 1966년 채택된 '시민적 및 정치적 권리에 관한 국제 규약'은 모든 민족이 "자신의 정치적 지위를 결정하고, 자유롭게 경제적·사회적·문화적 발전을 추구할 수 있어야 한다"고 선언한다.[23] 많은 철학자에게 자결권의 핵심은 그것이 정의나 민주주의, 또는 경제 성장을 가능하게 해 준

23　International Covenant on Civil and Political Rights, Article 1.

다는 데 있지 않다. 사람들은 *자신들의 것*이라 여기는 제도를 스스로 운영할 권리를 중요하게 여긴다. 이러한 제도가 공동체에 중요한 이유는 "그것이 함께 *만들어졌고*, 그 안에 공동의 기획과 기여가 담겨 있다고 여기기 때문"이다.[24]

그러나 집단적 자결권은 해수면 상승으로 위협받을 수 있다. 특히 기후 망명자들이 여러 수용국에 흩어지면 집단적 통치 능력이 약화될 수 있다는 우려가 크다. 이는 그들이 고유한 '민족'이 아니라는 뜻도, *자결권*을 상실한다는 뜻도 아니다. 식민 지배로 영토를 빼앗긴 토착민들도 여전히 민족으로 인정받으며, 국제법 역시 영토 통치 여부와 관계없이 *민족의* 자결권을 보장한다. 그러나 영토를 잃으면 자결권을 실질적으로 *행사할* 능력은 심각하게 훼손될 수 있다. 섬 주민들이 고유한 집단적 제도를 유지하지 못한다면, 자신들의 미래를 결정할 구체적 수단은 무엇으로 남게 될까?

다음으로 국가 지위 문제를 살펴보자. 현대 세계에서 국가는 집단적 자결권을 실현하는 주요 수단이다. 유엔이나 유럽연합 같은 국제기구가 등장했지만, 세계 정치와 국제법에서 국가는 여전히 핵심 행위자다. 국가 지위를 얻지 못한 민족은 이를 열망하고, 이미 획득한 민족은 쉽게 포기하지 않는다. 국가는 단순한 지위가 아니라, 천연자원에 대한 주권, 조약 체결권, 유엔 가입권, 국제형사재판소 제

---

24 Anna Stilz, 'The Value of Self-Determination', *Oxford Studies in Political Philosophy*, vol. 2 (2016), pp. 98–127, at p. 100.

소권 등 중요한 법적 특권을 수반한다.25 그러나 국가 지위 역시 해수면 상승으로 위협받을 수 있다. 일반적으로 국가 지위에는 영구적 인구, 영토, 실질적 정부, 외교 능력이 요건으로 포함된다. 섬이 침수되면 "영토 요건을 충족하지 못해 국가 지위 주장이 무너진다"는 지적이 제기되어 왔다.26

이제 세 번째 개념인 영토로 넘어가 보자. 국가는 일반적으로 영구적인 영토를 통제하며, 이를 잃는 것은 자결권 상실로 이어질 수 있다.27 카라 나인은 "집단이 자율적으로 통치하려면 특정 지역에서 정의를 수립할 권한, 즉 영토 권리가 필요할 수 있다"고 주장한다.28 영토가 없다면 집단적 자결권을 행사할 기반 자체가 사라질 수 있다.29 결국 침수 가능성은 자결권과 국가 지위 모두에 중대하고, 어쩌면 치명적인 영향을 미칠 수 있다. 이에 대한 히니의 대응책은, 망명한 섬 공동체가 각기 고유한 영토를 가진 *새로운* 국가를 다른

---

25 Alberto Costi and Nathan Jon Ross, 'The Ongoing Legal Status of Low-Lying States in the Climate-Changed Future', in Petra Butler and Caroline Morris (eds), *Small States in a Legal World* (Dordrecht: Springer, 2017), pp. 101-138, at pp. 108-109.

26 Rosemary Rayfuse, 'International Law and Disappearing States', *Environmental Policy & Law*, vol. 41 (2011), pp. 281-287, at p. 284. 다음도 보라. Ker-Lindsay, 'Climate Change and State Death'; Milla Vaha, 'Drowning Under: Small Island States and the Right to Exist', *Journal of International Political Theory*, vol. 11, no. 2 (2015), pp. 206-223.

27 Buxton, 'Reparative Justice for Climate Refugees', pp. 169-170.

28 Cara Nine, 'Ecological Refugees, State Borders, and the Lockean Proviso', *Journal of Applied Philosophy*, vol. 27, no. 4 (2010), pp. 359-375, at p. 366.

29 Ibid., p. 359; Joachim Wundisch, 'Territorial Loss as a Challenge for World Governance', *Philosophical Papers*, vol. 48, no. 1 (2019), pp. 155-178, at p. 158.

곳에 설립하는 방안을 모색하는 것이었다.30 본래 터전에서 더는 살 수 없게 되더라도, 지구상의 다른 지역에 국가를 재건하는 것은 차선책이 될 수 있다.

그러나 이는 실현 가능성이 낮은 제안이다. 이미 국가들이 점유하지 않은 광범위한 땅은 거의 남아 있지 않기 때문이다(남극이 유일한 예외지만, 극도로 거주에 부적합하다). 따라서 망명 공동체에 영토를 제공하려면 기존 국가들이 자국 영토의 일부를 내놓아야 한다. 예를 들어, 고배출국이 섬 주민들의 터전을 잃게 만들어 자결권을 침해했다면, 그에 대한 보상으로 일정한 영토를 제공해야 한다는 주장이 있다.31 또는 섬 주민들이 자신과 무관한 이유로 영토를 잃었다면, 비교적 넓은 영토를 가진 국가는 '일부를 내어' 새로운 국가가 들어설 수 있도록 해야 한다는 논리도 제기된다.32

그러나 이러한 주장만으로는 국가가 어느 지역의 영토를 내놓아야 하는지에 대한 해답을 제시하지 못한다. 또 이에 대한 명확한 기준도 없다. 국제법상 국가가 특정 지역의 영토를 양도하거나 판매하려면 해당 지역 주민 다수의 명시적 동의를 얻어야 한다는 것이 일

---

30 예를 들어, 다음을 보라. Cara Nine, 'Ecological Refugees, State Borders'; Avery Kolers, 'Floating Provisos and Sinking Islands', *Journal of Applied Philosophy*, vol. 29, no. 4 (2012), pp. 333–343.

31 Wundisch, 'Territorial Loss as a Challenge for World Governance'.

32 Nine, 'Ecological Refugees, State Borders'; Kim Angell, 'New Territorial Rights for Sinking Island States', *European Journal of Political Theory*, vol. 20, no. 1 (2021), pp. 95–115.

반적으로 받아들여진 원칙이다.33 국가가 보상을 약속하더라도, 주민들이 이에 동의할 가능성은 높지 않다. 주민의 의사와 무관하게 영토를 양도하는 행위는 동의 원칙을 침해하는 것이 된다. 또한 어떤 지역을 내줄지 결정하는 과정에서 기존의 구조적 불의가 더욱 심화될 위험도 있다. 국가가 경제적 중요성이 낮거나, 현지 주민들이 반대할 힘이 약한 '주변부 지역'을 선택한다면, 새로운 국가 설립의 비용이 부당하게 전가될 수 있다. 설령 섬 주민들이 새로운 영토를 요구할 정당한 권리를 갖고 있더라도, 그 대가를 기후변화에 책임이 적거나 희생을 감당할 여력이 가장 부족한 이들이 떠안게 해서는 안 된다.34

카라 나인의 제안처럼, 여전히 우리는 기후 망명자들에게 '사람이 살지 않거나 방치된' 땅을 제공함으로써 문제를 피할 수 있다고 생각할 수 있다.35 이 방식이 어느 정도 도움이 될 수는 있지만, 실제로 국가들이 기꺼이 내줄 만한 광범위한 무인 지역을 보유하고 있을 가능성은 낮다. 설령 그런 땅이 존재하더라도, 망명자들에게 매력적인 정착지가 아닐 수 있다. 이 시점에서 기후 망명자들이 자신들의 새로운 영토를 확보할 수 있으리라는 전망은 점점 더 희박해 보인

---

33 Frank Dietrich and Joachim Wundisch, 'Territory Lost —Climate Change and the Violation of Self-determination Rights', *Moral Philosophy and Politics*, vol. 2, no. 1 (2015), pp. 83-105, at p. 88.
34 제이미 드레이퍼는 영토 재분배는 도덕적 비용이 너무 크기 때문에 가급적 피해야 한다고 주장했다. Draper, 'Self-Determination and Territory in Small-Island States', draft paper.
35 Nine, 'Ecological Refugees, State Borders', p. 372.

다.[36] 물론 여전히 일부 국가는 일정한 영토를 내놓을 의무가 있다고 주장할 수 있으며, 어떤 지역을 양도할지 공정하게 결정하는 절차가 마련되기를 바랄 수도 있다. 나 역시 그런 가능성을 완전히 배제하고 싶지는 않다. 그러나 이처럼 중대한 난점들을 고려할 때, 우리는 자결권, 국가 지위, 영토 간의 연관성에 대한 몇 가지 기본 전제를 다시 검토할 필요가 있다.

국가 없는 자결권, 주권 영토 없는 국가?

공동체가 독립 국가 지위를 갖지 않으면 자결권을 행사할 수 없을까? 기후 망명자들에게 이 질문은 매우 중요하다. 그러나 자결권과 국가 지위의 관계는 생각보다 느슨할 수 있다. 자결권이란 다른 공동체의 간섭 없이 스스로의 사안을 결정할 수 있는 능력을 뜻하며, 독립 국가 지위는 이를 실현하는 여러 방식 중 *하나*일 뿐이다. 영국의 스코틀랜드인과 웨일스인은 일정 부분 권력 이양을 통해 자결권을 확대해 왔으며, 공공 정책의 여러 영역을 스스로 통제할 수 있게 되었다. 퀘벡, 브라질, 말레이시아, 호주 등 연방 국가 내 다른 지역들도 마찬가지다. 물론 이것이 연방 국가들이 완전하다는 뜻도, 그 안의 모든 집단이 국가의 미래를 결정하는 데 진정으로 동등한 참여자라는 뜻도 아니다. 그럼에도 독립 국가가 아니어도 집단적 자결권

---

36   Ibid.

이 실현된 사례는 적지 않다.37 이를 인정하면 지금까지 간과해 온 새로운 선택지가 열린다. 모든 유용한 영토가 이미 점유된 세계에서, 집단적 자결권을 실현하는 가장 현실적이고 공정한 방법은 기존 국가 안에서 망명자들에게 내부 자치권이나 '포괄적' 자결권을 부여하는 것일 수 있다. 이를 통해 망명자들은 전통과 역사, 열망을 반영해 집단적 삶을 스스로 조직할 수 있다.38 섬 주민들은 기존 국가 내에 일정한 자치 영토를 부여받거나, 어디에 살든 집단으로서 정치적 결정에 참여할 권리를 가질 수도 있다.

현실 세계에서 원주민 대표성이 어떻게 구현되는지 살펴보는 것도 의미 있다. 이는 새로운 가능성을 열어줄 수 있다. 예를 들어, 뉴질랜드에서는 모든 유권자가 '일반' 지역구 국회의원을 한 명씩 뽑는다. 여기에 더해, 마오리족으로 등록된 유권자는 '마오리 선거구' 제도에 따라 추가로 한 명의 대표에게 투표할 수 있다. 이 대표는 대개 마오리 출신으로, 마오리 공동체의 고유한 이해와 경험을 대변하며, 이들의 목소리가 국가 제도 안에 제대로 반영되도록 한다.39 이와 유사한 목표를 실현하는 방식으로, 원주민을 위한 별도의 정치 기구를 설립하고, 국가 기관이 이들의 이해에 중대한 영향을 미

---

37 Daniel Philpott, 'In Defense of Self-determination', *Ethics*, vol. 105, no. 2 (1995), pp. 352-385, at p. 353.

38 Nine, 'Ecological Refugees, State Borders', p. 372; Anna Stilz, *Territorial Sovereignty: A Philosophical Exploration* (Oxford: Oxford University Press, 2019), p. 180.

39 다음을 보라. https://www.parliament.nz/en/mps-and-electorates (accessed 8 May 2021).

치는 사안을 다룰 때 이 기구와 협의하도록 하는 방법도 있다. 노르웨이의 사미 의회Sami Parliament가 그 대표적 사례다.40 물론 소규모 섬 공동체는 여러 면에서 특수한 상황에 놓여 있지만, 이러한 사례들은 특정 집단이 국가 전역에 흩어져 있더라도 정치 제도 안에서 대표성을 실현할 수 있음을 보여준다.

더 급진적인 접근으로는, 영토 상실이 곧 망명자의 원래 국가 소멸로 이어진다는 전제를 다시 생각해 볼 필요가 있다. 일부 국제법 학자들은 이 전제가 결코 자명하지 않다고 본다. 앞서 나는 국가 지위의 전형적 요건으로 여겨지는 몇 가지 요소, 즉 영구적 영토에 기반한 영구적 인구, 이를 대표하는 실질적 정부, 그리고 다른 국가들과 외교 관계를 맺을 수 있는 능력을 언급한 바 있다. 하지만 이는 새로운 국가 수립 시 적용되는 기준일 뿐, 이 중 일부가 사라진다고 해서 자동으로 국가 지위가 *상실*되는 것은 아니다.41 실제로 국제법은 국가의 존속을 강하게 전제하는 경향이 있다.42 한 국제법 학자는 "영토, 인구, 정부가 크게 바뀌거나, 경우에 따라 이 세 가지가 모두 변하더라도 국가가 반드시 소멸하는 것은 아니다"라고 지적한다. 원래의 '국가 기관', 즉 정부와 주요 제도가 유지되는 한, 국가는

---

40 다음을 보라. https://www.sametinget.se (accessed 6 May 2021).
41 Costi and Ross, 'The Ongoing Legal Status of Low-Lying States in the Climate-Changed Future', pp. 108-109.
42 Susin Park, *Climate Change and the Risk of Statelessness: The Situation of Low-lying Island States* (United Nations High Commissioner for Refugees, Legal and Protection Policy Research Series, 2011), pp. 3-4.

상당한 변화를 겪더라도 계속 존재할 수 있다.43

이러한 논의는 섬이 침수된 이후에도 망명자들이 여전히 원래 섬 국가의 시민으로 남을 수 있다는 가능성을 제기한다. 이는 그들이 연방 국가 내에서 자치를 이루든, 여러 수용국에 흩어져 개별 이주민으로 살아가든 마찬가지다. 새로운 국가의 시민권까지 취득하게 된다면 이들은 이중 국적자가 되는 셈이며, 이는 오늘날처럼 복잡한 세계에서 결코 낯선 개념이 아니다. 철학자 외르겐 외달렌(Jörgen Ödalen)이 지적했듯, 국가 지위란 우리가 흔히 '국가의 임박한 죽음'을 연상할 때 생각하는 것보다 훨씬 더 유연하고 지속 가능할 수 있다.44 어쩌면 이 문제에 대해 국제법에서 명확한 해답을 찾으려는 시도 자체가 잘못된 접근일 수도 있다. 현실에서 어떤 집단이 국가로 인정받는지는 결국 국제 사회의 승인 여부에 달려 있기 때문이다. 망명 정부는 국제법과 국제 사회에서 '영토 없는 주권이 실제로 작동했던' 역사적 전례로 받아들여진다.45

이 사실이 시사하는 바는 분명하다. 섬이 침수되더라도 그 주민들의 국가 지위를 계속 인정할지는 정치적 선택의 문제다. 원칙적으로 침수된 섬의 옛 주민들은 영토를 잃고46 다른 국가의 시민권을 취득

---

43 James Crawford, *The Creation of States in International Law*, 2nd edn (Oxford: Oxford University Press, 2006), p. 34.
44 Jörgen Ödalen, 'Underwater Self-Determination: Sea-Level Rise and Deterritorialized Small Island States', *Ethics, Policy & Environment*, vol. 17, no. 2 (2014), pp. 225–237.
45 Maxine Burkett, 'The Nation Ex-Situ: On Climate Change, Deterritorialized Nationhood and the Post-Climate Era', *Climate Law*, vol. 2 (2011), pp. 345–374, at p. 357.
46 Vaha, 'Drowning Under', pp. 213–215.

하더라도 동일한 국가의 구성원으로 계속 인정받을 수 있다. 반대로 그들의 국가 지위를 인정하지 않기로 한 결정 역시 정치적 선택이며, 이에 대한 설득력 있는 정당화가 필요하다. 이는 단순히 영토를 잃었다는 이유만으로 자동적으로 따라오는 결과는 아니다.

마찬가지로, 망명 공동체는 다른 국가들이 이들과 외교적으로 교류하고, 대사관이나 국제 관계 기구를 수용하며, 외교관과 여권을 인정하려는 의지가 있는 한, 국제 사회에서 자신들을 대표할 수 있다. 제2차 세계대전 당시 폴란드 망명 정부는 처음에는 파리, 이후에는 런던에 본부를 두고 여러 국가와 외교 관계를 유지했다.47 프랑스와 영국이 이 망명 정부를 수용한 일은 자국의 영토나 주권을 침해하지 않았고, 특별한 부담도 되지 않았다. 이 사례는 영토 없이도 국가 지위를 승인받을 수 있음을 보여준다. 만약 어떤 공동체가 망명자들의 권리를 부당하게 침해했다면, 그 권리를 보장하는 일은 우리가 감당해야 할 최소한의 책임일지도 모른다.

분명히 해 두자. 나는 침수가 기후 망명자들에게 정치적 손실을 초래하지 않을 것이라고 주장하는 것이 아니다. 영토를 잃은 망명자들은 여전히 독립적 영토 통치라는 국가 모델에 강한 애착을 가질 수 있으며, 영토 없는 자결권이나 국가 지위를 차선책으로 여길 수도 있다.48 하지만 자결권, 국가 지위, 영토 사이의 관계를 명확히

---

47 George Kacewicz, *Great Britain, the Soviet Union and the Polish Government in Exile (1939-1945)* (The Hague: Martinus Nijhoff, 2012).

48 Ödalen, 'Underwater Self-Determination'.

이해하는 일은 중요하다. 특히 자치를 실현할 새로운 영토를 확보할 수 없는 상황이라면 더욱 그렇다. 그런 경우, 침수된 섬 국가의 지위를 계속 인정하는 것은 섬 주민들의 정치적 손실을 최소화하는 중요한 해법이 될 수 있다.

해수면 상승과 해양 영토

나는 섬의 육지 영토가 완전히 침수되더라도, 섬 공동체가 여전히 독립된 국가로서 다른 나라들의 인정을 받으며 존속할 수 있다고 제안한 바 있다. 그러나 이 경우 자결권이 실질적으로 행사될 수 있는 범위는 줄어들 수 있다. 그렇다면 여러 국가에 흩어져 사는 망명 공동체가 자결권을 행사할 수 있는 *내상*은 무엇인가?

이 질문에는 여러 답이 있을 수 있다. 원칙적으로, 영토가 없는 국가도 법을 제정하고 시행할 수 있다. 물론 그 법을 어떻게 집행할지는 불분명하다. 이들은 인터넷 도메인 등록권이나 시민권을 판매하거나, 다국적 기업을 위한 저세율 관할지로 운영하며 수익을 올릴 수도 있다. 시민권 판매나 조세 회피처 운영 같은 방식은 평등과 정의의 원칙과 본질적으로 충돌한다. 그러나 섬 주민들이 중대한 부당함을 겪고 생계조차 이어가기 어려운 상황이라면, 이들이 그런 선택을 한다고 해서 쉽게 비난할 수는 없을 것이다. 다행히 다른 가능성도 있다. 우리가 해양 영토의 소유를 육지 점유와 분리해 생각할 준비가 되어 있다면 말이다.

그림 8.2에서 보듯, 키리바시, 투발루, 마셜 제도를 포함한 남태평양의 작은 섬나라들은 좁은 국토 면적에 비해 매우 넓은 배타적 경제수역을 보유하고 있다. 그러나 이 섬들이 해수면 상승으로 침수된다면, 이 배타적 경제수역은 어떻게 될까? 현재 해양법은 '정상적인' 해안 기준선, 즉 평균 간조선을 기준으로 산정된 해안선에 따라 해양 영유권을 인정한다. 이는 해수면 상승이 많은 국가의 해양 영토에 중대한 영향을 미칠 수 있다는 뜻이다. 예를 들어, 해수면 상승으로 플로리다의 상당 부분이 침수되면, 미국의 배타적 경제수역도 새로운 해안선에 맞춰 후퇴하게 된다. 대부분의 경우 이는 배타적 경제수역의 축소를 의미하지만, 해안선의 특성에 따라 오히려 확대되는 경우도 있을 수 있다.

그러나 이는 국가 전체가 여전히 거주 가능하다는 전제를 깔고 있다. 국제법상, 사람이 거주할 수 없는 섬은 배타적 경제수역을 주장할 수 없다.[49] 해양법협약이 제정될 당시에는 해수면 상승으로 인한 침수가 중대한 문제로 떠오를 것을 예상하지 못했다. 이제 우리는 이 법적 세부 규정이 매우 큰 파장을 불러올 수 있음을 알고 있다. 물론 국가들은 방조제나 기타 구조물을 세워 침수를 막을 수 있다. 그러나 작은 섬나라에는 매력적인 선택지가 아니다. 감당하기 어려운 막대한 비용이 들고, 설령 성공하더라도 해안에서의 삶은 근본적

---

[49] International Law Association, *International Law and Sea Level Rise: Report from the Sydney Conference* (London: International Law Association, 2018), p. 9.

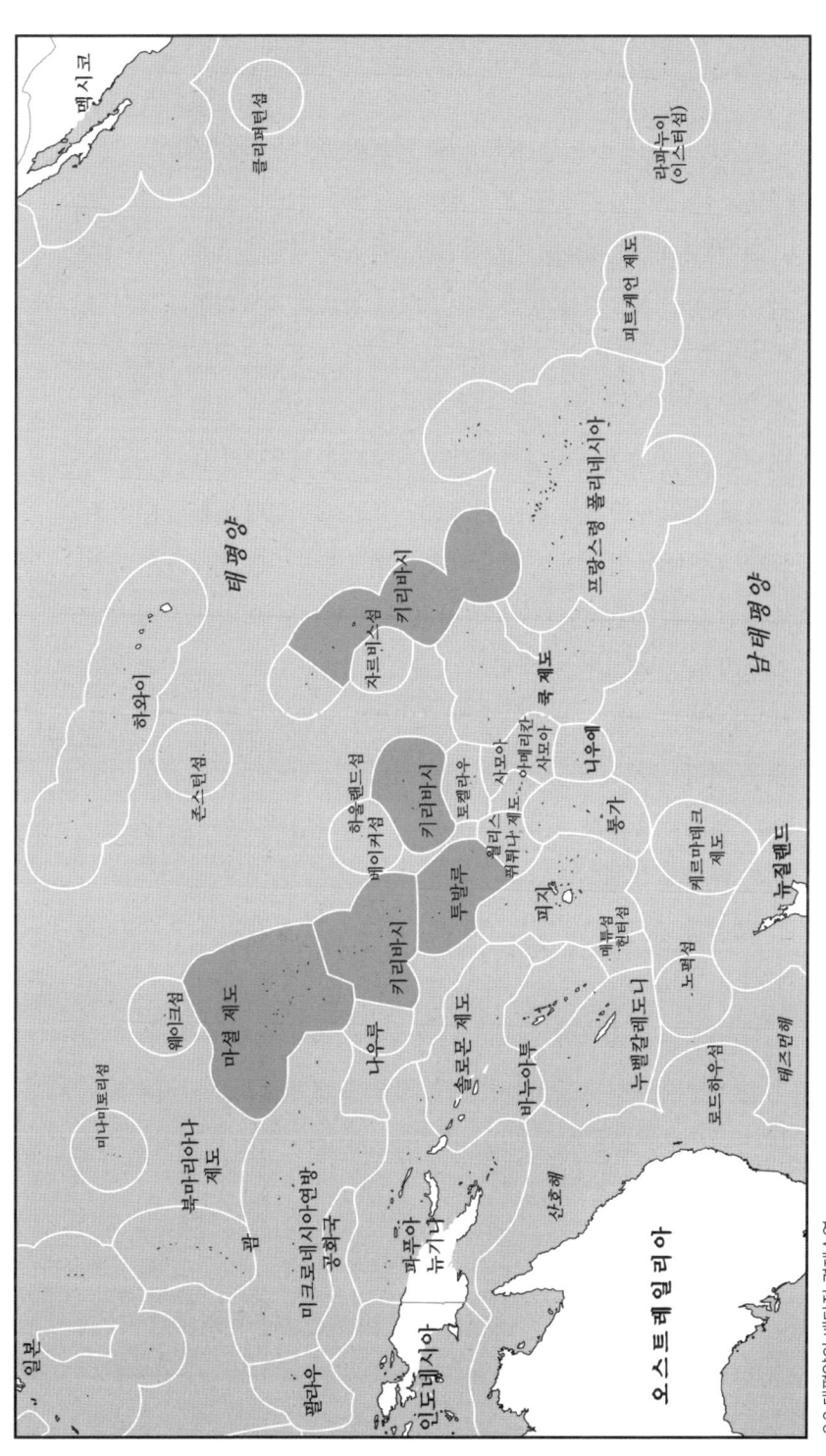

8.2 태평양의 배타적 경제수역.

으로 바뀌게 된다. 이는 섬 주민뿐 아니라 해양 생물에게도 마찬가지다.

대안은 해양법협약을 개정하거나, 최소한 해수면 상승과 무관하게 배타적 경제수역을 장래에도 고정된 것으로 재해석하는 것이다. 국제법협회는 이를 침수 위기에 처한 섬나라에 대한 필수적인 보호 조치로 권고한 바 있다. 이들 국가는 해수면 상승에 거의 책임이 없음에도 그 영향에는 불균형적으로 취약하기 때문이다.50 이 문제는 평등과 정의에 관심을 두는 이들에게 흥미로운 딜레마를 던진다. 이 책 앞부분에서 언급했듯, 배타적 경제수역의 도입은 여러 면에서 퇴행적인 조치였다. 해안선을 가진 국가는 막대한 이익을 얻었지만, 그렇지 않은 국가는 거의 아무런 혜택도 받지 못했다. 배타적 경제수역은 해양 생물 보전이라는 목적에서도 제한적인 성과에 그쳤고, 많은 국가는 지속 가능성을 실현하거나 생물다양성을 보호할 역량이나 의지를 충분히 보여주지 못했다. 그렇다면 우리는 침수된 섬나라의 배타적 경제수역을 민주주의, 지속 가능성, 정의와 같은 가치를 실현할 수 있는 세계적 기구에 이양하자고 주장할 수도 있을 것이다.

하지만 그런 결과를 실현하기 어렵다면 어떻게 해야 할까? 배타적 경제수역이 지도에서 사라진 뒤 가장 가능성 높은 시나리오는 해당 수역이 다시 공해로 편입되고 자원 채취의 원칙이 '선착순'으로

---

50   Ibid., pp. 14, 19.

되돌아가는 것이다. 그런 상황에서는 우리가 직면한 딜레마도 전혀 다른 양상으로 전개된다. 배타적 경제수역이 여전히 존재하는 상황에서, 대부분의 해안국은 해수면이 상당히 상승하더라도 자국의 해양 영토를 유지할 수 있다. 반면, 기후변화에 거의 책임이 없는 소규모 섬나라들만이 그 영토를 상실하게 된다면, 이는 명백히 부당하다. 나아가 기후 망명자들이 여러 수용국에 흩어진 소수 집단으로 살아가야 한다면, 그것은 상처에 소금을 뿌리는 일이 될 것이다.

대안은 해양 영토에 대한 권리를 그대로 유지하도록 허용하는 것이다. 이를 실현하는 방식은 기후 망명자들의 미래가 어떻게 전개되는지에 따라 달라질 수 있다. 섬 주민들이 다른 지역에 국가를 재건한다면, 기존 배타적 경제수역은 새로운 영토와의 거리와 무관하게 유지될 수 있다. 연방국의 구성원으로서 자결권을 행사하는 방식이라면, 망명자들은 배타적 경제수역을 독자적으로 유지하거나 수용국과 공유할 수 있고, 이 경우에도 해당 수역의 관리에 대한 특별한 권한을 보장받을 수 있다. 섬 주민들이 여러 국가로 흩어지더라도, 새로운 시민권을 취득한 상태에서 원래 섬나라의 국가 지위와 배타적 경제수역을 유지하는 방안도 가능하다. 예를 들어, 이전 섬 주민의 명부를 작성하고, 배타적 경제수역에 관한 결정권과 그로부터 발생하는 수익을 공유할 수 있는 제도를 마련하는 것이다.[51] 이러한

---

51   망명자들이 세대를 거쳐 배타적 경제수역을 계속 유지할 수 있을지, 혹은 후손들이 새로운 정착지에서 충분한 기회를 누리게 될 경우 그 권리가 점차 희미해질지는 중요한 논의 대상이다.

구상은 태평양 도서국 주민에게 시민권을 부여하는 대가로 그들의 배타적 경제수역을 호주가 흡수할 수 있다는 전 호주 총리 케빈 러드Kevin Rudd의 제안과 극명하게 대비된다. 투발루 총리 에넬레 소포아가Enele Sopoaga는 이를 지역 내 "제국주의적 사고"의 부활이라고 강하게 비판했으며, 이 제안은 섬 주민들이 피난처를 누릴 *권리*를 부정하는 것이다. 그들에게 수용의 조건으로 해양 영토를 포기하라고 요구하는 것은 이중으로 부당하다.52

육지 영토를 잃은 공동체가 배타적 경제수역을 유지하겠는 발상은 다소 낯설게 보일 수 있다. 하지만 이는 오늘날 많은 섬 주민이 직접 요구하는 핵심 사안이다. 태평양 섬나라 지도자들은 해수면 상승과 무관하게 자국의 해양 영토를 보존해야 한다고 주장해 왔다. 2015년 타푸타푸아테아 선언Taputapuatea Declaration은 바다와 밀접하게 연결된 폴리네시아의 정체성을 강조하며, 기후변화 속에서도 이를 지키겠다는 의지를 밝혔다. 이 선언은 기후 난민의 재정착 문제와 더불어, 국제 사회가 "해양법협약에 따라 [해양 영토의] 기준선을 해수면 상승과 무관하게 영구히 확정할 것"을 촉구한다.53 2018년 델랍 협의Delap Commitment에서도 키리바시, 마셜 제도, 투발루 등은 "해수면 상승의 영향에 관계없이 해양법협약에 따라 설정된 기준선의

---

52 다음을 보라. https://www.abc.net.au/news/2019-02-18/tuvalu-pm-slams-kevin-rudd-suggestion-as-neocolonialism/10820176 (accessed 13 April 2019).

53 Polynesian Leaders Group, *Taputapuatea Declaration on Climate Change* (Papeete, 16 July 2015).

법적 인정을 영구히 추구한다"고 천명했다.54 태평양 도서국 포럼 Pacific Islands Forum 역시 이 목표를 공식적으로 지지하고 있다.55

일반 시민과 사회운동 단체들 또한 해수면 상승이라는 위기에 대응해, 섬 공동체가 외부에 의존하지 않고 스스로 역량을 키울 수 있는 방안을 제시해 왔다. 대표적인 사례가 태평양 도서국 청년들의 풀뿌리 네트워크인 태평양 기후 전사들Pacific Climate Warriors로, "우리는 가라앉지 않는다, 우리는 싸운다!"는 구호로 잘 알려져 있다.56 이들은 자국의 침수와 섬 주민의 이주를 기정사실로 받아들이는 시각에 맞서 세계 각국 지도자들에게 즉각적이고 실질적인 기후 대응을 촉구해 왔다.57 한 활동가는 "우리는 섬을 잃을 이유가 없으며, 잃지 않기 위해 해야 할 일을 할 것"이라고 말했다.58 물론 많은 섬 주민도 일정 수준의 침수, 나아가 일부 섬의 완전한 소실이 불가피하다는 점을 인식하고 있다. 이에 따라 그들은 고향과 토착 문화와의 연결을 유지할 수 있는 적응 방안에 주목해 왔다. 이 과정에서 배타적 경제수역의 존속은, 섬이 침수된 이후에도 공동의 법적 · 정치적 정

---

54   Delap Commitment, *Securing Our Common Wealth of Oceans* (Majuro, Marshall Islands, 2 March 2018).

55   Pacific Islands Forum Secretariat, *Our Sea of Islands, Our Livelihoods, Our Oceania. Framework for a Pacific Oceanscape*, Pacific Islands Forum (November 2010).

56   Karen McNamara and Carol Farbotko, 'Resisting a "Doomed" Fate: An Analysis of the Pacific Climate Warriors', *Australian Geographer*, vol. 48, no. 1 (2017), pp. 17–26, at p. 17.

57   Jason Titifanue et al., 'Climate Change Advocacy in the Pacific', *Pacific Journalism Review*, vol. 23, no. 1 (2017), pp. 133–149, at pp. 143–144.

58   Milan Loeak, quoted in McNamara and Farbotko, 'Resisting a "Doomed" Fate', p. 20.

체성을 지키는 핵심 수단이 될 수 있다.

해수면 상승이 제기하는 문제들은 해양법협약이 우여곡절 끝에 제정될 당시에는 전혀 예견되지 못했다. 하지만 이제 우리는 이것이 생계, 정체성, 공동체의 삶에 이르기까지 전 세계적으로 막대한 위협이 된다는 사실을 알고 있다. 기후변화의 규모를 줄이기 위해 야심찬 대응에 나선다 해도 일정 수준의 해수면 상승은 불가피해 보인다. 이번 세기가 끝나기 훨씬 전에 우리는 기후 망명자의 권리를 둘러싼 문제와 마주하게 될 것이다. 이와 관련해 해양 정의의 세 가지 원칙이 적용된다. 첫째, 기후 망명자들이 존엄과 자율성을 지닌 채 안전하게 살아갈 수 있도록 *정의로운 전환*을 보장해야 한다. 이를 위해 *공정한 부담 분담*의 원칙 또한 마련되어야 한다. 나아가 기후 망명자를 단순한 지원의 수혜자가 아니라, 자신의 미래를 결정할 권리를 지닌 주체이자 공동체로 인식해야 하며, 이들이 지속적인 자결권을 행사할 수 있어야 한다. 그런 점에서 *민주적 포용과 적극적 참여*의 원칙도 중요하다. 기후 망명자들이 처하게 될 현실은 자결권, 국가 지위, 영토 간의 관계에 대해서도 근본적인 질문을 던진다. 해양법협약은 이들 관계를 당연한 것으로 간주했지만, 이제 그 연관성은 더 이상 자명하지 않다. 어떤 공동체가 국가 지위를 가질 자격이 있는가? 망명 공동체에게 국가는 어떤 형태일 수 있는가? 이러한 질문에 답하려면, 우리가 오래도록 당연하게 여겨 온 국가, 영토, 정치 공동체에 대한 인식을 다시 성찰해야 한다.

9
블루 뉴딜

2019년 2월, 미국의 알렉산드리아 오카시오-코르테즈Alexandria Ocasio-Cortez 하원의원과 에드 마키Ed Markey 상원의원은 '그린 뉴딜'을 촉구하는 결의안을 의회에 제출했다. 그해 가을, 영국에서는 이 개념이 녹색당의 총선 공약에서 핵심 의제로 떠올랐고, 노동당의 공약집 「지금이야말로 진정한 변화를It's Time For Real Change」은 '그린 산업혁명'의 필요성을 선언했다. 유럽 대륙에서는 유럽 민주주의 운동DiEM이 '유럽을 위한 그린 뉴딜' 캠페인을 본격적으로 전개했다.1 표현의 차이는 있지만, 이들 제안은 모두 기후변화와 극단적 불평등을 동시에 해결하겠다는 공통된 목표를 지닌다. '그린 혁명'은 특히 최근 경제 변화로 소외된 지역 사회에 수백만 개의 양질의 일자리를 창출할 수 있을 것이다.2

이러한 흐름은 지난 10여 년간 학계와 활동가들 사이에서 논의

---

1 다음을 보라. https://www.gndforeurope.com/about (accessed 25 November 2020).
2 House Resolution 109, *Recognizing the Duty of the Federal Government to Create a Green New Deal*, 116th Congress, 1st Session.

되어 온 하나의 구상을 정치의 중심 무대로 끌어올렸다. 기후변화의 완화와 적응을 위해 대규모 투자가 불가피하다면, 그 투자는 사회 정의 실현에도 쓰여야 한다. 오늘날 우리 사회 곳곳에는 세계화와 일자리·경제 기회의 유출로 인해 '소외된' 이들이 많다. 기후변화에 대한 정치적 대응은 이들을 더 불리하게 만들어서는 안 되며, 오히려 그들의 역량을 키우는 방향으로 나아가야 한다. 해양 정의의 핵심 원칙 중 하나를 떠올려 보면, 지금 필요한 것은 단순한 탈탄소 전환이 아니라 *정의로운* 전환이다. 이는 경제 재편의 부담을 감당할 수 있는 이들이 더 많은 책임을 지고, 소외된 이들이 과감한 기후 전략을 통해 새로운 기회를 누릴 수 있도록 해야 한다는 뜻이다. 그래야 우리는 탄소 의존을 넘어서는 새로운 경제를 만들어갈 수 있다.[3]

그린 뉴딜은 국내외에서 빠르게 지지를 얻고 있다. 주로 진보 진영과 연관되어 있지만, 그 주요 목표는 폭넓은 대중의 공감을 끌어내고 있다.[4] 그러나 대중적 지지에도 불구하고, 그린 뉴딜에는 몇 가지 중요한 사각지대가 존재한다. 그중 하나는 산업 전환과 지역사회 투자에 집중하는 과정에서 해양이 거의 논의되지 않는다는 점이다.[5] 지금까지 그린 뉴딜은 주로 농업, 주거, 산업 등 육상 기반

---

[3] Darren McCauley and Raphael Heffron, 'Just Transition: Integrating Climate, Energy and Environmental Justice', *Energy Policy*, vol. 119 (2018), pp. 1–7.

[4] Abel Gustafson, 'The Green New Deal has Strong Bipartisan Support', *Yale Program on Climate Change Communication* (14 December 2018).

[5] 예를 들어, 하원 결의안에는 해양 보호의 필요성을 간략히 언급한 구절이 포함되어 있지만, 해양 경제가 탈탄소 전환에서 어떤 역할을 할 수 있는지는 전혀 인식하지 못하고 있다. House Resolution 109, p. 13.

부문에 초점을 맞춰 왔다. 그러나 해양을 소홀히 다루는 것은 정당화하기 어렵다. 해양은 지구의 기후 체계는 물론, 탈탄소 미래에도 핵심적인 역할을 한다. 한편, 해안 지역 주민들은 기후위기의 최전선에 놓여 있다. 앞 장에서 살펴보았듯, 해수면 상승은 수많은 해안 주거지를 침수 위협에 빠뜨리고 있다. 이 위협은 남반구의 수많은 사람에게 파괴적인 결과를 초래하겠지만, 북반구의 수백만 명에게도 영향을 미칠 것이다. 해안 지역 공동체는 대체로 가장 빈곤한 집단에 속하며, 탈산업화 과정에서 소외감을 겪어 온 계층이 밀집한 곳이기도 하다. 기후변화는 이들을 더욱 열악한 처지로 내몰 위험을 안고 있다.

다행히 정치권에서도 실질적인 그린 뉴딜에는 해양 중심의 요소가 반드시 포함되어야 한다는 인식이 확산되고 있다. 2019년 9월, 민주당 대선 후보 경선에 참여한 엘리자베스 워런Elizabeth Warren은 '블루 뉴딜'이 성공적인 그린 혁명의 필수 요소가 될 것이라고 밝혔다.[6] 그는 경제를 재편하고 녹색화하려는 모든 계획은 해안 지역 주민들이 겪는 구체적인 결핍에 주목해야 하며, 미래 해양 산업이 기후변화 대응에 기여할 잠재력 또한 인식되어야 한다고 강조했다. 한 해양학자 집단의 표현처럼, "블루 뉴딜이 없으면 그린 뉴딜도 없다."[7]

---

6   Melanie Arter, 'Sen. Elizabeth Warren: "We Need a Blue New Deal as Well"', www.cnsnews.com (5 September 2019).

7   David Helvarg, 'A Blue New Deal for a Blue Marble Planet', https://mission-blue.org (10 July 2019).

하지만 해안 지역 공동체가 이 과정에서 어떤 역할을 할 수 있을지는 여전히 충분히 조명되지 않았다. 이 장에서는 '그린 뉴딜'이라는 넓은 틀 속에서 필수적 요소로 구상된 '블루 뉴딜'이 어떤 모습일 수 있는지를 살펴본다. 먼저 그린 뉴딜의 전반적인 목표를 정리한 뒤, 해안 지역 공동체에 초점을 맞춘 블루 뉴딜의 우선 과제를 검토할 것이다.

초반에는 유럽과 북미 국가를 중심으로 논의를 전개한다. 이 지역이 더 중요해서가 아니라, 현재까지 그린 뉴딜에 관한 논의가 가장 활발하게 이루어진 곳이기 때문이다. 그러나 해양 경제를 더 지속가능하고 공정한 기반 위에 올려놓기 위해서는, 블루 뉴딜이 부유한 북반구를 넘어 훨씬 더 넓은 지역까지 포괄해야 한다. 바다에 대한 인간의 영향은 국경을 넘어 확산되며, 기후위기에 온전히 대응하려면 전 지구적 협력이 필수적이다. 이는 녹색 전환의 부담을 공정하게 나눌 것을 요구한다. 세계 남반구의 많은 공동체는 이미 다양한 위기에 직면해 있으며, 그들이 녹색 전환의 비용을 스스로 감당하라고 요구받아서는 안 된다. 따라서 이 장의 마지막 부분에서는 세계 남반구에서의 블루 뉴딜을 실질적으로 지원하기 위해 어떤 국제 제도와 정책이 마련되어야 하는지를 살펴본다.

그린 뉴딜의 이해

그린 뉴딜에 관한 미국 하원 결의안은 2030년까지 탄소 배출을 대폭 감축하고, 환경과 지역 공동체의 회복력을 높이기 위한 10년간의 국가적 동원 계획을 제시한다. 이 결의안의 핵심은, 우리가 직면한 위기가 단일한 것이 아니라 복합적이고 중첩된 위기라는 인식이다. 기후 위기와 더불어, 한때 산업 중심지였던 지역 공동체의 공동화에 따른 지속적인 문제도 존재한다. 경제 생산의 중심이 국내외 다른 지역으로 이동하면서, 이들 공동체는 일자리와 인구를 동시에 잃었다. 남아 있는 주민들의 삶은 2008년 금융 위기로 더욱 어려워졌다. 이후 경제 구조 변화는 특히 상위 10%에 새로운 기회를 안겨주었지만, 이미 소외된 지역에 뿌리내리고 살아가는 이들에게는 별다른 도움이 되지 않았다. 일자리를 유지한 이들조차 수십 년간 임금 정체를 겪어야 했다. 금융 위기는 다수 인구와 유색인종 간의 소득과 자산, 경제적 기회 격차를 너욱 벌려 놓았고, 긴축 재정의 부담은 여성, 특히 유색인종 여성에게 불균형하게 전가되었다.[8]

저탄소 또는 무탄소 경제로의 전환은 많은 승자를 만들어 낼 것이다.[9] 이들이 누구인지는 국가 정책의 방향에 따라 달라진다. 그린 뉴딜 지지자들은 1929~1933년 대공황 이후 미국 경제를 재건한 프랭클린 D. 루즈벨트의 뉴딜 정책과의 유사성을 자주 강조한다. 그러나 이들의 제안은 과거 뉴딜과 두 가지 중요한 점에서 다르다. 첫

---

8 Mimi Abramovitz, 'The Feminization of Austerity', *New Labor Forum*, vol. 21, no. 1 (2012), pp. 30–39.

9 Fergus Green and Ajay Gambhir, 'Transitional Assistance Policies for Just, Equitable and Smooth Low-Carbon Transitions: Who, What and How?', *Climate Policy*, vol. 20, no. 8 (2020), pp. 902–921.

째, 루즈벨트 뉴딜의 대규모 인프라 사업은 결국 심각한 환경 파괴로 이어졌지만,10 그린 뉴딜은 환경보호와 생물다양성 보전을 핵심 목표로 삼는다. 둘째, 루즈벨트 뉴딜이 경제 성장에 초점을 맞췄다면, 그린 뉴딜은 사회 정의 실현에 더 뚜렷한 방점을 둔다. 특히 새롭게 동원되는 자원의 혜택이 폭넓게 공유되도록 해야 한다는 점을 강조한다. 그린 뉴딜은 수백만 개의 새로운 일자리를 창출하고, 이를 소외 지역에 집중적으로 배치함으로써 구조적 불평등을 바로잡고자 한다.11 반대로, 국가가 녹색 전환의 이익과 부담을 방치할 경우, 가장 감당 여력이 부족한 공동체가 또다시 가장 큰 고통을 떠안게 될 것이다.

따라서 그린 뉴딜은 저탄소 경제로의 전환에서 손해를 보는 이들을 위한 단순한 보상 패키지가 아니다. 전환 과정에서 피해를 입을 수 있는 이들 가운데는 이미 상당한 부와 자원을 보유해, 다른 소득원이나 자산 축적 수단을 충분히 찾을 수 있는 경우도 있다. 그린 뉴딜은 상대적으로 취약하고, 경제 다각화의 기회가 제한된 이들을 주요 대상으로 삼는다. 그러나 이 구상의 핵심은 단지 전환의 피해자*에게만* 기회를 제공하는 것이 아니다.12 그린 뉴딜은 탄소 집약적 산업

---

10   Ahmet Atil Asici and Zeynep Bunul, 'Green New Deal: A Green Way out of the Crisis?', *Environmental Policy and Governance*, vol. 22 (2012), pp. 295–306, at 299.
11   House Resolution 109, p. 5.
12   이 점은 다음의 주장과도 일맥상통한다. Chris Armstrong, 'Decarbonisation and World Poverty: A Just Transition for Fossil Fuel Exporting Countries?', *Political Studies*, vol. 68, no. 3 (2020), pp. 671–688. 다만 해당 논문은 세계적 맥락에 더 초점을 둔다.

과 역사적 연관이 있든 없든, 모든 소외된 공동체 구성원에게 기회를 확장하는 데 목적이 있다. 이는 탈산업화로 피해를 입은 지역이나 애초에 산업 기반이 약했던 지역에 대한 투자로 이어질 수 있다. 공정한 뉴딜은 전환 과정에서 손해 보는 이가 없도록 하는 데만 집착하기보다는, 사회 전체의 웰빙 수준을 높이는 데 초점을 둔다. 그린 뉴딜은 대규모 국가 투자를 수반하는 만큼, 부와 권력을 더 고르게 분배할 기회가 될 수 있다. 그런 점에서 여성, 소수 인종, 비공식 노동자 등 주류에서 배제된 이들을 포용하는 노력이 특히 중요하다.[13]

그린 뉴딜의 목표를 실현하기 위한 정책은 소외된 공동체가 겪는 불이익의 성격에 세심하게 주의를 기울여야 한다. 예를 들어, 어떤 공동체가 탈산업화를 겪으면 일자리와 지역 투자의 부족 등 심각한 경세적 손실에 직면하게 된다. 그러나 인간의 웰빙은 단순한 소득이나 자산에만 달려 있지 않다. 일자리를 잃은 사람은 자존감, 사회적 관계망, 신체 건강 등에서도 중대한 손실을 겪을 수 있다.[14] 이럴 경우 단순한 금전적 보상은 적절한 해법이 아닐 수 있다. 오히려 소외된 공동체가 자신의 경제적 미래를 다시 스스로 결정할 수 있도록 주도권을 회복하게 하는 정책이 요구된다. 이는 구성원의 역량 강화와 주체성 회복, 그리고 더 역동적이고 미래 지향적인 완화 및 적응 전략에 초점을 맞춰야 함을 뜻한다.

---

13 Green and Gambhir, 'Transitional Assistance Policies', p. 11.
14 Ibid., p. 6.

그린에서 블루로

해양이 성공적인 그린 뉴딜의 중심이 되어야 하는 이유는 세 가지다. 첫 번째이자 가장 분명한 이유는, 해안 지역 공동체가 가장 취약한 지역 중 하나라는 점이다. 물론 일부 해안 지역은 부유하지만, 더 많은 지역은 탈산업화와 관광업·어업·선박제조업의 쇠퇴로 인해 큰 타격을 받아 왔다. 영국에서는 해안 지역 공동체가 저임금·저숙련·계절직·단시간 노동에 종사하는 비율이 다른 지역보다 높다.15 일상생활에 제약을 주는 장기 건강 문제를 지닌 사람들의 비율도 평균보다 높고, 질병 및 장애 수당을 받는 인구도 비정상적으로 많다.16 또한 이들 지역은 긴축 재정의 여파를 가장 크게 겪은 곳 중 하나다. 실제로 영국에서 공공 부문 일자리 감축의 영향을 가장 크게 받은 도시 10곳 중 9곳이 해안 도시였으며, 반대로 영향을 가장 적게 받은 도시 10곳 중 해안 도시는 단 한 곳뿐이었다.17

둘째, 기후변화로 가장 큰 타격을 입을 지역 중 하나가 해안 지역 공동체라는 점이다. 이들은 애초에 상대적으로 불리한 조건에 놓여 있어, 다가오는 변화에 적절히 대응하기 어렵다. 가장 대표적인 사

---

15 New Economics Foundation, *Blue New Deal: Good Jobs for Coastal Communities through Healthy Seas* (London: New Economics Foundation, 2015), p. 9.

16 Mary Zsamboky et al., *Impacts of Climate Change on Disadvantaged UK Coastal Communities* (London: Joseph Rowntree Foundation, 2011), p. 30.

17 Oxford Consultants for Social Inclusion, *Three Suggestions for the Coastal Regeneration Fund* (15 September 2011).

례는 해수면 상승이다. 이는 사회적 약자, 특히 유색인 공동체가 밀집한 취약 지역에 가장 큰 피해를 줄 것이다. 미국에서는 허리케인 카트리나 이후 이러한 현실이 생생히 드러났다. 해수면 상승은 해안 침식을 가속하고, 폭풍 해일과 하천·하구 범람의 위험을 키운다. 이 모든 경우에서 가장 큰 피해를 입는 이들은 적응 여력이 가장 낮은 공동체다.[18] 영국에서도 최근 수십 년간의 경제 구조 변화로 어려움을 겪어 온 해안 지역 공동체가 해수면 상승에 직접적인 피해를 입게 될 것이다. 현재 영국에서는 260만 채 이상의 주택이 하천 및 해안 범람 위험에 노출되어 있으며,[19] 긴축 재정으로 이들 지역의 대응 역량은 크게 약화되었다.[20] 따라서 효과적인 기후 전략은 이들의 회복력을 높이는 데 초점을 맞춰야 한다.

그러나 기후변화가 해안 지역 공동체에 미치는 영향은 해수면 상승이나 폭풍, 홍수에 대한 취약성만이 아니다. 물고기는 수온과 산소 농도에 매우 민감하기 때문에, 현재 해양 온난화는 어획 자원의 분포를 북쪽과 남쪽으로 크게 이동시키고 있다. 이러한 변화는 단기적으로 일부 해안 지역 공동체에 이득을 줄 수도 있다. 평소 보기 힘들었던 어종이 지역 해역에 출현해 어획량이 늘어날 수 있기 때문이다. 그러나 장기적인 전망은 훨씬 불확실하다. 해양 산성화로 인

---

18   Elizabeth Rush, *Rising: Dispatches from the New American Shore* (Minneapolis, MN: Milkweed, 2018).

19   New Economics Foundation, *Blue New Deal*, p. 16.

20   Katy Wright, 'Resilient Communities? Experiences of Risk and Resilience in a Time of Austerity', *International Journal of Disaster Risk Reduction*, vol. 18 (2016), pp. 154–161.

해 해양 먹이 사슬의 기초를 이루는 플랑크톤 개체군이 붕괴된다면, 어류 자원은 큰 타격을 입을 수밖에 없다. 이러한 위협은 해안 지역이 이미 직면한 다른 심각한 문제들과 결합해 더욱 악화될 것이다. 예를 들어, 농지에서 유출된 비료는 유해 조류의 번식을 촉진하고, 이는 해양 '데드존'의 확산으로 이어진다.21 여기에 과거 남획의 후유증까지 더해지면, 많은 어업 공동체의 미래는 더욱 암울해 보인다.

셋째, 해안 지역 공동체가 탄소 중립 경제로의 전환을 주도할 잠재력이 크다는 점 역시 주목할 필요가 있다. 앞으로 재생에너지는 점점 더 바다에서 공급될 것이다. 해상 풍력은 육상보다 설치·유지 비용이 많이 들지만, 더 빠르고 일정한 해상 바람을 활용할 수 있다는 장점이 있다. 현재 전 세계 전력 수요의 약 3%가 풍력으로 충당되고 있으며, 그 상당 부분이 해상에서 생산된다.22 파력 또한 매우 유망한 에너지원이다. 영국의 경우, 실질적으로 이용 가능한 풍력과 파력을 합친 공급량은 국가 전체 전력 수요의 6배에 이른다.23 그러나 가장 거대한 잠재력을 지닌 해양 에너지원은 아직 제대로 활용되지 않고 있다. 지구를 끊임없이 순환하는 대규모 해류는 해양 생태계

---

21 Callum Roberts, *Ocean of Life: The Fate of Man and the Sea* (London: Penguin, 2012), pp. 120-128.

22 John Kaldellis et al., 'Environmental and Social Footprint of Offshore Wind Energy. Comparison with Onshore Counterpart', *Renewable Energy*, vol. 92 (2016), pp. 543-556, at p. 544.

23 New Economics Foundation, *Blue New Deal*, p. 22.

의 먹이 사슬을 유지하는 데 필수적인 영양분을 순환시키는 동시에, 막대한 양의 열에너지를 전달한다. 만약 해양 내 온도 차를 활용할 수 있는 비용 효율적인 기술이 개발된다면, 이 해류는 풍력이나 파력을 훨씬 능가하는 에너지원이 될 수 있다.

해안 서식지 복원은 기후변화에 대응하기 위한 완화 및 적응 전략으로 매우 유망하다. 미국 하원 결의안은 토양 보전과 나무 심기를 통한 탄소 저장 효과를 강조하지만, 해안 서식지의 탄소 저장 잠재력은 간과하고 있다. 그러나 최근 수십 년간 간척, 도시화, 항만 개발, 해안 방어 시설 건설 등으로 광범위한 습지가 훼손되었다. 유럽에서는 전체 염습지의 절반이 사라졌고,[24] 이로 인해 대량의 탄소가 대기 중으로 재방출될 수 있다. 동시에, 폭풍에 대한 지역의 취약성도 크게 높아졌다. 미국 동부 해안과 멕시코만 연안에서는 해안 서식지가 지역 공동체를 보호하는 핵심 역할을 한다. 이러한 서식지가 사라질 경우, 폭풍과 해수면 상승에 고위험으로 노출되는 해안선의 비율은 두 배로 늘어날 수 있다.[25] 반면, 습지 복원은 기후 대응의 중요한 기회이기도 하다. 습지는 같은 면적의 숲보다 최대 5배 많은 탄소를 저장할 수 있으며,[26] 특히 염습지는 온실가스를 흡수하는 데

---

24   Patricio Bernal, J.S. Weis and K.E.A. Segarra, 'Salt Marshes', in the *First Global Integrated Marine Assessment* (New York: United Nations Division for Ocean Affairs and the Law of the Sea, 2016), pp. 887–892.

25   Katie Arkema et al., 'Coastal Habitats Shield People and Property from Sea-Level Rise and Storms', *Nature Climate Change*, vol. 3, no. 10 (2013), pp. 913–918, at p. 914.

26   David Read et al., *The Role of Land Carbon Sinks in Mitigating Global Climate Change* (The Royal Society, 2001).

매우 효과적이다. 염습지는 대기 중 이산화탄소를 직접 흡수할 뿐 아니라, 다른 식생과 달리 내부에 포함된 황산염이 메탄 생성을 적극적으로 억제한다.27

이 모든 이유로, 해양 기반 사업은 그린 뉴딜 계획의 중심에 놓여야 한다. 그러나 실제 실행 과정에서 그린 뉴딜 지지자들은 어려운 선택에 직면할 수 있다. 예를 들어, 가장 취약한 일부 지역이 실제로는 녹색 인프라를 구축할 현실적 가능성이 거의 없다면 어떻게 할 것인가? 혹은 가장 비용 효율적인 녹색 기술이 상대적으로 적은 일자리만을 창출하거나, 기존 산업 중심지 인근에서만 효과를 발휘한다면 어떻게 해야 할까? 이러한 질문들은 그린 뉴딜이 신속한 탈탄소화와 인프라 투자 혜택의 광범위한 확산 사이에서 때때로 선택을 요구받을 수 있음을 시사한다. 하지만 해안 지역의 경우, 대규모 투자의 필요성과 타당성을 더욱 설득력 있게 제시할 수 있다. 해안 지역 공동체는 평균적으로 다른 지역보다 더 불리한 조건에 놓여 있으며, 기후변화의 영향을 가장 심각하게 받을 가능성이 크다. 동시에, 탈탄소 전환에 실질적으로 기여할 수 있는 높은 잠재력도 지니고 있다. 따라서 해안 지역에 대한 투자는 환경 정의와 사회 정의라는 두 가지 목표를 동시에 실현할 수 있는 강력한 수단이 될 수 있다.

---

27 Richard Page et al., *In Hot Water: The Climate Crisis and the Urgent Need for Climate Protection* (Amsterdam: Green-peace International 2019), p. 14.

블루 뉴딜의 우선순위

국가 차원의 성공적인 블루 뉴딜은 지역 공동체의 미래를 지속적으로 뒷받침할 수 있는 새로운 기회를 창출해야 한다. 이를 위해서는 지역 또는 전 지구 생태계에 과도한 부담을 주지 않는, 진정으로 지속 가능한 산업에 초점을 맞춰야 한다. 더 나아가, 경제 활동이 환경에 가하는 부담을 실질적으로 줄이는 산업에 집중하는 것이 바람직하다. 신생 해양 산업은 현재 자원 집약적으로 생산되는 재화와 서비스를 대체할 잠재력을 지니고 있다. 앞서 재생 가능한 해양 에너지가 화석연료를 대체할 수 있는 사례를 살펴보았듯이, 아래에서는 육류 중심 농업이 초래하는 환경 부담을 줄일 수 있는 녹색 양식업의 가능성에 주목할 것이다.

투자는 녹색 전환을 뒷받침함과 동시에, 해안 지역 공동체의 회복력과 유연성을 높이는 데 기여해야 한다. 이는 해양 온난화, 산성화, 해수면 상승 등으로 인한 변화에 공동체가 더 효과적으로 대응할 수 있도록 하는 데 목적이 있다. 유망한 구상 중 하나는 '해안 공동체 기금Coastal Community Funds'이다. 이는 지역 주민이 창업 기금을 직접 운용하고, 그 수익을 새로운 지역 사업에 재투자하는 방식이다. 미국 하원의 그린 뉴딜 결의안은 지역 주민이 정의하고 주도하는 프로젝트에 자금을 투입한다는 점에서 '공동체 부의 구축Community Wealth Building'이라는 개념과 맞닿아 있다. 이는 노동자 협동조합, 지역 토지신탁, 주민이 운영하는 금융기관 등을 통해 사회·

경제적으로 취약한 지역의 활력을 되살리는 데 중점을 둔다.28 이 접근은 활용되지 못한 지역 자원을 개발하고, 지역 기반의 광범위한 소유 구조를 촉진함으로써 더 포괄적인 사회·경제적 재생을 도모한다.29 아직 공동체 부의 구축이 해안 지역 재생에 어떤 잠재력을 지니는지는 충분히 조명되지 않았지만, 새로운 지속 가능한 해양 산업이 공동체 재생의 토대가 될 수 있다는 증거는 점점 더 뚜렷해지고 있다.

이러한 관점은 블루 이코노미의 이익에 대한 근시안적 주장에 중요한 반론을 제기한다. 대규모 양식업 같은 산업이 수익을 창출한다는 이유로 해안 지역에 밝은 미래를 보장할 것이라는 주장이 적지 않게 제기되어 왔다. 그러나 수익이 전부는 아니다. 특히 그 수익이 다국적 기업에 의해 외부로 유출된다면 더욱 그렇다. 지속 가능한 해안 산업은 지역 전체에 혜택을 돌려야 하며, 수익성만을 좇는 협소한 시각을 넘어서야 한다. 고용, 공동체 역량 강화, 안정적인 영양 공급, 건강한 자연 공간에 대한 접근권 등 더 넓은 사회적 목표를 중심에 놓아야 한다.30 해안 생태계 역시 훼손하지 않고 보전하거나 복원하는 방향으로 나아가야 한다. 여기 제시한 사례들은 모두 더 많은 투자를 통해 공동체가 기후 대응에 참여하고, 기후변화로

---

28   Joe Guinan and Martin O'Neill, *The Case for Community Wealth Building* (Cambridge: Polity 2020), p. 2.

29   Ibid., p. 30.

30   Lisa Campbell et al., 'From Blue Economy to Blue Communities: Reorienting Aquaculture Expansion for Community Wellbeing', *Marine Policy*, no. 124 (2021), 104361.

인한 취약성을 줄이는 데 기여할 수 있는 방안들이다.

  가장 중요한 우선순위 중 하나는 해안 서식지의 보호와 복원이다. 습지는 폭풍 해일에 대응하는 천연 방어막으로, 고비용의 방파제보다 훨씬 효과적으로 피해를 줄일 수 있다. 미국에서는 습지 복원에 1달러를 투자할 경우 폭풍 피해로 인한 손실 10달러를 줄일 수 있다는 추정도 있다. 이는 다른 해안 방어 수단보다 훨씬 높은 효율을 보여준다.[31] 해수면 상승에 대응하려면 해안 방어 체계의 개선이 필수적이며, 특히 텍사스와 같은 지역에서는 해안 서식지가 빈곤 가구를 더 많이 보호하고 있다.[32] 보호된 해안 서식지는 지속 가능한 해양 산업에도 기여할 수 있다. 루이지애나에서는 굴 암초 복원 사업이 해안 파도의 강도를 완화하고, 수많은 일자리를 창출하며, 지역 경제에 840만 달러의 수익을 가져올 것으로 기대된다.[33] 뉴욕에서도 굴과 습지 복원이 해수 범람과 폭풍 피해를 막는 효과적인 전략으로 주목받고 있다.[34] 일부 지역에서는 습지 복원이 지역 관광을 촉진하는 역할도 한다. 습지는 생물다양성이 매우 높은 서식지로, 특히 조류 생태계에 중요한 기반을 제공하며, 생기 있는 자연환경과의 접촉은 인간의 웰빙에도 긍정적인 영향을 미친다.

---

31   Rowan Jacobsen, 'Rebuilt Wetlands Can Protect Shorelines Better Than Walls', *Scientific American* (1 April 2019).

32   Arkema et al., 'Coastal Habitats', p. 916.

33   *Fast facts: Natural Infrastructure*, Office for Coastal Management, National Oceanic and Atmospheric Administration (12 August 2019).

34   Arkema et al., 'Coastal Habitats', p. 916.

두 번째 우선순위는 해조류 양식이다. 아시아에서는 해조류 양식이 널리 확산되어 있지만, 유럽과 북미에서는 아직 그 영향력이 미미하다. 잔잔한 해역에서만 적합하다는 제한은 있으나, 초기 비용이 적고 환경적 이점이 크다는 강점이 있다. 해조류는 대량의 탄소를 흡수하고 안정적으로 저장할 수 있다. 한 추정에 따르면, 미국 연안의 5%만 해조류 양식장으로 활용해도 3,000만 대의 자동차가 배출하는 탄소를 흡수할 수 있다.35 해조류는 바이오연료로도 활용할 수 있어 화석연료의 효과적인 대안이 된다. 육상 기반 바이오연료와 달리, 해조류는 경작지와 경쟁하지 않고, 제초제나 살충제도 필요 없다. 생물다양성 보존에도 긍정적인 역할을 한다.36 식품으로 활용될 때도 온실가스 배출 저감에 기여한다. 예컨대, 소는 트림을 통해 다량의 메탄을 배출하는데, 메탄은 지구온난화를 유발하는 강력한 온실가스다. 그러나 해조류 보충제를 급여한 소는 메탄 배출량이 크게 줄어들어 소고기 생산의 기후 영향을 현저히 낮출 수 있다.37 마지막으로, 해안 식생은 해수면 상승의 영향을 견디는 데 있어 해안 지역 공동체를 보호하는 중요한 역할을 한다. 예를 들어, 노르웨이의 해조류 양식은 파고를 최대 60%까지 낮추는 것으로 나타나 해안 침

---

35   World Bank Group, *Seaweed Aquaculture for Food Security, Income Generation and Environmental Health in Tropical Developing Countries* (2016).

36   Carlos Duarte et al., 'Can Seaweed Farming Play a Role in Climate Change Mitigation and Adaptation?', *Frontiers in Marine Science*, vol. 4 (2017), pp. 1-8, at pp. 3-4.

37   Lorenna Machado et al., 'Dose-Response Effects of Asparagopsis Taxiformis and Oedogonium sp. on In Vitro Fermentation and Methane Production', *Journal of Applied Phycology*, vol. 28 (2016), pp. 1443-1452.

식 방지에 유의미한 효과를 보였다.38

  셋째, 조개 양식은 잠재적으로 탄소 배출이 적은 유망한 산업이다. 굴, 홍합, 조개와 같은 '이매패류'는 껍데기를 형성하는 과정에서 바닷속 탄소를 흡수해 수년간 저장한다.39 물론 이매패류 양식에도 탄소 배출은 수반되지만, 그 규모는 육상 축산에 비해 훨씬 적다. 조개 양식은 다른 측면에서도 긍정적으로 평가된다. 육상 축산이나 어류 양식과 달리, 이 과정에는 동물을 가두는 방식이 포함되지 않는다. 예를 들어, 가장 단순한 형태의 홍합 양식은 바다에 밧줄을 내려놓는 것으로 시작된다. 홍합 유생이 밧줄에 붙어 자연 상태에서 약 1년간 자란 뒤, 수확을 위해 끌어올리면 된다. 물론 수확 과정에서 홍합은 죽지만, 사육 과정에서는 산업 축산에서 흔히 제기되는 동물 복지 문제가 발생하지 않는다. 또한 조개 양식은 사료용 생물을 죽이지 않는다. 이매패류는 바닷물 속의 영양분을 스스로 걸러 먹으며 자라기 때문이다. 이는 연어나 새우 양식에서 대량의 야생 어류를 사료로 사용하는 방식과는 뚜렷이 대비된다. 따라서 소비를 이매패류 중심으로 전환하면, 지속 불가능한 남획 문제를 완화하는 데 기여할 수 있다. 마지막으로, 조개류는 바닷물을 정화하고 해저 퇴적물을 안정시키며, 조류 번식을 억제하는 등 해안 생태계 복

---

38 Duarte et al., 'Can Seaweed Farming Play a Role?', p. 4.
39 Qisheng Tang, Jihong Zhang and Jianguang Fang, 'Shellfish and Seaweed Mariculture Increase Atmospheric CO2 Absorption by Coastal Ecosystems', *Marine Ecology Progress Series*, vol. 424 (2011), pp. 97–104.

원에도 중요한 역할을 한다.

네 번째 우선순위는 항만의 녹색 전환이다. 국제 무역이 확대되면서 전 세계적으로 신규 항만이 급증하고 기존 항만도 확장되었으며, 이는 전 세계 습지 감소의 주요 원인 중 하나다. 항만은 대기 질 악화와 직결되며, 그로 인해 심혈관 질환과 호흡기 질환 등 다양한 건강 문제가 증가한다.40 그렇다면 지역 공동체의 재개발을 추진하면서도 항만의 환경 영향을 줄일 수는 없을까? 이것이 바로 '녹색 항만Green Port' 접근이 지향하는 바다.41 일본의 여러 항만은 이미 재활용 중심지로 전환되었고, 네덜란드의 주요 항만들도 폐기물을 활용한 바이오연료 생산과 해상 풍력 등 재생에너지 산업에 진출하고 있다.42 이러한 전환은 수많은 일자리를 창출할 수 있으며, 지역 주민—특히 미국의 경우 유색인종 비율이 높은 취약 계층—에게 실질적인 건강 혜택을 제공할 수 있다. 예를 들어, 로스앤젤레스와 롱비치 지역에서 시행된 '청정 대기 행동 계획Clean Air Action Plan'은 소아 천식과 성인 암 발생률을 획기적으로 낮추는 효과를 거두었다.43 물론 녹색

---

40 Diane Bailey and Gina Solomon, 'Pollution Prevention at Ports: Clearing the Air', *Environmental Impact Assessment Review*, vol. 24, nos. 7–8 (2004), pp. 749–774.

41 D.S.H. Moon, J.K. Woo and T.G. Tim, 'Green Ports and Economic Opportunities', in Lisa Loloma Froholdt (ed.), *Corporate Social Responsibility in the Maritime Industry* (Dordrecht: Springer, 2018), pp. 167–184, at p. 175.

42 Peter de Langen and Henrik Sornn-Friese, 'Ports and the Circular Economy', in Rickard Bergqvist and Jason Monios (eds), *Green Ports* (Amsterdam: Elsevier, 2018), pp. 85–108.

43 David Helvarg and Jason Scorse, 'Putting the Blue in the Green New Deal', *Mongabay* (13 March 2019).

항만을 확대하려면 상당한 초기 투자가 필요하다. 그러나 이 계획이 널리 시행된다면, 항만은 고배출·고오염 지대에서 벗어나 녹색 전환의 핵심 거점으로 거듭날 수 있으며, 지역 경제에 경제적·건강적·환경적 이익을 동시에 가져올 수 있다.

지역에서 지구적 수준으로

지금까지 그린 뉴딜에 대한 논의는 주로 미국, 영국, 유럽연합 등 부유한 국가들을 중심으로 이루어져 왔다. 이들 국가는 원하기만 하면 지역 차원의 녹색 산업에 자금을 투입할 수 있는 재정적 여력을 갖추고 있다. 그러나 세계 남반구의 상황은 크게 다르다. 그럼에도 전 세계가 탄소 중심의 경로에서 벗어나 생태계에 가해지는 부담을 완화하려면, 그린 뉴딜—그리고 그 해양 확장판인 블루 뉴딜—은 전 지구적 비전을 지녀야 한다. 그 이유는 기후변화라는 과제를 떠올려 보면 분명해진다. 일부 부유한 국가는 이미 재생에너지로 전환함으로써 자국 경제의 탈탄소화를 어느 정도 이루어 냈지만, 이들 국가 시민의 소비 전반을 살펴보면 이들의 탄소 발자국이 실질적으로 줄었다고 보기는 어렵다. 부유한 국가의 시민들은 여전히 세계 남반구에서 생산된 상품을 대량으로 소비하고 있으며, 이들 지역은 온실가스 배출이나 기타 환경 피해에 대한 규제가 상대적으로 느슨한 편이다.44 부유한 국가의 기업들이 생산 거점을 남반구로 이전했다고 해서 북반구 소비자들의 '탄소 소비'가 줄어드는 것은 아니다. 단지 그 배출이 지구의 다른 지역에서 발생할 뿐이다. 그러나 기후변화의 관점에서 보면, 배출이 어디서 일어나느냐는 중요하지 않다. 총량이 줄지 않으면 의미가 없기 때문이다. 건강한 기후를 유지하려면 *전 세계* 배출량을 절대적으로 줄여야 하며, 배출의 발생지는 부차적인 문제다. 따라서 부유한 국가에서 녹색 기술을 확산하는 것만으로는 충분하지 않다. 세계 남반구 국가들이 자국 산업의 탄소 배출 강도를 줄일 수 있도록 지원하는 노력도 반드시 병행되어야 한다. 성공적인 녹색 전환은 '한 나라만의 환경주의'로는 이루어질 수 없다. 그것은 본질적으로 전 지구적 과제다.

이는 결코 만만한 과제가 아니다. 세계 남반구 국가들은 대체로 새로운 녹색 산업에 대규모로 투자할 재정적 여력이 부족하다. 이들은 식민 지배에서 벗어난 이후에도 여전히 부유하고 강력한 국가들에 유리하게 설계된 세계 경제 질서에 편입되어 있으며, 투자 자본에 대한 접근성이 낮고, 과도한 부채와 만성적 빈곤 같은 시급한 문제를 동시에 안고 있다. 도덕적으로도, 가장 감당 여력이 부족한 이들에게 녹색 전환의 부담을 떠넘기는 것은 정당하지 않다.45 현실적

---

44 Magnus Jiborn et al., 'Decoupling or Delusion? Measuring Emissions Displacement in Foreign Trade', *Global Environmental Change*, vol. 49 (2018), pp. 27–34.

45 Darrel Moellendorf, *The Moral Challenge of Dangerous Climate Change* (Cambridge: Cambridge University Press, 2014), chapters 1 and 5.

으로도 빈곤 국가에 자력으로 녹색 전환을 요구하는 것은 전환 자체를 심각하게 지연시킬 수 있다. 2050년까지 탄소 순배출을 '제로'로 만들지 못하면 기후변화의 심각한 피해를 피하기 어렵다는 점을 고려할 때, 지금부터 향후 10년은 전 세계 투자 방향을 근본적으로 재조정해야 할 결정적인 시기다. 이 목표를 달성하려면, 각국 정부와 국제기구는 세계 남반구 국가들이 자국의 녹색 전환을 위한 핵심 조치를 취할 수 있도록 신속히 지원 방안을 마련해야 한다. 이 과정에서 해양 경제는 핵심적인 역할을 해야 한다. 최근 아프리카연합은 아프리카 해안 공동체가 빈곤, 교육 부족, 미래 투자 역량 결핍 등에 특히 취약하다고 지적하면서, 지속 가능한 해양 산업의 발전이 이들의 상황을 개선할 유망한 경로가 될 수 있다고 평가했다.[46]

그렇다면 세계 남반구 국가들이 각사의 블루 뉴딜을 추진힐 수 있도록 어떻게 지원할 수 있을까? 한 가지 방안은 기존의 기후 재정 메커니즘을 해양 생태계까지 폭넓게 확대하는 것이다. 유엔의 '국외 산림탄소축적증진' 제도 REDD+가 대표적인 사례다. 이 제도는 '탄소 흡수원' 역할을 하는 산림을 보호하거나, 대기 중 탄소를 더 많이 흡수할 수 있는 신규 산림을 조성한 국가에 재정적 보상을 제공한다. 보상 규모는 해당 생태계에 안전하게 저장된 탄소의 양에 따라 정해지며, 흡수원이 많을수록 지원도 늘어난다. REDD+는 이미 브라질, 인도네시아 등 산림 면적이 넓은 국가들에 자금을 지원하고 있

---

[46] African Union, *Africa Blue Economy Strategy* (Nairobi: African Union, 2019), p. 13.

다. 그러나 해안 생태계에는 아직 제대로 적용되지 않고 있으며, 이는 중대한 기회를 놓치고 있는 셈이다. 특히 맹그로브는 탄소 저장 능력이 탁월한 생태계로, 육상 산림보다 탄소를 50배 빠르게 '흡수'하고, 에이커당 2~4배 더 많은 탄소를 저장할 수 있다[47](이 지역은 어류의 주요 산란지이자 해안 안정과 연안 보호에 효과적인 장소이지만, REDD+는 탄소에만 초점을 맞추고 있다).

그렇다면 맹그로브는 세계 보전 재정의 최우선 대상이 되어야 한다. 그러나 REDD+에 맹그로브가 온전히 통합되어 있는 것은 아니다. 일부 지역에서는 포함되었지만, REDD+는 지금까지 최소 4m 이상 자란 나무가 있는 지역에 자금을 집중해 왔으며, 이로 인해 탄소 저장 능력이 뛰어난 관목형 맹그로브는 대부분 배제되어 왔다. 또한 이 제도는 토양 상층 30㎝ 이내에 저장된 탄소만을 '인정'하는데, 맹그로브는 그보다 훨씬 깊은 토양층에까지 탄소를 저장하는 것이 일반적이다. 이로 인해 맹그로브가 기후 안정화에 기여할 수 있는 잠재력은 제도적으로 제대로 평가받지 못하고 있다.[48] 이러한 기준은 맹그로브가 REDD+ 제도에 더욱 완전하게 통합되도록 조정할 수 있다. 그렇게 된다면, 현재 빠른 속도로 사라지고 있는 맹그로브가 보호될 뿐 아니라, 세계 남반구 여러 해안 지역에서 복원되는 모

---

47 Page et al., *In Hot Water*, p. 9.
48 M.F. Adame et al., 'Avoided Emissions and Conservation of Scrub Mangroves: Potential for a Blue Carbon Project in the Gulf of California, Mexico', *Biology Letters*, vol. 14, no. 12 (2018), 20180400.

습을 기대할 수 있다. 베트남에서는 비엔 응옥 남Vien Ngoc Nam과 동료들이, 미군이 대량의 고엽제를 살포한 베트남전쟁 이후에도 맹그로브가 얼마나 빠르게 회복되었는지를 입증한 바 있다. 그 과정에서 맹그로브는 대량의 탄소를 흡수하기도 했다.[49] 아시아 전역과 열대 아프리카, 라틴아메리카에는 맹그로브를 복원하거나 확장할 수 있는 잠재력이 매우 크다.

하지만 REDD+는 자연을 상품화한다는 비판 등으로 오랫동안 논란의 대상이 되어 왔다. 생태계를 보호해야 하는 이유가 그 자체의 고유한 가치가 아니라, 탄소 저장 능력에 가격이 매겨졌기 때문이라는 것이다. 산림은 이를 보유한 이에게 '탄소 크레디트'를 제공하고, 이 크레디트는 여느 상품처럼 거래될 수 있다. 실제로 부유한 국가는 자국의 온실가스 배출량을 줄이는 대신, 산림을 보유한 국가로부터 크레디트를 '구매'할 수 있다. 이로 인해 자금이 세계 남반구로 흘러가는 것은 긍정적일 수 있지만, 자연이 또 하나의 화폐처럼 취급되는 것은 문제다. 이러한 우려에 제대로 응답하려면, REDD+와 같은 제도의 목표 자체를 재설정해야 한다. 핵심은 브라질과 같은 국가가 외부에서 '생태계 서비스'를 제공하고 있으므로 그 대가를 받아야 한다는 논리가 아니라, 지구의 기후 안정을 위해 산림과 맹그로브 같은 탄소 흡수원이 반드시 보존·확대되어야 한다는 데

---

[49] Vien Ngoc Nam et al., 'Carbon Stocks in Artificially and Naturally Regenerated Mangrove Ecosystems in the Mekong Delta', *Wetlands Ecology and Management*, vol. 24, no. 2 (2016), pp. 231–244.

있다. 그러나 보전에는 대가가 따른다. 아무리 전 세계적으로 가치가 크다고 해도, 보전은 지역 주민들이 빈곤에서 벗어날 기회를 막을 수 있다. 예를 들어, 산림을 없애면 가축을 기르고 고기를 팔 수 있고, 맹그로브를 밀어내면 그 자리에 새우 양식장을 지을 수 있다. 보전은 우리 모두에게 이익이 되지만, 지역 주민에게는 오히려 빈곤과 불평등의 고착을 의미할 수 있다. 더 큰 희생을 감내할 수 있는 역량이 있는 것도, 보전의 혜택을 누리는 것도 부유한 국가들이므로 이들이 그 비용을 부담해야 한다. 게다가 보전이 필요해진 근본 원인 또한 산업화된 북반구의 온실가스 배출에 있으며, 이는 그 책임을 더욱 분명히 한다. 산림이나 맹그로브를 보유한 국가에 대한 지원은 특정 서비스를 제공한 대가가 아니라, 보전의 부담을 공정하게 나누기 위한 필수 조치로 이해해야 한다.

따라서 REDD+와 같은 제도는 세계 남반구에서 보전과 경제적 '발전' 사이의 딜레마를 해소하는 데 중요한 역할을 할 수 있다. 지역 주민들이 보전을 선택하더라도, 그들이 우리를 대신해 빈곤 속에 머물러야 한다고 요구하는 것은 부당하며, 그런 기대는 애초부터 비현실적이다. 부유한 국가들이 세계 남반구 주민들에게 핵심 생태계를 보전하거나 확대하기를 바란다면, 그에 따른 비용 역시 책임져야 한다. 탄소 흡수원을 유지하거나 확대하는 국가에 재정을 지원하는 일은, 이들이 환경을 훼손하지 않으면서 빈곤을 극복할 수 있는 새

로운 경로를 여는 데 실질적인 도움이 될 수 있다.[50]

 REDD+는 아무리 좋게 봐준다 하더라도 바람직하지 않게 설계된 제도다. 그러나 지금이 탄소 순배출 제로를 향한 전환에 있어 결정적인 10년이라는 점을 고려하면, REDD+를 폐지하자는 주장은 위기의 한가운데서 팔짱만 끼고 있는 것이나 다름없다. REDD+가 없다면, 우리는 핵심 생태계의 보전을 요구받는 국가에 자금을 신속히 지원할 수 있는, 그와 유사한 제도를 새로 마련해야 할 것이다. 따라서 최선의 방안은 REDD+에 충분한 재원을 확보해, 이 제도가 세계 남반구에서 보전과 개발 사이의 딜레마를 실질적으로 완화할 수 있도록 하는 것이다. 동시에, 그동안 제기되어 온 실효성에 대한 비판을 반영해 REDD+를 개혁해야 한다. 육상 생태계에서 REDD+와 그 전신 제도는 종종 원주민 공동체의 배제나 강제 이주와 연관되어 왔다. '생태계 서비스에 대한 보상'이라는 논리 아래, 산림이 흡수하는 탄소량이 많을수록 더 많은 자금이 유입되기 때문이다. 이로 인해 지역 엘리트들은 산림의 성장량을 극대화하려는 유인을 갖게 되고, 전통적인 생활 방식이 산림에 해롭다는 (종종 근거 없는) 인식에 따라 원주민을 내쫓는 일이 발생해 왔다. 이러한 이유로 REDD+가 해안 생태계로 확대될 경우, 맹그로브나 해초 군락 조성을 명분으로 전통적이고 지속 가능한 어업 관행이 배제되는 '해양

---

50 이에 관한 더 심층적인 논의, 특히 우림 지역 사례에 집중한 분석은 다음을 참고하라. Chris Armstrong, 'Fairness, Free-riding, and Rainforest Protection', *Political Theory*, vol. 44, no. 1 (2016), pp. 106-130.

9.1 인도네시아 자카르타의 맹그로브 복원 프로젝트.

수탈ocean grabbing'이 확산할 수 있다는 우려도 제기되고 있다.[51]

REDD+ 제도의 목적이 보전을 통해 형편이 어려운 이들이 불이익을 받지 않도록 하는 데 있다면, 현재의 상황은 오히려 퇴보에 가깝다. 진정한 성공은 지역 주민의 안전과 경제적 자립이 강화되는 것이어야지, 오히려 위축되는 것이어서는 안 된다. 많은 경우, 문제는 의사 결정이 지나치게 일방적으로 이루어진다는 데 있다. 전통적인 소규모 어민들은 해안 생태계의 적이 아니다. 그러나 보전 정책은 대개 엘리트 중심으로 추진되어 왔고, 지역 공동체와 그들의 관행, 관점은 종종 불편한 존재로 여겨졌다.[52] 진정한 과제는 지역 공동체가 핵심 생태계 보호에 실질적으로 참여하고, 그로 인해 발생하는 혜택을 온전히 누릴 수 있도록 보장하는 것이다. 다행히 세계 남반구 일부 국가는 이 방향을 선도하고 있다. 예를 들이, 인도의 맹그로브 공동 관리 프로그램은 지역 공동체와 비정부 기구가 함께 맹그로브 숲의 보전과 복원에 참여하고 있으며, 방글라데시, 태국, 캄보디아, 필리핀에서도 주민 참여형, 여성 중심의 맹그로브 보전 사업이 추진되고 있다.[53] 이러한 사업은 해안 생태계를 보호하는 동시에 지역의 고용, 사회적 관계망, 안정적인 영양 공급까지 함께 뒷받

---

[51] Mads Barbesgaard, *Blue Carbon: Ocean Grabbing in Disguise?* (Amsterdam: Transnational Institute, 2016).

[52] Nathan Bennett et al., 'Blue Growth and Blue Justice: Ten Risks and Solutions for the Ocean Economy', *Marine Policy*, vol. 125 (2021), e104387.

[53] Rajarshi DasGupta and Rajib Shaw (eds), *Participatory Mangrove Management in a Changing Climate: Perspectives from the Asia-Pacific* (Tokyo: Springer Japan, 2017).

침할 수 있다.

이러한 사업이 보전과 빈곤 해소, 기타 사회 문제 해결을 조화롭게 연결하는 데 성공한다면, 그 틀은 다른 유형의 해안 생태계로도 확장될 수 있다. 잘피 지대나 갯벌은 막대한 양의 탄소를 흡수할 수 있을 뿐 아니라, 바다거북이나 매너티 같은 해양 동물의 주요 서식지이기도 하다. 비록 자연 생태계 복원이 직접적인 목표는 아니지만, 해조류 양식 또한 연간 250만 톤에 달하는 이산화탄소를 흡수할 수 있는 잠재력을 지녀 기후변화 완화에 기여할 수 있다.54 일부 해조류는 생애 주기가 짧아 저장한 탄소를 비교적 빠르게 바다로 다시 방출하지만, '순환 주기'가 긴 종은 수년간 탄소를 안정적으로 저장할 수 있다.55

그럼에도 REDD+와 같은 기존의 재정 지원 경로만으로는 해양 경제의 녹색 전환을 뒷받침하기에 부족할 수 있으며, 이에 따라 새로운 재원 확보 방안을 모색할 필요도 있다. 그 대안 중 하나로 주목받는 것이 바로 '녹색 채권green bonds'이다. 채권은 국가, 기업, 은행 등과 같은 기관이 대규모 자금을 조달하기 위해 발행하는 금융 수단으로, 투자자는 일정 기간 후 원금과 이자를 돌려받는다. 녹색 채권은 개인 투자자, 연기금, 국부펀드 등으로부터 자금을 유치해 해양 생태계를 복원하거나 강화하는 데 활용할 수 있는 잠재력을 지

54　Duarte et al., 'Can Seaweed Farming Play A Role?', p. 2.
55　Calvyn Sondak et al., 'Carbon Dioxide Mitigation Potential of Seaweed Aquaculture Beds (SABs)', *Journal of Applied Phycology*, vol. 29 (2017), pp. 2363-2373, at p. 2368.

닙다.56 또한 경제 전반을 더욱 기후 친화적인 방향으로 재편하는 데도 기여할 수 있다. 나이지리아 전 환경부 장관 아미나 모하메드 Amina Mohammed는 자국의 성공적인 시범 사업을 돌아보며, 이를 "단순한 자금 조달 수단이 아니라, 국가 경제 발전에서 환경 보전과 기후의 역할에 대한 논의를 여는 열쇠"라고 평가한 바 있다.57 현재 전 세계적으로 금리가 낮은 상황에서, 투자자들은 소폭의 수익만 보장되더라도 안전한 투자처를 간절히 찾고 있다. 이는 녹색 채권 제도를 대폭 확대할 수 있는 이상적인 기회다. 물론 채권은 언젠가 (아마도 50년이나 100년 후에) 상환되어야 하지만, 지금 당장 필요한 것은 해양 보전 사업이나 지속 가능한 해양 산업에 대한 긴급한 투자다. 녹색 채권은 이미 현실화된 제도지만, 현재 조달 가능한 자금은 여전히 부족하다. 이 부족분을 보완할 수 있는 야심찬 방안 중 하나로 세계기후은행World Climate Bank 설립 구상이 제안되고 있다. 이 은행은 대규모 채권을 발행해 각국 정부나 적절한 국제기구가 녹색 전환에 필요한 자금을 확보하도록 지원하는 역할을 하게 될 것이다.58 해안 지역에서 탄소를 포집하고 생물다양성을 회복하려는 재생 사업

---

56 Torsten Thiele and Leah Gerber, 'Innovative Financing for the High Seas', *Aquatic Conservation: Marine and Freshwater Ecosystems*, vol. 27 (2017), pp. 89–99, at 91.

57 Amina Mohammed and Simon Zadek, 'From Green Bonds to Sustainable Development: The Case of Nigeria', in Raj Desai et al. (eds), *From Summits to Solutions: Innovations in Implementing the Sustainable Development Goals* (Washington DC: Brookings Institution Press, 2018), pp. 66–79, at p. 77.

58 John Broome and Duncan Foley, 'A World Climate Bank', in Inigo Gonzalez-Ricoy and Axel Gosseries (eds), *Institutions for Future Generations* (Oxford: Oxford University Press, 2016), pp. 156–169.

은 이러한 재정 투자의 최적 대상이 될 수 있다. 또는 해양 생태계의 모니터링과 보호를 위한 전용 기금으로서 '해양 지속 가능성 은행Ocean Sustainability Bank'을 설립하는 방안도 추가적인 재원 확보의 돌파구가 될 수 있다.[59]

코로나19 위기 이후 각국 정부는 재정 지출을 줄이고 새로운 형태의 긴축 정책을 도입하려는 유혹에 빠질 수 있다. 그러나 이는 분명한 실책이다. 단지 그것이 다시금 세계 빈곤층에 오랜 고통을 강요하기 때문만은 아니다. 차입은 올바르게 사용될 경우, 스스로 상환이 가능하다. 특히 인프라를 구축하고 미래에 대비하는 데 쓰일 때 더욱 그렇다.[60] 이러한 재원을 활용하는 가장 바람직한 방식 중 하나는 전 세계의 해안 경제와 해양 생태계를 되살리는 일이다. 이는 해안 지역 공동체에 새로운 기회를 제공하고, 점점 더 현실화되고 있는 해수면 상승의 위협으로부터 이들을 보호하는 데에도 기여할 수 있다. 블루 뉴딜의 목표는 해안 생태계를 재생하는 동시에, 빈곤하고 소외된 공동체에 활력을 불어넣는 것이다. 새롭게 부상하는 '블루 이코노미'가 저절로 기후 안정과 생태 회복을 이끌 것이라 기대해서는 안 된다. 이를 실현하려면 국제적 공동 대응이 필요하며, 특히 해양 회복에 큰 잠재력을 지닌 세계 남반구 국가들에 대한 실질적인 투자가 반드시 병행되어야 한다.

59　Thiele and Gerber, 'Innovative Financing for the High Seas', at p. 95.
60　Robert Hockett and Aaron James, 'Why Joe Biden Can Stop Worrying and Start Spending Like Crazy', *New Republic* (1 December 2020).

해양 회복은 탈탄소 이후 정의로운 전환과 생태 복원을 위한 모든 실현 가능한 계획의 핵심이 되어야 한다. 그런 점에서 '청색' 요소는 성공적인 그린 뉴딜의 필수 구성이다. 그러나 블루 뉴딜은 '청색 성장Blue Growth'과는 다르다. 청색 성장은 종종 해양의 과잉 착취를 정당화하는 논리로 변질되어 왔으며, 이는 어업의 소수 집중화, 환경을 해치는 양식업, 심해저를 파괴하는 광물 채굴로 이어지곤 했다. 최악의 경우, 해양 경제의 산업화는 가진 자만을 이롭게 하고, 해양 생물은 인류세 바다의 가장자리로 밀려나게 될 것이다. 블루 뉴딜은 그와는 달라야 한다. 그것은 환경 보호와 복원, 사회 정의의 실현을 동시에 추구해야 한다. 해양이 제공하는 혜택은 복합적이고 다면적이며, 단순한 수익 중심의 시각으로는 포착할 수 없다. 블루 뉴딜은 선상한 해안 생태계가 지닌 사회적·문화적·건강상의 가치를 분명히 인식해야 한다. 아울러 권한을 박탈당한 이들에게 힘을 실어주고, 주변화된 해안 공동체에 더 많은 기회와 발언권을 보장하며, 해양 생태계의 재생을 통해 생물다양성을 회복하고 기후 안정에도 기여해야 한다.

10
블루 뉴딜을 넘어

이 책의 후반부에서는 해양 거버넌스 개혁을 위한 핵심 방안을 제시했다. 고래목과 기타 해양 생물에 대한 강력한 법적 보호, 해상 노동자의 권리 보장, 기후 망명자에 대한 실질적 보호책이 그 중심이다. 9장에서는 연안 지역의 지속 가능성을 높이기 위한 국가 주도의 개혁 방안을 소개하며, 이는 연안 공동체와 해상 생태계 모두에 중대한 혜택을 가져올 수 있다고 보았다. 많은 국가는 이미 자체적인 블루 뉴딜을 추진할 자원을 보유하고 있으나, 일부 지역은 역량 강화를 위해 국제 협력과 대규모 글로벌 투자가 필요하다.

이러한 개혁은 해양 정의에 한 걸음 더 다가가는 길이다. 해양은 인간과 다른 생물 모두에게 더 안전한 권리의 공간이 되고, 기후변화로 인한 생명과 생계의 위협도 줄어들 것이다. 해안 공동체는 지속 가능한 해양 산업에 대한 통제력을 확보하게 되며, 블루 뉴딜이 가져올 환경 효과 역시 결코 과소평가할 수 없다. 해양은 상호 연결된 생태계이기에, 한 지역의 회복은 전 지구적으로 긍정적인 파급 효과를 가져올 수 있다.

그럼에도 지금까지 논의한 개혁만으로는 바다에서 우리가 직면한 문제의 규모를 감당하기 어렵다. 환경 파괴와 불평등 심화라는 위기를 온전히 막기에는 역부족이다. 이를 해결하려면 더 근본적인 제도 개혁이 필요하다. 해양 경제를 전환하고, 바다를 파괴적 산업화의 다음 무대가 아닌 생물다양성의 보루로 만들기 위해서는 해양의 법과 정치도 함께 바뀌어야 한다. 이 마지막 장에서는 바다의 미래를 위한 몇 가지 급진적인 구상을 제안한다. 이를 '푸른 하늘의 사고blue sky thinking', 또는 '푸른 바다의 사고blue water thinking'라고 불러도 좋을 것이다. 이 중에는 매우 과감한 제안도 포함되어 있으며, 세계가 실제로 이를 실행에 옮길 것이라고 주장할 생각은 없다. 진전을 가로막는 것은 언제나 기득권이며, 현 체제에서 이익을 얻는 이들은 변화가 불가능하거나 바람직하지 않다고 우리를 설득하곤 한다. 산업어업과 화석연료 산업의 로비, 그리고 심해저 채굴이나 신기술을 앞세운 옹호자들이 정치 권력에 미치는 영향력 또한 무시할 수 없다. 그러나 정의를 진지하게 사유하는 이유는 앞으로 *어떤 일이 일어날지*를 예측하기 위함이 아니다. 만약 그것이 목적이라면, 우리는 결국 현 상태를 정당화하거나, 그와 별반 다르지 않은 미래만을 상상하게 될 것이다. 이제는 분명하다. 현재의 해양 거버넌스는 실패하고 있다. 지금의 경로에서 실현 가능해 보이는 소폭의 변화만을 논하는 것은, 블루 가속이 멈추지 않고, '청색 성장'의 보상이 소수에 집중되며, 전 세계 바다에서 야생 생물이 사라지고 산업 양식의 단일종이 그 자리를 채우며, 해저 자원이 환경적 대가와 무관하게 채굴되는 세상을 받아들이는 것과 같다.

우리는 그보다 더 높은 목표를 가져야 한다. 바다가 인류세의 바다로 전락하는 것이 불가피하다고, 육지처럼 결국 '길들여지고' 황폐해질 수밖에 없다고 받아들일 필요는 없다.[1] 인간의 육지 정복은 다른 종들에게는 재앙이었고, 인간 자신에게조차 순탄한 성공은 아니었다. 자연을 지배한 결과는 극단적 불평등, 오염, 팬데믹, 기후위기와 같은 전 지구적 재난으로 이어졌다. 이 책은 바다를 위한 다른 미래가 가능하다는 희망에서 출발했다. 그러나 그 희망을 현실로 바꾸려면, 지금의 방식을 과감히 벗어나야 한다. 현상 유지란 결국 대규모 생물다양성 상실과 통제 불가능한 환경 문제의 확산을 의미한다. 변화가 필요하다고 믿는다면, 다음 단계는 더 나은 미래가 어떤 모습일지 함께 상상하는 일이다. 정의로운 바다에 대한 비전을 공유할 수 있다면, 이제 그것을 어떻게 실현할지를 논의할 수 있다. 이 장의 목표는 바로 그 상상력을 확장하고, 다른 미래를 그려보며 이렇게 묻는 것이다. 왜 안 되는가?

공해에서의 모든 변화

앞서 살펴보았듯, 개별 국가는 필요할 경우 국제적 지원을 받아

---

[1] 인류세의 도래가 해양 거버넌스의 기본 원칙을 재고하게 만든다는 또 다른 주장은 다음을 참조하라. Davor Vidas, 'The Anthropocene and the International Law of the Sea', *Philosophical Transactions of the Royal Society A*, vol. 369, no. 1938 (2011), pp. 909–925.

자국 연안을 개선하고, 자국 배타적 경제수역을 더욱 지속 가능하고 다양하게 만들 수 있다. 이는 최근의 경제 혼란 속에서도 지역 공동체를 지원하는 방식으로 실현 가능하다. 이러한 블루 뉴딜 정책은 해안 지역 사회에 빠르고 긍정적인 변화를 일으키고, 환경을 파괴하는 관행을 지속 가능한 방식으로 전환함으로써 높은 성과를 거둘 수 있다는 충분한 근거도 있다. 그러나 바다의 대부분은 어느 국가의 배타적 경제수역에도 속하지 않는다. 해양 표면의 약 3분의 2와 그 부피의 절대다수는 공해로 분류되며, 어떤 국가의 지배도 받지 않는다. 그 아래에는 심해저가 있으며, 이곳은 국제해저기구가 관할하는 영역으로 국가 관할권 밖에 있다. 이 두 영역은 국제법에서 국가 관할권 바깥 해역Areas Beyond National Jurisdiction, ABNJ이라 불리며, 지구 전체에서 사람이 거주할 수 있는 공간의 약 95%를 차지한다. 이곳에는 아직 발견되지 않은 수백만 종의 생물도 서식하고 있다.[2]

그러나 현재의 국가 관할권 바깥 해역에 대한 거버넌스 체제는 그 목적에 부합하지 않는다. 이 체제는 기후변화, 해양 산성화, 플라스틱 오염 등 오늘날 우리가 직면한 중대한 위협이 아직 충분히 인식되지 않았던 시기에 마련된 것이다. 해양법협약 역시 개별 국가의 자유를 지나치게 우선시한 나머지, 대부분의 경우 자국 국기를 단 선박의 행위에 대한 책임을 해당 국가에만 맡기고 있으며, 지역수산

---

2   Camilo Mora et al., 'How Many Species are there on Earth and in the Ocean?', *PLoS Biol*, vol. 9, no. 8 (2011), e1001127.

관리기구 가입 여부도 각국의 재량에 맡기고 있다. 한편, 심해저 광물 자원의 상업적 채굴은 더 이상 먼 미래의 이야기가 아니다. 국제해저기구는 이미 국가 및 민간 주체에 심해저 탐사 라이선스 30건을 발급한 상태다. 그러나 최근 과학 연구에 따르면, 심해저 채굴은 심해 생태계에 심각하고 장기적인 피해를 초래할 수 있으며, 국제해저기구의 현행 규정은 이를 방지하기에 턱없이 미흡하다는 사실이 명확히 드러났다. 이에 따라 국제자연보전연맹IUCN은 심해저에서의 채굴 및 상업적 탐사에 대한 전면 유예를 촉구했다.[3] 지금은 잠시 멈추고, 근본부터 다시 생각해야 할 시점이다.

  이 글을 쓰는 지금도, 심해에 서식하는 놀라운 생물들의 유전 정보를 둘러싼 상업적 관심은 계속해서 커지고 있다. 심해 자원을 활용하는 기술이 발전함에 따라, 환경 피해를 최소화하고 그로부터 발생하는 이익과 부담을 공정하게 나누기 위한 새로운 규범 체계의 필요성도 더욱 분명해지고 있다. 최근 몇 년간 세계 각국은 국가 관할권 바깥의 생물다양성을 포괄하는 새로운 법적 합의 마련을 두고 협상을 이어왔다. 2019년 여름에 조약 초안이 발표되었고,[4] 같은 해 말에는 수정 초안이 공개되었다. 이 조약이 법제화되면, 공해와 심해저에서의 해양 생물 이용을 관리할 새로운 거버넌스 체계를 마련

---

3 다음을 보라. https://www.iucncongress2020.org/motion/069 (accessed 11 February 2021).

4 다음을 보라. https://www.un.org/bbnj/sites/www.un.org.bbnj/files/draft_text_a.conf_.232.2019.6_advanced_unedited_version_corr.pdf (accessed 30 September 2019).

하게 될 것이다. 이는 해양법협약이 남긴 중대한 '거버넌스 공백'을 메우는 데 기여할 수 있다. 최근의 도전 과제를 감안하면, 해양법협약은 이제 해양 거버넌스의 조각보라기보다는 구멍이 숭숭 뚫린 거미줄처럼 보이기 시작하고 있다.

현재 초안 상태의 국가 관할권 바깥의 생물다양성 조약에는 야심 찬 표현이 다수 포함되어 있다. 1차 초안에서는 논란 끝에 '공동 유산' 원칙이 빠졌지만, 세계 남반구 국가들의 강한 요구로 2차 초안에서 다시 반영되었다. 알제리 대표 모하메드 베세딕Mohammed Bessedik은 아프리카 그룹을 대표해 "이 원칙은 인류뿐 아니라, 공해와 해양 생물 전체를 위해서도 매우 중요하다"며, 이 원칙이 빠진 조약은 영혼 없는 조약이라고 단언했다.5 초안은 해양 거버넌스에 '통합적' 접근을 취하고, 해양 생태계의 회복력 강화를 목표로 삼고 있다. 국가 간 협력은 물론, 거버넌스 공백을 메우기 위한 지역 또는 국제 차원의 새로운 기구 설립 필요성도 명시되어 있다. 또한 해양보호구역의 중요성을 강조하고, 공해 생물자원 이용에 앞서 환경영향평가EIA를 의무화하고 있다. 이 모든 요소는 분명 긍정적인 진전이지만, 여전히 해결되지 않은 쟁점도 많다(조약 초안은 누구나 열람할 수 있으며,6 실제로 읽어보면 여전히 논의 중인 선택지들이 병기되어 있음

---

5   다음을 보라. http://statements.unmeetings.org/media2/21996848/algeria-obo-african-group.pdf (accessed 6 March 2021).

6   다음을 보라. https://www.un.org/bbnj/sites/www.un.org.bbnj/files/revised_draft_text_a.conf_.232.2020.11_advance_unedited_version.pdf (accessed 22 December 2020).

을 쉽게 확인할 수 있다).

아직 작성 중인 조약이지만, 국가 관할권 바깥 해역이 직면한 문제의 규모에 비추어볼 때 현재의 초안은 그에 상응하는 대응 수준에 미치지 못한다. 초안 제4조는 이 조약이 기존 해양법협약이 각국에 부여한 권리나 관할을 '저해하거나 침해하지 않는다'고 명시하고 있다. '저해하지 않는다 not undermine'는 표현은 다소 모호하지만,[7] 배타적 기국 관할권의 관행을 제한하지 않겠다는 뜻으로 해석될 수 있다. 그러나 이 관행은 오랫동안 환경 파괴와 노동 착취에 법적 정당성을 부여해 왔다. 이 조항은 배타적 경제수역에서 연안국의 권리를 제한하지 않겠다는 의미일 수도 있다. 그러나 배타적 경제수역에서 발생하는 일은 공해에 중대한 영향을 미친다. 마찬가지로, 조약이 지역수산관리기구의 권한을 침해하지 않겠다는 의미로도 읽힐 수 있지만, 이들 기구는 수많은 어족 자원의 붕괴를 막는 데 명백히 실패해 왔다. 더욱이 초안 제8조는 이 조약이 어류에는 적용되지 않는다고 명시하고 있어, 공해 생물다양성 보호라는 조약의 목적에 치명적인 공백을 남긴다. 조약은 공해상 해양보호구역 지정 절차를 포함하고 있지만, 그 규정이 모든 국가에 법적 구속력을 갖는지, 아니면 각국의 재량에 맡겨질지는 여전히 불분명하다. 각국이 자의적으로 인정 여부를 결정할 수 있다면, 이 보호구역은 결국 이론상 존재

---

7 Zoe Scanlon, 'The Art of "Not Undermining": Possibilities Within Existing Architecture to Improve Environmental Protections in Areas Beyond National Jurisdiction', *ICES Journal of Marine Science*, vol. 75, no. 1 (2018), pp. 405–416.

하는 '형식적인 보호구역'에 불과할 것이다. 생태계 보호라는 명분만 남고, 실질적 효과는 없게 된다.8

조약 초안이 해양 경제에서 심화되는 불평등을 막을 수 있을지는 여전히 불투명하다. 초안은 해양법협약 이전의 1970년대 논의를 연상시키며, "정의롭고 공정한 국제 경제 질서 실현에 기여"하고, 해양 유전자 자원의 이용은 "인류 전체의 이익을 위한 것이어야 한다"고 선언한다. 그러나 이러한 원칙이 실제로 어떻게 구현될지는 불명확하다. 부유한 국가는 공해 유전자 자원이 활용될 경우, 남반구에 제공될 이익은 '비금전적' 형태가 될 수 있다고 주장해 왔다. 이는 이론상 단순한 정보 공유만으로도 충분하다는 뜻일 수 있다. 이에 대해 남반구 국가는 빈곤국과 내륙국에 실질적인 자금 이전이 포함되어야 한다고 요구해 왔다. 하지만 초안은 금전적·비금전적 방식 모두를 허용하고 있다. 더 우려스러운 점은, 이익 공유 자체를 의무가 아닌 선택 사항으로 둘 여지를 남기고 있다는 것이다.9 해양에서 가속화되는 불평등을 되돌리려면, 이보다 훨씬 강력한 의지와 과감한 접근이 필요하다.

조약 초안은 왜 지금까지 해양 거버넌스의 핵심적 약점들을 정면으로 다루지 못했을까? 나는 이 조약 작업에 깊이 관여해 온 이들과

---

8   다음을 보라. https://www.oceanographicmagazine.com/features/greenpeace-global-oceans (accessed 23 March 2021).

9   Klaudija Cremers et al., *A Preliminary Analysis of the Draft High Seas Biodiversity Treaty* (Paris: IDDRI, 2020).

직접 논의한 바 있으며, 그 이유는 강대국들의 이탈을 우려했기 때문이라고 본다. 조약이 그들의 지지를 얻지 못한 채 또 하나의 실패한 협약으로 남는 것을 경계한 것이다. 이는 해양법협약 제정을 앞두고 있었던 과거를 떠올리게 한다. 이후 채택된 이행협정이 협약의 급진적 요소를 대폭 약화시킨 것도 같은 맥락이었다. 당시 초안 작성자들은 모든 국가, 혹은 대부분 국가의 '지속적인 참여'를 우선시했고, 그로 인해 상당한 수준의 정책 후퇴를 감수해야 했다. 이론상으로는 공해 유전자 다양성 이용에 *어떤* 규칙이라도 있는 편이 아무 규제 없이 '선착순' 원칙에 맡겨 두는 것보다는 낫다는 논리였다. 하지만 지금의 협상도 과거의 실패를 되풀이하고 있다는 인상을 지우기 어렵다. 해양법협약 초안에 담겨 있던 세계 남반구의 급진적 비전이 다시금 해체되는 과정을 보는 듯하다. 카를 마르크스는 역사가 데자뷔처럼 반복되는 운명을 지녔는지 자문하며, 어떤 사건은 "한 번은 위대한 비극으로, 또 한 번은 형편없는 희극으로" 다시 연출된다고 말한 바 있다.10 국가 관할권 바깥의 생물다양성 조약을 둘러싼 협상이 전적으로 우스꽝스럽다고는 할 수는 없지만, 우리가 과거로부터 아무것도 배우지 못했다는 인상은 협상 전체를 안개처럼 감싸고 있다. 이러한 상황에서 더 나은 해법을 상상하는 것이 비현실적이라 비난받아서는 안 된다. 현상 유지는 우리를 생태적 재앙과 심화되는 불평등으로 몰아가고 있다. 조약 초안이 아무리 선의를 담

10　*Marx and Engels Collected Works Volume 38* (London: Lawrence and Wishart, 1982), p. 503.

고 있다 해도, 이 구조적 위기를 근본적으로 바꾸고 있다고 보기는 어렵다. 지금 브레이크를 밟고 다른 길로 나아가야 한다는 주장이 '비현실적'이라면, '그러니 어쩔 수 없는 일이다'가 하나의 대답일 수 있다. 하지만 또 다른 대답은 이렇다. 정치에서 현실적이라는 개념은 우리가 무엇을 이룰 수 있다고 믿는지, 그리고 타인이 어떻게 행동할 것이라 예상하는지에 따라 달라진다. 충분히 많은 사람의 인식을 바꿀 수 있다면, 오늘의 비현실은 내일의 현실이 될 수 있다.

세계해양기구

국가 관할권 바깥 해역은 현재와 미래 세대, 바다에 의존하는 인간과 그곳을 삶의 터전으로 삼는 모든 생물을 위해 우리 모두가 함께 관리해야 한다는 생각에서 출발해 보면 어떨까? 공해 자원에 생존을 의존하는 이는 없다는 사실을 상기하고, 착취에 제약을 가하는 쪽이 아니라 착취 자체를 정당화하려는 쪽에 강력한 입증 책임이 있다고 본다면 어떨까?[11] 그러한 전환이 가능하다면, 공해와 심해저는 해양 정의의 핵심 원칙에 따라 민주적이고 지속 가능한 방식으로 관리되는 거대한 보호구역이 될 수 있다. 이를 위해서는 심해를 수호할 새로운 국제기구가 필요하다. 세계해양기구는 공해 이용에 관한

---

11 이러한 효과에 관한 영감을 주는 논의로는 다음을 보라. Deborah Rowan Wright, *Future Sea* (Chicago: Chicago University Press, 2021), chapter 5.

모든 결정을 내릴 권한을 갖고, 민주적 포용, 지속 가능성, 공정한 이익과 부담 분담의 원칙을 수호하는 임무를 맡게 될 것이다.

만약 국가 관할권 바깥 해역에서의 자원 착취가 일부 허용될 수 있고, 그것이 해당 해역의 생물다양성과 생태적 건강을 해치지 않는다는 확신이 있다면, 그러한 착취는 세계 남반구가 부유한 북반구를 따라잡는 데 실질적으로 기여하는 경우에만 이루어져야 한다. 이러한 점에서 세계해양기구는 심해를 급진적으로 변화된 세계 경제의 발판으로 본 세계 남반구 측 신국제경제질서 주창자들의 반세기 전 비전을 실현할 수도 있을 것이다. 하지만 그들은 오늘날 우리가 알게 된 심해저 채굴 등의 활동이 초래할 결과를 예측하지 못했다. 지금 기준에서 보면, 사전 예방 원칙에 따라 국가 관할권 바깥 해역에서의 대부분 -어쩌면 모든 채굴 활동은 중단되어야 하며, 어업 역시 대폭 축소되어야 한다. 이 기구의 주요 목표는 자원의 질서 있는 이용이 아니라 보호에 있다. 더 넓은 해양에서 생물다양성을 공동으로 보호할 의무는 공동 유산 원칙의 핵심 요소다. 남아프리카공화국 대표가 유엔 총회에서 말했듯, "그 원칙은 연대에 관한 것이다. 우리 모두가 공유하는 자원을 함께 보존하고 보호하자는 연대 말이다."[12]

이와 같은 방식으로 관리되는 해양의 모습이 구체적으로 어떤 형태일지는 쉽게 상상하기 어렵다. 그러나 지구 생태계의 핵심 영역

---

12   다음에서 인용한 것이다. Aline Jaeckel, Kristina Gjerde and Jeff Ardron, 'Conserving the Common Heritage of Mankind: Options for the Deep-Seabed Mining Regime', *Marine Policy*, vol. 78 (2017), pp. 150-157, at p. 157.

을 보호하기 위해 협력이 필요하며, 이를 위해 개별 국가의 이익을 뒤로하고 집단적 거버넌스 체계를 구축해야 한다는 생각은 이미 남극조약 체제를 통해 현실화된 바 있다. 20세기 초 '백색 대륙' 남극은 노르웨이, 칠레, 영국 등 여러 국가가 영유권을 주장하던 지역이었다. 그러나 1959년 체결된 남극조약은 이 같은 주장을 유보하고, 남극을 평화, 과학, 환경보호의 공간으로 유지하는 일련의 제도를 마련했다. 1991년 채택된 '환경보호에 관한 의정서'는 남극을 "평화와 과학을 위한 자연보호 구역"으로 선언하고, 모든 광물 자원 채굴을 금지했다.13 물론 이른바 '청구 국가claimant states'들은 여전히 영유권을 공식적으로 철회하지 않았으며, 미래에는 일부 국가가 조약에서 탈퇴해 자원 착취에 나설 가능성도 있다. 조약 체제 자체도 완벽하지 않다. 예를 들어, 세계 남반구의 목소리가 충분히 반영되지 않는다는 비판이 존재한다. 그럼에도 불구하고, 남극 모델은 국가 관할권 바깥 해역이 평화롭고 지속 가능하게 관리될 수 없다는 주장에 유력한 반례가 된다.

포용적이고 정의로운 해양 거버넌스를 설계하는 과제는 이미 일정한 관심을 받고 있다. 해양 관리의 새로운 형태를 제안하는 여러 구상 가운데 주목할 만한 사례들도 등장했다. 1997년, 당시 유엔 사무총장이던 코피 아난Kofi Annan은 한동안 폐지되었던 유엔 신탁통치이사회를 부활시켜, "회원국들이 해양·대기·우주 등 공동 영역과

---

13   1991 Protocol on Environmental Protection to the Antarctic Treaty, Article 2.

지구 환경의 온전성을 위해 집단적 신탁 역할을 수행할 토론장"으로 삼자고 제안했다.14 이듬해, 세계해양독립위원회IWCO는 공해를 "현재와 미래 세대의 이익을 위해 사용되고 관리되어야 할" 거대한 공공 신탁으로 운영할 것을 권고했다.15 이후에도 여러 학자들이 다양한 형태의 해양 신탁 설립을 제안해 왔다.16

하지만 내가 제안하는 세계해양기구는 이보다 훨씬 더 급진적이다. 앞서 언급한 제안들은 여전히 개별 국가를 해양 정치의 주체로 설정하며, 각국이 해양 자원을 보존할 책임을 지되, 그 결과에 대한 책임은 자국 국민에게만 지는 구조를 전제로 한다. 한 가지 구상에 따르면, 국제해양신탁기구는 공해 보호를 위한 일반적인 기준을 설정하게 된다. 그러나 각국은 공해상 자국 활동이 과도한 해를 끼치지 않도록 관리할 책임을 *자국* 국민에게만 지게 된다.17 또 다른 제안은 시민사회가 공해상 국가 활동에 법적 책임을 물을 수 있게 하

---

14 United Nations General Assembly, *Renewing the United Nations: A Programme for Reform* (New York, United Nations, 1997), paragraph 85.

15 Independent World Commission on the Oceans, *The Ocean, Our Future* (Cambridge: Cambridge University Press, 1998), p. 17.

16 예를 들어, 다음을 보라. Christopher Stone, *Should Trees Have Standing? Law, Morality and the Environment* (Oxford: Oxford University Press, 2010); Mary Turnipseed et al., 'Using the Public Trust Doctrine to Achieve Ocean Stewardship', in Christina Voigt (ed.), *Rule of Law for Nature: New Dimensions and Ideas in Environmental Law* (Cambridge: Cambridge University Press, 2013), pp. 365–379, at p. 375; Cassandra Brooks et al., 'Challenging the Right to Fish in a Fast-Changing Ocean', *Stanford Environmental Law Journal*, vol. 33 (2013), pp. 289324, at p. 321.

17 Turnipseed et al., 'Using the Public Trust Doctrine to Achieve Ocean Stewardship', p. 377; Turnipseed et al., 2013: 5–6; Mary Turnipseed et al., 'The Public Trust Doctrine and Rio+ 20', in *Third Nobel Laureate Symposium on Global Sustainability* (2012), pp. 1–7, at pp. 5–6.

자고 하지만, 이 경우에도 국가들은 여전히 해양 거버넌스의 주요 행위자이자 의사 결정 주체로 남는다.18 반면, 내가 제안하는 세계해양기구는 국가 위에 존재하며, 어떤 국가도 그 규칙에 대해 거부권을 행사하거나 탈퇴할 수 없다. 이 기구의 관할 아래, 바다는 처음으로 고유한 국제 정치 영역으로서 집단적이고 민주적으로 관리될 것이다. 이 제안은 일부 집단이 특정 결정에서 특별한 지위를 갖는 방식과도 양립할 수 있다는 점에서 주목할 만하다. 예를 들어, 일부 태평양 섬 지역 주민들은 오랜 기간 정기적으로 항해해 왔고, 생계 또한 공해에 의존해 왔다는 점에서 뚜렷한 특징을 지닌다(8장의 지도를 보면 그 이유를 알 수 있다. 이들의 배타적 경제수역은 공해를 둘러싸거나 실제로 그 일부를 감싸고 있기 때문이다). 세계해양기구는 이러한 공동체에 특별 대표권을 부여해 주요 지역 결정에 실질적으로 참여할 수 있도록 보장할 수 있다. 또한 이들이 오랜 세월 축적해 온 지역 지식은 물론, 해양 전역에 걸친 다른 원주민 공동체의 지식으로부터도 배울 필요가 있다.19 무엇보다 이 기구는 바다를 오늘날의 부차적이고 주변적인 문제에서 벗어나, 단순한 국제 협력을 넘어선 전 지구적 협력의 중심 의제로 전환하는 데 기여할 것이다.

세계해양기구는 공해나 그 아래 해저를 소유하지 않을 것이다. 도

---

18   Peter Sand, 'Sovereignty Bounded: Public Trusteeship for Common Pool Resources?', *Global Environmental Politics*, vol. 4, no. 1 (2004), pp. 47–71, at p. 57.

19   해양에 대한 토착민 지식의 중요성과 그것이 공해 생물다양성을 위한 새로운 조약에서 수행할 수 있는 역할에 대해서는 다음을 보라. Clement Yow Mulalap et al., 'Traditional Knowledge and the BBNJ Instrument', *Marine Policy*, 122 (2020), 104103.

덕적으로도, 우리 누구도 그것을 소유할 수 없다. 오히려 우리는 그곳에 실제로 살아가는 생명들을 위해 이 공간을 보존할 의무가 있다. 이 점이 해양 신탁 개념의 매력 중 하나다. 신탁을 운영하는 수탁자는 자산을 소유하지 않으며, 수익자의 이익을 위해 그것을 관리할 법적 책임을 진다. 원칙적으로, 그 수익자는 지구상의 모든 생명이 될 수 있다. 내가 제안하는 기구는 바다가 '인류 공동 유산'이라는 사상을 강력한 제도적 형태로 구현하게 될 것이다. 4장에서 언급했듯, 바다의 미래에 대한 공동의 이해는 바다가 인류뿐 아니라 수많은 다른 종의 공동 유산이라는 인식과도 양립할 수 있다. 다만 해양 신탁 구상은 종종 지나치게 법률 중심적으로 설계된다는 한계가 있다. 일반적으로 이 개념의 옹호자들은 바다의 일부 구역을 법적 임무를 부여받은 공정한 수탁자가 관리하고, 그 임무가 이행되지 않을 경우 시민이나 기타 행위자가 법적 책임을 물을 수 있는 구조를 상정한다. 반면, 내가 제안하는 방식은 더 민주적이다. 이 기구는 해양 거버넌스에 다양한 행위자를 포괄하고 대표하는 역할을 맡는다. 바다의 관리를 법적 수탁자에게만 맡기기보다는, 시민, 지역 공동체, 원주민 집단이 바다의 집단적 관리에 직접 참여해야 하며, 각국이 책임을 다하지 않을 때에만 법적으로 대응하는 소극적 권리에 머물러서는 안 된다.[20] 바다는 우리 삶에 핵심이며, 해양 거버넌스

---

[20] 다음도 보라. Prue Taylor, 'The Future of the Common Heritage of Mankind: Intersections with the Public Trust Doctrine', in Laura Westra, Prue Taylor and Agnes Michelot (eds), *Confronting Ecological and Economic Collapse* (London: Routledge, 2013), pp. 32–46, at p. 44.

의 성패는 인류의 미래에 중대한 영향을 미친다. 그러므로 전 세계 모든 사람은 해양 거버넌스에 참여할 권리를 지닌다. 세계해양기구는 바다의 미래를 위한 폭넓은 시민 참여의 통로가 되어야 한다.

세계해양기구는 공해에서 누가, 언제, 어떻게 자원을 이용할 수 있는지를 결정할 배타적 권한을 갖게 될 것이다. 이러한 권한을 전담 국제기구에 부여하자는 발상 자체는 새로운 것이 아니다. 국제해저기구도 본래는 국가 관할권 밖 해저 자원을 누가, 어떤 조건에서 개발할 수 있을지 결정하는 기구로, 세계 남반구 국가들이 구상한 것이었다. 그러나 국제 정치의 흐름이 바뀌면서 1994년 이행협정에 따라 그 권한은 체계적으로 축소되었고, 현재는 사실상 해저 개발 신청을 접수·등록하는 기관에 불과해졌다. 그럼에도 정당한 해양기구의 동의를 전제로 자원 이용이 허용되어야 한다는 원칙은 여전히 타당하다. 내가 주장하는 바는 이 원칙을 확장해, 세계해양기구가 해저뿐 아니라 그 위의 바다 전체를 함께 관할해야 한다는 것이다. 해저는 독립된 생태계가 아니라, 그 위의 해수층과 끊임없이 상호작용하는 통합된 생태계다. 우리의 해양 거버넌스 또한 이러한 생태적 현실을 반영해 통합적으로 구성되어야 한다.

세계해양기구가 지속 가능성에 대한 책무를 진지하게 이행한다면, 가까운 미래에는 공해상 또는 그 아래 해저에서의 대부분 착취 활동이 금지될 가능성이 높다. 많은 생태학자는 공해 어업이 생태적으로 지속 불가능하며, 대규모 연료 보조금 없이는 성립 자체가 불가능하다고 본다.21 막대한 보조금을 지급해 거대 어업 기업들이 해양 먹이사슬을 파괴하도록 방치하는 것은 전혀 이치에 맞지 않는다. 반대로, 공해에서의 어업을 전면 금지하면 어족 자원의 전반적 회복을 촉진할 수 있다.22 선택적 해양보호구역이 띄엄띄엄 존재하는 대신, 공해 전체가 하나의 거대한 해양절대보호구역이 되는 셈이다. 해저 자원의 개발 역시 엄격한 환경 안전 기준을 통과해야 한다. 하지만 심해저 생물의 회복 속도를 감안할 때, 해저 채굴이 이 기준을 충족할 가능성은 극히 낮다.

국가 관할권 바깥 해역에서의 일부 경제 활동은 여전히 허용될 수 있다. 앞서 살펴보았듯, 기업들은 심해 생물의 유전자를 발굴하고 특허를 획득하기 위해 앞다투어 움직이고 있다. 극한 환경에서 살아가는 이 생물들의 특성은 미래의 의약품이나 기술 개발에 중요한 단서를 제공할 수 있기 때문이다. 원칙적으로, 이 과정이 해당 생물 자체를 해치지는 않는다. 그러나 특정 개인이나 기업이 유전자 정보를 독점적으로 특허화하면, 다른 이들이 해당 정보를 자유롭게 활용할 수 있는 권한은 줄어들 수밖에 없다(이것이 바로 특허의 본질이다). 따라서 이익 공유 체계에 대한 논의가 중요한 것이며, 지금도 국가 관할권 바깥 해역의 생물다양성 조약 초안에서 핵심 쟁점으로 다뤄

---

21 Enric Sala et al., 'The Economics of Fishing the High Seas', *Science Advances*, vol. 4, no. 6 (2018), eaat2504.
22 예를 들어, 다음을 보라. Crow White and Christopher Costello, 'Close the High Seas to Fishing?' *PLoS Biology*, vol. 12, no. 3 (2014), e1001826. See also Rashid Sumaila et al., 'Winners and Losers in a World Where the High Seas is Closed to Fishing', *Scientific Reports*, vol. 5, no. 1 (2015), pp. 1–6.

지고 있다. 하지만 지금까지의 흐름을 보면, 해당 초안에 포함된 이익 공유 방식은 이러한 활동으로 수익을 얻는 측에 지나치게 관대한 방향으로 설계되고 있다. 세계해양기구는 공해 및 심해저 유전자 정보의 처리 방식을 결정할 권한을 갖게 될 것이다. 예를 들어, 미래 의약품 개발로부터 발생하는 이익이 부유한 이들뿐 아니라 취약한 이들에게도 돌아가도록 하려면, 유전자 코드에 대한 모든 특허 출원을 금지하는 선택도 가능하다. 또는 특허를 허용하되, 남반구 국가들이 첨단 기술 산업에 진입할 수 있도록 실질적인 이익 공유와 기술 이전을 전제로 삼을 수도 있다. 더 나아가, 특허를 최고 입찰자에게 판매하고 그 수익을 해양 보존 활동에 활용하는 방안도 고려해 볼 수 있다. 하지만 이러한 결정은 전 세계 공동체가 민주적으로 내리는 것이어야 한다. 핵심은, 어떤 착취 활동도 가장 혜택을 받는 이들뿐 아니라 가장 불리한 처지에 놓인 이들에게도 실질적 이익을 제공하는 경우에만 정당화될 수 있다는 점이다.

세계해양기구의 주된 목표는 수익 창출이 아니라 해양 보호다. 그러나 지속 가능한 해양 활동에 대한 라이선스를 통해 재원을 확보하게 된다면, 그 활용처는 다양하다. 예를 들어, 세계 남반구 국가들의 배타적 경제수역에서 해양보호구역을 실질적으로 감시하고, 불법 어업을 모니터링하며, 산호초 같은 생태적 생산성이 높은 서식지를 복원하는 프로젝트에 자금을 지원할 수 있다. 또한 해양에 대한 요구 수준을 더욱 절제된 방향으로 전환하는 과정에서 발생할 사회적 비용을 완화하기 위해 '정의로운 전환' 프로젝트를 지원할 수도 있다. 공해 어업 전면 금지를 예로 들면, 가장 큰 영향을 받을 나라는 한국, 대만, 일본이다. 이들 국가는 어업 손실을 자체적으로 보전할 여력이 있다[23](공해 어업을 지원하는 대신 지속 가능한 해양 산업에 투자할 수도 있다). 그러나 일부 공해 어업국은 형편이 넉넉하지 않아 정의로운 전환을 실현하려면 국제적 지원이 필요하다. 세계해양기구가 신국제경제질서 옹호자들이 기대했던 것처럼 심해저에서 막대한 재원을 조달할 가능성은 크지 않다. 이 기구는 해양을 개발해 이익을 추구하는 기관이 아니라, 더 넓은 바다를 보호하는 수호자 역할을 해야 한다. 그럼에도 일정한 자금을 확보할 수 있다면, 공해가 더 평등한 세계 질서를 여는 계기가 될 수 있다는 희망은 여전히 유효하다.

배타적 경제수역

지금까지의 주장에 동의한다면 이런 질문이 떠오를 수 있다. 바다 전체, 적어도 좁은 영해를 제외한 모든 해역을 세계해양기구의 관할 아래 두면 되는 것 아닌가? 실제로 해양 생물다양성의 상당 부분은 전 세계 연안을 둘러싼 배타적 경제수역 안에 존재한다. 나는 연안국에 배타적 경제수역을 부여해야 한다는 논거가 놀라울 만큼 빈약

---

[23] Sumaila et al., 'Winners and Losers in a World Where the High Seas is Closed to Fishing', p. 3.

하다고 본다. 지역 공동체의 유대나 생계 유지를 위한 것이라면, 연안국이 12해리 영해만 보유해도 충분하다. 그러나 평등과 지속 가능성의 관점에서 보면, 배타적 경제수역 제도에는 분명한 한계가 있다. 평등을 중시하는 이들이라면, 배타적 경제수역 체계가 많은 국가에 막대한 혜택을 안겨준 반면, 내륙국에는 거의 아무런 이익도 제공하지 못한 현실을 문제 삼아야 한다. 또한 세계 남반구의 다수 국가는 자국 연안 자원에 대한 접근권을 외국에 넘기고, 그 대가로 경제적 가치의 일부만을 돌려받는 계약을 맺어 왔다는 점도 지적해야 한다. 지속 가능성을 중시하는 이들이라면, 해양법협약이 연안국에 배타적 경제수역 내 자원 보전 의무를 명시했음에도 불구하고, 이를 이행하지 않는 국가에 대해 실질적인 법적 제재 수단이 없다는 점을 비판해야 한다.

그렇다면 배타적 경제수역을 폐지하고 그 관할권을 세계해양기구에 넘기는 것은 어떨까? 개인적으로 이 구상은 매우 매력적이라고 생각하지만, 현실적으로 극심한 반발이 뒤따를 것임은 부인할 수 없다. 북반구든 남반구든, 일단 확보한 영역을 기꺼이 내려놓으려는 국가는 드물다. 남반구 지도자들은 배타적 경제수역 도입을 환영했으며, 설령 기대만큼의 혜택을 얻지 못했더라도 이를 세계기구에 편입하는 것은 또 다른 형태의 제국주의로 간주될 가능성이 크다. 따라서 세계해양기구가 바다를 더 잘 보호하고, 더 평등한 세계 질서를 구현할 수 있다는 점은 한 걸음씩 차근히 입증해 나가야 한다. 이 구상의 성패가 배타적 경제수역 폐지라는 단일 쟁점에 의해 좌우되어서는 안 된다. 배타적 경제수역이 한동안 유지될 가능성이 높지만, 그렇다고 지금과 같은 방식으로 운영되어야 하는 것은 아니다. 나는 배타적 경제수역의 규율 방식을 재조정함으로써 평등과 지속 가능성의 목표에 더 다가설 수 있는 몇 가지 방안을 제안하고자 한다. 이 제안들은 앞서 논의한 블루 뉴딜 정책과도 양립 가능하며, 상당수는 그 정책을 뒷받침하는 역할을 할 것이다.

첫 번째 과제는 각국의 배타적 경제수역 내 생물다양성 보전 의무를 강화하는 것이다. 어족을 단순한 '자원'으로 보고 '최적 이용'해야 한다는 원칙은 폐기되어야 하며, 어류 개체군이 스스로 균형을 회복할 수 있도록 충분한 여지를 보장하는 것이 우선이다. 유해한 어업 보조금은 전면 금지되어야 하고, 어업이 허용되는 지역에서도 저인망 어업이나 칭신가리·다이너마이트 사용 같은 파괴적 방식은 금지되어야 한다. 각국은 자국 배타적 경제수역의 상당 부분을 해양보호구역으로 지정하고, 이 구역에서는 모든 어업 행위를 금지해야 한다. 이 경우 해당 구역은 사실상 해양절대보호구역에 가까워진다. 현재 많은 해양보호구역은 '형식적인 보호구역'에 불과하며, 내부에서도 파괴적 어업이 허용되거나 인력과 감시 체계가 부실해 실질적인 효과를 내지 못하고 있다.[24] 성공적인 해양보호구역에는 몇 가지 공통점이 있다. 충분한 면적, 강력한 법 집행, 지속 가능성, 그리고

---

24 Alexis Rife et al., 'When Good Intentions Are Not Enough… Insights on Networks of "Paper Park" Marine Protected Areas', *Conservation Letters*, vol. 6, no. 3 (2013), pp. 200-212.

어업을 일부 제한하는 소극적 방식이 아닌 '전면 어획 금지' 원칙의 고수다.25 각국 배타적 경제수역의 30~50%를 이렇게 보호하는 것은 더 이상 야심찬 목표가 아니라 새로운 기준이 되어야 한다.26 이 방안이 공해의 약 3분의 2를 관할하는 세계해양기구 구상과 결합된다면, 전 세계 바다의 약 80%를 강력히 보호되는 해양절대보호구역 또는 그에 준하는 구역으로 전환할 수 있을 것이다.27 이러한 급진적 정책은 해양 생태계의 놀라운 회복을 촉진할 수 있다.

국가 정부들이 해양 보호의 중요성을 인식하기 시작했다는 신호가 곳곳에서 감지되고 있다. 그러나 말만으로는 부족하며, 실질적인 행동이 뒤따라야 한다. 2020년 12월, 국제 '고위급 패널'은 지속 가능한 해양 경제를 위한 새로운 목표에 합의했다. 호주, 캐나다, 칠레, 피지, 가나, 인도네시아, 자메이카, 일본, 케냐, 멕시코, 나미비아, 노르웨이, 팔라우, 포르투갈 정상들은 자국 배타적 경제수역 관리의 핵심 원칙에 서명했다. 이들은 불법 어업 종식, 유해 보조금 금지, 지속 불가능한 연료·사료의 대안으로 해조류 양식 확대, 맹그로브·해초 지대 등 핵심 연안 생태계의 회복을 공동 목표로 설정

---

25 Graham Edgar et al., 'Global Conservation Outcomes Depend on Marine Protected Areas With Five Key Features', *Nature*, no. 506 (2014), pp. 216–220.

26 해양 거버넌스를 큰 틀에서 바라보려는 또 다른 최근의 시도로는 다음을 보라. Enric Sala and Kristin Rechberger, 'Protecting Half the Ocean?', in Raj Desai et al. (eds), *From Summits to Solutions: Innovations in Implementing the Sustainable Development Goals* (Washington DC: Brookings Institution Press, 2018), pp. 239–262.

27 바다는 3차원 공간이기 때문에 해양 보호 논의에서는 단순한 수면 면적보다 부피에 주목해야 한다. 공해는 연안보다 훨씬 깊은 경우가 일반적이므로, 내가 제안하는 방식대로라면 바다 전체 부피의 95% 이상이 강력히 보호되는 영역이 될 것이다.

10.1 벨리즈 홀 찬 해양보호구역을 헤엄치는 푸른바다거북.

했다.28 이는 분명 고무적인 진전이지만, 이러한 목표가 실질적 행동으로 이어지도록 시민사회의 지속적인 압력이 필요하다.

보전의 효과만큼이나 그로 인한 부담을 공정하게 나누는 일도 중요하다. 이를 위해 세계 남반구뿐 아니라 북반구의 소외 지역까지 보전 비용을 감당할 수 있도록 지원 체계를 마련해야 한다. 앞서 언급했듯, 문제는 '생태계 서비스'를 '소비'하는 이들이 반드시 그 대가를 치러야 한다는 데 있는 것이 아니다. 많은 지역에서 보전과 빈곤 탈출은 충돌하며, 사람들에게 그 둘 중 하나를 선택하도록 강요해서

---

28   High Level Panel for a Sustainable Ocean Economy, *Transformations for a Sustainable Ocean Economy* (December 2020).

는 안 된다. 건강한 해양 생태계는 탄소를 맹그로브와 해초 지대에 안전하게 격리하고, 어류·고래·기타 해양 생물의 회복을 가능하게 하며, 인류와 해양 동물 모두에 이익을 준다. 그러나 그 전환 비용이 가장 취약한 이들의 어깨에 지워져서는 안 된다. 단기·중기적으로는 대규모 보전 재정이 필요하고, 장기적으로는 지역과 전 세계에 막대한 혜택이 돌아올 것이다.

둘째, 해양 화석연료 채굴은 전면 금지되어야 한다. 노르웨이 총리 에르나 솔베르그Erna Solberg가 '지속 가능한 해양 경제 고위급 패널High Level Panel on Ocean Sustainability'의 원칙에 서명한 지 불과 몇 주 만에, 노르웨이 정부가 해상 석유 및 가스 탐사를 위한 신규 면허 61건을 발표해 큰 실망을 안겼다.[29] 이는 해양 보호를 외치면서 동시에 파괴를 허용하는 전형적인 이중 행보다. 지구는 이미 안전하게 사용할 수 있는 양을 넘는 석유와 가스를 확보하고 있다. 이러한 상황에서 수십억 달러를 들여 해저 자원을 추가 탐사하며 장기적 환경 피해를 초래하는 것은 불합리하다. 각국은 덴마크처럼 해양 화석연료 채굴의 종료 시점을 명확히 밝혀야 하며, 나아가 덴마크보다 더 과감한 목표를 세워야 한다. 덴마크 기후 정당 모멘텀Momentum의 창립자 테레사 스카베니우스Theresa Scavenius는 "그 목표는 출발점으로는 괜찮지만, 지금의 긴박한 상황에는 턱없이 부족합니다. 덴마크가 기후 목

---

29   Henrik Österblom and Robert Blasiak, 'Oil Licences Undermine Norway's Ocean Leadership', *Nature*, no. 590 (2021), p. 551.

표를 달성하려면 2050년보다 훨씬 이전에 채굴을 멈춰야 합니다"라고 지적했다. 정부들이 이러한 조치를 꺼리는 이유는 화석연료 기업의 주가가 수십억 단위로 증발하고, 세계 연기금에도 타격을 줄 수 있기 때문이다(물론 일부 연기금은 이미 화석연료 투자 철회에 나서고 있다). 그러나 화석연료 시장은 거품이며, 우리가 불타는 지구를 감수할 생각이 아니라면 언젠가 그 거품은 터질 수밖에 없다. 지금이야말로 탈탄소 사회를 준비하고, 해상 풍력 같은 안전하고 재생 가능한 기술에 투자할 때다. 탄소세 등 수요 억제 정책도 필요하지만, 궁극적으로는 화석연료 공급 자체를 차단해야 한다. 국가는 자국 화석연료 산업을 단계적으로 축소할 법적 의무를 지니며, 이 산업에 제공되는 막대한 세금 감면을 지속 가능한 에너지로 전환해야 한다. 화석연료 수출에 의존하는 저소득 국가는 새로운 산업 기회를 모색하기 어렵기에 국제적 지원이 필요하다.30 탄소에서 벗어나는 전환이 불가피하다는 사실을 안 이상, 최적의 시작 시점은 어제였다. 하지만 오늘도 그다음으로 좋은 출발점이다.

셋째, 국가는 자국 배타적 경제수역을 관리할 때 '사회적' 목표에 훨씬 더 큰 비중을 두어야 한다. 지금까지의 연안 관리 방식은 해양 산업에서 최대의 경제적 수익을 추구하는 사실상 신자유주의적 접근이었다. 그러나 이러한 방식은 극히 근시안적이다. 특히 그 수익

---

30 Chris Armstrong, 'Decarbonisation and World Poverty: A Just Transition for Fossil Fuel Exporting Countries?', *Political Studies*, vol. 68, no. 3 (2020), pp. 671-688.

이 일부에게만 집중되어 왔다면 더욱 그렇다. 우리는 거대 어업 기업, 생명공학 회사, 화석연료 기업 등 소수 특권층에 유리한 정책에서 벗어나 빈곤층과 소외 계층을 포함한 모두의 웰빙을 증진하는 방향으로 전환해야 한다.31 이러한 관점은 앞서 살펴본 블루 뉴딜 정책의 중요성을 다시금 강조한다. 블루 뉴딜은 새로운 녹색 일자리를 창출하고, 지역 사회에 부를 확산시키며, 사람들이 자신의 미래를 스스로 결정할 수 있도록 돕는다. 수많은 약속과 달리, 신자유주의 경제 정책의 혜택은 지역 전체에 '자연스럽게' 흘러들지 않는다. 오히려 소규모 사업에 대한 투자가 지속 가능한 해안 산업을 모두를 위한 산업으로 전환하는 데 훨씬 효과적일 수 있다.

넷째, 해안선이 넓고 자원이 풍부한 국가들은 그렇지 않은 국가들과 해양 접근을 공유할 의무가 있다는 발상을 다시 살펴볼 필요가 있다. 해양법협약이 도입되면서 내륙국들은 대부분의 해양 경제에서 사실상 배제되었고, 지금까지도 그 불평등은 해소되지 않았다. 예를 들어, 협약은 연안국이 자국 배타적 경제수역 내 어족을 충분히 활용하지 못할 경우 내륙국에 어업권을 제공해야 한다고 명시하고 있지만, 이 조항은 거의 이행되지 않았다. 대부분의 경우 어업권은 고소득 또는 중간소득 국가의 원양어선단에 판매되어 왔다. 연안이 없다는 이유로 국가가 해양 산업이나 바다 접근에서 배제되어야

---

31 David Symes and Jeremy Phillipson, 'Whatever Became of Social Objectives in Fisheries Policy?', *Fisheries Research*, 95 (2009), pp. 1–5.

할 이유는 없다. 이들의 불이익을 해소하려면 창의적인 해법이 필요하다. 한 가지 방안은, 내륙국이 인접 연안국을 통해 바다에 접근할 수 있도록 무상 통과권을 보장하는 것이다. 이는 일종의 '해양 연결 지대'로 기능할 수 있다. 단지 자국 영토를 통과하게 한다는 이유로 과도한 통행료를 요구하는 관행은 금지되어야 한다. 또한 내륙국이 해조류 양식이나 해상 재생에너지 같은 지속 가능한 산업에 참여할 수 있도록 지원하는 방안도 있다. 어떤 방식이든 이들의 해양 및 국제 무역 참여는 다른 국가에 큰 부담을 주지 않고서도 확대될 수 있다.32

새롭게 태어나는 바다

이 책의 많은 독자는 이 마지막 장의 전반적 메시지에 주저할 수 있다. 앞선 장들에서 제안된 온건한 개혁안이나 블루 뉴딜의 가능성에는 동의하더라도, 이 장의 제안들은 훨씬 낯선 영역으로 이끌기 때문이다. 내가 제안한 권한을 가진 세계해양기구가 실제로 등장할 가능성이 있을까? 각국이 자국 배타적 경제수역 내 활동을 내가 제시한 방식으로 제한하는 데 동의할까? 전 세계 바다의 80%가 강력히 보호되는 날이 과연 올까? 급진적 변화의 제안은 흔히 '실현 불

32　몇 가지 선택지에 대한 논의로는 다음을 보라. Paula Casal and Nicole Selamé, 'Sea for the Landlocked: A Sustainable Development Goal?', *Journal of Global Ethics*, vol. 11, no. 3 (2015), pp. 270–279.

가능하다'는 이유로 비판받으며, 오히려 손에 닿을 수 있는 점진적 변화를 가로막는다는 지적을 받곤 한다. 만약 해양 정의를 향해 온건한 진전을 이룰 높은 가능성과 더 극적인 진전을 이룰 희박한 가능성 중 하나를 선택해야 한다면, 왜 전자를 택하지 않겠는가? 프랑스 철학자 볼테르는 (오래된 이탈리아 속담을 인용하며) '최선'이 '선善'의 적이 되어서는 안 된다고 말한 바 있다. 완벽한 정책을 찾으려다가 실현 가능한 좋은 정책을 놓쳐서는 안 된다는 뜻이다. 그렇다면 우리도 개혁 방안을 더 현실적으로 다듬어야 하지 않을까?

이러한 우려에 대한 한 가지 답은 최선과 선이 반드시 양립 불가능한 것은 아니라는 점을 지적하는 것이다. 앞선 장의 온건한 개혁안과 이 장의 급진적인 제안은 경쟁하거나 서로 배척할 필요가 없다. 우리는 침수 위기에 처한 국가가 (배타적 경제수역이 유지되는 한) 그 수역을 보유해야 한다고 주장하면서도, 배타적 경제수역이 부여하는 권한은 개혁되어야 한다고 주장할 수 있다. 심해 거버넌스가 세계해양기구로 바뀌든 그렇지 않든, 해양 동물과 해양 노동자의 권리를 더 잘 보호해야 한다는 주장은 여전히 중요하다. 마찬가지로, 국가가 12해리 영해를 유지하든 200해리 배타적 경제수역을 유지하든, 해안 생태계 복원, 항만의 친환경 전환, 지속 가능한 양식업, 해양 재생에너지 투자 등을 통해 블루 뉴딜 정책은 충분히 추진될 수 있다.

하지만 나는 급진적 개혁이 실현 불가능하다는 주장에 반박하고 싶다. 이러한 주장에 의문을 가져야 하는 한 가지 이유는, 그것이 실제로 자주 틀렸음이 입증되기 때문이다. 많은 사람이 영국의 국민보건서비스NHS는 성공하지 못할 것이라 했지만, 결국 그것은 영국의 대표적 성공 사례가 되었다. 최저임금 제도가 대규모 실업을 초래할 것이라는 주장도 사실이 아니었다. 한때 철학자들과 지배자들은 도시 규모 이상에서는 선거를 통한 정부는 불가능하며, 서로 다른 종교를 가진 사람들이 평화롭게 공존할 수 없다고 믿었지만, 이 또한 틀린 생각이었다. 또 다른 이유는 어떤 정책이 실현 불가능하다는 주장이 실제로는 불가능하다기보다 *비용이 많이 든다*는 의미일 때가 많다는 점이다.33 그렇다면 누구에게 비용이 많이 든다는 것인지 반드시 물어야 한다. 해양법협약 논의 당시에도 심해저 거버넌스에 평등과 민주주의 원칙을 적용하는 것은 불가능하다는 주장이 나왔지만, 그것이 실제로 불가능해서는 아니었다. 신국제경제질서를 옹호한 이들이 제안한 제도와 규칙은 실제로 큰 무리 없이 작동했을 가능성이 크다. 우리가 확인한 것은, 부유한 국가들이 자신들의 이익에 부합하지 않거나 건전한 세계 경제에 해가 된다고 보는 개혁을 자신들의 힘으로 막았다는 사실이다. 이들은 해양 경제에서 자국의 권한을 지나치게 제한한다고 판단되는 국제 협정을 거부하거나 탈퇴하겠다고 위협하며 개혁을 가로막았다.

해양 거버넌스의 급진적 개혁은 단기적으로 많은 부유한 국가에

---

33 Anca Gheaus, 'The Feasibility Constraint on the Concept of Justice', *The Philosophical Quarterly*, vol. 63, no. 252 (2013), pp. 445-464.

비용이 될 것이다. 이들은 지금처럼 거의 제약 없이 사실상 공짜로 해양 자원을 소비할 수 없게 되며, 이러한 이유로 강력한 기득권의 영향을 받은 많은 정부가 개혁에 반대하더라도 이상할 것은 없다. 급진적 개혁이 모두에게 즉각적인 이익이 될 것처럼 포장해서는 안 된다. 그러나 지금의 길을 고수하는 것은 장기적으로 훨씬 더 큰 비용을 초래할 것이다. 특히 블루 가속의 이익에서 계속 배제되어 온 이들에게 그 대가는 더욱 클 것이다. 이러한 점에서 우리는 실현 가능성에 대한 주장들이 실제 무엇을 뜻하는지 분명히 밝혀야 한다. 북반구에서 남반구를 향한 이 주장들은 결국 이렇게 들린다. "우리가 가진 특권을 당신들과 나눌 수는 없다." 이를 직시하는 것이 다른 길이 가능함을 보여주는 첫걸음이다. 현상 유지 또한 장기적으로 우리 모두에게 비용이 될 수 있다. 일부 특권층은 기후변화와 생태계 파괴의 영향을 피할 수 있다고 믿을지 모르지만, 그럴 보장은 없다. 특히 우리가 바다에 가하는 요구가 어떤 결과를 초래할지에 대한 우리의 이해는 여전히 부족하다. 기후변화가 걷잡을 수 없이 악화하고 불평등이 심화된 세계에서 우리의 자녀와 손자 세대의 이익을 지킬 수 있을지조차 불확실하다.

이 장에서 내가 제안한 공해와 배타적 경제수역 모두에 대한 거버넌스 개혁은 바다의 최소 5분의 4의 운명을 바꿀 수 있는 극적인 변화를 가져올 수 있다. 물론 이 방안만으로 해양 환경을 온전히 보호할 수 있다는 뜻은 아니다. 바다는 여전히 육상에서 내려지는 결정, 특히 앞으로 우리가 경제의 탈탄소화를 얼마나 멀리, 얼마나 빠르게 추진할지에 따라 큰 영향을 받을 것이다. 그러나 우리가 해낼 수 있는 가능성을 과소평가해서는 안 된다. 급진적 해양 정책의 목표는 단지 지금 남아 있는 해양 생물다양성을 보전하는 데 그쳐서는 안 된다. 우리는 해양 보전을 생각할 때 흔히 생태학자들이 말하는 '기준선 이동 증후군Shifting Baseline Syndrome'에 빠지기 쉽다.[34] 현재 남아 있는 것을 최대한 지키려 하지만 그 노력이 완전할 수는 없기에, 다음 세대는 그때 남은 것을 지키려 하고, 또 그다음 세대도 마찬가지다. 세대마다 물려받은 상태가 기준이 되지만 그 기준은 점점 낮아진다. 그러는 사이 사람들은 역사적으로 크게 훼손되고 여전히 줄어드는 생태계를 당연하게 여기게 된다. 한때 풍요롭고 회복력이 강했던 생태계를 *되살리거나* 스스로 회복되도록 돕는 가능성은 그렇게 점점 우리의 시야에서 사라진다.

우리의 목표는 단지 바다를 지키는 데 그쳐서는 안 되며, 바다가 스스로 야생성을 회복하도록 돕는 것이어야 한다. 해양 생태계의 재생은 결코 불가능한 일이 아니며, 생각보다 훨씬 빠르게 이루어질 수 있다. 일부 생태학자는 바다를 보호하기 위한 집중적 노력이 이루어진다면(대부분은 바다를 자연의 흐름에 맡기는 것을 뜻한다), 한 세대 안에 해양 생명이 크게 회복될 수 있다고 본다. 물론 기후변화에 대한 급진적인 대응 없이는 회복 가능성은 크게 낮아질 것이다.[35] 이

---

[34] Daniel Pauly, 'Anecdotes and the Shifting Baseline Syndrome of Fisheries', *Trends in Ecology & Evolution*, vol. 10, no. 10 (1995), p. 430.

[35] Carlos Duarte et al., 'Rebuilding Marine Life', *Nature*, no. 580 (2020), pp. 39–51, at p. 39.

는 단순한 추측이 아니다. 두 차례 세계대전 동안 지뢰와 잠수함으로 인해 어업이 줄고, 전쟁에 인력이 투입되면서 어업이 위축되자, 전쟁이 끝날 무렵 어족은 극적으로 회복되었다.[36] 이는 우리에게 강제로 주어진 실험이었지만, 바다가 스스로 되살아날 수 있음을 보여주었다. 최근에는 잘 관리되는 해양보호구역이 해양 생명의 못자리 역할을 하며, 예상보다 많은 수의 물고기가 인근 지역으로 확산되는 결과를 낳고 있다. 강력히 보호되는 해양절대보호구역은 되살아난 어류와 조개류 개체군이 더 많은 탄소를 해저로 순환시켜 기후변화 완화에도 기여할 수 있다.[37] 공해가 제대로 보호된다면 이 같은 회복 효과는 훨씬 더 큰 규모로 나타날 수 있다. 연안에서도 굴 암초와 해초 숲은 방치된 지 10년이 채 되지 않아 회복된 사례가 있고, 맹그로브와 염습지 역시 불과 10~20년 만에 되살아났다.[38] 물론 수명이 긴 고래류나 심해저 생물들은 회복에 더 오랜 시간이 필요하기에 그만큼 강력한 보호가 요구된다. 그러나 혹등고래의 사례에서 보듯 개체수는 충분히 다시 늘어날 수 있다.[39] 그렇게 되면 이들은 바다 곳곳에서 영양소를 순환시키고, 자신들의 신기한 노래를 부르며,

---

[36] Doug Beare et al., 'An Unintended Experiment in Fisheries Science: A Marine Area Protected by War Results in Mexican Waves in Fish Numbers-at-age', *Naturwissenschaften*, vol. 97, no. 9 (2010), pp. 797–808.

[37] Callum Roberts et al., 'Marine Reserves Can Mitigate and Promote Adaptation to Climate Change', *Proceedings of the National Academy of Sciences*, vol. 114, no. 24 (2017), pp. 6167–6175.

[38] Duarte et al., 'Rebuilding Marine Life', p. 43.

[39] Alexandre Zerbini et al., 'Assessing the Recovery of an Antarctic Predator from Historical Exploitation', *Royal Society Open Science*, vol. 6, no. 10 (2019), 190368.

해양 생명의 재생을 이어갈 것이다. 활기차고 풍요로운 바다 생태계의 회복은 충분히 가능하며, 그 중요성은 아무리 강조해도 지나치지 않다.

후기

스톡홀름 회복력센터는 글로벌 지속 가능성을 촉진하는 연구 기관으로, '해양의 급진적 미래Radical Ocean Futures'라는 웹사이트를 운영하고 있다.[1] 이 사이트는 예술가와 과학자가 협업해 만든 혁신적 프로젝트로, 사용자들이 2070년의 바다가 어떤 모습일지 상상해 보도록 한다. 이곳에 소개된 대부분의 가상 비다 미레는 상당히 디스토피아적이다. 어떤 시나리오는 해수면 상승으로 방글라데시와 네덜란드 같은 나라가 지도에서 사라지고, 일부 용감한 이들이 바닷속 유리 돔에서 살아가는 모습을 그린다. 또 다른 시나리오에서는 남획과 실패한 기후공학 프로젝트가 맞물려 기이하고 텅 빈 바다가 펼쳐진다. 또 하나의 시나리오에서는 바다가 거대한 산업 공장으로 변해 해파리를 인간의 식량으로 가공하는 곳이 된다.

이러한 미래상은 다소 공상적으로 보일 수 있다. 우리는 앞으로 반세기 뒤 바다가 어떤 모습일지 정확히 알 수 없기 때문이다. 그럼

---

1 다음을 보라. https://radicaloceanfutures.earth (accessed 18 June 2021).

에도 이 프로젝트는 중요하다. 우리는 무심히 한 방향으로 나아가기 전에, 어떤 바다를 원하는지 고민해야 한다. 또한 지금의 흐름을 고수할 경우 어떤 바다를 맞게 될지 직시할 필요가 있다. 현재의 경향이 지속된다면, 우리가 맞이할 바다는 결코 바람직하지 않을 것이다. 이른바 인류세의 바다는 야생 해양 생명이 사라지고 소수 품종의 양식 어류만 남은 바다가 될 것이다. 그러나 이마저도 산성화, 온난화, 저산소 사구의 확산, 플라스틱 오염에 위협받게 된다. 이러한 모습은 여러 면에서 신자유주의적 미래이기도 하다. 해양 자원, 나아가 해양 영토마저 광범위하게 사유화되는 세상이 될 수 있기 때문이다.2 신자유주의는 공적 책임과 민주주의의 장에서 의사결정 권한을 빼앗는 방식으로 작동하며, 그 결과 해양 거버넌스는 비정치화되고 주요 결정은 비공개 회의실에서 기업들에 의해 내려질 것이다. 이익은 부유층에게 돌아가고, 전통적 생계 수단이나 단순한 여가를 위해 바다를 이용하던 사람들은 점점 그 공간과 정치에서 배제될 것이다.

그러나 우리는 다른 바다의 미래도 상상할 수 있다. 사실 이 책은 바로 그런 상상을 위한 시도였다. 이 책이 그려온 대안적 미래는 평등하고 참여적인 모습이다. 그 바다 경제는 이윤, 특히 이미 승자가 된 이들에게 집중되는 이윤을 좇기보다 빈곤 완화, 안정적인 영양

---

2 해양의 신자유주의적 미래라는 생각에 대해서는 다음을 보라. Katherine Seto and Brooke Campbell, 'The Last Commons: (Re)constructing an Ocean Future', in William Cheung, Yoshitaka Ota and Andres Cisneros-Montemayor (eds), *Predicting Future Oceans* (Amsterdam: Elsevier, 2019), pp. 365-376, at pp. 372-373.

공급, 공동체 회복, 그리고 활기찬 바다가 주는 건강과 정신적 풍요 같은 사회적 목표를 우선한다. 각 연안국은 필요할 경우 국제 사회의 도움을 받아 자국의 블루 뉴딜을 추진하며 연안 생태계를 복원하고 지역 공동체를 되살릴 것이다. 동시에 공해 거버넌스는 근본적으로 변화하고, 배타적 경제수역에는 더 엄격한 규칙이 적용되어 생태 회복이 이루어질 것이다. 이 두 전략이 동시에 추진되어 전 세계 바다의 80%가 강력히 보호된다면, 바다는 다시금 풍요롭고 회복력 있는 생명의 터전이 되며, 그 바다에 의존하는 수많은 이들의 생계도 지탱할 것이다. 이 비전은 여러 면에서 1960~70년대 신국제경제질서를 주창한 이들이 그렸던 정의로운 해양 경제의 이상과 닿아 있다. 당시 세계 남반구의 지도자들은 해양 경제가 더 공정한 세계 경제의 원천이 될 수 있으며, 소외된 공동체가 그 과정에 능동적으로 참여하고, 바다에서의 자유라는 이상이 더는 기업의 약탈을 가리는 구실이 되어서는 안 된다고 주장했다. 그러나 이 책이 제시하는 비전은 그 시절 구상과 몇 가지 점에서 다르다. 당시에는 바다가 직면한 생태적 위기나 심해저 채굴 같은 활동의 환경적 결과에 대한 이해가 매우 부족했다. 이제 우리는 바다가 맞닥뜨린 복합적 위기를 훨씬 깊이 이해하고, 그곳 생명체의 이익을 존중해야 한다는 관점을 갖게 되었다. 오늘날 해양 거버넌스는 공정한 이용보다 실질적 보호에 중심을 두어야 한다.

  이는 바다를 새로운 투자처이자 자원 개척지로 보는 블루 가속의 사고방식에서 벗어나는 것을 의미한다. 이 사고방식은 1600년대 초그로티우스가 바다의 열매를 아무런 변화 없이 끝없이 거둘 수 있다고 상상했던 것처럼, 여전히 바다를 무한한 풍요의 원천으로 본다. 우리는 이미 육지와 그 생태계를 체계적으로 훼손하며 수많은 환경 문제를 초래했다. 정의롭고 지속 가능한 미래를 추구한다면, 바다를 더 이상 육지처럼 다뤄서는 안 된다. 이런 점에서 육지와 바다는 깊이 연결되어 있다. 블루 가속 사고방식의 가장 큰 위험은 육상 생태계를 어떻게 복원할지에 대한 중요한 질문을 끝내 미루게 만든다는 데 있다. 바다를 마음껏 개발할 수 있다는 안일한 전제가 육지에서조차 지속 가능성과 형평성을 위한 결정을 회피하게 만들기 때문이다. 반대로, 바다가 육지처럼 산업화될 수 없고, 또 그래서는 안 된다는 사실을 깨닫는 순간 우리는 경제와 지구의 미래에 대한 더 근본적인 질문과 마주하게 된다. 나는 이 책에서 제안한 새로운 해양 정치, 즉 바다의 최소 5분의 4를 강력히 보호하는 체계가 그러한 질문 앞에서 우리를 훨씬 더 나은 위치에 세울 것이라 믿는다.

  그렇다면 독자인 당신은 무엇을 할 수 있을까? 이는 각자의 자원과 여건에 일부 달려 있지만, 누구나 실천할 수 있는 변화도 분명 있다. 개인 차원에서 중요한 것은 바다와 생태계에 가하는 부담을 줄이려는 노력이다. 그 한 가지 방법은 어류 소비를 줄이는 것이다. 물론 일부 사람에게 어류는 주요 단백질과 필수 미량영양소의 중요한 공급원이어서 식단에서 제외하기 어렵다. 그러나 대부분의 사람은 어류 중심 식단에서 비교적 쉽게 벗어날 수 있다. 이는 어류 섭취를 완전히 중단하거나 줄이는 것이며, 후자의 경우 특히 파괴적 어업 방식과 관련된 어종을 피하는 것이 중요하다. 예를 들어, 저인망 어업, 돌고래 등 해양 생물의 혼획(참치가 대표적이다), 인권 침해가 연루된 어업 등이 이에 해당한다. 또한 양식 새우나 징거미새우는 공급망의 신뢰성이 확인되지 않는 한 피하는 것이 바람직하다. 양식 어류는 어업의 환경 영향을 줄이는 해답이 되지 않으며, 대부분 또 다른 형태의 생태계 부담을 초래할 뿐이다.

또 하나의 중요한 과제는 일회용 플라스틱 소비를 줄이는 것이다. 그 상당 부분이 결국 바다로 흘러들어가기 때문이다. 더 적극적으로는 해변 정화 활동에 참여해 해안의 유해 폐기물을 제거할 수 있다. 기후변화가 해양 온난화 및 산성화와 밀접히 연관되어 있다는 점을 고려하면, 우리는 이미 탄소 발자국을 줄이는 방안을 고민해야 힌다. 이를 위해 여행을 줄이고, 가능하면 전기차로 전환하며, 재생 가능 에너지를 활용한 난방과 전기 시스템을 설치하고, 온실가스 배출과 산림 파괴, 토지 경쟁을 심화시키는 육류 소비를 줄이거나 중단하는 것이 포함된다.

상당한 개인 자산이 있다면 '그린'(또는 블루) 자산에 투자하는 방안을 모색할 수 있다. 부유하지 않더라도 누구나 변화를 이끌 힘을 조금씩은 가지고 있다. 직장 연금이 있다면, 연금 운용 기관에 화석연료 투자를 중단하고, 지역 생계를 지원하며 탈탄소 전환을 뒷받침하는 지속 가능한 산업에 투자하도록 요구할 수 있다. 은행 계좌가 있다면, 그 은행이 여전히 해상 화석연료 산업에 투자하는지, 아니면 재생 가능 기술로 전환했는지 물어볼 수 있다. 소비자로서 슈퍼마켓

체인 같은 기업이 노동자 권리, 혼획, 해양 오염 문제에 더 큰 책임을 지도록 압박할 수도 있다. 물론 기업은 강력하고 개인은 상대적으로 약하지만, 주주들은 평판 훼손을 꺼리기 때문에 자신들의 행위가 해양 생태계에 미치는 피해로 지목되는 상황을 피하려 한다. 이 점에서 지식은 곧 힘이 될 수 있으며, 그 지식을 다른 이들과 나누는 것은 더욱 강력한 힘이 된다. 화석연료 기업들은 여전히 '그린워싱'을 일삼으며 급진적 조치 없이도 곧 탄소 중립을 달성할 수 있다고 주장한다. 정부가 단호한 태도를 보이기 전까지는 소비자 압력과 직접 행동이 이들의 방식을 바꾸고, 화석연료 거품이 붕괴되기 전에 막대한 투자를 재생 가능 기술로 전환하도록 유도하는 최선의 수단이 될 수 있다.

　우리가 가장 큰 영향을 미칠 수 있는 영역은 아마도 정치일 것이다. 해양 거버넌스는 교육, 복지, 치안처럼 일상적인 정치 의제로 다뤄져야 하며, 지금처럼 정치의 주변부로 밀려나 있어서는 안 된다. 정치인들이 부동층 공략에 몰두하는 현실을 고려하면, 해양의 미래에 대한 유권자의 관심이 투표 의향이나 정치권에 전달되는 목소리에 영향을 미친다고 판단되는 순간에야 비로소 변화가 시작될 것이다. 다행히 많은 나라에서 녹색당이 해양 보호를 핵심 정책으로 내세우기 시작했으며, 이는 매우 환영할 일이다. 여러 NGO도 해양 문제를 정치 의제로 끌어올리기 위해 꾸준히 힘써 왔다. 이제 해양 문제를 외면하고 바다의 미래에 대한 중대한 결정을 회피하는 정당들에게 그러한 태도가 정치적 손실로 이어질 수 있음을 분명히 인식시키는 것이 중요하다. 이를 위한 실천으로는 지역 정치인을 상대로 한 로비, 해양 보호를 공약으로 내건 정당에 대한 기부, 해양 관련 NGO 후원, 그리고 이 문제의 중요성을 시민들과 공유하는 활동 등이 있다.

지구 북반구와 남반구를 막론하고 많은 나라에서 해양 생태계를 복원하고 지역 공동체의 지속 가능한 전환을 이끌기 위해 새로운 시각과 아이디어를 지닌 옹호자들이 속속 등장하고 있다. 우리는 이들과 연대하고 그들의 메시지를 널리 알리며, 나아가 스스로 바다를 위한 옹호자가 되어 변화를 만들어 낼 수 있다. 이렇게 힘을 모은다면, 블루 뉴딜과 더 평등한 새로운 해양 정치를 실현하기 위한 강력한 목소리를 함께 만들어갈 수 있을 것이다.

더 읽을거리

과학과 생태

해양 생태계의 역할을 이해하는 데 레이첼 카슨의 고전 『우리를 둘러싼 바다』 만큼 훌륭한 입문서는 없다. 카슨은 『침묵의 봄』으로 널리 알려져 있지만, 본래 해양생물학자였다. 최근 해양 과학의 흥미로운 연구를 다룬 저작으로는 얀 잘라시에비치Jan Zalasiewicz와 마크 윌리엄스Mark Williams의 『바다의 세계Ocean Worlds』, 도릭 스토Dorrik Stow의 간결한 입문서 『바다: 아주 짧은 입문서Oceans: A Very Short Introduction』가 있다. 알렉스 로저스Alex Rogers의 『심해The Deep』는 심해의 신비한 세계를 들여다볼 수 있는 통찰을 제공한다. 실비아 얼과 캘럼 로버츠 역시 해양에 대한 이해를 넓히고, 더 강력한 보호의 필요성을 알리는 데 크게 기여했다. 로버츠의 『생명의 바다Ocean of Life』와 얼의 『푸른 세계The World Is Blue』로 시작해 보라. 해안 생태계에 관한 쉬운 입문서로는 애덤 니콜슨Adam Nicolson의 『바다는 물로만 이루어진 것이 아니다: 밀물과 썰물 사이의 삶The Sea is Not Made of Water: Life Between the Tides』이 있다.

역사와 문화

인류와 바다의 관계를 장대한 역사적 맥락과 진정한 세계사적 관점에서 다룬 책으로는 데이비드 아불라피아David Abulafia의 『경계 없는 바다: 바다의 인류사The Boundless Sea: A Human History of the Oceans』를 추천한다. 항해의 역사에 관해서는 링컨 페인Lincoln Paine의 『바다와 문명: 세계의 해양사The Sea and Civilization: A Maritime History of the World』가 좋은 출발점이다. 태평양 섬 주민들이 '오세아니아'라 부르는 바다에서 살아 온 경험은 에펠리 하우오파의 『우리는 바다다We Are the Ocean』에 잘 담겨 있다. 태평양 고대 항해자들을 추적한 역사서로는 크리스티나 톰슨Christina Thompson의 『바다 사람들: 태평양 고대 항해자들의 흔적을 찾아서Sea People: In Search of the Ancient Navigators of the Pacific』가 있다. 바다가 소설 속에서 어떻게 재현되어 왔는지를 살펴보고 싶다면, 마거릿 코언Margaret Cohen의 『소설과 바다The Novel and the Sea』를 참고하라.

사회학, 경제학, 심리학

필립 스타인버그의 『해양의 사회적 구성』은 바다를 하나의 공간으로 인식해 온 다양한 방식을 추적하며, 그 과정에서 풍부한 사회학적 통찰을 제공한다. 리엄 캠플링과 알레한드로 콜라스의 『자본주의와 바다Capitalism and the Sea』는 바다를 현대 경제 분석의 중심으로 되돌려 놓는다. 라레 칼릴리의 『전쟁과 무역의 힘줄Sinews of War and Trade』은 아라비아반도를 중심으로 자본, 노동, 지리가 현대 해양 경제에 미치는 영향을 흥미롭게 그려낸다. 스티브 멘츠Steve Mentz의 『해양Ocean』은 바다가 우리 사회와 문화에 어떤 의미를 가져왔는지를 성찰적으로 풀어 낸다. 물가에서 살아가는 것이 행복과 웰빙에 어떤 영향을 미치는지 도발적으로 서술한 책으로는 월리스 니콜스Wallace Nichols의 『블루 마인드』가 있다.

법과 거버넌스

현대 해양법을 소개하는 입문서로는 다나카 요시후미Yoshifumi Tanaka의 『국제 해양법The International Law of the Sea』, 도널드 로스웰Donald Rothwell과 팀 스티븐스Tim Stephens의 동명 저서가 있다. 해양 정치 전반에 대한 훌륭한 입문서로는 마크 자카리아스Mark Zacharias와 제프 아드론Jeff Ardron의 『해양 정책: 해양 거버넌스와 국제 해양법 입문Marine Policy: An Introduction to Governance and International Law of the Ocean』이 있다. 미래의 해양 정치가 어떤 모습일지 상상력 있게 그려낸 책은 드물지만, 최근 주목할 만한 예외로 데버라 로완 라이트Deborah Rowan Wright의 『미래의 바다Future Sea』가 있다.

바다에서의 인권

바다에서 일하는 이들이 직면한 문제를 더 알고 싶다면, 알래스데어 쿠퍼Alasdair Couper, 핸스 스미스Hance Smith, 브루노 치체리Bruno Ciceri의 『어부와 약탈자들: 바다에서의 절도, 노예제, 폭력Fishers and Plunderers: Theft, Slavery and Violence at Sea』을 참고하라. 이언 어비나Ian Urbina의 『무법의 바다: 보이지 않는 디스토피아로 떠나는 여행』은 공해에서 벌어지는 인권 침해를 읽기 쉽게, 때로는 충격적으로 그려낸다. 개별 선원들의 삶을 생생하게 들여다보고 싶다면, 반낙 아난 프룸Vannak Anan Prum의 일러스트 회고록 『죽은 눈과 푸른 심해: 현대판 노예제에 대한 그래픽 회고록The Dead Eye and the Deep Blue Sea: A Graphic Memoir of Modern Slavery』만큼 뛰어난 책은 드물다. 해운업의 복잡하고 때로는 음지에 놓인 세계를 알기 쉽게 풀어 낸 책으로는 로즈 조지Rose George의 『심해와 외항선Deep Sea and Foreign Going』이 있다.

어업

어업의 형성과 발전을 개관하는 데 유용한 책으로 브라이언 페이건Brian Fagan의 『어업: 바다는 어떻게 문명을 먹여 살렸는가Fishing: How the Sea Fed Civilization』를 참고할 수 있다. 어업이 해양 생태계에 끼친 영향을 냉정하게 조망한 서술로는 캘럼 로버츠의 『자연이 아닌 바다의 역사The Unnatural History of the Sea』가 있다. 다니엘 폴리Daniel Pauly는 어업 과학 분야에서 매우 영향력 있는 학자로, 그의 『사라지는 물고기들: 기준선의 이동과 세계 어업의 미래Vanishing Fish: Shifting Baselines and the Future of Global Fisheries』도 주목할 만하다. 어업과 양식업이 바다에 미친 영향을 비판적으로 분석한 책으로는 스테파노 롱고Stefano Longo, 레베카 클라우센Rebecca Clausen, 브렛 클라크Brett Clark의 『상품의 비극: 바다, 어류, 그리고 양식업The Tragedy of the Commodity: Oceans,

Fisheries, and Aquaculture』이 있다.

고래목과 해양 생물

바다를 누비는 고래목의 삶을 들여다보려면, 닉 파이슨Nick Pyenson의 『고래 염탐: 세계에서 가장 큰 동물의 과거, 현재, 미래Spying on Whales: The Past, Present and Future of the World's Largest Animals』나 수전 케이시Susan Casey의 『바다의 목소리Voices in the Ocean』를 참고하라. 고래목의 독특한 사회적·문화적 관행에 대해 더 알고 싶다면, 할 화이트헤드Hal Whitehead와 루크 렌델Luke Rendell의 『고래와 돌고래의 문화적 삶The Cultural Life of Whales and Dolphins』을 살펴보라. 문어의 독특한 지능에 관한 흥미로운 설명은 피터 갓프레이 스미스Peter Godfrey-Smith의 『다른 마음들: 문어와 지적 삶의 진화Other Minds: The Octopus and the Evolution of Intelligent Life』에 잘 담겨 있다.

기후변화와 해수면 상승

엘리자베스 러시Elizabeth Rush의 『라이징Rising』은 기후변화가 이미 미국 해안에 미치고 있는 영향을 생생하게 보여준다. 더 세계적인 관점을 원한다면, 제프 구델Jeff Goodell의 『물이 몰려온다: 해수면 상승, 가라앉는 도시들, 그리고 문명의 재편The Water Will Come: Rising Seas, Sinking Cities, and the Remaking of the Civilized World』을 참고하라. 해수면 상승이 해양 경계에 미치는 법적 함의에 대해서는 스뇰라우그 아르나도티르Snjólaug Árnadóttir의 『기후변화와 해양 경계Climate Change and Maritime Boundaries』를 살펴보라.

옮긴이의 말

바다를 제법 알고 제법 좋아한다고 생각했지만, 그렇지 않았다. 무엇보다도 내가 모르는 것이 너무 많았다. 이 책에서 다루는 '자유로운 바다'를 둘러싼 복잡한 논쟁, 탈식민화 이후 잠시 열렸던 세계 질서 재편의 기회, 해상 노동자의 처지, 고래의 권리, 해수면 상승이 예고하는 잔혹한 미래에 대해서도 나는 제대로 알지 못했다.

조금은 알고 있다고 여겼던 것들도 이 책을 통해 더 깊이 들여다보게 되면서, 바다를 그저 좋아하기는 어려워졌다. 누군가는 "사랑하는 만큼 보인다"고 했지만, 더 많이 보게 된 뒤로는 마냥 편하게 좋아할 수 없게 된 것이다. 동남서해의 어류 분포 변화, 양식업 피해, 폐그물과 미세플라스틱, 연안어업과 양식업을 떠받치는 이주노동자의 열악한 현실. 나는 이 모든 것을 단편적으로만 알고 있었다. 그런데 이런 모습들조차 빙산의 일각에 불과했고, 지구온난화와 생물다양성 붕괴의 티핑 포인트로 다가오는 거대한 물결의 빛반사일 뿐이었다는 사실을 알게 되니, 정말이지 바다를 마냥 좋아할 수가 없다.

하지만 나만의 이야기는 아니었다. 국내에서 해양을 다룬 책은 생물학이나 자연과학 분야를 제외하면 손에 꼽을 정도이고, 관련 정책 역시 여전히 자유롭고 풍요로운 바다를 전제로, 가능한 한 많이 활용하고 조금 보상하는 수준에 머물러 있다. 전국 단위 선거에서 바다가 주요 쟁점이 된 적도 없었다. 바다는 모든 생명을 길러내고, 모든 쓰레기를 받아들이면서도 정치로부터 가장 멀리 떨어져 있는 존재였던 것이다.

크리스 암스트롱의 『블루 뉴딜』은 레이첼 카슨의 책 제목이기도 한 '우리를 둘러싼 바다'에 대해 우리가 알아야 할 것들, 우리가 깊이 관련되어 있는 것들, 그리고 우리가 할 수 있고 해야 할 일들이 이렇게나 많다는 사실을 일깨운다. 국제정치학부터 생물학, 지구과학, 인권과 법까지 아우르는 폭넓은 시야, 복잡한 논의를 명쾌하게 엮어 내는 저자의 글솜씨가 이 책을 가능하게 했다. 과학뿐 아니라 철학, 인권, 거버넌스, 사람과 동물의 이야기를 함께 담아 낸 이 책은 우리의 눈을 번쩍 뜨이게 한다. 무엇보다 해양의 정치가 그 중요성에 비해 얼마나 우리의 관심 밖에 있었는지 깨닫게 되는 대목은 놀랍기만 하다.

이 책은 우리를 심각한 논의로 이끌지만, 비관으로 끝나지 않는다. 기후와 생태계 붕괴, 불평등 심화라는 흐름에서 벗어나 새로운 해양의 미래를 상상할 수 있기 때문이다. '자유'와 '인클로저'라는 이분법에서 벗어날 때, 우리는 그린 뉴딜의 더 급진적이고 적극적인 확장판으로서 '블루 뉴딜'이 제시하는 풍부한 제안들과 만날 수 있다. 물론, 저자의 주장 일부는 다소 급진적이고 비현실적으로 느껴질 수 있다. 저자 또한 자신의 제안이 모두에게 받아들여질 수 없으며, 완성된 해법이 아님을 분명히 밝힌다. 그러나 기후위기의 한복판에 선 오늘, 기존의 제약과 편견에서 벗어난 '푸른 바다의 사고'는 반드시 필요하다. 저자가 제시하는 블루 뉴딜과 새로운 해양 거버넌스의 원칙과 구상은 연구자, 정책가, 사회운동가 모두에게 유용한 논의의 기반이 될 것이다.

    요컨대, 이 책은 바다를 사랑하고, 바다를 걱정하며, 바다에서 우리 모두를 위한 다른 미래를 꿈꾸는 이들을 위한 책이다. 어릴 적 수도 없이 듣고 따라 불렀던 만화영화 주제가처럼, "푸른 바다 저 멀리 새 희망이 넘실거린다. 하늘 높이 하늘 높이 뭉게꿈이 피어난다." 그렇다. 아름다운 대지와 바다는 우리의 고향이다.

    끝으로, 이 귀중한 책을 소개하고 번역 출간을 권유해 주신 조원식 님께 감사드린다. 생소한 용어와 씨름하며 이번에도 훌륭한 책을 만들어 주신 나름북스 여러분께도 깊은 감사를 전한다.

2025년 6월

옮긴이 김현우

찾아보기

[ㄱ]

개릿 하딘 133-135
고래목 33, 265, 271-291, 371
공동 유산 103, 163-169, 175, 177-182, 184-187, 201-202, 208, 376, 381, 385
공동체 부의 구축 349-350
공유지의 비극 132, 135
공해 29, 90-93, 95, 98, 102, 104, 120, 138-139, 149, 153, 159, 164, 167, 179, 184, 187, 191, 194-197, 199-201, 211, 252, 254-255, 330, 373-380, 383-384, 386-389, 392, 396, 400, 402, 407
국가 관할권 바깥 해역, ABNJ 374, 377, 380-382, 387
국가 관할권 바깥의 생물다양성, BBNJ 200, 375-376, 379
국가 지위 301, 315-319, 322, 324-326, 331, 334
국외산림탄소축적증진 제도, REDD+ 357-361, 363-364
국제노동기구, ILO 228, 234, 236
국제해저기구, ISA 27, 116, 166-168, 170-172, 174, 176-178, 183, 200, 374-375, 386
그린 뉴딜 337-344, 348-349, 355, 367

기국 194, 197, 206-207, 229-231, 234, 243, 251-256, 259
기준선 이동 증후군 401
기후 망명자 259, 300, 305, 307-312, 314-316, 318, 321-322, 326, 331, 334, 371
기후변화 25, 33, 35, 42, 46-47, 60, 191-192, 216-217, 220, 288-289, 300, 303, 305, 307, 310-311, 314-315, 321, 331-332, 334, 337-339, 344-345, 347-348, 350, 355-357, 364, 371, 374, 400-402, 409
기후변화에 관한 정부 간 패널, IPCC 303-304

[ㄴ]

나우루 28
남극 97, 117, 163, 168, 197, 288, 302, 320, 382
남반구 27, 34, 41, 46, 57-58, 101, 103, 114, 143-144, 149, 155-156, 159, 162-163, 165, 167-177, 179-180, 183, 199, 204, 219, 234, 241, 292, 304-305, 339-340, 355-361, 363, 366, 376, 378-379, 381-382, 386, 388, 390, 393, 400, 407, 411
남획 18, 25, 46, 65, 135, 137, 140, 192, 194, 203, 216, 288, 346, 353, 405
내륙국 51-54, 147-148, 165, 183, 378, 390, 396-397
네덜란드 동인도회사, VOC 77, 79, 88-89, 93
노르웨이 193, 229, 285-287, 324, 352,

419

382, 392, 394
녹색 채권 364-365

[ㄷ]
닫힌 바다 82-83, 88, 164
대륙붕 52, 114-116, 121, 123, 129, 131, 162, 199
데드존 24, 63, 346
덴마크 142, 193, 287, 394
돌고래 33, 207, 268, 270, 272-275, 277, 279, 284, 286, 288-289, 291, 293-295, 409
동물 권리 33, 266, 268-269

[ㄹ]
라레 칼릴리 16, 47, 413
레이첼 카슨 16, 412

[ㅁ]
마거릿 무어 117, 128
마레 리베룸 164
마레 클라우숨 83, 90, 117, 164
마셜 제도 305, 328, 332
망간단괴 159-161
맨손 어업 26, 128
맹그로브 66-67, 264, 358-361, 363, 392, 394, 402
몰디브 305, 315

[ㅂ]
바다에서의 인권 206, 248
바다에서의 자유 71, 79, 85, 88, 91, 94, 104, 143, 150, 157, 161, 163, 165, 171, 175, 179, 180, 182, 194, 199-201, 407
바스코 다 가마 74
배타적 경제수역, EEZ 53-56, 58-59, 113-115, 121, 127-131, 137-145, 147-149, 170, 191, 193-194, 196, 199, 237, 244-246, 249-250, 252, 254, 328, 330-333, 374, 377, 384, 388-392, 395-398, 400, 407
배타적 기국 관할권, EFSJ 251-253, 257, 377
범고래 275-277, 281
병코돌고래 273
볼테르 398
북극 47, 97, 115-116
북반구 27, 30, 41, 57, 149, 155-156, 158, 166, 168, 176, 246, 339-340, 356, 360, 381, 390, 393, 400, 411
불법·비보고·비규제 어업, IUU 139
브렉시트 23, 127
블루 가속 25, 44-45, 199, 214, 372, 400, 407-408
블루 뉴딜 34, 221, 339-340, 349, 355, 357, 366-367, 371, 374, 391, 396-398, 407, 411
블루 이코노미 50, 199, 214-215, 350, 366
블루 케어 214

[ㅅ]
사무엘 폰 푸펜도르프 91-92, 95, 99
사전 예방 원칙 207, 210, 289, 381
산호초 42, 62, 192, 217, 264, 293, 300, 388

선착순 29, 104, 157, 161, 330, 379
세계기후은행 365
세계해양기구 34, 380-381, 383-384, 386, 388-390, 392, 397-398
쇠돌고래 265, 273
수라비 랑가나탄 16, 123
스콧 고든 135-136
습지 66, 124, 264, 299, 347, 351, 354
식민주의 58, 118, 123, 159
신국제경제질서, NIEO 156, 158, 162, 167-169, 177, 183, 199, 211, 213, 381, 389, 399, 407
신흥공업국 155-156, 158-159, 166-168, 173-175, 182-183, 186
심해저 27, 45, 56, 102, 123, 159, 170, 178, 180, 184, 186-187, 191, 201, 214, 367, 372, 374-375, 380-381, 387-389, 399, 402, 407

[ㅇ]

아노테 통 306
아르비드 파르도 164, 166, 167, 178, 181, 184, 187
안나 스틸즈 119-120
애덤 게터츄 155, 255
양식업 226, 234, 294-295, 349-350, 367, 398
어업노동협약 228-229
어족 자원 96, 98, 110, 113-114, 117, 135, 137, 141, 143, 145, 147, 149, 176, 219, 248, 250, 377, 387
에메리히 드 바텔 92, 95
엘리자베스 만 보르게제 16, 167, 181, 214
영해 92-94, 109, 111-113, 120, 130-131, 182, 229, 244, 323, 389-390, 398
외르겐 외달렌 325
유엔 엔터프라이즈 168-169, 173-176, 183
유엔 해양법협약, UNCLOS 53, 83, 94, 110, 112-116, 121, 123, 126-127, 130, 140-141, 144, 147-148, 150, 153-154, 156, 158-159, 167, 169, 174-175, 176-177, 191, 193, 198, 202, 228, 251, 254, 258, 328, 330, 332, 334, 374, 376-379, 390, 396, 399
유전자 29, 58, 179, 200, 378-379, 387, 388
이매뉴얼 벨로 158
이사 디알로 156
인류세 264, 299-300, 367, 373, 406
인신매매 225, 234-236, 239, 241, 249

[ㅈ]

자결권 301, 315-320, 322-323, 326-327, 331, 334
자유로운 바다 71, 77, 88-90, 99, 109
저인망 어업 125, 139, 219, 248, 293, 391, 409
재야생화 35
정의로운 전환 219, 221, 334, 338, 367, 388-389
제러미 벤담 268-269
제이미 드레이퍼 17, 321
조지프 와리오바 157
조지프 콘래드 232

존 로크 89, 125-126, 132
존 메로 160-161, 172
존 셀든 82-85, 87-92, 95, 105, 110-111, 117-118, 161
지구공학 288
지속가능개발목표 192, 198
지역수산관리기구, RFMO 98, 194-195, 374-375, 377

[ㅊ]
책들의 전투 77, 83, 87-88, 93, 96, 117, 153, 164
참돌고래 33, 265

[ㅋ]
카라 나인 17, 117, 319, 321
코르넬리위스 반 바인케르스훅 93, 111
코피 아난 382
크리스토퍼 콜럼버스 74
키리바시 28, 61, 305-306, 312, 328, 332

[ㅌ]
탄소 흡수원 42, 302, 357, 359-360
탈식민화 154, 213
탈탄소화 141, 302, 348, 355, 400
태평양 기후 전사들 333
태평양 도서국 포럼 333
테레사 스카베니우스 394
토르데시야스 조약 75-76
토미 코 53, 169-170
토착민 118, 318, 384
투발루 61, 305, 312, 328, 332

[ㅍ]
파나마 운하 47
편의치적, FOC 194, 206, 230-231, 242-243, 245, 251
편의항 244
포경 285-287, 290
프랭크 은젠가 157
프리티 파텔 258
플라스틱 18, 29, 63-65, 191-192, 203, 215, 217, 374, 406, 409
플랑크톤 42-43, 63, 192, 195, 289-290, 346
피지 48, 312, 392
피터 파요요 16, 167

[ㅎ]
한국 23, 55, 57, 138, 389
해리 53, 93, 109, 111-116, 123, 130-131, 201, 229, 237, 390, 398
해수면 상승 25, 30, 33, 61, 289, 300-307, 310, 315, 317-319, 327-328, 330-334, 339, 345, 347, 349, 351-352, 366, 405
해안 공동체 기금 349
해양 거버넌스 33-34, 53, 77, 131, 168, 178, 191, 198-207, 211, 218, 220-221, 283, 371-373, 376, 378, 382, 384-386, 392, 399, 406-407, 410
해양 인클로저 54, 111, 116-117, 136-137
해양 정의 18, 32-33, 94, 126, 150, 154, 185, 202, 204, 206, 226, 264-265, 334, 338, 371, 380, 398

해양 정치 27-34, 68, 71, 88, 91, 109-111, 164, 178, 181, 185, 204, 221, 383, 408, 411

해양 지속 가능성 은행 366

해양법 24, 32, 77, 82-83, 88, 105, 111, 142, 156-158, 178, 194, 203, 228, 256, 328

해양보호구역, MPA 59, 192, 196-197, 220, 376-377, 387-388, 391, 402

해양절대보호구역 196-197, 387, 391-392, 402

해저 채굴 28, 102, 120, 162, 167-168, 170-171, 173-176, 372, 375, 381, 387, 407

헨리 키신저 173

혼획 139, 409-410

화석연료 26, 35, 44-45, 51-52, 54, 130, 141-142, 193, 204, 349, 352, 372, 394-396, 409-410

휴고 그로티우스 76-77, 79-85, 87-91, 94-95, 98-100, 103-105, 109-111, 118, 124-125, 165-166, 408

블루 뉴딜

기후변화 시대, 해양의 새로운 정치학

2025년 7월 19일 초판 1쇄 발행

지은이	크리스 암스트롱
옮긴이	김현우
편집	조정민, 최인희
디자인	이경란
인쇄	도담프린팅
종이	페이퍼프라이스
펴낸곳	나름북스
등록	2010.3.16. 제2014-000024호
주소	서울시 마포구 월드컵북로5길 54-5
전화	(02)6083-8395
팩스	(02)323-8395
이메일	narumbooks@gmail.com
홈페이지	www.narumbooks.com
페이스북	www.facebook.com/narumbooks7
ISBN	979-11-86036-86-0 03300
값	24,000원